Georg von Schanz

Zur Geschichte der deutschen Gesellen-Verbände

Georg von Schanz

Zur Geschichte der deutschen Gesellen-Verbände

ISBN/EAN: 9783743363915

Hergestellt in Europa, USA, Kanada, Australien, Japan

Cover: Foto ©ninafisch / pixelio.de

Manufactured and distributed by brebook publishing software (www.brebook.com)

Georg von Schanz

Zur Geschichte der deutschen Gesellen-Verbände

ZUR GESCHICHTE

DER

DEUTSCHEN GESELLEN-VERBÄNDE.

— — —

MIT

55 BISHER UNVERÖFFENTLICHTEN DOCUMENTEN

AUS DER

ZEIT DES 14.–17. JAHRHUNDERTS.

VON

GEORG SCHANZ,

DOCTOR DER STAATSWIRTHSCHAFT.

LEIPZIG,

VERLAG VON DUNCKER & HUMBLOT.

1877.

Vorrede.

So sehr auch in der neuern Zeit die historische Betrachtungsweise in der Nationalökonomie in den Vordergrund getreten ist, so ist doch die Kenntniss unserer Wirthschaftsgeschichte noch sehr lückenhaft. Noch viele Kräfte müssen hier einsetzen, bis es gelingen wird, einen tiefern Einblick in den historischen Gang der wirthschaftlichen und socialen Verhältnisse des deutschen Volks zu erlangen. Ein kleiner Beitrag hiezu soll durch vorliegende Schrift geliefert werden. Bei dem hohen Interesse, mit welchem man gegenwärtig die weitverzweigten Genossenschaften der arbeitenden Klassen verfolgt, hielt ich es für angemessen, über die Lage derselben in der älteren Zeit Studien anzustellen. Ich wählte für diesen Zweck die Handwerksgesellen als diejenige Bevölkerungsschichte, welche unserm heutigen Arbeiterstand am ersten entspricht. Mein Streben war, festzustellen, in welchem Verhältniss die Gesellen zu den Meistern in den verschiedenen Perioden des Mittelalters standen, welche Tendenzen sie verfolgten, welche Mittel sie, um ihre Ziele zu erreichen, anwendeten und wie sie hiedurch veranlasst wurden, sich zu Genossenschaften zu verbinden. Selbstverständlich waren die Untersuchungen mit grossen Schwierigkeiten verknüpft; das Material, das bis jetzt aus den Archiven in die Oeffentlichkeit gedrungen, ist nicht nur spärlich vorhanden, sondern auch sehr zerstreut; namentlich sind wir über die Lohnverhältnisse

noch sehr im Unklaren; auch fehlt es noch an genügenden
Vorarbeiten. Eine nach allen Seiten hin erschöpfende Behandlung des Gegenstandes war daher nicht möglich; ich musste
mich begnügen, auf Grund des vorhandenen und von mir neu
gesammelten Materials eine skizzenhafte Darstellung zu versuchen. Sache der künftigen Forschung wird es sein, das
von mir kurz Angedeutete weiter auszuführen und schiefe
Auffassungen zu berichtigen. Bei meinen archivalischen Recherchen habe ich vorwiegend die obere Rheingegend berücksichtigt, nicht nur weil hier die Cultur im Mittelalter eine
sehr gleichartige und vorgerückte war, sondern auch die Ge-
sellenbewegung, wie es scheint, hier am frühesten und stärksten
zum Ausdruck gelangt ist und von da über die übrigen Theile
Deutschlands sich verbreitet hat. Ausser den Urkunden, die
hier zum ersten Male veröffentlicht werden, habe ich auch
noch das bereits publicirte Quellenmaterial — und ich hoffe
nicht, dass mir davon sehr viel entgangen ist — zusammen-
gestellt und zwar fast durchaus in chronologischer Reihenfolge.
Diese Zusammenstellung gestattete mir, in dem Texte einfach
auf die einzelnen Schriftstücke durch Bel. zu verweisen.
Die mit Rücksicht auf die Gesellen erfolgten Bündnisse der
Handwerksmeister von den verschiedenen Hansestädten, die
in Wehrmann's Zunftrollen sich finden, ferner die Reichstags-
erlasse, welche die Gesellen betreffen, führte ich, da beide
schon im Texte zusammenhängend erwähnt sind, in den Bei-
lagen nicht mehr an, wohl aber die Bündnisse und Schriftstücke, die Rüdiger in seinen hamburgischen und hanse-
städtischen Handwerksgesellendocumenten mitgetheilt hat;
leider konnte ich Rüdiger's Schrift im Texte nicht mehr eingehend berücksichtigen, da mir dieselbe zu spät zu Handen
kam. Die oftmalige Unterscheidung der Belegnummern mit
Buchstaben hat, wie leicht ersichtlich, nicht die Bedeutung,
dass diese Urkunden zusammengehören, sondern war durch
die spätere Einschiebung mancher Documente veranlasst.

Was nun die von mir neu edirten Urkunden anlangt, so habe ich für dieselben die von Jul. Weizsäcker in dem Vorwort des I. Bandes der deutschen Reichstagsacten p. LXIV— LXXX angegebenen Grundsätze und Regeln befolgt. Die Reinigung und Gleichartigkeit des Textes, die hiedurch erreicht wurde, erschien um so nothwendiger, als die Schriftstücke. aus den niedersten Kreisen der Bevölkerung stammend und vielfach von den Gesellen selbst geschrieben, ohnehin oft ganz structurlos sind oder doch einen uns ganz fremdartigen Satzbau besitzen. Das Verständniss derselben durfte daher nicht noch durch orthographische Ungeheuerlichkeiten erschwert werden. Nur in einigen Punkten habe ich mir Abweichungen von den Weizsäcker'schen Regeln erlaubt:

1) th blieb in den Schriftstücken des 15. Jahrhunderts überall stehen, in den Urkunden des 16. und 17. Jahrhunderts nur da, wo es auch heute nicht ungebräuchlich ist; nach andern Consonanten wurde h, wofern es nicht für ch gebraucht ist, durchweg ausgestossen, das nach Vocalen stehende h nur dann, wenn es offenbar missbräuchlich angewendet ist, wie in „ehrneuerung".

2) y wurde durchweg beibehalten, die Punkte auf demselben sind jedoch nicht berücksichtigt worden.

3) Die Doppelpunkte auf a, e, o, u wurden wiedergegeben; dieselben auch zur Bezeichnung aller über diesen Vocalen stehenden verticalen Striche, gebogenen Querstriche und einfachen Punkte gebraucht.

û wurde bei den Schriftstücken des 15. Jahrhunderts auch im Druck angewendet, wofern nur das Zeichen deutlich ausgedrückt war; im andern Falle wurde nach Nr. 3 verfahren; bei den aus dem 16. und 17. Jahrhundert stammenden Documenten wurde û nur da beibehalten, wo es vollkommen ausgeschrieben und zugleich in früherer Zeit üblich war (also z. B. in zû, brûderschaft), im Uebrigen aber jedes Zeichen (ausser den Doppelpunkten) über u unberücksichtigt gelassen.

5) e mit darüber stehendem a, das namentlich häufig in Freiburger Urkunden sich findet, wurde durch ä ersetzt.

6) An Stelle des ß wurde in den Strassburger und Schaffhausener Urkunden ss, beziehungsweise, wo Vereinfachung eintreten durfte, s eingestellt, in den übrigen Urkunden aber überall ß wiedergegeben. Die Kürze der Zeit gestattete mir nicht, durch nochmalige Vergleichung meiner Abschriften mit den Originalen hier Gleichartigkeit herzustellen.

Schliesslich erübrigt mir noch, den Herren Archivaren, besonders Herrn Brucker in Strassburg, Herrn Mossmann in Colmar, Herrn Jäger in Freiburg, Herrn Dr. Marmor in Constanz für die Freundlichkeit, mit der sie mir die ihnen unterstellten Archive zu benutzen gestatteten und mich bei meinen Nachforschungen unterstützten, meinen innigsten Dank auszusprechen.

Möge meine Arbeit eine freundliche Aufnahme finden!

München, am 26. Juli 1876.

Der Verfasser.

Inhalt.

Anhang:

1.

Die Zeit der Zunftbildung.

Die Gesellenverbände, welche den Gegenstand unserer
Untersuchung bilden, lehnen sich an die Zunftverfassung an;
es ist sonach klar, dass wir die Zunftverhältnisse in unserer
Betrachtung nicht unberührt lassen dürfen. Selbstverständlich
kann es aber hiebei nicht unsere Aufgabe sein, die Geschichte
des Zunftwesens ausführlich von ihren ersten Anfängen an zu
erörtern. So können wir uns gleich der schwierigen Frage
nach Entstehung[1]) der Zunft gänzlich entschlagen; denn das
Gesellenwesen fällt erst in eine Phase, welche hinter der
Zunftbildung liegt. Wie sollte es auch anders sein? Die
hörigen Handwerker waren ja damals eben im Begriffe, der
Hörigkeit sich zu entwinden und zu einem freien Stande zu
werden[2]); die Gewerbe zogen sich vollständig vom Lande
zurück und begannen sich ganz in der Stadt zu concentriren;

[1]) Von der neuern Literatur hierüber vgl.: Maurer, Geschichte der
Städteverfassung II. p. 322 fg.; Gierke, Rechtsgeschichte der deutschen
Genossenschaft p. 358 fg.; Brentano, On the history and development
of gilds in den English Gilds edited by Toulmin Smith 1870. Eine deutsche
Bearbeitung davon in dessen Arbeitergilden I. p. 35 fg. — Eine neue Ansicht
über die Zunftentstehung führt näher aus Schmoller, Strassburg zur
Zeit der Zunftkämpfe. 1875. p. 5—18. Nach ihm ist das Zunftwesen
überhaupt nicht nationalökonomisch zu erklären, vielmehr als der Kern-
punkt desselben die selbständige Ausübung der Gewerbepolizei durch die
Handwerker zu betrachten.

[2]) Wilhelm Arnold, Das Aufkommen des Handwerkerstandes im
Mittelalter. Basel 1861; Ders., Zur Geschichte des Eigenthums in den
Städten. Basel 1861.

die Arbeitstheilung, die Trennung der noch primitiv verbundenen Geschäfte nahm mit dem Marktrecht [1]), der Verdrängung des Tauschverkehrs durch den Geldverkehr, der Anregung durch die Kreuzzüge [2]), lauter Ereignisse, die rasch einander folgten, einen beschleunigten Verlauf und absorbirte alle nur irgendwie aufstrebenden Kräfte. In einer solchen Periode kann von einem eigentlichen Gesellenstande nicht gesprochen werden; überall waren noch Lücken auszufüllen, überall neue Nahrungen geboten; jeder, der nur einigermassen ein Anrecht auf Selbständigkeit besass, eilte dem noch jugendlichen Handwerk zu und fand, gleichviel ob hörig oder frei, willige Aufnahme. Selbst verheirathete Leute verschmähten nicht, als Lehrling auf kurze Zeit bei einem geschickten Manne einzutreten, um der Vortheile, die das Handwerk versprach, auch noch theilhaftig zu werden [3]).

Das änderte sich aber rasch, als die Zunftbildung sich vollzogen; durch dieselbe hatten sich die einzelnen Gewerbe rechtlich und indirekt auch wirthschaftlich consolidirt; das Handwerk war technisch etwas vollkommener, der Betrieb etwas grösser geworden, dem unruhigen Treiben und Drängen war ein Zustand der Ruhe und Festigkeit gefolgt, der Werdeprozess einigermassen zum Stillstand gekommen. Der Aufnahme eines Gewerbetreibenden als eines vollberechtigten Genossenschaftsgliedes in die Zunft standen, wofern die aufzunehmende Person einer guten Moralität sich erfreute, zwar

---

[1]) Maurer a. a. O. I. p. 318 fg.

[2]) Maurer II. p. 356.

[3]) Von bereits verheiratheten Lehrlingen ist im Innungsrecht der spät emporblühenden Lausitzer Stadt Reichenbach von 1356 (Tzschoppe und Stenzel, Urkundensammlung zur Geschichte schles. Städte p. 578) die Rede: „Welchis Borgers Son in der Stat gewest ist Jor unde Tak, der lerne eyn halp Jor an synis Meystirs Kost und gebe eyn Lere-Schillink, das andir Teyl des Joris sal he umme Pfenninge erbeytin. Wil he syne Ynnunge gewynnin, zo ge he zcu den Meystirn und tu, das Recht sy. Wer eynis Meistirs Tochtir nymmit von dem Dorfe, der lerne eyn halp Jor an syneum Brote, und derselbe gebe eynen Lere-Schillink. Und ab he dy wyle Gewant snidin wil, dy wile he lernit, das sal koufin wedir dese Meystir by unde snidis, wenne das halbe Jor usget, so mache he Gewant, ab he wil.“

noch keine Hindernisse im Wege; war ja der Sinn der Aufnahme hauptsächlich der, den Gewerbebetrieb der gemeinsamen Gerichtsbarkeit — dem Zunftzwang — zu unterwerfen
und dadurch der Genossenschaft zu ermöglichen, ihrerseits
für den Einzelnen einzutreten und ihn vor Unrecht zu schützen.
Aber eine wichtige Aenderung der socialen Seite des Gewerbewesens trat ein mit der nun beginnenden Differenzirung der
Gewerbetreibenden in Lehrknecht, Knecht (Geselle) und
Meister. Die fortgeschrittene Technik und eine gewisse Be-
setztheit des Gewerbes machten die Gliederung nothwendig;
darum finden wir in den ältesten Zunftstatuten, welche das
durch Gewohnheit ausgebildete Gewerberecht zu fixiren suchen,
auch bereits Ansätze zur Regelung dieser Verhältnisse. Besonders frühe sind die Bestimmungen bezüglich der Knechte;
in den meisten Baseler Urkunden [1]) wird der Vertrag zwischen
Meister und Knecht vorgesehen, und ausdrücklich verboten,
vor abgelaufener Dienstzeit einen Knecht dem andern Meister
zu entziehen. Auch betreffs der Lehrlinge ergab sich die
Nothwendigkeit, rechtliche Bestimmungen zu treffen; so wegen
des Züchtigungsrechtes von Seite der Meister [2]), wegen der
Zahl der zu haltenden Lehrlinge und ähnlicher sie berührender
Angelegenheiten.

Das Verhältniss der Lehrlinge und Knechte zu dem Meister

---

[1]) Vgl. die Urkunde der Zunft der Metzger von 1248 in Basel: „Item
nullus de opere lanistarum, domum vel servientem alicujus sue societatis,
infra tempus sue pactionis conducere tenetur, ut ipsorum officium propter
haec laudabilius et utilius apud ipsos reperiatur"; ferner die Urkunde der
Zunft der Spinnwetter von 1248 und 1271 (Ochs, Geschichte der Stadt
Basel I. p. 319 fg. und p. 404); dann die Rolle der Riemenschneider zu
Bremen von 1300: „Item nullus eorum conducet servum seu famulum alte-
rius, antequam tempus suum, per quod domino suo servire debuit, sit com-
pletum." (Böhmert, Beiträge zur Geschichte des Zunftwesens, Leipzig
1862, p. 72.)

[2]) Solche Bestimmungen sind uns auch noch erhalten aus der Zeit,
wo die Gewerbegerichtsbarkeit noch nicht an die Zünfte übergegangen war,
so im Augsburger Stadtrecht von 1276. — In Nürnberg wird im 14. Jahrhundert die Anzahl der Lehrlinge bestimmt, die jeder Meister annehmen
darf. (Siebenkees Mater. IV. 679—688.)

ist noch als ein ganz patriarchalisches aufzufassen; sie konnten sich verhältnissmässig gern auch den herbsten Pflichten unterziehen; hatten sie doch die freudige und zuversichtliche Hoffnung, in nicht so langer Zeit selbst das edle Handwerksamt erringen und als Verwalter desselben gleiche Ansprüche an ihre einstigen Helfer geltend machen zu können. Die Jahre ihrer Dienstzeit sind nur Jahre des Uebergangs. Die Erziehung der Knechte und Lehrlinge ist eine der Hauptaufgaben der Zunft, und wie bei dem Kinde des Hauses ist der Meister auf das gute moralische Verhalten seiner auszubildenden Knechte bedacht; der Geselle wie der Lehrknecht befindet sich nach damaliger Anschauung „in mundio des Meisters", die Idee der Herrschaft und des Dienstes war dem gegenseitigen Verhältniss zu Grunde gelegt. Die ältesten Lübecker und Hamburger Zunftrollen enthalten viele Stellen, in denen sich noch diese gute alte Zeit abspiegelt. So durfte der Geselle keine Nacht ausserhalb des Hauses zubringen [1]), wurde mit Strafe belegt, wenn er an öffentlichen Plätzen um Geld spielte [2]), wurde geahndet, wenn er sich betrank. „Ungehorsam, unehrerbietiges Betragen [3]) oder gar Realinjurien wurden streng bestraft, und

---

[1]) Satzung der Hamburger·Bäcker von 1375 (Hamburger Zunftrollen p. 25): „Unde welk knecht des nachtes utheslept buten synes heren hus, deme schal syn here vor yewelke nacht ses penninghe afslan von synem lone. Dede he des nicht, dat schal he beteren mit ses penninghen unde teyn schillinghen in der morghensprake." Aehnliches bestimmen die Böttcher 1375 (Rüdiger 30 Nr. 6); die Drechsler 1375 (Rüdiger 55 Nr. 6); die Goldschmiede 1375 (Rüdiger 98 Nr. 11); die Kannengiesser 1345 (Rüdiger 124 Nr. 12); die Pelzer 1375 (Rüdiger 181 Nr. 14); die Reepschläger 1375 (Rüdiger 202 N. 12); die Schmiede 1375 (Rüdiger 250 Nr. 7); die Armbrustmacher 1458 (Rüdiger p. 314). Ueber gleiche Verordnungen in den Lübecker Zunftrollen vgl. die Citate bei Schönberg p. 118, Anm. 264.

[2]) Siehe Wehrmann, Lübecker Zunftrollen; so heisst es (p. 163) bei den Badstovern in der Mitte des 14. Jahrh.: „Ok en schal nyn knecht, de in vnseme ampte is, dobelen ofte spelen vmme geld vppe plassen by eneme halven pund weddes." Vgl. die Citate bei Schönberg p. 119. Anm. 265 und 266.

[3]) Nach Böhmer, Urkundenbuch der Reichsstadt Frankfurt p. 624 war in den Gesetzen der Schneider und Tuchscherer von 1352 folgende Bestimmung: „Auch willich knecht sinen meystir adir sines meystirs frawen

kein Geselle durfte gemiethet[1]) werden, der nicht in Freund-
schaft von seinem Herrn geschieden oder wegen schlechten
Betragens entlassen war." (Schönberg). Es leuchtet ein, dass
eine nothwendige Folge der vollständigen Unterordnung der
Gesellen die Forderung war, dass dieselben unverheirathet[2])
sein, ja nicht einmal ausserhalb des Meisters Haus wohnen oder
essen sollten. Auf der andern Seite erwuchs aber auch den
Meistern oder der Zunft die Pflicht, den kranken und armen
Gesellen beizustehen, was durch Unterstützung und Darleihen
aus der gemeinsamen Zunftkasse geschah[3]). Ein den geschil-

---

lügestraffit frebeliche, der knecht sal daz neen virlorn han, als lange biz
daz he sich mit unsirn meystirn hat gerichtet."

[1]) Nach Böhmer l. c. p. 751 verordnen die Bäcker 1377: „Auch
ensal kein meister keinen untedigen knechte, dem in andern steden daz
hantwerg virboden were, halden; welcher is darubir dede, der were von
ydem dage mit V schill. phen. zu pene virfallen."

[2]) So sagt die Vereinbarung der Bäcker von Worms, Mainz etc. von
1352. (Böhmer l. c. p. 625.) „Wir sin auch uberkomen und welich knecht
eine eliche husfrauwe niemet, daz den der meister niht haltden sal lenger
wan uff die ziel als er in gedinget hat, er enkeuffe danne den marcket
und werde meister." Ausgenommen von der im Texte erwähnten Forderung
sind die Gesellen der Baugewerbe und des Weberhandwerks.

[3]) Eine Satzung der Bender von 1355 (Böhmer l. c. p. 648) lautet:
„Auch wurde der knechte eyner sych, so lyhen wir ime dry schillinge
alse lange bis sin achtzehen schillinge werden; sturbet he, so begrabin
wir in glichirwis alse unser meystir eynen." Die Knechte mussten aber
hiezu einen Beitrag liefern (Kriegk, Bürgerzwiste p. 540): „Auh sal
eyn iglich meister knecht geben achtzehen heller zu dem jare eyns uff
sanct Jacobs dag und sin zusleger in der selben forme nune alde heller."
— Die Wollenweber in Constanz bestimmen 1386 (Bel. 16): „Item ist,
daz ain kneht krank wirt, so sont im die maister lihen uss der buchs
5 β d. uff sini pfand; hett er nit pfand, so sont si sin truw von im
nemen, daz er nit von der stat varen, e er si bezalt. wird aber dier
siehtag als langwirig, so mugent si im aber 5 β d. lihen in der selben
mass." Im Hamburg stifteten 1452 die Bartscherer mit ihren Knappen eine
Brüderschaft (Rüdiger p. 9); darin heisst es: „Item offt jemant van unsen
knechten hir to Hamborgh kranck worde unde nicht hadde to vorterende
unde de meistere unde de knapen ene kanden vor enen bedderven knecht,
unde dat he syn gelt nicht vordobelt noch unnutliken tobrocht hadde,
dem schal men geven 4 β to der weken uth der bussen." — Die Kessel-
flicker und ihre Knechte hatten noch 1545 (Rüdiger p. 133) eine gemein-

derten Verhältnissen ähnliches Bild enthüllen die Zunftrollen
überall da, wo die Zunft die Gesellen noch vollständig in
ihren Organismus eingegliedert hatte, wo das oben geschilderte Dienst- und Herrschaftsverhältniss bestand, und der
Knecht nach einer Zeit der Knechtschaft und der Unselbständigkeit in nicht zu fernliegender Zukunft zum Meister-
amt gelangte. So lange dies der Fall war, so lange war
auch der etwaige Vortheil berechtigt, den der Meister genoss, indem er die Arbeit des Gesellen nur unvollständig
lohnte und an dem Arbeitsertrag desselben participirte. So
kam es, dass das Gewerberecht und die Gewerbepolitik der
Zünfte den Aufschwung der Gewerbe in so hohem Grade
fördern und zu jener Blüthe führen konnte, die in den Gegenden
frühzeitiger Cultur — ich erinnere nur an die Ebene des Oberrheins — im 13. Jahrhundert eintrat; auf der einen Seite
war für eine gute gewerbliche und menschliche Erziehung
derer, die dem Handwerke sich zuwandten, gesorgt, auf der
anderen denselben durch die ganze wirthschafliche Lage eine
baldige Versorgung und Selbständigkeit garantirt und ihnen
jene Ergebenheit gegen ihre Meister eingeflösst, die ein freu-
diges Schaffen ermöglichte.

---

same Armenbüchse, in welche Knechte und Meister steuern mussten. —
Bei den Steinmetzen, bei denen Meister und Gesellen stets eine organische
Einheit bildeten, heisst es in der berühmten Strassb. Ordnung von 1459
Nr. 5 bei Heideloff, Bauhütte p. 39: „Wer es auch, dass ein Meister oder ein
Geselle in Krangheit fiele — und jme an seiner zerunge und notpfrunden
abginge, dem sol ein jeder Meister, der dan der Ordenunge Büchse hinder
Jme hett, Hülff und bystant tun mit lyhen us der Büchse." Vgl. auch
Steinmetzen-Ordnung von 1462 Nr. 111 und von 1563 Nr. 24 und 35 bei
Heideloff p. 56, 66, 67. — In Speier hatten die Schiffer eine Kasse, um
im Winter den arbeitslosen Knechten einen Nothpfennig angedeihen zu
lassen. (Bel. 80.)

2.

Anfänge der Entartung des Zunftwesens im 14. und 15. Jahrhundert.

Der Blüthe folgt immer der Verfall; dies zeigt auch die Zunftgeschichte. Der Keim hiezu lag in dem altgermanischen Grundgedanken, durch starke Beschränkung der individuellen Freiheit Jedem zu gleicher wirthschaftlichen Stellung zu verhelfen. Das ist natürlich nur möglich, so lange, um mich eines Ausdrucks von A. Lange zu bedienen, offene Wirthschaft vorhanden ist. Die alten Germanen konnten Jedem ein gleiches Ackerloos zutheilen und gleichartige Bewirthschaftung verlangen, so lange freier Boden genug vorhanden war; ebenso konnte die Stadt der Aufgabe genügen, für das materielle Wohl ihrer Mitglieder zu sorgen und Jedem möglichst gleichen Vortheil zukommen zu lassen, so lange als der fortdauernde Bevölkerungszufluss vom Lande nach der Stadt und die durch die gehobenere wirthschaftliche Lage in der Stadt selbst gewachsene Bevölkerung immer noch Platz in dem Gewerbe fand; aber aufhören oder krankhaft musste dies Verhältniss werden, sobald die hiezu nöthigen Bedingungen nicht mehr vorhanden waren. Dass diese aber für die Zeit des 14. und 15. Jahrhunderts in den Städten, die früh zur Entwicklung gelangten, fehlten, dafür scheint von entscheidender Bedeutung die Wahrnehmung einer relativen Uebervölkerung in den Städten zu sein. Schmoller, der in der historischen Entwicklung des Fleischconsums, sowie der Vieh- und Fleischpreise in Deutschland (Tüb. Zeitschr. 1871 p. 293 fg.) die Bewegung der Bevölkerung im Mittelalter eingehend betrachtet, kommt zu dem Resultat, dass schon die Zeit des 13. Jahrhunderts, besonders die erste Hälfte desselben für viele Städte und Gegenden Mittel- und Süddeutschlands, der Anfang des 14. Jahrhunderts für die deutschen Hansestädte und Preussen eine Art Höhepunkt der Volkszahl darstelle, dass am Anfang des 15. Jahrhunderts ein Stillstand,

ja in manchen Gegenden ein Rückgang der Bevölkerung (in
Folge verheerender Krankheiten und Kriege) eingetreten sei,
von 1450 ab wieder ein stärkeres Anwachsen Platz griff, das
in der zweiten Hälfte des 16. Jahrhunderts und bis zum
dreissigjährigen Krieg culminiren mochte. Sehen wir uns
nach einigen positiven Zahlen um, so hatten nach den sorg-
fältigeren neuen Schätzungen im 14. Jahrhundert Strassburg
50,000 Einw. (Schmoller), 1415 Danzig 40,000 Einw. (Hirsch),
1448 Nürnberg 20,219 Einw. (Hegel), Constanz im Mittelalter
nie über 10,000 Einw. (Marmor), 1450 Basel 25,000 Einw.
(Häusler), im Mittelalter Erfurt höchstens 32,000 Einw. (Kirch-
hoff), Zahlen, die trotz ihrer Kleinheit gegenüber unseren heutigen Verhältnissen genug aussagen, wenn man die unentwickelten
Verkehrswege und die Extensität der Landwirthschaft ins Auge
fasst. Bedenkt man, dass diese Einwohner unmittelbar oder mit-
telbar fast alle dem Gewerbestande angehörten, so kann man,
trotzdem die Technik damals viele Hände verlangte, die Möglichkeit einer relativen Uebersetztheit im Gewerbe leicht begreifen.
Dies ist aber nicht eine blosse Vermuthung, sondern der positive
Beweis hiefür liegt in den Erschwerungen der Bürgeraufnahme
seit dem 15. Jahrhundert und in den Massregeln gegen die
Ueberfüllung der Zünfte. So heisst es, um nur ein Beispiel
vorzuführen in der Marner- und Weberordnung von 1403 zu
Ulm [1]): „Wohl mögen die Bürger, die fünf Jahre lang in Ulm
haushäblich sitzen, ihre Kinder das Weberhandwerk lernen
lassen und wenn die Lehrjahre zu Ende seien, diesen das
Zunftrecht kaufen. Wolle aber ein auswärtiger Weber, er
möge vom Lande oder aus anderen Städten sein, das Bürgerrecht empfangen, so soll er doch fünf Jahre lang das Weberhandwerk nicht treiben, und ihm auch das Zunftrecht nicht
eher verliehen werden. Knappen oder Knechte des Weberhandwerks soll es jedoch nichts helfen, dass sie fünf Jahre
hier seien, es soll ihnen vielmehr das Zunftrecht nicht eher
verliehen werden, als bis sie das Bürgerrecht vorher fünf
Jahre lang gehabt haben. Auch soll kein Knappe ein eigenes

---

[1]) Jäger, Geschichte von Ulm p. 638.

Werk oder einen eigenen Stuhl in Ulm haben." Fast gleichzeitig (1417) ward ein Vermögen von 200 Pfund Heller zur Erlangung des Bürgerrechts begehrt[1]), in die Zunft durfte aber daselbst nur aufgenommen werden, wer Bürger war.

Diese Uebervölkerung musste den tiefsten Einfluss auf das Gesellenwesen ausüben[2]); jetzt bei dem Ueberangebot von Arbeitskräften war die Möglichkeit gegeben, zur Vergrösserung des Betriebs zu schreiten, zwei, drei, ja fünf Gesellen in Arbeit zu stellen und noch ein oder zwei Lehrknechte anzunehmen[3]).

---

[1]) Maurer, II. 753. Das rothe Buch in Ulm, welches diese Verordnung enthält, und von mir darum eingesehen wurde, gibt als Motiv an, dass zu viel arme Leute das Bürgerrecht vorher erworben hätten, und dass in Folge dessen die Gemeinde in harten Jahren und bei Theuerung zu sehr leide. Gleichzeitig wird festgesetzt, dass ein Fremder, der eine Bürgerstochter oder Wittwe von Ulm heirathet, nur das halbe Bürgerrecht zu zahlen braucht.

[2]) Schmoller sagt Tüb. Zeitschrift 1871 p. 344 sehr richtig: „Für eine ganze Reihe von volkswirthschaftlichen, socialen und politischen Erscheinungen jener Zeit wird eine richtige Beleuchtung erst gewonnen, wenn man sie in Zusammenhang mit dieser Bevölkerung bringt."

[3]) Bei den Schneidern in Frankfurt durfte seit 1377 ein Meister zwei Knechte haben, bei den Bendern am Ende des Mittelalters drei, bei den Steindeckern und Fischern je einen. (Kriegk Bürgerzwiste p. 402). Vgl. das gesammelte reiche Material bei Schönberg, Zunftwesen p. 80 Anm. 202. Interessant ist folgender in Constanz gefasster Beschluss: „Der schnider sach. Es kam etlich redd für die zunftmaister, daz die schnider etlichen gebresten hettent under irem antwerk, daz etlich maister vil gesindes hett und etlicher kund des nit wol bekomen und wär' sorg, daz davon gebrest uff stünd'. darumb hant sich der burgermaister (und) die zunftmaister erkent und ist och daz iro mainung, daz nû hinnanhin enkain schnider mer gesindes haben sol danne funfü, denen er lon geb', es sie frow ald man, und zwen lernknaben und nit mer. wer aber daz überfür, der sol 5 sh d ze büss gen als dik er daz tût, als ir zunftbrief wist und sol dannocht den dienst nit haben. an sant Partholomes abend anno dom. 1386" (Mone, 13, 150). In der Zunftordnung der Kürschner und Schneider in Constanz von 1444 heisst es: „Item es sol ouch dehainer maister nit mer haben denn dry (spätere Hand zwen) knecht und ainen knaben der ain wochen acht pfenning verdienen müg und darzů ainen lerknaben. hett aber ainer ain lerknaben der die spis verdienen möcht, der sol nit für den lerknaben besunder für der vierter ainer geschätzt werden; und welcher das überfür, der sol der zunft ze büss geben fünf schilling pfenning und den selben knaben oder knecht dess er ze vil hett by derselben tagzit gon laussen."

Die Technik konnte so einen ungeheuren Aufschwung nehmen, aber ein socialer Misston war unvermeidlich damit verbunden; denn wenn ein Meister vom 30. bis 60. Lebensjahre nur sieben Lehrlinge ausbildete [1]), wenn selbst wegen des Wachsthums der Bevölkerung zwei neue Meisterstellen errichtet worden wären — obwohl für eine derartige Vermehrung aus dieser Zeit durchaus keine Belege erbracht werden dürften — wo sollte sich für die andern Fünf eine Aussicht auf anständigen Erwerb als Meister eröffnen [2])? Was blieb dem Gesellen anders übrig, als die Lust am Arbeiten zu verlieren und dem Müssiggang sich zu ergeben [3]), sobald die Gelegenheit sich bot, oder zum Wanderstab zu greifen und an Orten eine Existenz zu suchen, an denen erst jetzt die Welle des wirthschaftlichen Aufschwungs anlangte [4])? Wie sollte er an die Heimath sich

---

[1]) Möglich, dass der Streit der Webergesellen zu Strassburg mit den Meistern wegen der Lehrlinge hauptsächlich desswegen entstand, weil die Meister zu viel Lehrlinge zu halten pflegten; sie wurden nun genöthigt, bloss zwei zu verwenden. (Bel. 11.)

[2]) Hofmann, Befugniss zum Gewerbebetrieb p. 131.

[3]) Vgl. das Verbot des Müssiggangs der Knechte zu Strassburg von 1411 (Bel. 35.). J. G. Hofmann sagt mit Recht a. a. O. p. 313: „Ein Arbeiterstamm, der es mit aller Anstrengung nicht dahin bringen kann, dass es ihm wohl wird im Leben, verliert endlich die Neigung, nach höherm Erwerbe zu streben, wird faul, unordentlich und lernt als einen rechtmässigen Gewinn ansehen, was er seinem Treiber durch List abzugewinnen oder durch Gewalt abzutrotzen vermag."

[4]) Doch war auch dem Wandernden nur ein verhältnissmässig enger Spielraum zugewiesen, namentlich verboten die Meister das Wegziehen auf das Land; so heisst es z. B. in den Satzungen der Hamburger Schuhmacher (Rüdiger p. 279 Nr. 37) von 1375: „Dar schal nemand in dem ampte yennigen knecht meden edder holden in disser stadt, de nach dissen dagen deenet offt arbeidet up den dorp edder anderswo, dar neen rath offt recht plegt tho wesen etc." Die Schmiede der sechs wendischen Städte bestimmten 1494 (Wehrmann 448): „Item so is ock belevet vnd bowillet, wanner ein knecht vorschreven wert van sinem meistere vnd de knecht deme breve entweke vnd lepe vppe de lantstede vnd dar arbeide vnd den dar nha wedderqueme, so schal he dusses amptes nicht werdich syn in dessen soß wendischen steden." — In den Satzungen der Lübecker Seiler von 1390 lesen wir (Wehrmann p. 385): „Item welk knecht hyr myt vns denet in dessen seesteden, also to Lubeke, Hamborch, Wysmar, Rostoke,

binden, wo die Besitzer des Meisteramts in ihrem gewerblichen Garten es sich immer heimischer machten, Andere zur
Mitbebauung zwangen, den Zutritt zur Ernte aber immer mehr
versperrten?

Ein einseitiger Egoismus begann sich darum bald in die
Zunftverfassung einzuschleichen. Bisher war die ganze Zunft-
einrichtung mehr auf die Handhabung des gewerblichen Gerichts bedacht, von einer Beschränkung in der Zulassung und
der Concurrenz noch keine Rede; jetzt aber trat in den Vordergrund die Maxime, welche.von den Wollenwebern zu Frankfurt a. M. 1377 [1]) ausgesprochen ward: der eine Meister solle
sich ebenso gut ernähren als der andere. Gewiss ein löblicher
Grundsatz. Was war aber leichter möglich, als dass dieser
Grundsatz zur Caricatur herauswuchs? Konnte nicht jeder
sich leichter ernähren, wenn er von der Arbeit der Gesellen
den Hauptnutzen zog und den Zutritt zum Gewerbe verengte [2])? Daher rührt denn auch die frühzeitige Bevorzugung der Meisterkinder, die leicht Platz greifen und von
Anfang an als selbstverständlich erscheinen musste, da ja schon
bei den ehemaligen herrschaftlichen Handwerksämtern vielfach
die Erblichkeit Regel war [3]), die Begünstigung der Meisterkinder
somit oft nur als Fortsetzung einer alten Tradition erschien.

Lunde vnde Stetin, so verne se don wat recht is; denet avers wer in andern steden, dar vnse werk nen ampt is, den knecht schal nen reper to-
setten edder to werke geven." Die scharfe Trennung des Gewerbes vom
Land und Bevorzugung der Stadt rächte sich bei späterer Durchbrechung
der Bannmeile durch den Verfall der kleinen Städte. Vgl. Justus Möser,
Patriot. Phantasien I. 196.

[1]) Kriegk, Bürgerzwiste p. 374.

[2]) Später sprach man dies auch offen aus. 1510 heisst es nach Werner
p. 30 in der Ordnung der Tuchmeister: wer einen „gewahsen" Knecht dinge,
solle es auf drei, und eines Meisters Sohn auf dritthalb Jahre thun „vnd
das geschiecht, Das ainer so leycht czu dem handwerch niht kumb". Die
Schuhmacher erliessen in Constanz (nach der Schrift zu urtheilen) noch
im 15. Jahrhundert folgende Bestimmung: „Item der erst artikel ist also,
daz keiner hie zů Costentz unsers hantwerchs zůgelaussen werden sol für
ze schniden, er habe dann vor und emals drů ganze jar an ainander hie
zů Costentz umb knecht lon und in knechtz wiss gedient."

[3]) Maurer II. p. 328.

Darum reicht diese Erleichterung des Eintritts in die Genossenschaft bis in die Zeit der Zunftbildung selbst zurück, wie die Baseler Urkunden als Zeugnisse des Uebergangs der Frohnhofsinnungen zu freien Zünften deutlich beweisen [1]). Die Folgezeit prägt nur diese überkommene Tradition immer schärfer und egoistischer aus. Recht belehrend in dieser Hinsicht sind die ältesten Hamburger Zunftrollen. Diejenigen, welche die Tradition gegen Ende des 14. Jahrhunderts fixiren, zeigen, wie vielfach sogar in Hamburg, wo doch der auswärtige Handel der Engherzigkeit entgegenwirkte, der Kastengeist bei der Amtsbewerbung bereits Boden gewann, so bei den Fischern [2]), Knochenhauern [3]), Reepschlägern [4]), Schmieden [5]), Wollenwebern [6]) und besonders Bäckern [7]), indem die Meisterskinder entweder ganz frei in die Zunft aufgenommen wurden oder doch unter bedeutenden Begünstigungen. Bei manchen Gewerben scheint noch ein etwas freierer Geist geherrscht zu haben, da bei ihnen die Meisterssöhne keine Bevorzugung geniessen sollten, so bei den Hutmachern [8]), Schuhmachern [9]),

---

[1]) So heisst es in der Stiftungsurkunde der Zunft der Metzger von 1248. „Et quicumque ex ipsorum opere, in eorum societate et confraternitate voluerint interesse, in introitu suo decem solidos persolvant; et eorum successores, si in eadem confraternitate consortes esse voluerint, tantum in introitu ipsorum tres solidos persolvant." (Ochs I. 319). Ebenso in der der Schneider von 1260. (Ebenda p. 350.) Die Bäcker befolgen scheinbar ein anderes Verfahren (kleines weisses Buch fol. 20); bei ihnen mussten die Meisterskinder die Zunft eben so theuer wie andere kaufen; aber sie setzten den Preis so hoch, „das kein arm man dazů kommen mochte". Der Rath ordnete darum die Sache ähnlich der Gewohnheit der anderen Zünfte; ein Bäckerskind erhielt nach dem Tode seines Vaters die Zunft, um ein Viertheil Wein und ein Pfund Wachs; zu Lebzeiten seines Vaters um zwei ein halb Pfund Pfennige, ein Fremder um fünf Pfund Pfennige.

[2]) 1375 (Rüdiger, Hamb. Zunftrollen p. 60—61 Nr. 1—3).

[3]) 1375 (Rüdiger, Hamb. Zunftrollen p. 139 Nr. 1).

[4]) 1345 (Rüdiger, Hamb. Zunftrollen p. 201 Nr. 4).

[5]) 1375 (Rüdiger, Hamb. Zunftrollen p. 250 Nr. 5).

[6]) 1400—1450 (Rüdiger, Hamb. Zunftrollen p. 305 Nr. 5).

[7]) 1375 (Rüdiger, Hamb. Zunftrollen p. 22, 23 Nr. 1—7).

[8]) 1400 und 1450 (Rüdiger p. 110 und 111 Nr. 2—7).

[9]) 1375 (Rüdiger p. 275 und 277 Nr. 16).

Glasern [1]), aber dann finden wir bei ihnen meist ein anderes
Schutzmittel, das Meisterstück [2]), wodurch die Bevorzugung
wieder in ihre Gewalt gelegt war, oder wir sehen sie sehr
bald dem engherzigen Zeitgeist sich nähern, wie dies bei den
Böttchern [3]) der Fall war. Zudem waren im Allgemeinen schon
die Bestimmungen für die Amtsgewinnung derart, dass sie die
Meisterssöhne nur leicht erfüllen konnten (längerer Dienst am
Ort, bestimmtes Vermögen, theueres Meisteressen [4]); vgl. die
Hamburger Rollen). Aehnliche Tendenz finden wir in anderen
Urkunden des 14. Jahrhunderts; die Begünstigungen waren oft
so schreiend, dass der Rath eingreifen musste, wie bei den
Metzgern in Basel [5]), ja sich nicht selten veranlasst sah, die

---

[1]) 1375 (Rüdiger p. 90 Nr. 1—4). 15. Jahrh. (Rüdiger p. 93).

[2]) Schönberg behauptet p. 57 bei zu ausschliesslicher Benutzung der
Lübecker Zunftrollen, die Zunft der Scrodere zu Lübeck um 1370 und die
der Buntmaker von 1386 seien die einzigen, von denen aus dem 14. Jahrh.
mit Bestimmtheit gesagt werden könne, dass bei ihnen das Meisterstück
verlangt wurde. Diese Ansicht ist unrichtig, im Gegentheil glaube ich,
dass bereits in der zweiten Hälfte des 14. Jahrh. das Meisterstück vor-
herrscht. Vgl. die ausführliche Prüfung der Schneidergesellen zu Mainz von
1391 (Mone, Zeitschrift des Oberrh. XIII. 153); die Vorschrift eines Meisterstücks bei den Schneidern in Danzig von 1399 (Hirsch p. 326), bei den
Schmieden von 1387 ebenda (Hirsch 341), die Sitte desselben im 14.
Jahrh. in Nürnberg, Köln, Freiberg, München, siehe Maurer II. p. 451
und 452 und seine Quellenangaben. Freilich berichtet Heitz, Das Zunftwesen in Strassburg p. 32 und 159, dass für zweiundvierzig Handwerke
in Strassburg das Meisterstück erst 1629 definitiv eingeführt ward; allein
man muss bedenken, dass dieser Fixirung schon lange die gewerbliche
Sitte in den einzelnen Zünften vorangegangen sein mochte, dass oft auch
die Einführung des Meisterstücks weniger begehrt wurde, weil die Zünfte
andere Macht- und Schutzmittel besassen; es ist gewiss nicht zufällig,
dass wir das Meisterstück gerade in den Städten in Anwendung finden,
in denen ein mächtiger, unparteiischer Rath die Zünfte niederhielt.

[3]) 1375 (Rüdiger, p. 29 Nr. 1 und 2). 1415 (Rüdiger, p. 33
Nr. 3 und 4). 1437 (Rüdiger, p. 33 und 34 Nr. 1 und 2).

[4]) Ein solches wird schon erwähnt in einer Urkunde der Trier'schen
Eisenschmiede von 1285 bei Lacomblet, Archiv für Geschichte des
Niederrheins I. 270. Darnach soll der Eintretende 20 sh. geben und ein
„prandium cum septem ferculis habundantibus sicut fieri est consuetum
huc usque."

[5]) Ochs, Geschichte von Basel II. p. 158 und 159 erzählt: „Die Ausgaben

Innung ganz aufzuheben, wie in Wien 1340, in Goslar und Erfurt [1]). An manchen Orten sehen wir das Handwerk den Meisterssöhnen und Meisterstöchtern schon [2]) in dieser Zeit ganz allein reservirt, wie dies in Bremen bei den Schuhmachern der Fall war [3]), an anderen Orten sogar die Erlernung den ausserhalb des

---

eines Metzgersohnes bei Erneuerung des Zunftrechts waren im Jahre 1391: drei Schilling vier Pfenning, ein Viertel Wein, drei Pfennig für den Meister, zwei Pfenning für den Knecht, ein Schilling an die Krone, welche man dem neuen Meister der Zunft jährlich aufsetzt, ein Schilling an das Tuch und ein Gulden an das Haus. Hingegen musste ein angehender Metzger, dessen Vater kein Metzger war, siebzehen Gulden für das Zunftrecht entrichten. Ausserdem musste er sechs Monate bey seinem Meister unentgeltlich dienen und sein Vieh hüten; nach diesem einige Monate lang sich um die Zunft bewerben und während dieser Zeit müssig gehen; dann war es ihm verbothen, anderst als zwischen Pfingsten und St. Johannis das letzte Ansuchen zu thun; und wenn er diese Zeit versessen hatte, so musste er sich ein ganzes Jahr noch gedulden lassen. Allein beyde Räthe schafften diese Umtriebe ab und setzten die Gebühren auf vier Gulden herunter und zwar wie sie sich ausdrückten, durch gemeines künftigen Nutzes willen, armer und richer Lüten."

[1]) Ueber die Begünstigung der Meisterkinder siehe reiche Quellenangabe auch bei Maurer II, 460 und 461, und hieher gehört auch der Streit der Wollschlägerknechte und Tuchmachermeister in Strassburg von 1381 (Bel. 13), der dahin entschieden wurde, dass der Wollschlägerknecht, welcher die Tochter eines Tuchmachermeisters heirathete oder einen solchen zum Vater hatte, um vier Strassburger Pfennige sich das Recht des Tuchmachens erwerben konnte, ein fremder Wollschlägerknecht dagegen nur um den vollen Preis, der auf Erwerbung des Zunftrechts gesetzt war.

[2]) Ein Beleg hiefür ist, dass in Frankfurt a. M. kein Fremder Fleisch feil halten durfte, wenn er nicht eine Meisterstochter geheirathet hatte. Urk. von 1355 bei Böhmer, Frankfurter Urkundenbuch p. 638.

[3]) Die bezüglichen Bestimmungen lauten (Böhmert, Beitr. 69) „Statuimus etiam, ut officium allutariorum deveniat ad filios et filias illorum, qui in tali arte nati sunt. Anno 1300." „Considerantes, quod officium allutariorum, qui Cordewanere vulgariter appellantur, consuevit ab olim in civitate Bremensi per viros probos et idoneos exerceri, de consilio discretiorum nostrae civitatis et illorum, qui experti sunt in hac arte, ut idem officium melius et laudabilius exerceatur, deliberatione provida duximus statuendum, quod quicunque, qui natus non fuerit in allutariorum officio, ab hac die, ni antea idem officium acquisiverit, debet habere ad minus de bonis propriis octo marcas Bremensis ponderis et argenti, de quibus nulli hominum quicquam solvere teneatur; cumque praedictum officium acquisierit, debet ponere

Handwerks Stehenden erschwert [1]), an andern das Erforderniss einer ehelichen Geburt und eines guten Rufes missbraucht [2]). Diese künstliche Fernhaltung der ausser der Zunft Geborenen wurde durch äussere Momente gefördert. Die Umschliessung der Städte mit Mauern gestattete meist nur eine sparsame Benutzung des Raumes, die Gewerbsbuden und Gewerbshäuser konnten darum nur schwer eine bestimmte Zahl überschreiten, und dadurch war die Fixirung des Gewerbebetriebs an deren Besitz leicht ermöglicht; die Bänke und Buden in ihren Besitz zu bringen — denn ursprünglich gehören sie der Stadt — sind darum die Meister frühzeitig bedacht [3]). Daraus folgte für viele Gewerbe vielfach die Nothwendigkeit, dass die Gesellen, die bereits das Meisterrecht sich erworben hatten, noch als

sufficientem creditorem, quod infra annum et diem nemini nostrorum concivium bona sua deferat aut deducat etc. Anno 1308." Dazu ist zu bemerken, dass der Census von 8 Mark verhältnissmässig hoch war; denn der für den Rath betrug 32 Mark.

[1]) Vereinbarung der Bäcker von Worms, Mainz etc. von 1352 (Bel. 7): „Ez ist auch mer geret und ubirkomen, welich meister einen knaben oder einen knecht daz antwerg lerte, die nit zu dem antwerg gebörn sint: der meister sal geben den andern meistern zwey punt heller in die bussen zu pene, er en si danne also kleine oder sie an yme geborn."

[2]) Dieser Verdacht entsteht sofort, wenn man sieht, dass die Wollenweber in Frankfurt a. M. erst 1469 den Zusatz zu ihren Gesetzen machen, dass der Aufzunehmende ehelich geboren und fromm sein müsse. Kriegk, Bürgerzwiste p. 362. In Constanz wurde erst 1500 bei den Badern geboten, „daz hinfür an kainer kain me ler ain handwerch der da sy ain bankhart oder ains phaffen kind oder ains münch kind". Sind Vater und Mutter beide ledig und nicht geistlich, so könne die Zunft eine Ausnahme gestatten. (Vorliegende Bestimmung ist enthalten in den unveröffentlichten Zunftverordnungen der Schiffleute, Scherer und Bader von 1390—1509).

[3]) So werden in der spät entstandenen Stadt Mewe 1353 den Fleischern die Fleischbänke „yn und iren nachkomelingen ebiclichen" verkauft. Urk. bei Voigt. Cod. Diplom. Pruss. IV. p. 5. In Danzig besitzen 1359 die Fleischer die Bänke; vgl. Hirsch p. 308. In Basel muss circa 1470 der Rath eine Verordnung erlassen, damit nicht der jeweilige Inhaber einer vom Rath verliehenen Fleischbank dieselbe verkaufe, sondern dass diese immer wieder an die Stadt zurückfalle. Gleichzeitig wurde befohlen, dass der Besitzer mehrerer Bänke nur eine müssig stehen lasse; man ersieht daraus deutlich die monopolistische Tendenz der Metzger. (Kleines weisses Buch fol. 106).

Knechte bei einem andern Meister fortdienten [1]. Die Schlies-
sung der Zunft endlich [2], d. h. die Beschränkung auf eine
gewisse Zahl von Meisterstellen war die letzte Phase dieser
Entwicklung, die sich im 15. und 16. Jahrhundert vollzog
und in der Beseitigung von nahezu jeder Concurrenz gipfelte [3].

Man könnte gegen die vorgebrachten Belege einwenden,
dass sie nur vereinzelte Erscheinungen seien, und die Berechtigung fehle, sie zur Charakterisirung der Entwicklung im
14. und 15. Jahrhundert in den Städten, die in der Cultur am
weitesten vorangeschritten waren, zu verwerthen, da diese Bestimmungen bei der Mehrzahl der überlieferten Statuten fehlen.
Allein in dem Fehlen liegt noch kein Gegenbeweis [4]; denn
die Statuten wurden auf bestimmte Anlässe hin gemacht, und
es ist vielfach ganz zufällig, ob dieser oder jener Punkt uns schriftlich fixirt überliefert wurde; die Sitte und Gewohnheit waren
die Rechtsbücher jener Zeit. Die wenigen Belege dürften somit
das, was allgemein galt, zur Darstellung bringen. Ferner könnte
man erwidern, diese Beschränkungen hätten im Allgemeinen ganz
gut wirken müssen, da ohnehin nur Meisterskinder das Gewerbe zu ergreifen pflegten, da die Technik hiedurch sich
besser erhielt, der Meisterssohn, mit Vermögen ausgestattet,
leichter das Gewerbe beginnen und die gefährliche Klippe des

[1] Der Bäckervertrag von 1352 (Bel. 7) sagt: „Und wanne er (der
knecht) meister wirt, so mag in ein ieglich meister haltden, ob er dienen
wil." Die Iglauer Tuchmacher verordnen 1360: „Wir wollen auch, dass
Niemand zugleich Meister und Knecht sei." Werner, Iglauer Tuchmacherzunft. Leipzig 1861 p. 6.

[2] In Nürnberg bestimmt der Stadtrath bereits im 14. Jahrh. die An-
zahl der Meister (Siebenkees, Materialien IV. 679—688;) in Hamburg
bitten 1468 die Fischer, ihre Zahl von fünfzig auf vierzig herabzusetzen
(Rüdiger 72); 1469 wird dort die Zahl der Goldschmiede auf 12 beschränkt
(Rüdiger 99); in Worms die der Weinschröter 1463 auf vierundvierzig.
Vgl. auch Wehrmann, Lübecker Zunftrollen p. 137, 138.

[3] Vergleich zwischen den Schuhmachern in Travemünde und Lübeck
von 1479. Wehrmann p. 419.

[4] L. Brentano glaubt sogar, man könne desswegen aus den Zunft-
statuten gar keinen richtigen Einblick in die Zunftverhältnisse gewinnen.
Vgl. dessen Kritik von Stahl, Das deutsche Handwerk, in Hildebrands
Jahrb. 1875.

Anfangs überstehen konnte. Allein, so gut diese Beschränkung auch theilweise wirken mochte, immerhin legte sie das Handwerk in die Hände einer Kaste — denn nur Meisterskinder des bestimmten Gewerbes waren die bevorzugten — und schuf Privilegien auf Kosten Anderer [1]). ˙Darum dürfte daran fest zu halten sein, dass kurz nach der Consolidirung der Zünfte der Interessengeist in ihnen während des 14. Jahrhunderts stark zu treiben begann und im 15. Jahrhundert die Sonderung der Handwerker in zwei sociale Stände mit divergirender Politik, in den der Meister und den der Gesellen, hervorzurufen geeignet war [2]). In der That musste der eingetretene Riss immer grösser werden, je weniger die Meister im persönlichen Umgang die Schärfe des Unterschieds zu vermindern geneigt waren, je mehr die Meister sich bestrebten, das früher geschilderte Knechtschaftsverhältniss beizubehalten, während es doch alle Berechtigung verlor, sobald es keine Durchgangsstufe zur baldigen grösseren Freiheit und Selbständigkeit mehr bildete. Die Stadtbürger, welche die Arbeit von der Knechtschaft befreit und durch ihre genossenschaftliche Macht im Gegensatz zur antiken Welt zu Ehren gebracht, trübten selbst wieder die Reinheit dieser Errungenschaft, seitdem sie einen grossen Theil ihrer Mitarbeiter von der vollen Freiheit und Ehre ausschlossen. Der steigende Einfluss, zu dem der Bürgerstand durch seine Wohlhabenheit gelangte, liess den armen Gesellen immer mehr die Kluft fühlen, die zwischen ihm und dem Herrn bestand. Stolz geworden [3])

---

[1]) **Kriegk**, Bürgerzwiste p. 388 sagt richtig: „Die Zunft war eigentlich ein auf die Kinder sich forterbender Verein, in welchen ursprünglich auch nur selten einer aufgenommen wurde, der ihm nicht schon durch Geburt angehörte. — Die Aufnahme in eine Zunft gewährte also eine Art von erblichem Rechte, oder wie dies in den Schneidergesetzen von 1377 ausgedrückt ist, durch dieselbe erhielten der neue Zunftgenosse und seine Kinder Recht zu Allem, was dem Handwerk in Gemeinschaft zugehörte."

[2]) Ganz den gleichen Verlauf zeigt Frankreich. Vgl. Levasseur, Histoire des classes ouvrières I. p. 465.

[3]) Mone sagt Zeitschrift des Oberrheins IX. 135: „Die plebeische Bevölkerung der Freistädte war durch ihren rastlosen Erwerb beweglicher

gönnten die Meister den Knechten keine Theilnahme mehr
an ihren geselligen Unterhaltungen [1]), wollten aber auch nicht
zugeben [2]), dass die Knechte für sich die geselligen Freuden
genössen, obschon diese das Bedürfniss um so mehr hatten, je
weniger in Folge des Altersunterschiedes die frische Denkungs-
weise und der jugendliche Humor zu dem ernsten Meistersinn
passen wollte. Dazu kam der Mangel eines kräftigen rechtlichen Schutzes für die Knechte [3]). Dieser Schutz hing von
der Machtentfaltung der Zünfte ab; war es ihnen nicht ge-
glückt, in der Stadt das Regiment an sich zu reissen, wie zu
Frankfurt a. M. 1377, dann war zwar ·kein Grund vorhanden,

—

Güter auch ein bewegliches Element, welches durch glückliche Speculationen
reich und übermüthig wurde, wovon die Folgen nicht ausblieben.“

[1]) Die Wollenwebermeister zu Constanz bestimmten 1386 (Bel. 16): „Item
die kneht sont nit gewalt haben zü den maistern in die trinkstuben zu
gänd, die maister sehent si danne gern und gunnent ine des;“ ebenso
die Murlude. und Deckere circ. 1527 in Lübeck (Wehrm. 336): „Item
leerknechte edder knapenn solenn nicht mith denn meisters thor morgen-
sprake edder yn des ampts krogh gaenn; wenn de mesters by eynnander
synn, idt en sy, dath se vann denn meisters dar tho gheesschet werdenn.“

[2]) Beweis hiefür ist die Bestimmung der Strassb. Knechteordnung von
1465 (Bel. 57): „Es söllent ouch alle antwercksknechte vnd ander dienende
knechte, wer die sint hynnan furter kein trinkstube oder gedingete huser,
garten, noch kein gemein gesellschafft ine haben“ — und das Verbot der
Trinkstuben zu Constanz 1390, 1423 und 1441 (Bel. 20, 21.). In Strassburg dagegen darf 1470 ein Kürschnermeister nur auf gerichtliches Urtheil
hin seinen Knecht vom Besuch der Trinkstube abhalten, denn die Satzung
lautet: „Welher meister einem knecht die stube verbieten wil, der sol das
vorhin für das gerichte bringen; erkennet denn daz gerichte, das er das
tûn sol, so sol es do bij bliben“ (Mone XVII. p. 32). Die Verbote gegen
die Trinkstuben, als an sich unberechtigt, konnten auch nirgends auf die
Dauer aufrecht erhalten werden. 1421 z. B. hatten Speier, Worms, Frankfurt und Mainz alle Trinkstuben der Gesellen gemeinsam verboten (Bel. 41);
1476 sind sie schon wieder da, wie der Artikel bei den Steindeckern evi-
dent beweist: „Iss sal auch kein meister knecht oder knabe, frembde oder
hemisch, in der ortten oder dem gehusse, da sie ir orten halten, den andern u. s. w.“ (Kriegk, Bürgerzwiste p. 542).

[3]) Ueber das Entstehen der Klassengesetzgebung und den cynischen
Erwerbstrieb bei den Zünften siehe Schmoller, Strassburg zur Zeit der
Zunftkämpfe p. 40 u. 41.

warum die Ausscheidung der Gesellen ausbleiben sollte —
denn diese war ja vorwiegend das Resultat wirthschaftlicher
Momente — aber sie konnte mit einigem Recht unterdrückt
oder doch hinausgeschoben werden, wenn der Rath über allen
Parteien stand und sowohl Meistern wie Knechten das Recht
angedeihen zu lassen sich bestrebte [1]). War dagegen der
Rath ein zünftiger geworden, wie dies meist gegen Ende des
14. Jahrhunderts geschah [2]), so war kein wirksames Correctiv
vorhanden [3]); die erste Entscheidung [4]) lag meist beim aus-
erwählten Zunftmeister oder bei den sämmtlichen Meistern
des Handwerks; eine an den Rath erfolgende Appellation kam

---

[1]) So mag es in Lübeck gewesen sein; denn in der Rolle der Barbiere
heisst es 1480 (Wehrm. p. 165): „Item offt de meistere vnses amptes vnder
syck eder de knechte vnder syck jenige schelinge eder tweedracht hadden,
dar neyn heren broke ane were, dat scholen se soeken von den olderluden
vnde veeren van den meisteren; konen de dat nicht vorlikenen, so scholen
se dat soeken vor dem wedde by broke eyne marck sulvers." Vgl. besonders Ochs, Geschichte von Basel II p. 152 und Bel. 25.

[2]) So war dies ganz oder theilweise der Fall in Worms seit 1300, in
Speier seit 1349, in Strassburg 1332, in Freiburg i. B. seit 1388, in Landau
wahrscheinlich seit 1361, in Constanz definitiv seit 1429. Vgl. Maurer
II. 555, 552, 542, 695, 680, 600.

[3]) Für die einseitige Tendenz des zünftigen Rathes ist auch beweisend,
dass die Verfolgung der Juden und ihre Vertreibung aus den Städten
grossentheils aus den Zeiten der Erhebung und des Sieges der Zünfte da-
tirt. Vgl. Maurer II 744. Mit Recht sagt darum derselbe II 722 und 723:
„Das Zunftregiment ist keineswegs demokratischer Natur gewesen im heutigen Sinne des Wortes, wie dies insgemein angenommen wird. Denn nicht
die Einzelnen, sondern immer nur die Genossenschaft hatten durch ihre
Vertreter Antheil an dem Regiment. Der Grundcharakter des Städtewesens
war und blieb das Streben nach möglichst vollständiger Vertretung der
Interessen der einzelnen Genossenschaften oder Stände."

[4]) Vor 1377 durfte in Frankfurt der Rath eine Klage, welche wegen
der in den Zunftgesetzen vorgesehenen Straffälle von einem Gesellen bei
ihm angebracht wurde, nicht annehmen, sondern musste sie an die Zunft
verweisen (Kriegk p. 385). Ihre Gerichtsbarkeit hielten die Meister so
fest, dass in Constanz (wie aus dem noch erhaltenen Zunftrechnungsbüchlein
der Wollweber von 1426—1439 zu ersehen ist) die Webermeister bei
Streitigkeiten zwischen Meistern und Knechten verlangten, dass auch bei
Ueberspringung ihres Gerichts der unterliegende Theil ein Viertheil Wein
oder 2 sh. d. an die Zunft zahlen solle.

2 *

aber wieder vor Meister; es wird darum den Knechten wenig
Vertrauen eingeflösst haben, wenn man ihnen gewöhnlich befahl, an den Rath sich zu wenden, wofern die Meister zu hart
sein sollten. So konnten die Meister ihre Gewalt missbrauchen [1]
und die Knechte nicht bloss in ihrer scharf ausgeprägten
dienstlichen Stellung, sondern auch im Lohn möglichst niedrig
halten [2]. Schon sie wussten das Trucksystem anzuwenden
und durch Bezahlung in Form von Waaren eine Lohnver-
minderung herbeizuführen [3]; schon sie suchten die Knechte
durch Lotterkredit an sich zu fesseln [4], die Arbeitsbedingungen
dadurch herabzudrücken und den Knecht zu keiner ordentlichen Wirthschaft gelangen zu lassen; schon sie scheinen
sich der unnoblen Verwendung einer zu grossen Zahl von
Lehrlingen schuldig gemacht zu haben [5]. Hie und da beginnen sogar die Meister nicht mehr selbstthätig zu sein, und
mussten Verbote hiegegen erlassen werden [6].

---

[1] Ob es in Deutschland so weit kam, dass der Meister den Lehrknecht an einen andern Meister verkaufen konnte, welches Recht in
sämmtlichen Pariser Statuten gewährt ist (Levasseur I p. 232), dafür
habe ich keinen Anhalt.

[2] Man denke namentlich auch daran, dass der zünftige Neid meist
ganz gleichen Lohn festsetzte, also auf die persönliche Tüchtigkeit und
Geschicklichkeit des Gesellen keine Rücksicht nahm, ja dass die Zunft
die Knechte sogar strafte (Beispiel Danziger Fleischergesellen, Bel. 23a),
wenn sie mehr Lohn als den allgemein festgesetzten erhalten hatten.

[3] Bel. 6 und 10. Gleiche Erscheinung zeigt sich in Frankreich (Levasseur I p. 271).

[4] Das kann man daraus erschliessen, dass die Meister, um den andern
keinen Vorsprung zu lassen, Bestimmungen in die Statuten über das Geld-
leihen aufnahmen. Vgl. das Bündniss der Böttcher verschiedener Städte
von 1321 (Bel. 1). und bei Wehrmann p. 212 die Satzung der Pantoffel-
macher von 1457: „Item en schal nymand in vnseme ampte eneme knechte
meer don vppe zyn vordeenst, dan ene mark, by broke III mark sulvers,
ane dat beneme eme sukedage." Die Constanzer Wollenwebermeister gestatten dagegen 1386 (Bel. 16) das Leihen in jedem Betrage.

[5] Vergleich zwischen der Meisterschaft und den Knechten des Weberhandwerks der Lehrknechte halber in Strassburg von 1363 (Bel. 11). Siehe
auch Levasseur I 270.

[6] So heisst es in der Rolle der Goldschmiede von 1492 (Wehrm.

Fasst man die wesentlichen Punkte des bisher Skizzirten zusammen, so wird man für die immer reger werdende Unzufriedenheit [1] der Gesellen (vgl. den Abschnitt 5) eine Erklärung unschwer vermissen. Die Ueberfüllung der Zünfte, die als Folge dieser sich entwickelnde Bevorzugung der Angehörigen der zünftigen Familien und die Fernhaltung der ausserhalb der Zunft Stehenden, die hochmüthige und drückende Behandlung der dienenden Gesellen durch die privilegirten Meister, der Mangel eines starken Schutzes gegen die Willkür der letztern waren Momente, welche die Gemüther der Gesellen allmälig in Gährung versetzen, ein gleiches Interesse bei ihnen erzeugen und dieselben zum Zusammenschluss führen mussten. Diesem einmal geweckten Bedürfnisse gaben zudem noch andere ausserhalb des rein wirthschaftlichen Gebietes liegende Thatsachen Nahrung.

3.

Ausserwirthschaftliche Momente, welche die Organisation eigener Gesellenverbände beförderten.

Die ausserwirthschaftlichen Momente sind theils der Organisation in Form der rein kirchlichen Brüderschaften, theils der von weltlichen Gesellenschaften günstiger, ohne dass es

---

p. 219): „Vortmer welck goltsmit, dede gesunt vnde wal to reke is vnde geit to wege vnde to stege vnde is redelick, de schal syne goltboden sulven vorstan, vnde neyn knecht vor eme." Wie in Frankreich 1465 und wiederholt geboten werden musste, dass die Meister in Person ihre Läden besorgen sollten, darüber siehe Levasseur II 92.

[1] An diese Thatsache sollte man auch denken, wenn man von dem grossen Aufschwung der gewerblichen Arbeit und dem allgemeinen Wohlstand der Handwerker im 14. und 15. Jahrhundert spricht, wie Schönberg (Zunftwesen p. 77); denn es ist doch kaum zu bezweifeln, dass dieser Wohlstand der Meister zum grossen Theil nur der unvollständig gelohnten Arbeit und dem Schweisse der sorgenvoll in die Zukunft blickenden Gesellen zu verdanken war.

möglich wäre, beide Gruppen hiebei strenge zu sondern. Zunächst musste der Genossenschaftscharakter, wie er in jener Zeit sich ausgeprägt hatte, seine Wirkung ausüben. Das Mittelalter verlangte eine Gliederung der Gesellschaft in lauter ziemlich kleine Genossenschaften. Eine Existenz ausserhalb einer solchen war für die damalige Auffassung undenkbar. Die Genossenschaft [1]) war der Träger der Talententwicklung des Einzelnen und beanspruchte darum den ganzen Menschen. Jeder musste sonach, um seinen kirchlichen, geselligen und gesellschaftlichen Bedürfnissen zu genügen, einer Genossenschaft sich einfügen, die diese Zwecke dem Alter und Stand entsprechend verfolgte. Hiezu aber war die Genossenschaft der Meister den Gesellen gegenüber gewiss nicht geeignet; letztere strebten darum nach gleicher genossenschaftlicher Vervollkommnung und eigener Verbindung. Sodann übte der Glanz, den die Genossenschaften bei den verschiedenen Gelegenheiten nach Aussen hin entfalteten, auf die jugendliche Phantasie einen mächtigen Anreiz; denn „der Sinn des Mittelalters zeigt sich als eine Richtung des Gemüths, der unsern gerade entgegengesetzt, auf das Aeussere, das Auge Fesselnde, auf stattliche Repräsentation [2])." Mit Bewunderung schauten die Gesellen auf die grossen Corporationen, ahmten deren gute und oft auch deren tadelnswerthe Gebräuche nach; wie in der That die Ritterorden, geistliche Orden und sogar die Klöster Spuren ihres Einflusses [3]) hinterliessen, davon geben

---

[1]) Vgl. die treffliche Analyse der mittelalterlichen Genossenschaft bei Otto Gierke, Rechtsgeschichte der deutschen Genossenschaften Berlin 1868 p. 226—228.

[2]) Freytag, Bilder aus dem Mittelalter II 173.

[3]) Zu formal aber verfährt man, wenn man mit Maurer II. p. 367 die ganze Gliederung der Zunft als eine blosse Nachbildung der Ritterorden darstellt; Maurer sagt nämlich: „Seitdem das Zunftwesen mehr und mehr nach dem Vorbilde der Ritterorden geordnet worden ist, seitdem unterschied man in jeder Zunft die Meister von den Gesellen und diese wieder von den Lehrburschen, wie bei den Ritterorden die Ritter von den Knappen und diese von den Pagen. Und wie die Pagen nach beendigten Lehrjahren zuerst Knappen werden mussten, ehe sie den Ritterschlag erhalten konnten, ebenso mussten die Lehrlinge nach beendigter Lehrzeit zuerst Gesellen

einzeln stehende Phrasen, wie sie bei den Gesellen üblich waren, Beweise [1]). Dieser psychologisch leicht erklärbare Drang, im Anschluss an die bewunderten Vorbilder namentlich bei kirchlichen Festen als eigene Corporation aufzutreten und als solche mit allem Pomp zu erscheinen, wird noch erklärlicher, wenn man bedenkt, dass die Knechte an der Ehre der Arbeit keinen vollen Antheil hatten; denn „die Ehre der Arbeit quoll nicht aus der vollen Thatkraft des Arbeiters, sondern ging von der Genossenschaft der Meister aus" [2]) und an dieser hatten sie keinen reellen Antheil; denn, wie Buchez richtig bemerkt, die alten Corporationen waren bloss Associationen der Meister, welche die Gesellen wie Instrumente benutzten. Durch die neue Standesehre gedachten die Handwerksknechte diesen Mangel zu ersetzen, und wirklich hat ihre Repräsentationslust erreicht, dass in späterer Zeit ihre Feste wahre Volksfeste wurden. Zu diesen begünstigenden Momenten kam, dass die Geistlichkeit mit den Gesellen liebäugelte, durch Ueberlassung von Begräbnissstätten, Altären und Kapellen sie ihren kirchlichen Zwecken unterthan zu machen, das festliche Gepränge durch der Brüderschaft Kerzen und Fahnen zu mehren und das kirchliche Vermögen sowohl direkt durch die Beiträge der Gesellen als indirekt durch Stiftungen, die von Privaten an die Brüderschaften gemacht zu werden pflegten, zu be-

---

werden, ehe sie Meister werden konnten. Durch diese Einrichtung (?) erhielten nun auch die Gesellen eine selbständigere Stellung. Sie wurden sehr unabhängig von ihren Meistern, weit unabhängiger noch, als es die untergeordneten Handwerker in den hörigen Handwerksämtern gewesen sind." Dabei ist ausser Auge gelassen, dass jeder mittelalterlichen Genossenschaft, obwohl alle, von der Schützengesellschaft (Maurer I. 526) an bis zu den Geschlechtergilden, Zünften und Gesellenverbindungen, äusserlich ganz ähnlich eingerichtet waren, besondere Zwecke, Bedürfnisskreise und innere Gründe zur Constituirung zu Grunde lagen.

[1]) Ich erinnere nur an die gebräuchliche Entschuldigungsformel, wenn man einem wandernden Gesellen nicht helfen konnte: „Das Kloster ist arm, der Brüder sind viel, und der Abt trinkt selber gern." Vgl. bezüglich des Einflusses geistlicher Kollegien Berlepsch, Chronik der Gew. VIII p. 162.

[2]) Riehl, Die Arbeit p. 37.

reichern suchte [1]). Schliesslich war es zum Theil das Interesse der Meister selbst, gegen das Entstehen einer kirchlichen Gesellenbrüderschaft keinen Einspruch zu erheben, weil sie dadurch von der Kranken- und Armenlast der Knechte enthoben wurden [2]), ohne wohl eine entsprechende Lohnerhöhung damit zu verbinden.

Für das Auftreten der weltlichen Gesellenverbände waren noch ganz besondere Umstände von Einfluss; in den grösseren Städten begannen die Bürger, gemächlich geworden, dem activen Kriegsdienste sich zu entziehen und denselben ihren Gesellen gegen Belohnung aus der Innungskasse zuzuschieben [3]). Diese aber, zum Behufe einer Heerfahrt organisirt, behielten auch nach Abwehr der Gefahr diese Organisation gerne bei [4])

---

[1]) So theilt Neumann, Geschichte von Görlitz 1850 p. 267 Folgendes mit: „Als diese Brüderschaften in der Mitte des 15. Jahrhunderts bedeutend in Aufnahme kamen, begann man solche mit Geschenken und Erbschaften so reichlich zu bedenken, dass König Ladislaw unterm 14. April 1457 dem Rathe zu Görlitz befahl, er möge sich vorsehen, dass nicht Häuser, Gärten und Aecker unter dem Vorwand einer Brüderschaft dem (bekanntlich von weltlichen Abgaben freien) Klerus zinsbar würden und dadurch dem Gemeindewesen grosser Schaden, der Einwohnerschaft aber übermässige Abgabenlast erwachse." Auch das Moment ist nicht zu vergessen, dass durch die Brüderschaften die politische Macht der Geistlichkeit gegen einen etwa feindlichen Stadtrath gestärkt ward.

[2]) Wie wichtig es ist, dass die Meister dieser Last sich nicht entziehen, zeigt Hofmann, Befugniss zum Gewerbetrieb p. 145.

[3]) Vgl. Neumann, Geschichte von Görlitz p. 602 u. 115. Die Bewaffnung der dienenden Knechte findet man oft erwähnt; so heisst es im Rathsbuch von Constanz 1501 p. 6: „Item mach zettelin in die zünft von der dienenden knecht wege, das die och von irn maistern mit geweren versehen werden und an den markt loffen."

[4]) Das Streben der Bäcker- und Müllerknechte in Landau, ein eigenes Banner zu besitzen (Bel. 45), führe ich auf militärische Imitationslust zurück; sie wollten sich vollständig als eine Zunft geriren, denn das Banner gebührte nur der Zunft und verlieh ihr den militärischen Charakter; so heisst es von der Schiffleute- und Fischerzunft 1354 zu Basel (Ochs II p. 94): „Auch sollen dieselben zwey Handwerke, Schiffleute und Fischer, ein Banier haben, und auch gemeinlich darunter ziehen, so man auszieht; und soll auch das Banier alleweil in eines jedes Meisters Haus seyn, der

und erhoben sich bei geringen Anlässen zu jenem revolutionären Geist, den die Zünfte selbst durch die Bewaffnung der Knechte bei den Kämpfen um die Stadtgewalt unter ihnen ausgesaet hatten [1]). In den Städten, wo der Rath gemischt war oder gar bloss aus Patriciern bestand, begünstigte dieser ebenfalls die Organisationen der Gesellen; denn er sah darin ein willkommenes Mittel, die Handwerkszunft zu schwächen und ihre Macht zu paralysiren. So war es bei den Tuchknappen in Iglau[2]) 1669 der Fall, und ähnliche Motive mochten auch in früherer Zeit vorhanden gewesen sein [3]). Das bedeutendste Vehikel endlich für die Organisation der Gesellenschaften war sicherlich das Wandern, beziehungsweise die seit dem 15. Jahr-

---

dann je Meister ist. Und das Zeichen, so an dem Baner ist, soll auch also zu gleicher Weise an ihren Zelten stehen."

[1]) Mone IX. p. 136 sagt mit Recht: „Die Zünfte brauchten zu ihren Aufläufen gegen den Stadtrath ihre Handwerksgesellen als Helfer, sie bewaffneten dadurch ihr Proletariat und gaben ihm das Beispiel der Gewaltthätigkeit. Dies lockerte die Ordnung zwischen den Meistern und Gesellen und erzeugte bei diesen einen Hang zur Auflehnung, der sich derselben Mittel gegen die Meister bediente, welche diese gegen die Patricier gebraucht hatten."

[2]) Werner, Iglauer Tuchmacherzunft p. 86.

[3]) Wahrscheinlich darf man den Berliner Knappenbrief von 1331 (Bel. 3) auf ein solches Motiv zurückführen. — Stock, Grundzüge der Verfassung des Gesellenwesens der deutschen Handwerker Magdeburg 1844 p. 3 glaubt, die Entstehung der Gesellenstatuten (und damit die Constituirung der Gesellenschaften) sei insgemein so zu erklären, dass der meist aus Handwerkmeistern bestehende Rath den Gesellen als seinen einstigen Nachfolgern zum Zweck besserer Erziehung und grösserer Annäherung an die Meister (?) Artikel gab. Diese Ansicht aber dürfte kaum richtig sein, namentlich nicht für die älteste Zeit; immer lassen die der festen Organisation vorangegangenen Momente erkennen, dass die Statuten mehr oder minder abgerungen werden mussten. Später kam es wohl vor, dass die Meister oder der Rath aus eigener Initiative Gesellschaften begründeten und behufs Aufrechthaltung grösserer Gesittung zuliessen (ich erinnere besonders an die Genossenschaftsurkunde der Wollen-, Leinweber- und Hosenstrickergesellen in Freiburg von 1591, Bel. 103); aber auch hier entsprang die Initiative der Nothwendigkeit, das Beispiel anderer Städte nachzuahmen und dem Handwerk die Anerkennung der Ebenbürtigkeit von Seite der andern Ortschaften zu sichern.

hundert entstandene Wanderpflicht[1]); für den fremden Gesellen musste ein Institut da sein, das ihm für sein Unterkom-
men behülflich war, und wer anders sollte ein solches begrün-
den, als die, welche den Interessen des Zugewanderten am
nächsten standen und gerne in der Fürsorge für ihn einen
Vorwand und eine Gelegenheit zu einer geselligen Zusammenkunft suchten und fanden[2])?

4.

Die ersten Kennzeichen einer eigenen Interessenpolitik von Seite der Gesellen.

Die durch das Missbehagen herbeigeführte Interessen-
politik[3]) der Gesellen findet ihren Ausdruck in verschiedenen
Momenten:

1) Bald da, bald dort machte sich das Streben geltend,
den Lohn zu erhöhen, da die Knechte nicht das Interesse
haben konnten, den Meister lebenslang oder doch während

---

[1]) Winzer, Die deutschen Brüderschaften des Mittelalters Giessen 1859
sagt p. 44: „Jedenfalls glaube ich nicht zu irren, wenn ich die Gesellenschaft aus der Vorschrift ableite, dass jeder Handwerker, ehe er sich nieder-
lassen konnte, einige Zeit auf der Wanderschaft zugebracht haben musste;
denn wo wir diese Verordnung nicht finden, z. B. in England, ist auch
der Gesellenstand etwas Unbekanntes.“ Dagegen möchte ich erinnern,
dass nicht die Wanderpflicht, sondern das, was die Wanderpflicht veranlasste, als wahre Ursache anzusehen ist. In wie weit die Behauptung
richtig ist, England habe keinen organisirten Gesellenstand gekannt, darüber vgl. Brentano, Arbeitergilden I p. 82 und 83. Ueber die Entstehung
des Wanderzwanges Stahl, Das deutsche Handwerk Giessen 1874 p. 345 fg.

[2]) Die Nothwendigkeit eines solchen Instituts trat besonders frühzeitig
da hervor, wo das Handwerk viele Hände beschäftigte. Daher die ganz
allgemeine Erscheinung, dass die Absonderung so frühe bei den Webern
eintrat. Je zahlreicher die Gesellen, um so grösser war für die Meister
die Last der Sorge für die Wandernden, und die ersteren überliessen
darum gerne den Gesellen die Verwaltung dieser Angelegenheit.

[3]) Wie diese in Frankreich zu Tage trat, und überhaupt über die dortigen analogen Verhältnisse vgl. Levasseur I. p. 465, 496, 372.

einer unverhältnissmässig langen Reihe von Jahren mit dem Ertrágniss ihrer Arbeit zu bereichern. Dadurch wurden sie nothwendig veranlasst, gemeinsame Sache zu machen. Die Vereinigung der Breslauer Gürtlergesellen im Jahre 1329 mag aus solchem Motiv entsprungen sein (Bel. 2).

2) Die Meister sahen sich gezwungen, den immer schärfer andringenden Gesellen aus den allgemeinen Zunftstatuten gleichsam einen gesonderten Codex auszuscheiden[1]); so fixirten die Schuhmachermeister in Strassburg 1387 die althergebrachten Rechte gegen ihre Knechte bei der beginnenden Zersetzung (Bel. 17), und die Wollenwebermeister in Constanz liessen 1386 wegen der unsicher werdenden und zu Streitigkeiten führenden gegenseitigen Beziehungen sich und ihren Knechten in sieben Punkten von dem Zunftmeister zu Recht sprechen (Bel. 16).

3) Bei den sich häufenden Zwistigkeiten musste sich das Bedürfniss fühlbar machen, für eine geordnete Handwerksgerichtsbarkeit zu sorgen; es entstanden die Fragen, wer soll richten, und wo soll gerichtet werden. Darum setzten z. B. die Strassburger, Zaberner und Hagenauer Webermeister und Knechte 1356 fest, dass die Streitigkeiten da zum Austrag kommen sollen, wo die That geschehen, beziehungsweise in der nächsten Stadt, wo eine Zunft ist. 1399 stellten die Schuhmacher von achtzehn oberrheinischen Städten gemeinsame Grundsätze bezüglich der Gerichtsbarkeit auf; wonach bei einem Streit zwischen Meister und Knecht der Vorstand der Zunft unter Herbeiziehung einer gewissen Zahl von Genossenschaftsmitgliedern die Angelegenheit schlichten soll. Weist der Knecht dies Urtheil zurück oder haben die Schuhmacher keine Zunft in der Stadt, in der die Parteien wohnen, so fällen die Ortsbehörden das Urtheil. Der Geselle, der sich nicht unterwirft, unterliegt der Strafe und verliert im ganzen Ge-

---

[1]) Dieser Vorgang ist ganz analog der ehemaligen Ausscheidung des Gewerberechts der Zünfte aus den Stadtordnungen; vgl. Schmoller, Strassburg zur Zeit der Zunftkämpfe p. 11.

biet das Anrecht auf das Gewerbe[1]). In schwierigen Fällen, die leidenschaftlich die Gemüther bewegten, scheint man sich hie und da zur Bildung von Schiedsgerichten bewogen gesehen zu haben, in denen beide Parteien vertreten waren; so 1363 zu Strassburg, wo der Ammanmeister von den ehemaligen Ammanmeistern fünf von den Knechten und fünf von den Meistern auswählen lässt und bei Stimmengleichheit als Obmann fungirt (ähnlich dem System Kettle's).

4) Die Macht einer einzelnen Stadt gegen die Knechte erwies sich nothwendiger Weise als ungenügend, sobald die Gesellen in Folge der wirthschaftlichen Situation zu wandern genöthigt waren. Daher die Erscheinung der Städte- und Zunftbündnisse, durch welche die Meister ihre zum grossen Theil unberechtigte und willkürliche Gewalt gegen das bewegliche Gesellenvolk festzuhalten gedachten. Deutschland zerfiel in dieser Hinsicht in eine Anzahl von Zonen, die meist schon geographisch je ein abgeschlossenes Terrain bildeten[2]). Die Zunftentwicklung in jeder einzelnen war meist gleichartig, und sie verdienen darum besondere Beachtung. Ein solcher Kreis mit gleichen Interessen liegt gegen Norden an der See; wir haben hier das Bündniss von Lübeck, Hamburg, Wismar, Rostock, Stralsund, Greifswald in Betreff der Böttchergesellen 1321 (Bel. 1); das der Grapengiesser von Lübeck, Rostock, Wismar, Stralsund, Greifswald, Stettin 1354 (Wehrmann p. 225); das der Seiler von Lübeck, Hamburg, Wismar, Rostock, Sunde

---

[1]) Bel. 24; vgl. auch Mossmann, Notes et Documents de Colmar. 1872. XVIII. p. 24.

[2]) Die nämlichen Städte hatten meist schon frühe politische Verbindungen eingegangen. Ich erinnere an den Bund der rheinischen Städte von 1254, den Bund der Herren und Städte in der Wetterau von 1265, den mehrer Städte am Rhein und in der Wetterau von 1273, den mehrer Landherrn mit 17 Städten im Elsass, am Rhein und in der Wetterau von 1278, den Bund einiger Städte in der Wetterau von 1285, den der Städte Freiburg, Villingen, Rottweil u. a. m. im Breisgau vom 14. Jahrhundert, den der Städte Basel und Strassburg unter sich und mit den schwäbischen und rheinischen Städten im 14. und 15. Jahrhundert, an den der vierzehn märkischen Städte mit Berlin an der Spitze von 1308 und 1396, endlich an den hanseatischen Städtebund. Maurer III p. 403.

und Stettin 1390 (Wehrmann p. 385); das der Schmiede [1]) in den sechs wendischen Städten zu Lübeck, Hamburg, Rostock, Stralsund, Wismar und Lüneburg 1494 (Wehrmann p. 446); das der Drechsler von Lübeck, Hamburg, Rostock, Stralsund und Wismar 1507 (Wehrmann p. 197), das der Bechermacher ebenda 1591 (Wehrmann p. 170) [2]). Gegen Osten waren die preussischen Städte auf eine gemeinsame Gewerbepolitik unter Leitung des deutschen Ordens hingewiesen, (1385 Bel. 15). Hieran reiht sich der Verband der schlesischen Städte mit den benachbarten. So machten die Schneider 1361 einen Bund, in welchem die Städte Schweidnitz, Striegau, Reichenbach, Landshut, Jauer, Bunzlau, Lemberg, Lauban, Hirschberg u. a., ferner Breslau, Neumarkt, Liegnitz, Hainau, Goldberg, Löbyn, Münsterberg, Strelin, Frankenstein, Glatz, Ohlau, Brieg, Oppeln, Namslau, Oels und Bernstadt vertreten waren (Bel. 9). Einen weiteren gemeinsamen Bezirk bildeten die Städte Braunschweig, Hildesheim, Goslar, Helmstädt, die sich im 14. Jahrhundert verbunden hatten, damit kein unordentlicher Gesell Arbeit erhalten sollte [3]). Recht kräftig hielten die Städte des mittleren Rheines und des Maines zusammen. Wir besitzen das Bündniss der Bäckermeister von Mainz, Worms, Speier, Oppenheim, Frankfurt, Bingen, Bacharach, Boppard aus dem Jahre 1352 (Bel. 7); ferner das der Schmiede von Mainz, Worms, Speier, Gelnhausen, Aschaffenburg, Bingen, Oppenheim, Creuznach von 1383 (Bel. 14); weiter eine Vereinbarung betreffs aller Knechte von 1421 zwischen den Stadtbehörden von Frankfurt, Mainz, Worms und Speier (Bel. 41). Die Städte der obern und mittlern Rheinebene bilden wieder eine eigene Zone. 1457 verbanden sich auf 28 Jahre die Schneiderzünfte von Mainz, Strassburg, Worms, Speier, Frankfurt, Landau, Heidelberg, Oppenheim, Bingen, Coblenz, Alzey, Odernheim, Wimpfen, Heilbronn, Aschaffenburg, Kaiserslautern, Neustadt,

---

[1]) Diese scheinen besonders ihre Knechte hart gehalten zu haben; sie verlangten Arbeit von 3 Uhr Morgens bis 6 Uhr Abends; vgl. Wehrmann p. 448.

[2]) Siehe ferner Bel. 95b u. fg.

[3]) Berlepsch VI 125.

Laudenburg, Butspach und Gelnhausen. 1520 wurde von einem grossen Theil der nämlichen Städte dieses Bündniss mit mehren Modificationen erneuert (Bel. 93). Hieher gehört ferner das Uebereinkommen der Städte des Ober- und Niederrheins betreffs gleicher polizeilicher Behandlung aller Knechte von 1399 und 1436 [1]) (Bel. 24); die gemeinsame Annahme der Strassburger Knechteordnung von 1465 von Seite vieler oberrheinischer Städte (Bel. 57), die vielen gemeinschaftlichen Verabredungen wegen der Gesellen, wie wir solche bei den Städten Freiburg, Colmar, Breisach, Kenzingen, Endingen bezüglich der Seilerknechte 1425 (Bel. 40) wahrnehmen und später bei den Bäckerknechten 1496 finden werden. Manche Gewerbe waren stark organisirt, und an ihrer Spitze standen sogenannte Hauptladen. So waren um die Mitte des 14. Jahrhunderts die verschiedenen Messerschmiedzünfte in Deutschland zu vier grossen Brüderschaften mit den Hauptorten Augsburg, München, Basel, Heidelberg vereinigt, von welchen alle grösseren Streitigkeiten rechtsgültig entschieden wurden [2]). Doch waren auch diese Städte- und Zunftbündnisse nicht im Stande, die alten Zunftverhältnisse, soweit sie auf die unbedingte Unterordnung der Knechte sich bezogen, aufrecht zu halten; nur da, wo ein energisches Zusammengehen Statt fand, wie in Lübeck und bei seinen Verbündeten, war die Möglichkeit gegeben, ihre Umgestaltung nicht etwa zu verhindern, aber doch bis in das 16. Jahrhundert hinauszuschieben. Am Oberrhein, wo man mehr auf einzelne Gelegenheiten hin gemeinsame Sache machte, und nicht alle Handwerke in reichverzweigter fester Verbindung auftraten, erwiesen sich die Bündnisse unwirksam und zerfielen sehr bald. Die Kluft zwischen den Meistern und Knechten konnte hier nicht mehr beseitigt werden. Der Gesellen hatte sich ein eigenartiges Interesse bemächtigt, und dies verlangte gebieterisch, die alte

---

[1]) Mossmann, Notes et documents de la ville de Colmar 1872. XVIII p. 23 und 24.

[2]) Berlepsch VII. p. 123. Vgl. hiezu die grossartige Organisation des ganzen deutschen Steinmetzenhandwerks bei Heideloff, Bauhütte 1844.

Zunftordnung aufzugeben und an ihre Stelle eine neue modificirte treten zu lassen, d. h. die Abtrennung der Gesellen und Verbindung zu eigenen Körperschaften zu gestatten.

5.

Beweise für die Allgemeinheit der Gesellenbewegung im 14. und 15. Jahrhundert.

Nachdem wir die wirthschaftlichen, socialen und ethischen Momente, die zur Trennung nnd dann zur Organisation der Gesellen führen mussten, darzulegen versucht haben, ist es am Platze, dem Entwicklungsgange an der Hand der allerdings nur spärlich vorhandenen Urkunden zu folgen. Bei dem mir zur Verfügung stehenden Material hielt ich es für das Gerathenste, die örtlichen Zonen, die gleichartigen gewerblichen Fortschritt vermuthen lassen, zwar nicht ganz zu vernachlässigen, aber vorwiegend bei der Betrachtung den betreffenden Gewerbsstand festzuhalten, einmal weil jedes Gewerbe den Trägern desselben einen bestimmten Charakter verleiht und somit eine grosse Zahl gleicher, vom Ort unabhängiger psychologischer Kräfte darbietet[1]), sodann weil meine Urkunden mit wenigen Ausnahmen der Rheingegend entstammen, hier aber die Cultur und Stadtentwicklung[2]) in den wesentlichsten Zügen die gleiche war, ferner weil das Wandern einen engern Zusammenhang der Gesellen innerhalb des nämlichen Gewerbes verschiedener Städte, als zwischen den verschiedenen

---

[1]) So ist es gewiss nicht zufällig, dass manche Gesellenverbände ganz bestimmte Sitten ausbildeten und festhielten, z. B. die der Schmiede, bei welchen allgemein jeder Geselle einen Namen sich kaufen musste, so in Frankfurt (Bel. 14), Danzig (Bel. 23, 46), Elsass (Bel. 25 a), Görlitz (Neumann 601 und 602).

[2]) Die Machtstellung der Stadtbehörde musste natürlich ihren Einfluss in dieser Frage üben; diese konnte den Fortgang der Bewegung vielfach hemmen (wie in Constanz), wenn auch nicht auf die Dauer unterdrücken.

Gewerben in der nämlichen Stadt hervorrief [1]), endlich, weil innerhalb eines Gewerbes Uebertragungen von Gesellenstatuten von einer Stadt auf die andere, namentlich in späterer Zeit, vorgenommen wurden [2]).

a) Die Schneiderknechte.

Die Beschlüsse des schlesischen Schneidertages zu Schweidnitz (Bel. 9), wohin 25 Städte ihre Vertreter gesendet hatten, lassen erkennen, wie in Schlesien 1361 noch ziemlich [3]) das patriarchalische Verhältniss bei den Schneidern vorherrschte. Die Satzung, wie sich die Leute des Schneiderhandwerks tragen sollen, bezieht sich ausdrücklich auf Meister und Knecht und hat darum nicht die Bedeutung, den Knechten ein gemein-

---

[1]) In Danzig sind die Mühlknechte schon im 14. Jahrhundert selbstständig, während die Fleischergesellen im 15. Jahrhundert noch ganz abhängig sind. — Welchen mächtigen Einfluss das Wandern innerhalb des ganzen deutschen Reiches auf das einzelne Gewerbe haben musste, namentlich gegen Ende des 15. Jahrhunderts, dafür bieten die Heimathsangaben der Kürschnergesellen in Strassburg den deutlichsten Beweis: 1404 stammen die Kürschnergesellen aus Strassburg, Oppenheim, Colmar, Frankfurt, Böhmen, Offenburg, Lohr, Sulgen, Thiengen, Gengenbach Reutlingen, Esslingen, Dinkelsbühl, Rottweil, Brechheim, Speier, Villingen, Mainz, Basel, Ehingen, Freiburg i. Br., Weil, Minzenberg, Ilmstadt, Zabern, Weissenburg, von der Etsche; 1470 aus Breslau, Breisach, Wien, Wunsiedel, Freiburg i. Uechtl., Liegnitz, Basel, Freiburg, Franken, Straubing, Lausitz, Braunau, Zabern, Steiermark, Mösbach, ·Oettingen, Regensburg, Böhmen, Görlitz, Colmar, Werd, Augsburg, Frankfurt, Wimpfen, Ansbach, Krakau, Ofen, Marburg. Während sonach am Anfang des 15. Jahrhunderts die Wanderung innerhalb des Rheingebiets von Nord nach Süd sich erstreckt, hat sie am Ende des 15. Jahrhunderts den ganzen Osten in ihr Bereich gezogen.

[2]) So fand 1596 die Uebertragung der Schneidergesellenordnung von Stuttgart, 1577 die der Ordnung wegen Behandlung der fremden Schmiedegesellen von Ulm nach Esslingen statt (Pfaff, Geschichte von Esslingen p. 696 und 702).

[3]) Dass auch in Schlesien, namentlich in den grössern Städten, einzelne Ausbrüche der Unzufriedenheit vorkamen, dafür haben wir den Beweis bei dem Gürtlerhandwerk, indem die Gesellen desselben ein Jahr lang strikon, die Meister sie aber auch eben so lange aussperren wollen (Bel. 2).

sames Erkennungszeichen [1]) zu entziehen. Der Lohn wird festgesetzt, aber nicht in Folge von Misshelligkeiten mit den Knechten, sondern aus Zunftinteresse, wonach kein Meister einen Vorsprung vor dem andern haben soll. Den Meistern liegt noch die Sorge für den wandernden Gesellen ob, und will ein Knecht in die Fremde, so besehen sie ihm seinen Sack, ob er nicht Etwas entwendet hat. Der Knecht soll mit dem Meister in das Bad gehen und keinen Stellvertreter schicken; den Knecht zur Reinlichkeit anzuhalten, ist also noch des Meisters Pflicht; zugleich ist diese Bestimmung ein Beweis, wie nahe noch Meister und Knecht einander stehen. Arbeit und Freude theilen sie zusammen. Die übrigen Bestimmungen beziehen sich fast alle auf die Meister, und die ganze Zusammenkunft hatte offenbar nur den Zweck, unter der Meisterschaft gemeinsame Regeln festzustellen; eine brennende Gesellenfrage hatte man noch nicht.

Ganz anders ist das Bild, welches uns der Ober- und Mittelrhein entrollt. Haben wir ja hier auch Zonen, die in ihrer Entwicklung viel weiter vorangeschritten sind. Da finden wir, dass in Basel [2]) um die Wende des 14. Jahrhunderts von beiden Räthen energisch das Streben der Knechte nach fester Organisation und ihre hervortretende Neigung, Gebote und Satzungen zu machen, Strafen zu verhängen, den Meistern gemeinsamen Widerstand entgegen zu setzen, bekämpft, aber auch den Knechten ein unparteiisches Gericht, wo sie ihre „Gebresten" anbringen können, garantirt, den Meistern eine gleiche Lohntaxe für alle Knechte festzusetzen verboten und dieses Verbot trotz der Agitationen von Seiten der Meister über 100 Jahre aufrecht erhalten wird. In Constanz (Bel. 19) hat der Rath schon 1389 seine Noth und will durch Gewaltmassregeln, wie Ausweisung verdächtiger Knechte (Bel. 18), und

---

[1]) Später hatte es oft verboten werden müssen; 1436 trafen z. B. die Städte des Ober- und Niederrheins die Bestimmung, dass nicht mehr als drei Gesellen gleiche Hüte, gleiche Mäntel, gleiche Hosen oder andere Erkennungszeichen tragen. Vgl. Mossmann, Notes et doc. de Colmar 1872. XVIII p. 23, ferner die anliegende Strassburger Knechteordnung von 1465.

[2]) P. Ochs, Geschichte von Basel 1797. II p. 151 und Bel. 25.

durch Eide, welche er die Gesellen schwören lässt, verhindern, dass die Schneiderknechte in Gesammtheit die Arbeit
einstellen und wegziehen, ohne dass freilich hiedurch ein
Erfolg erzielt worden wäre; denn, wie aus einem Schreiben
des Rathes von Constanz an den von Strassburg (1410) zu entnehmen (Bel. 32), hatten die Knechte doch bald wieder man-
cherlei Ordnungen wider Rath und Meister gemacht und mussten
veranlasst werden, entweder davon abzustehen oder wegzu-
wandern. Nicht genug, der Rath muss sogar befürchten, dass
die Knechte, die geblieben waren, beim Ausgang des Ding-
zieles in Strassburg, Schaffhausen und sonstigen Städten
keine Arbeit finden möchten, ohne von den dortigen Knechten
(wegen des Abfalls von der gemeinsamen Sache) gestraft zu
werden (Bel. 33). Man sieht deutlich, wie in diesen letztern
Städten die Gesellen bereits wie ein Mann zusammenstehen, wenn
es gilt, ihre Interessen gegen die Meister zu verfechten, und wie
schwer die Gesellen innerhalb derselben Zone der gemeinsamen Politik sich zu entziehen vermögen. In der That
nahm am Oberrhein die Organisation des Widerstandes der
Schneidergesellen und ihre Absonderung eine immer bestimm-
tere Form an. Ein Brief des Rathes von Keysersberg (Bel. 34)
erzählt, wie die „schůhmacher und sniderkneht gerichte under
inen selber haltent und schultheissen und heger und amplüte
under inen satzent und den gehorsam sint" anstatt den Herr-
schaften, Meistern und Räthen, und wie ein einziger Knecht
einem Meister sämmtliche Knechte verbietet und abhält, obwohl dieser dem Gesellen nichts „denne gůtes" erwiesen haben
will — was wenig glaublich erscheint, da man nicht begreift,
warum sonst die andern Knechte miteinverstanden gewesen
wären.

Am Mittelrhein in Mainz ist 1362 [1]) noch ein bedeutender
Rest aus der alten reinen Zunftzeit vorhanden, um aber auch
bald zu verschwinden; das Schneiderhandwerk beschäftigt da
viele Hände, und den Meistern ist ausser einem Lehrknaben
die Verwendung von vier, dem Rathsherrn sogar die von fünf

---

[1]) M o n e, Ztschft. des Oberrheins XIII p. 151 fg.

Knechten gestattet. Eine baldige Ueberfüllung der Zunft musste eintreten. Wirklich ergab sich die Nothwendigkeit [1]), 1391 dem Andrang durch Einführung des Meisterstücks zu wehren [2]) und 1394 die Zahl der Gesellen, die ein Meister halten darf, auf zwei beziehungsweise drei herabzudrücken. Immerhin scheint der innige Contact zwischen beiden noch nicht ganz aufgelöst zu sein. Die Meister und die Vier bilden die gemeinsame Gerichtsbarkeit; wer Unrecht bekommt, gleichviel ob Meister oder Knecht, muss ¼ Viertel Weins den Richtern geben. Gesellen wie Meister müssen bei der Hochzeit einen halben Gulden an den Hof zu Kirsenege geben, und die Gesellenstrafen fallen in die gemeinsame Büchse [3]). 1409 wird nicht mehr geduldet, dass ein Geselle ein selbständiges Hauswesen führe oder dass ihm das Essen in das Haus geschickt werde [4]), sondern vollständige Eingliederung in das Meisterhaus verlangt. 1421 machen die vier mittelrheinischen Städte Mainz, Worms, Speier, Frankfurt (Bel. 41) noch den Versuch, das geschlossene Auftreten der Gesellen überhaupt in möglichst engen Grenzen zu halten, verbieten die Trinkstuben und suchen die Knechte durch Eidablegung moralisch zu binden und ihre Versammlungen auf rein kirchliche Zwecke zu beschränken; aber die Zufriedenheit lässt sich durch solche zu enge Massregeln nicht erzwingen. 1423 tritt bereits eine Coalition der Schneidergesellen ein (Bel. 42), um die Arbeit einzustellen und auf den St. Victors-Berg zu ziehen, und die Schneiderzunft zu Mainz weiss schliesslich kein anderes Mittel, gegen Vergewaltigung sich zu schützen, als 1457 mit zwanzig andern rheinischen Städten ein Bündniss zu schliessen (Bel. 50),

---

[1]) Mone XIII p. 154.
[2]) Mone XIII p. 153.
[3]) Mone XIII p. 154. Bei dieser Urkunde könnte man in Zweifel gerathen, ob „gesele" nicht den Meister bezeichnet, wie dies in früherer Zeit der Fall war; dasselbe wird aber unwahrscheinlich wegen der einmaligen Gegenüberstellung von „geselle" und „meister", sodann wegen der Anwendung des Wortes „gesele" statt „knecht" schon im Reglement über das Meisterstück von 1391.
[4]) Mone XVII p. 49.

worin den Gesellen das Recht eigener Organisation zwar nicht
mehr bestritten wird (§. 16), aber energische Massregeln vorgesehen werden, um die Auswüchse zu unterdrücken. Kein
Contractbruch wird geduldet (§. 2—4), den Gesellen die Ent-
ziehung der Knechte verboten (§. 8), dieselben vielmehr zur
Austragung von Streitigkeiten an die ordentlichen Gerichte
gewiesen (§. 9), und für die Durchführung dieser Bestimmungen Sorge getragen; und es scheint, als ob dieses einmüthige
Vorgehen der Meister nicht ohne Erfolg war; denn im Jahre
1520 sehen wir noch vierzehn Schneiderzünfte dieser Städte
mit Worms, Frankfurt, Speier und Mainz an der Spitze eine
modificirte Erneuerung dieses Bündnisses (Bel. 93) (es ist wahrscheinlich die dritte oder gar vierte, da das erste Bündniss
bereits 1485 zu Ende ging, zwischen ihm und der neuen Redaction also ein Zeitraum von 35 Jahren lag) vollziehen,
freilich mit bedeutenden Abmilderungen zu Gunsten der er-
starkenden Gesellenschaften. Nur die Aufrechthaltung der
Handwerksgerichtsbarkeit findet sich in §. 26 wieder; Contractbruch, Müssiggang an einzelnen Tagen, Beschränkungen der
Gesellenversammlungen fehlen in der jüngern Urkunde. Diese
weise Mässigung von Seite der Meister mag ein erträgliches
Verhältniss zwischen beiden Parteien herbeigeführt haben;
wenigstens liegen keine urkundlichen Notizen über dauernde
Streitigkeiten in diesem Bezirke vor, während in Strassburg,
das nach dem Ablauf des ersten Bündnisses von einer neuen
Negociation abgesehen zu haben scheint (1520 fehlt es unter
den aufgeführten Städten), die Reibereien fortgesetzt werden
und grosses Misstrauen auf beiden Seiten erzeugen. Die
Schneiderzunft gehörte dort nicht zu den geringsten [1]), und,
thatkräftig wie sie war [2]), mag sie wohl oft versucht gewesen
sein, die Knechte etwas zu drücken. Ein recht interessantes

[1]) Man denke nur daran, dass in der Folgezeit ein Calvin es nicht
verschmähte, in ihre Zunft sich aufnehmen zu lassen.
[2]) Noch im 17. und 18. Jahrhundert zeichnete sie sich durch ihren
Muth und ihre Vaterlandsliebe aus. Sie widersprach 1681 allein der Vereinigung mit Frankreich und 1790 der Annahme der Municipalverfassung
(Maurer II p. 711).

Beweismaterial produciren wir in den Bel. 84 und 85. Die Meister reichen (Ende des 15. Jahrhunderts) beim Rath eine neue Ordnung für die Schneiderknechte ein und suchen darin fast das ganze Dienstverhältniss entsprechend ihren Interessen zu reformiren. Darauf hin erlauben sich die Gesellen, die, durch ihre Einigkeit hinlänglich erstarkt, durchaus nicht geneigt waren, Alles geduldig hinzunehmen, einen ausführlichen Protest zu erlassen:

1) Sie treten ein für die Aufrechthaltung der bisherigen 14tägigen Probezeit vor Inkrafttretung des Contracts;

2) für die Aufrechthaltung des 14tägigen Wandels, wonach der Geselle wie der Meister innerhalb dieser Zeit den Contract vor Ablauf des vollen Zieles auflösen konnte;

3) für Einhaltung der alten Gewohnheit, dass ein Geselle, wenn er eigenmächtig fortgehen will, einen andern stellen soll, statt der vorgeschlagenen Einführung einer Strafe von 5 sh. und völligen Arbeitsverbots;

4) für Beseitigung der vagen Bestimmung, dass Knabe und Geselle sich verpflichten sollen, des Meisters Schaden zu „warnen" und seinen Nutzen zu fördern [1]), da der nächste beste Anlass so dem Meister ermögliche, den Gesellen ohne Lohn fortzuschicken;

5) für Beseitigung der Satzung, dass erst, wenn der Geselle beim Dingen zugesagt, der Meister den Lohn biete, und falls der Lohn gewöhnlich und möglich sei, der Geselle gebunden sein soll, während doch der gewöhnliche und mögliche Lohn zwischen einem Pfund Heller. und 12 sh. variire, der tüchtige Arbeiter sonach gar keine Gewähr habe, ob er den entsprechenden Lohn erhalte.

6) Sie protestiren gegen die im Vergleich zum Lohne unverhältnissmässig hohe Strafe für einen Tag Müssiggang, so dass eine dreimalige Strafe den ganzen Lohn absorbire, während sie doch von jeher einen Tag für das Bad und ihre Trink-

---

[1]) Vgl. den 6. Abschnitt, wo in der That diese allgemein übliche Satzung die Klage der Stadt Colmar gegen die Bäckerknechte begründete.

stuben frei gehabt hätten und auch zur Zeit der Feiertage mehr arbeiteten, als sie verpflichtet wären.

7) Sie erkennen aber an, dass sie ein Recht auf eigene Arbeit nicht besitzen, vielmehr dasselbe nur durch den Meister haben; stimmen auch mit den Meistern überein, dass kein Knecht Stückwerk arbeiten soll.

8) Sie verlangen schliesslich Klarheit wegen der letzten dunklen Bestimmung über das Angewinnen des Lohnes vor „dem antwert", hinter dem sie, wohl nicht mit Unrecht, eine Hinterlist vermuthen.

Ich unterlasse eine Kritik über die Berechtigung der Forderungen der Gesellen; wie man aber auch darüber denken mag, soviel zeigen die beiden Urkunden deutlich, wie ängstlich die Gesellen den von den Meistern vorgeschlagenen Bestimmungen gegenüber sich verhalten, und wie sie, durch Erfahrung jedenfalls gewitzigt, hinter jedem Wort Arglist und den Versuch zur Uebervortheilung fürchten und sich dagegen zu schützen suchen. Zugleich wird durch diese Ausführung klar gestellt, wie nothwendig es war, einmüthig zusammen zu stehen und das Recht gemeinsam zu verfechten. Zwar ist die Stiftungsurkunde ihres in alter Zeit organisirten Zusammenschlusses nicht mehr vorhanden; aber wie ihre Statuten gegen Ende des 15. und Anfang des 16. Jahrhunderts gestaltet sein mochten, darüber dürften die der Frankfurter und Freiburger Schneidergesellen[1]) hinlänglichen Aufschluss geben (Bel. 49a, 95).

b) Die Schuhmacherknechte.

Selbstredend werden die Schuhmacherknechte den Schneidern in ihren socialen Bestrebungen ähnlich sein, ging ja auch die Zunftentwicklung bei beiden Handwerken meist parallel. In der That begann auch bei den Schuhmacherknechten Ende des 14. Jahrhunderts in der Rheingegend die Scheidung. 1387 fixiren die Meister in Strassburg noch das bisher gegoltene Recht (Bel. 17), wonach der Geselle beim Meister essen und woh-

---

[1]) Ueber das Verhältniss der Freiburger Gesellen zu ihren Meistern vergleiche M o n e XIII p. 305 fg.

nen, für jeden Tag Müssiggang sich einen Abzug gefallen lassen
und für Contractbruch gestraft werden muss, und 1399 treffen
mit den sich mehrenden Streitigkeiten die Meister der verschiedenen oberrheinischen Städte gemeinsame Massregeln
wegen des Gerichtes, vor welchem die Zwistigkeiten zum Austrag
kommen sollen (Bel. 24). 1407 muss bereits in Constanz (Bel. 30)
gegen die vollständige Organisation der Schuhmacherknechte
angekämpft und bestimmt werden, dass sie „dehain ordnung,
dehain geseczt, noch kain gebot under ainander nymmer mer
gehalten, geseczen oder gehan sont;" ebenso hat in den elsässischen Reichsstädten, wie der Rath von Kaysersberg 1410 berichtet (Bel. 32), das Streben nach abgesonderter Gesellschaft
Statt gefunden, und der Rath in Strassburg hat seine Sorge, um
nun die Reibereien zwischen den beiden rivalisirenden Gesellschaften der Schneider- und Schuhknechte ferne zu halten[1]).
Eine Brüderschaftsurkunde aus einer der Bildungsperiode nicht
so ferne liegenden Zeit ist noch vorhanden in Hagenau aus
dem Jahre 1479 (Bel. 73 a), und ein Gesellschaftsstatut von
Freiburg aus dem Jahre 1484 ist mit seinen Veränderungen
von 1509 und 1544 beigegeben (Bel. 75). Dass diese Ordnung
eine theilweise Nachbildung der Kürschnerordnung von 1468
(Bel. 60) ist, kann bei Vergleichung der beiden Urkunden kaum
in Zweifel gezogen werden. Was aber die Zusätze aus den
Jahren 1503 und 1544 anlangt, so ist das Streben, die Gesellenschaft wieder mehr in Unterordnung zu halten, bemerkbar; insbesondere soll kein Gesellengebot, gleichviel ob dasselbe aus
kirchlicher oder weltlicher Veranlassung gehalten wird, ohne
Theilnahme zweier Meister Statt haben. Ferner soll eine
Vereinfachung in der Verwaltung dadurch eintreten, dass die
Gesellen einen Ausschuss von zwölf Mitgliedern wählen, welche
mit den zwei Meistern die Geschäfte erledigen mögen; die
Bestrafung der Vergehen soll je nach ihrer Art bald diesem

---

[1]) Bel. 86. Von ähnlichen Reibereien wird uns aus dem Jahre 1519
berichtet, wonach die Brotbäcker-, Kürschner- und Schuhmacherknechte
in heftigem Streit mit einander lagen und der Rath energisch einschreiten
musste, um die Ruhe wieder herzustellen (Strassb. Arch. Lad. 12. Nr. 19).

Ausschuss, bald den Gesellen insgesammt, bald den Stubenmeistern und den zwei Büchsenmeistern zustehen; endlich
wird gegen den Missbrauch, dass Gesellen vor Ablauf ihres
Ziels oder zwei Meistern zugleich sich verdingen, ein Verbot
ausgesprochen. Ausser den genannten Urkunden besitzen wir
ein veröffentlichtes Brüderschaftsprivileg der Schuhknechte
von Frankfurt a. O. aus dem 16. Jahrh., welches Privileg von
einer grossen Selbständigkeit des Gesellenverbandes Zeugniss
gibt (Bel. 92), und ein Statut der Gesellen zu Arnstadt (Bel. 107)
aus der Zeit des dreissigjährigen Krieges, worin die Herberge
als der Mittelpunkt des ganzen Gesellenwesens erscheint und
die Bestimmungen vielfach in's Kleinliche sich verlieren.

c) Die Gerberknechte.

Die Gerberknechte nehmen eine von den besprochenen
Gesellenschaften etwas verschiedene Stellung ein. Die Gerber
zählten zu den sogenannten „grossen Handwerken" — ausser
ihnen gehörten hauptsächlich noch Wagner, Hutmacher und
Steinmetzen dazu —, bei denen die Gesellen eines gewissen
Antheils am Handwerksregiment sich erfreuten. Stahl [1]) glaubt
desshalb, dass bei diesem Handwerk eine Absonderung der
Gesellen und Auflehnung gegen die Meister kaum nachweisbar
wäre. Dies zeigt sich als ein Irrthum. 1414 hatten die
Knechte in Strassburg einen Bund wider die Gerbermeister gemacht (Bel. 36) und schwören nun, nachdem sie gütlich mit einander sich verständigt haben, „genzlich und gar ab ze lassend
und da von ze sind und ouch niemer me keinen bunt wider
die obgenanten gerwermeister noch alle ire knechte ze
machen." Im Falle Streitigkeiten sich entspinnen, überlassen
ihnen die Meister, den Entscheid bei drei Gerichten zu suchen,
entweder vor dem Gericht in des Burggrafen Hof [2]), oder vor

---

[1]) Wilh. Stahl, Die Bedeutung der Arbeiterassociationen in Vergangenheit und Gegenwart Giessen 1867, p. 10. Derselbe, Das deutsche
Handwerk Giessen 1874, p. 411.

[2]) Maurer behauptet in seiner Städteverfassung II. p. 332 fg., III
p. 403 fg., die Revolution vom Jahre 1332 in Strassburg habe die Ge-

Meister und Rath, oder vor dem Gericht des Handwerks der
Gerber [1]). Dieser Bund der Gerberknechte war nur der Vor-
läufer für nothwendige und dauernde Constituirung einer
eigenen Corporation (Bel. 71). Den Anstoss gaben offenbar
die Colmarer Gerbergesellen, die bereits 1470 ein solches Privilegium vom Rath zugestanden erhielten (Bel. 61). Das beweist der gleiche Wortlaut einzelner Stellen und erklärt sich
durch die enge Verbindung, die zwischen den Gerbermeistern
am Oberrhein überhaupt bestand [2]). Aber was die Strassburger Urkunde besonders auszeichnet, ist, dass nach ihr die
alte Zusammengehörigkeit von Meister und Geselle nicht ganz
aufgegeben ist; denn auch Meister nehmen an der Brüderschaft
Theil, wie aus den Stellen hervorgeht: „welicher nit gehorsam
ist, dem do gebotten würde, er sie ein meister oder süst mitbrüder" et., ferner: „man sol alle fronfasten zwen nemen einen
under den meistern, die do by uns in der brüderschaft sint
und der abgenden bussenmeister einen." Dass schon damals
auch Frauen (Schwestern) Theil hatten, von denen die spätere
Redaction spricht, ist wahrscheinlich. Der Inhalt der Statuten
trägt im Uebrigen den gewöhnlichen Charakter; auffallend ist
nur,. dass die Brüderschaft bloss von vier Meistern beglaubigt,
beziehungsweise anerkannt ist. Dieser letztere Umstand mag
vielleicht die neue Redaction veranlasst haben. Die wesentlichsten Veränderungen dieser bestehen:

1) in der genauen Regelung der Antheilnahme von Seite
der Meister; danach sollen die Meister nur bei den Geboten
erscheinen, welche die gemeine Brüderschaft, nicht aber bei
denen, die bloss die Knechte antreffen; an den vier Haupt-
geboten sollen sie nach Anordnung der Büchsenmeister sitzen;

richtsbarkeit des Burggrafen in Handwerksangelegenheiten vernichtet. Nach
dieser Urkunde dürfte es zu bezweifeln sein.

[1]) Ueber eine Conspiration der Pariser Gerbergesellen zum Zweck der
Lohnerhöhung im Jahre 1349 siehe Levasseur I 496.

[2]) Erst 1753 stellten die Weissgerber von Freiburg das Ansuchen,
sich von der Lade von Colmar trennen zu dürfen, und errichteten 1754
eine eigene Handwerksordnung (Freiburger Stadtarch. Zunftacten der Weissgerber Nr. 6).

2) in der Anerkennung der Herrlichkeit von „Herren Meistern, Rath und Ein und zwanzig";

3) in der genaueren Festsetzung der Bestimmungen über das Leihen an einen Kranken;

. 4) in der Verschärfung der Haftbarkeit von Seite der Büchsenmeister bei Nichterhebung der Gelder.

d) Die Schmiedeknechte.

Gegen Ende des 14. Jahrhunderts beginnen auch die Schmiedeknechte sich zu regen; zwischen ihnen und ihren Meistern will es keinen rechten Frieden mehr geben und „um frieds willen" schliessen die Schmiedezünfte von Mainz, Worms, Speier, Frankfurt, Gelnhausen, Aschaffenburg, Bingen, Oppenheim und Creuznach 1383 (Bel. 14) eine Uebereinkunft zur Festhaltung des überlieferten Herrschaftsverhältnisses. Die Knechte sollen keinen Genossen mehr „verdrinken", auch nicht zwingen, einen Namen anzunehmen; ist der Knecht mit seinem Meister unzufrieden, so soll er zu den Zunftmeistern gehen, und die übrigen Meister mögen ihm gleich Eideshelfern ihren Beistand leihen, einen contractbrüchigen Knecht aber soll kein Meister in den verbündeten Städten weder „hausen noch hofen", ebenso soll es gegen den Knecht gehalten werden, der es wagt, einem Meister Knechte zu verbieten. Die frühzeitige Missstimmung muss um so mehr auffallen, als die Schmiede noch selbst nicht lange in Zünften sich abgeschlossen hatten [1]. Es ist aber zugleich der deutlichste Beweis gegeben, dass gerade die Zunft die Arbeiterfrage nicht nur nicht löste, sondern mit dem Entstehen der Zunft die letztere selbst entstand.

Eine ähnliche Erscheinung wie am Mittelrhein bietet sich auch in Danzig; nämlich fast gleichzeitig mit der Entstehung der Zunft wuchert in diesen herkulischen Gestalten der Geist des Widerspruchs. Während Ordensregierung und städtische

[1] In Frankfurt a. M. definitiv erst seit 1377, nachdem 1352 der erste Versuch zur Einführung des Zunftzwanges unterdrückt worden war. Vgl. Maurer II p. 396 und 393.

Magistrate noch mit einander wetteifern (Bel. 15), die Handwerker niederzuhalten, lösen sich die Schmiedeknechte schon
als selbstständige Klasse ab [1]). Bereits 1385 (Bel. 15) und
1390 (Bel. 23) wird von ihren Satzungen auf die Meister und
von einem Mutterhaus gesprochen und werden beide verboten.
1437 war man bereits in gegenseitige Streitigkeiten verwickelt,
und ein Vergleich zwischen Meistern und Gesellen nöthig
(Bel. 46). Darin müssen die Meister das bei den Schmiedeknechten allgemein übliche Namenkaufen endlich gestatten,
ebenso das Müssiggehen wenigstens am Sichelmontag; dagegen
wollen die Gesellen bei Zwistigkeiten nicht selbst Richter sein,
sondern an beide Geschworne und an den Rath sich wenden.
Zur Bekräftigung des Vergleichs vertrinken sie schliesslich eine
von den Meistern geschenkte Tonne Bier.

Wie in Danzig, so scheinen auch in Schaffhausen die
Schmiedeknechte die ersten Organisatoren gewesen zu sein.
Die Gründung ihrer Brüderschaft fällt wahrscheinlich in den
Anfang des 15. Jahrhunderts; denn „vil jare" vor 1467, aus
welchem Jahre die anliegende Confirmation des Stiftungsbriefes
stammt, hatten die Knechte, die den Hammer führen, sich
vereinigt. 1524 gibt die Brüderschaft jedenfalls aus Anlass
der Reformation ihr Hauptgut an das Spital zur Verpflegung
ihrer Genossen (Bel. 94), zu welchem Zwecke 1587 (wohl
in Folge der eingetretenen Geldentwerthung) noch ordentliche Beiträge erhoben werden müssen (Bel. 102). Formell

---

[1]) Man wird fragen, wie dies möglich sei. Man muss jedoch bedenken, dass das Schmiedehandwerk in Danzig und seinen Vorstädten zu
den Handwerken gehörte, die am frühesten einer gewissen Blüthe sich
erfreuten (Hirsch p. 324 und 325); auch besassen die Schmiede der Alt-
stadt schon lange vor 1378 eine Zunftrolle; denn in diesem Jahre erhielten sogar die der Jungstadt eine solche (Hirsch p. 341). Ihre Zahl
war so gross, dass sie einen bedeutenden Einfluss auf die Bürgerschaft
ausüben und der städtischen Obrigkeit in Preussen starken Widerstand ent-
gegensetzen konnten und darum 1416 einen wesentlichen Antheil an der
Revolution hatten. Unter diesen Verhältnissen lässt sich vermuthen, dass
auch die Zahl der Gesellen entsprechend gross war, und dass dieselben
einer so energischen Macht gegenüber wohl das Bedürfniss einer Organisation empfinden mochten.

wurde die alte Brüderschaftsurkunde jedoch immer noch anerkannt; noch 1647 wurde bei Aufnahme der Schreiner dieselbe
verlesen; factisch aber war die Organisation eine weltliche
geworden und wurde lediglich durch die Gesellenstatuten be-
herrscht, wie dieselben aus dem Jahre 1554 erhalten sind
(Bel. 99).

Im Elsass waren ihre Commilitonen weniger glücklich. Als
diese 1400 innerhalb des ganzen Gebietes sich organisirt hatten
und gemeinsame grosse Versammlungen hielten, traten die
Meister zusammen, liessen mit Unterstützung sämmtlicher Behörden und Städte die Knechte einfangen und dieselben ihre
bisher geübten Gewohnheiten abschwören. Sie mussten für
jeden Tag Müssiggang sich einen Abzug gefallen lassen und
darauf verzichten, die zuwandernden Gesellen zum Namenkauf
zu zwingen, „Knechte und Meister zu vertrinken", Personen
vor ihr Gericht zu laden oder gar Meister zu schatzen, irgend
ein Gebot zu machen oder einen Tag zu halten, also überhaupt
eine Genossenschaft zu bilden. Wie lange es möglich war,
die Knechte mit Gewalt niederzuhalten, lässt sich nicht genau
angeben; ich vermuthe aber, dass die Meister bald zu mil-
derem Verfahren veranlasst wurden; denn schon im Jahre 1475
wird uns aus Freiburg von einem Streit der Huf- und Kupfer-
schmiedeknechte wegen ihrer Brüderschaft erzählt (Bel. 70),
was ein bereits langjähriges Bestehen derselben voraussetzt,
und 1481 eine Erneuerung derselben vorgenommen (Bel. 73). Es
lässt sich aber schwer denken, dass die Strassburger Schmiede
hinter den Freiburger zurückgestanden sein sollen. Von ihren
nicht sehr ferne stehenden Genossen, den Schlosser- und
Sporerknechten, wissen wir in der That (Bel. 74), dass sie 1484
bereits wieder als eigene Genossenschaft anerkannt sind, und
ihnen ausdrücklich volle Selbständigkeit in der Wahl ihrer
Vorstände und in der Verwaltung ihres Vermögens garantirt
wird, freilich nicht ohne wiederholtes Ankämpfen von Seite
der Meister [1]. In ihren errungenen Rechten blieben sie, wie
es scheint, auch unbehelligt, und ihre Urkunden unverändert

---

[1] Vgl. das Ende des Bel. 74.

bis zur Reformation, welche eine Umgestaltung der Statuten nöthig machte; wie dieselbe vorgenommen wurde, ist aus einer Abschrift der Satzungen, die ich im Freiburger Archiv vorfand (Bel. 97), zu ersehen. Die Neugestaltung und Verweltlichung der Genossenschaftsordnungen war darin mit so grossem Geschick vorgenommen, dass das katholische Freiburg 1551 sogar diese Form für seine Schlossergesellen als Grundlage anerkennt und denselben, um sie zufrieden zu stellen — denn sie hatten „bizhar dhein sonder ordnůg wie es zwischen inen und den meistern alhie, auch irer gesellschaft oder brüderschaft gehalten werden solt, desshalben etlich irrüng miss- und unordnung bizhar under inen zum oftermaln entstanden" — eine Ordnung gibt, die, wie aus dem im Freiburger Archiv noch vorhandenen Entwurf hervorgeht, im Wesentlichen an die Strassburger sich anschliesst. Die Brüderschaftsordnung von Jena (Bel. 110) stammt aus einer Zeit, wo die Meister nicht mehr gegen die Entstehung der Organisation ankämpften, vielmehr die letztere fürchteten. Dieselbe beansprucht ein besonderes Interesse. Beier hat, wie ich mich überzeugt habe, in seinem „Boethus opusculorum juridicofabricensium periculum novum Jenae 1685" dieselbe als Grundlage für die Darstellung des damals geltenden Gesellenrechts benutzt.

e) Die Weberknechte.

Eine eigenartige Stellung nehmen die Weberknechte ein; denn einmal sind sie am frühesten zur Selbständigkeit gelangt, was nicht zu verwundern, da ja ihre Zahl eine sehr grosse war und ihr Gewerbe auch am frühesten die Fesseln der Leibeigenschaft und Hörigkeit abgestreift hatte[1]); sodann gehören sie zu den Gesellen, die vielfach verheirathet sind und darum unserer heutigen Arbeiterklasse am nächsten stehen. Diese Umstände erklären, warum Urkunden über sie bereits in grosser Zahl aus dem 14. Jahrhundert stammen.

---

[1]) Vgl. Rehlen, Geschichte der Gewerbe Leipzig 1855, p. 98, ferner Hildebrand's Abhandlung: Zur Geschichte der deutschen Wollenindustrie in dessen Jahrb. Bd. 6 p. 219 fg.

Das älteste uns vorliegende Statut über die Weberknechte ist der Brief der Berliner Knappen aus dem Jahre 1331 (Bel. 3). Um diesen richtig zu verstehen, muss man sich erinnern, dass in Berlin die Wollenweber (sowie die Metzger, Bäcker und Schuhmacher) keine genossenschaftliche Gerichtsbarkeit besassen, vielmehr auch bei Gewerbsstreitigkeiten dem Stadtgerichte unterstanden [1]). Das Statut geht darum vom Rathe aus; schon dadurch erklärt sich, dass die Meister nur eine untergeordnete Rolle spielen konnten; sodann kommt noch hinzu, dass in wirthschaftlicher Hinsicht die Webermeister gerade so wie die Knappen von den Tuchern (d. h. den Grosshändlern) abhängig waren [2]); ja man wird nicht sehr fehlen, wenn man annimmt, dass die eigene Constituirung der Gesellen vom Rathe unternommen ward, um die Meister desto mehr zu schwächen; daher vielleicht die grosse Gewalt, die man den Gesellen einräumte. Die Aburtheilung und Bestrafung nach Massgabe der Statuten ist ganz den Meisterknappen (den Vorständen der Gesellen) überlassen; die Untersuchung über angefangene, aber dann unvollendet gelassene Arbeit steht ebenfalls ihnen und nicht den Meistern zu. Der Tenor der übrigen Bestimmungen ist meist polizeilich und bezieht sich auf das Spielen, unanständige Betragen auf der Gasse, Stehlen, Arbeiten bei Licht, auf das gemeinsame Opfer für die Verstorbenen und die Kerze in der Kirche.

Anders gestaltet sich die Entwicklung da, wo die Weber selbst die Unternehmer, also die herrschende Klasse sind; in Speier ist im Streit von 1351 (Bel. 6) nur von der Tucherzunft die Rede, 1362 (Bel. 10) aber bereits von der Weber- und Tucherzunft. Angenommen auch, dass die Scheidung des Hand-

---

[1]) Maurer II p. 391.

[2]) Vgl. Hildebr. Bd. 7 p. 102 fg. Dies ist auch ersichtlich aus zwei Stellen der cit. Urk.: Item si aliquis eorum acceptaret opus suum apud duos paunificos, hic dabit libram cere sive sit magister, sive operarius „eyn knape"; und item si aliquis eorum sive sit magister vel knape locet se alicui per peticionem, hic dabit libram cere. Von ähnlicher Unterdrückung der Weber durch die Tucher im 16. Jahrh. in England spricht der Anfang der Act 2nd und 3d Philip and Mary (Brentano, Arbeiterg. I. 86).

werks in zwei Zünfte innerhalb dieser zehn Jahre vor sich ging,
soviel ist sicher, dass nach dieser kurzen Trennungszeit beide
Zünfte noch wohlhabend und mächtig waren und noch von keiner
vollständigen Unterdrückung der einen Zunft durch die andere
die Rede sein kann. Wir haben es also in beiden Fällen mit
einem Streite der Knechte gegen die reiche Zunft zu thun.
Derselbe dreht sich bereits 1351 um Lohnerhöhung; da der
Lohn zu klein wäre und sie dabei nicht bestehen könnten,
liefen sie weg, die Meister suchen sich alsdann gütlich mit
ihnen zu vergleichen, bestimmen mit ihnen den nur in
Münze auszuzahlenden Lohn und wollen gemeinsam das Gericht ausüben. Diese erste Bewegung, in der die Meister so
versöhnlich den Knechten gegenüber auftreten müssen, ist so
wirksam gewesen wegen der schon früher vollzogenen Gesellen-
organisation; denn bereits 1343 ist in einer Urkunde (Bel. 4)
von den Weberknechten, sowie den Wolleschlägern (ferner den
Schuhknechten, Badern, Müllern und Müllersknechten) als
unabhängigen Gesellschaften die Rede[1]). Schon 1362 machen
die Knechte, durch den ersten Erfolg ermuthigt, einen
neuen Versuch zur Verbesserung ihres Dienstverhältnisses.
Wiederum müssen sie die Meister zart behandeln, wie
gleich der Eingang der Vereinbarung beweist: „Wir die
wöbermeister und die düchermeister und die selben gezünfte
gemeinlichen zů Spire embieten den bühsenmeistern und den
woberknehten gemeinliche unsern früntlichen grůz und waz
wir gůtes mögent." Die Veränderungen, die die Gesellen
durchgesetzt haben, sind von grosser Bedeutung: 1) erreichen
sie grössere Detaillirung in Bezug auf Stücklohn; 2) bei den
Gebinden ist ihr Stücklohn sogar gleich mit dem der Meister,
was 1351 vielleicht noch nicht der Fall war; 3) bei den besten
Tuchsorten erlangen sie einen Lohn, der zu dem für die
Meister sich wie 3 : 2 verhält, während noch 1351 das Verhältniss wie 3 : 1 war (wofern die Bestimmung von 1351,
„der Lohn von einem Hymperger sei 4 und 12 sh.," analog der

---

[1]) Nicht richtig ist dieser Streit von Stahl, D. d. Handw. p. 392,
in Folge von Unkenntniss dieser frühen Organisation beurtheilt.

von 1362 so zu verstehen ist, dass ein Meister, der im eigenen Hause arbeitet, 12 sh., ein Knecht, der im Hause eines Meisters arbeitet, 4 sh. bekommt). Die Knechte der Weber in Speier haben sich sonach zu einer mit den Meistern fast gleichen Stellung emporgeschwungen, und es konnte wohl nicht mehr lange gedauert haben, dass beide Klassen ähnlich wie in Berlin den Tuchern gegenüberstanden. Die Knechte stiegen etwas höher, die Webermeister dagegen sanken etwas tiefer. Aber nur dem Einfluss der Organisation ist es zuzuschreiben, dass die Gesellen solchen Erfolg errangen; wo eine solche fehlte, machte die Tendenz bei den Meistern sich sehr bald geltend, nur auf den eigenen Vortheil Rücksicht zu nehmen. In Freiburg machten im Jahre 1463 mehrere Tuchermeister den Versuch, die bisherige Löhnung nach dem vierten Theil des Erträgnisses zu beseitigen; „dann solte es by dem vierden pfening bliben müssen, so käme es allein den knechten zů nutz und in zů einem verderben." Der Rath erkannte, dass in Zukunft die Löhnung nach dem vierten Pfennig zwar gestattet sei, dass man aber auch geringern Lohn geben dürfe, jedoch auf keinen Fall mehr; ein solches einseitiges Vorgehen der Meister wäre nicht möglich gewesen, zum mindesten wären die Knechte zu dieser für sie hochwichtigen Frage beigezogen worden, wenn sie gemeinsam aufgetreten wären; aber dieser Zusammenschluss trat erst 1591 ein, da im Eingang der Urkunde Bel. 103 ausdrücklich erwähnt wird, dass sie „bißanhero kein sondere ordnung gehabt hätten".

Auch in Strassburg scheinen um die Mitte des 14. Jahrhunderts die Weberknechte und ebenso die Wollschlägerknechte eine eigene Genossenschaft gebildet zu haben. Darauf deutet bereits der Vergleich von 1350 hin (Bel. 5); denn 1) setzen sie aus eigener Machtvollkommenheit (hant über sich sêlb' gesetzet muotwilleklich) vor dem Ammanmeister fest, dass jeder, der „die suone breche, sin antwerk hier vnd an allen stetten verloren haben sol"; 2) muss ein bestimmtes, durch Eid und Treue bekräftigtes Bündniss unter ihnen bestanden haben, da sie sagen, „dass bede site truwe und eide verbrochen wurdent". Noch sicherer wird die Annahme bereits vorhandener Orga-

nisation, wenn man bedenkt, wie gross bereits ihr Einfluss
war; ohne eine solche hätten sie nicht bei der Bestimmung
über das Handwerksgericht (Bel. 8) 1356 mitwirken und noch
weniger in dem Vergleich der Lehrknechte halber eine so-
grosse Rolle spielen und sogar die Hälfte der Strafgelder beanspruchen dürfen (Bel. 11). In der That waren sie dazu auch
berechtigt, da sie ja meist verheirathete Männer waren[1]); man
unterschied überhaupt (bei den Wollschlägerknechten (Bel. 83)
und ebenso wohl auch bei den Weberknechten) drei verschiedene
Dienstverhältnisse; es gab 1) solche Knechte, die im Meisterhaus arbeiten und daselbst auch ihre Unterkunft finden;
2) solche, die eine Kammer miethen und einen eigenen Haushalt führen; 3) solche, die eigenes Haus und selbständige
Arbeit haben. Nach diesen drei Abtheilungen variiren auch
ihre Verpflichtungen. Leider besitzen wir keine Gesellenstatuten aus dieser Zeit, die mit aller Evidenz den Beweis
für die vermuthete Organisation erbrächten; erst eine hundert
Jahre jüngere Corroboratio einer ältern Urkunde für die Leinweberknechte liegt aus Strassburg vor (Bel. 72). Darnach ist die
Entwicklung (wenigstens bei den Leinweberknechten, was
noch nicht den nämlichen Schluss auch auf die besser situirten
Wollweberknechte zulässt) bereits eine retrograde, indem
augenscheinlich die Meister wieder das Uebergewicht besitzen
und die Gesellen in Schranken halten. Diese dürfen kein Geld
aus ihrer Kasse leihen ohne der Meister Erlaubung, sie sollen,
wenn sie gegen die Meister zu Gericht (zu pfalzen) gehen, das
hiezu erforderliche Geld aus ihren Seckeln und nicht aus der
Brüderschaftsbüchse nehmen; gerathen mehre Gesellen in Streit,
so sollen die Büchsenmeister dieselben zur Rede stellen und
strafen, zugleich aber der Meisterschaft anzeigen. Mit dieser
Urkunde ist zu vergleichen die, welche die Danziger Leinwebergesellen erhalten, nachdem die Leinweberzunft 70 Jahre bestanden (Hirsch p. 338). Sie unterscheidet sich von der vorigen

---

[1]) Bel. 13. Zwar handelt es sich in dieser Urkunde nur um verheirathete Wollschlägerknechte; doch glaube ich, dass man per analogiam
von ihnen auf eine ähnliche Stellung der Weberknechte schliessen darf.

.durch den rein weltlichen Charakter, sowie durch die grössere Selbständigkeit, die den Knechten eingeräumt wird.

Aehnlich war der historische Gang in Ulm. Schon früher haben wir von der Ueberfüllung der Weberzunft berichtet; die Nothwendigkeit, eine Brüderschaft zu bilden, ergab sich für die Gesellen darum bereits im Jahre 1404 (Bel. 27); sie dulden aber nicht, wie die Strassburger, einen eigenen Haushalt von Seite der Genossen oder nehmen wenigstens verheirathete Gesellen nicht auf; denn sie bestimmen stricte, dass jeder Geselle, der einen Meister hat, mit dem Meister essen muss. Ausserdem zeichnet sich die Corporation aus durch einen ziemlich grossen Reichthum (sie besitzt 32 Stück Barchenttuch nach dem Rechnungsbericht von 1404) und durch Theilnahme auswärtiger Meister an ihrer Brüderschaft.

Anders als an den bisherigen Orten vollzog sich die Entwicklung in Constanz; hier suchte man gegen Ende des 14. Jahrhunderts noch alle Regungen der Gesellen zu unterdrücken, und zwar nicht bloss der Weber (Bel. 16), sondern ganz allgemein ging man scharf gegen die Gesellen vor; verdächtige wies man sofort aus (Bel. 18), und Gesellen-, bezw. Trinkstuben will man 1390 und 1423 noch nicht dulden (Bel. 20); allein das Gebot scheint nicht viel gefruchtet zu haben; 1441 musste neuerdings die Abschaffung der Trinkstuben und Gesellschaftsgärten befohlen und die Zulassung der Gesellen zu den Trinkstuben der Meister decretirt werden (Bel. 21).

In Iglau in Böhmen, das einer ganz andern Gewerbszone angehört, sondern sich die Tuchknappen erst in der zweiten Hälfte des 17. Jahrhunderts ab (Bel. 108). Den Statuten nach sind alle Gesellen, verheirathete und unverheirathete, in der Brüderschaft vereinigt. Im Uebrigen tragen die Artikel den Charakter der Zeit und zeigen bereits das Eingreifen der fürstlichen Gewalt. Die Statuten der Färbergesellen in Strassburg von 1638 mögen an dieser Stelle erwähnt sein, weil die Färber mit den Tuchmachern in naher Beziehung standen. Die Handhabung des Geschenks auf der Herberge lässt sich am besten aus dieser Urkunde entnehmen.

f) Bäcker-, Müller-, Metzgerknechte.

Was die Bäcker, Metzger und Müller anlangt, so wissen wir, dass diese sehr frühe der Hörigkeit sich entzogen, und ihre Gewerbe zu denjenigen gehörten, die am frühesten in den Städten Bedeutung erlangten [1]) und bei denen auch wohl am frühesten die Radicirung des Gewerbes auf ein Haus eintrat. Doch ist in der Mitte des 14. Jahrhunderts noch keine völlige Trennung innerhalb des Gewerbes erfolgt. 1352 verabreden sich noch mittelrheinische Bäckermeister (Bel. 7), um die Gesellen in ihrer bisherigen Unterordnung zu halten, und in Danzig haben die Fleischerknechte noch nicht die Macht, die Schranken zu durchbrechen, und wird denselben ausdrücklich kein Recht zugestanden, „Bruderbier" zu trinken (Bel. 23a). Um so mehr muss man sich wundern, dass die Müllerknechte ebenda im Jahre 1365 ein Statut ureigenster Schöpfung aufstellen (Bel. 12). Woher kommt das? Ich erkläre mir es daraus, dass der Bann der grossen Mühle dem Konthur Niclas zustand, der die Mühle bloss durch Knechte betreiben liess. Das Verhältniss der Knechte zu einander bedurfte somit einer Regelung, und die von ihnen getroffenen Bestimmungen vertreten somit gleichsam eine Zunftrolle [2]).

---

[1]) Rehlen, Gesch. der Gewerbe p. 46.

[2]) Kaum richtig ist die Ansicht Wackernagel's (Werkstattfehden in Faucher's Viertelj. 1867, IV p. 83), wonach die Müllerknechte, als unehrlichen Gewerben angehörend, die Satzungen aufgestellt hätten, weil sie von andern Zünften nicht als gleichberechtigt angesehen worden seien. Auch in Ulm standen die Knechte der Spitalmühle ursprünglich (vor 1489) gar nicht und später nur theilweise unter der Zunft, und letztere beklagte sich darum wiederholt (1489 und 1499) über die Spitalmühle; namentlich wollte die Zunft der Müller nicht dulden, dass die Knechte und der Karrenführer der Spitalmühle den Kunden sich gefällig erwiesen und z. B. letzterer „under dem kornhaus den lewten ir seck aufhûb, einschüte auch aufsatzte und anders handelte, das wider ir ordnung und gebott und inen unleydenlich were;" der Rath aber erkannte, dass die Zunft zwar das moralische Verhalten der Spitalknechte überwachen solle, aber ihnen keine Vorschriften bezüglich der Arbeit auferlegen dürfe (zweites Gesatztbuch 199 b. des Ulmer Stadtarchivs).

4 *

Diese Ansicht findet eine weitere Bestätigung darin, dass unter den zünftigen und nichtzünftigen Gewerben, welche nach Hirsch (p. 298—300) um's Jahr 1454 vorhanden waren, eine Zunft von Müllermeistern fehlt. Darum die vielen Arbeitsbestimmungen, darum kein Wort von einem Meister, daher „der von autonomem Selbstbewusstsein strotzende Eingang". Ganz ähnlich war die Sachlage im Mittelalter bei den Brauern; die Braugerechtigkeit stand den Besitzern gewisser Häuser zu, das Braugeschäft aber wurde bloss von Knechten besorgt, die z. B. in Hamburg wie eine Zunft organisirt waren, eine Brüderschaft mit vier lebenslänglich gewählten Vorständen (vier Alten) bildeten, ausserdem einen höchsten Vorsteher, den Baumträger, und noch andere Würdenträger hatten und sehr merkwürdige Gewohnheiten entwickelten (Bel. 50a). Besonders verdient ihr Fest, der Höge, von allen mittelalterlichen Gesellenfesten die genaueste Beachtung[1]. Während desselben übten sie die ausgedehnteste Selbstregierung, wie ihr Högegesetz beweist (Bel. 110).

Im 15. Jahrhundert sind Brüderschaften und Gesellenschaften in den fraglichen Gewerben durchaus gang und gebe und gelangten theilweise zu grosser Macht. In Speier findet sich eine Confirmation der im Jahre 1410 gestifteten Brüderschafts- und der vor 1411 geschlossenen Gesellenschaftsordnung, dieses Actenstück ist wegen der gleichzeitigen Redaction der Statuten beider Organisationsformen besonders werthvoll. Nirgends können wir die Aufgaben der kirchlichen Brüderschaft und der weltlichen Gesellenschaft deutlicher von einander unterscheiden, als hier. Um die nämliche Zeit, vielleicht noch früher, hatten die Brotbäckerknechte in Freiburg sich zusammengeschlossen; nicht erst 1465, wie Schreiber in seiner Geschichte Freiburgs Bd. 4 p. 277 behauptet,

---

[1] Der hier uns zugewiesene Raum verbietet uns, dasselbe zu schildern. Man vgl. darüber Matth. Schlütter's Tractat von denen Erben in Hamburg 1698. Beneke, Hamburgische Geschichten und Denkwürdigkeiten, Hamburg 1856 p. 285—291. Berlepsch IX p. 76—89. Mit dem Aufkommen von Kaffee und Thee ging das Hamburger Brauwesen zurück, und 1786 wurde die Aufhebung des uralten Höge beschlossen.

ist die Brüderschaft gestiftet worden; vielmehr haben wir
Urkunden, die beweisen, dass schon vor 1419 die Brüderschaft existirte; denn in dem besagten Jahre beschloss sie in
einer Versammlung, mit den Pflegern des Spitals wegen zweier
Gräber zu unterhandeln (Bel. 38). 1420 nahm sie eine neue
Abfassung ihrer Brüderschaftsordnungen vor (Bel. 39), unterliess
aber, die Beiträge, die der Einzelne leisten sollte, genau zu
fixiren; aus diesem Mangel scheinen sehr bald Differenzen
erwachsen zu sein und darum sah sich die Corporation veranlasst, 1465 die Beitragspflicht genau vorzuschreiben und die
betreffende Urkunde vom Bürgermeister bestätigen zu lassen
(Bel. 58). Mit den Bäckern standen oft in sehr enger Verbindung die Müller, ja nicht selten war das Müllergewerbe
vom Bäckerhandwerk noch gar nicht abgetrennt, oder es
hatten sich hie und da, z. B. in Basel (Bel. 26), eine Menge
Verpflichtungen des einen Handwerks gegen das andere erhalten, die ihre ungezwungene Erklärung nur in der ehemaligen Vereinigung der beiden Handwerke finden. Die
Bäcker- und Müllerknechte bilden darum auch oft e i n e
Corporation, wie in Speier. In Freiburg waren die Müllerknechte zwar selbständig, ihre Brüderschaftsordnung ist aber
der der Bäckerknechte wörtlich nachgebildet, mit Ausnahme
einiger Bestimmungen; nach diesen ist die Grösse des zu
leistenden Beitrags gleich an die Spitze gestellt, ferner den
Knechten verboten, einen neuen Aufsatz gegen die Meister
zu machen, ihnen in der Abhaltung von Versammlungen
Beschränkung auferlegt, den einzelnen der Recurs vom Ge-
sellengericht an die Meister möglich gemacht, lauter Beweise,
wie schon nach Verlauf von wenigen Jahren den Meistern
die Macht der Gesellen Furcht eingeflösst hatte. Dieser
Brüderschaftsbrief, der nach mehr als 200 Jahren noch in der
Erinnerung lebte, erfuhr 1606 eine neue Redaction (Bel. 105).
Dieselbe verdient besondere Beachtung desswegen, weil sie
einen Typus für die Umwandlung einer kirchlichen Brüderschaft
mit Beibehaltung und Verschärfung des religiösen Charakters
gibt. Während in den Städten, die von der Reformation direct
oder indirect berührt wurden, die Brüderschaft ganz in den

Hintergrund tritt und von der Gesellenschaft verschlungen wird, hat sie sich in dem katholischen Freiburg, wie es scheint, neben der Gesellenschaft noch mehr entwickelt und zu einer ungeheueren Breite und Veräusserlichung geführt. Eben wegen dieser ausgeprägt kirchlichen Tendenz (nur einige statutarische Bestimmungen, wie §. 26—36, stimmen mit den bei den Gesellenschaften zu dieser Zeit üblichen überein) umfasst die Brüderschaft auch die Meister, und steht, wie aus den Zusätzen von 1684 zu schliessen, ganz unter dem Einfluss der Geistlichkeit.

Am Anfang des 15. Jahrhunderts waren wohl auch die Metzgerknechte in Freiburg in Vereinigung getreten; denn aus den Verordnungen von 1462—1496 (Bel. 51) ist bereits eine deutliche Reaction gegen dieselben ersichtlich. Der Zunftmeister soll über alle ihre Verhältnisse wachen, in Lohnstreitigkeiten entscheiden, kein Dingen eines Knechtes ohne sein Beisein erlauben, in eigener Person ihren Versammlungen beiwohnen. In Landau machen die Bäcker- und Müllerknechte 1432 sogar Miene, militärisch aufzutreten (Bel. 45 u. 49), denn sie stecken am Sonntag aus ihrer Herberge ein Banner aus und können erst durch Gefangennahme und Einsperren wieder zu Gehorhorsam gebracht werden, müssen aber auf Bitte der mit Arbeit überhäuften Meister und gegen das eidliche Versprechen, in Zukunft jede Feindschaft und Widerspenstigkeit zu lassen, freigegeben werden. Im Elsass sind die Bäckerknechte um diese Zeit allenthalben organisirt; zwar liegt nur von Schlettstadt ein durch Notizen über das Vermögen interessanter Brüderschaftsbrief vor, wir werden aber bald Gelegenheit haben, von der Macht der Bäckerknechte im Elsass uns zu überzeugen.

g) Die Kürschnerknechte.

Was wir bisher zu berichten im Stande waren, konnte in Folge der Beschaffenheit des urkundlichen Materials nur mangelhaft sein, lediglich den allgemeinen Grundzug und Gang der Gesellenentwicklung konnten wir geben. In etwas günstigerer Lage befinden wir uns bezüglich der Kürschnerknechte; hier gelang es uns, aus den Urkunden des Strassburger Stadtarchivs ein ziemlich zusammenhängendes Material herzustellen; wir müssen dasselbe genauer betrachten, da wir dadurch einen annähernden Einblick erhalten, wie die Gesellen den Meistern gegenüber auftraten.

Das Kürschnerhandwerk gehörte von früh her zu den blühendsten und reichsten; im Mittelalter brauchte man weit mehr Leder und Pelz als heutzutage zu den Kleidern, und nächst dem Wollentuch war Pelz der wichtigste Ausfuhrartikel, der besonders nach dem griechischen Reich ging und in Constantinopel seine Hauptniederlage hatte[1]. Im Anfang pflegten die Kürschner das Pelzwerk bloss zu nähen, während die Kunden für die Beschaffung desselben sorgen mussten[2]); im 14. Jahrhundert rissen sie aber auch den Pelzhandel an sich und gehörten fortan zu den reichsten Kaufleuten[3]. Auch heute bilden sie noch die bestbemittelte Klasse in dem Bürgerstande[4].

Bei den Gesellen dieses Handwerks musste sich darum bald die Erscheinung einstellen, dass sie schon wegen Capitalmangels nicht mehr Meister werden konnten, der grossen Zahl, die nach der Meisterschaft strebten — 1404 sind es ihrer 48 in Strassburg — gar nicht zu gedenken; die Entfremdung gegen die Meister musste Boden gewinnen; das Gefühl, allein, verlassen zu sein und wenig Aussicht auf baldige Selbständigkeit zu haben, mochte recht stark hervortreten; zudem stammten die Gesellen bei der damals blühenden Wanderschaft aus allen möglichen Himmelsgegenden, und es fehlte ihnen somit das natürliche Band, das sich um die von den ersten Tagen der

---

[1]) Arnold, Aufkommen des Handwerkerstandes p. 30. Rehlen, Geschichte der Gewerbe p. 135.

[2]) Daher auch oft der Name Neyer statt Kursner (Ochs, Basel II p. 147) und die Streitigkeiten der Schneider mit den Kürschnern über die ihnen zukommenden Arbeiten; diese waren z. B. ein Gegenstand der Berathungen auf dem preuss. Städtetag (Hirsch, Danzig p. 327). In Constanz fand ich, dass 1444 noch die Schneider und Kürschner eine Zunft bildeten.

[3]) „Les changeurs, les lombards, les orfèvres, les pelletiers étaient comptés au nombre des marchands les plus riches." Levasseur I p. 332.

[4]) Vgl. Schmoller, Geschichte der Kleingewerbe p. 630.

Kindheit zusammen Aufgewachsenen zu schlingen pflegt. Der
ganze Ober- und Mittelrhein, das Maingebiet, Böhmen, Oesterreich, Tirol hatten ihre besten Kräfte nach Strassburg gesandt.
Ein gegenseitiger Anschluss musste sich als Bedürfniss geltend
machen, und er vollzog sich hier dadurch, dass gemeinsame
Erreichung eines kirchlichen Zweckes Anlass gab. Sie wollen
eine selbständige Genossenschaft bilden, um eine eigene Kerze
in der Kirche zu haben, für ein würdevolles Begräbniss eines
verstorbenen Bruders sorgen, dem Kranken auf Pfand und,
wenn er dieses nicht bieten kann, auch ohne solches aus der
gemeinsamen Kasse leihen, kurz durch die Verbindung eine
bessere Vertretung der gemeinsamen Interessen bezwecken.
Diese Brüderschafts-Urkunde (Bel. 28), die älteste [1]), die bis
jetzt im Urtexte veröffentlicht ist, zeigt den reinsten kirchlichen,
durch keine weltlichen Bestimmungen getrübten Charakter;
ausdrücklich ist die Anordnung getroffen, dass die Strafgelder
nicht vertrunken oder verzehrt, etwaige Ueberschüsse vielmehr zur Anlage von Standkerzen, zum Ankauf von Messgewändern und Altartüchern verwendet werden sollen. Zwangsbeitritt ist festgesetzt, die Knaben [2]) sind ebenfalls der
Brüderschaft einverleibt.

---

[1]) Der Brief der Kürschnergesellen in Stendal (Bel. 12a.) kann nicht
als Brüderschaftsurkunde betrachtet werden; denn nach diesem errichten
dieselben zwar 1372 eine eigene Krankenkasse, aber zu einer abgesonderten
Brüderschaft sind sie noch nicht vorgeschritten; die Gilde umfasst auch
noch die Knechte; Kerzen und Baldachin werden noch gemeinsam benutzt und unterhalten und ein Meister und Knecht üben gemeinsam die
Verwaltung der Kasse aus; nur darin, dass jeder Knecht zum Geben des
„Gottespfennigs" verbunden ist, und den Knechten die Strafgelder zufallen, ist der erste Schritt zur Ablösung von der Gilde angedeutet.

[2]) Was man unter Knaben zu verstehen, ist nicht ganz klar; die
Vermuthung aber, auf die man zunächst verfallen könnte, dass es nämlich
Lehrlinge seien, lässt sich kaum aufrecht erhalten; immer werden sie in
Coordination mit den Knechten angeführt, und der ganze Unterschied zwi-
schen beiden scheint nur der gewesen zu sein, dass die Knaben geringeren
Lohn bekamen. In Strassburg erhielt 1404 der Knabe 3 Gulden Lohn
und darunter, der Knecht über 3 Gulden; die Ordnung der Schuhmacher-
knechte zu Freiburg 1484 definirt geradezu nach dem Unterschied des
Lohnes Knecht und Knabe: „dem es zer wochen gültet ein schilling pfennig

Trotz des scheinbar so frommen Charakters ist die Brüderschaft doch nur das Symptom der allgemeinen Trennung und
Absonderung von den Meistern; einmal vereinigt, stehen die
Gesellen als Masse den letztern gegenüber; dass sie das in
der Urkunde gesteckte Ziel oft überschritten haben, ist kaum
zweifelhaft; so ziehen 1423 (Bel. 43) die Kürschnerknechte wegen
der „Gespenne", die sie mit den Meistern haben, unter Pfeifen
und Lärmen aus der Stadt nach Hagenau und sind nur gegen
die Versicherung, nicht vergewaltigt zu werden, zu Unter-
handlungen bereit. Sollte die Brüderschaft da ganz ohne
Einfluss gewesen sein? Wie dem auch sei, 1426 sah der
Rath sich veranlasst, die Brüderschaft aufzulösen[1]). Ihr
Vermögen wurde confiscirt und zur Hälfte dem Blattern-
haus, zur Hälfte den Armen zugewendet[2]). Ueber diese Auflösung bekommen wir sofort bessern Aufschluss durch die kleine
Urkunde von 1428 (Bel. 44). In dieser erzählen die Kürschnerknechte gleich Eingangs, wie sie ähnlich den andern Handwerksknechten eine Bruderschaft gehabt hätten — die Constituirung der Gesellen war also in Strassburg um diese Zeit
ziemlich allgemein —, wie ihnen und den andern dieselbe
aber vom Rathe aberkannt worden sei. Der Grund der Aufhebung ist deutlich zwischen den Zeilen zu lesen; es ist die
immer und immer wiederkehrende Schwierigkeit welche die
mit jeder mittelalterlichen Genossenschaft verbundene eigene Gerichtsbarkeit erzeugt; die Knechte bekommen darum die Brüderschaft nur wieder zugestanden, nachdem sie durch Schwur
und Gelöbniss wegen dieses Punktes eine Concession gemacht
und der Meisterschaft einen Antheil an der Rechtsprechung
gegönnt hatten; nie wollen sie ein Gericht halten, ohne dass
zwei vom Handwerk dazu gewählte Meister zugezogen sind
und das Urtheil mitfinden; die Meister müssen aber auch

---

und daruber, der ist ein knecht — welchem es gültet zer wochen under
eime schilling, der ist ein knabe."

[1]) Dies geht deutlich aus der kurzen Notiz hervor, die auf der Aussen-
seite der Pergamenturkunde angebracht ist. Bel. 29.

[2]) Vgl. über ähnliche Verwendung des Vermögens der 1529 eingezo-
genen Klöster Maurer III. p. 53.

stets den Gesellen sich bereit erzeigen und ihnen, so oft sie
Gericht halten wollen, gehorsam sein oder im Verhinderungs-
fall Stellvertreter schicken. Für diese Concession von Seite
der Gesellen machen aber auch die Meister eine, indem gestattet wird, dass ein Meister in die Gesellenbrüderschaft sich
aufnehmen lasse, eine gewiss grosse Concession, insofern die
Gesellen eine halbe Jurisdiction über ihre aufgenommenen
Herren dadurch erhalten.

In dieser Weise war wohl ein erträglicher Compromiss
geschaffen; die Hauptaufgabe bestand nun in der Ausführung
und Aufrechthaltung desselben. Diese scheint weniger ge-
glückt zu sein; denn immer tauchen, soweit die Urkunden
schliessen lassen, Versuche der Knechte auf, ein Gebot allen-
falls ohne Beiziehung der Meister zu machen, immer müssen
die Meister das wachsamste Auge haben, um die Gefahren,
die ihnen von Seite der Gesellen drohten, zu beschwören oder
zum mindesten zu localisiren. So war in Hagenau zwischen
der Frau des Landvogtschreibers und einem Knechte, der in dem
nämlichen Hause wohnte, ein Wortwechsel entstanden (Bel. 47).
Darob wurde der Knecht in den Thurm geworfen und ihm die
Stadt eine Zeit lang verwiesen. Das Urtheil scheint wegen
der Machtstellung der beleidigten Frau ein ungerechtes gewesen zu sein, und die Zunftmeister selbst bezeugen dem
Knecht, „dass sie sonst nicht anders wüssten, das der selbe
Michel ein fromer erber kneht sie." Die Selbsthilfe oder Selbst-
rache konnte unter diesen Umständen nicht weitab liegen, und
so hatte sich das Gerücht verbreitet, der betreffende Knecht Michel
Fögelins Hertze, und ein Kamerad Hans von Wurmesse wollten
alle Kürschnerknechte nicht nur von Hagenau, sondern auch
von Strassburg wegführen, und sie hätten einander sämmtlich
hiezu durch ein Bündniss verpflichtet. Zwar läugnen die
Knechte dies in diesem Falle ab; aber dass die Gesellen so
nahe liegender Städte gerne gemeinsame Sache machten, die
Gesellen einer kleinen Stadt den Schutz der Genossen in der
grössern suchen mussten, geht klar aus der Ueberlegung hervor, dass im Falle eines Strikes der Erfolg nur davon abhängen konnte, in wie weit die Meister mit Gesellen anderer

Städte sich zu behelfen vermochten; die acht Kürschnerknechte in Hagenau hätten recht leicht aus der Zahl der achtundvierzig in Strassburg ersetzt werden können. Um dem Zusammenwirken der Gesellen eines Handwerks innerhalb einer Zone mit Erfolg entgegenzutreten, blieb den Städten nichts Anderes übrig, als ebenfalls gemeinsam vorzugehen und einheitliche Maximen für diesen Fall einzuhalten, wie ein Brief aus Schlettstadt von solchen vor einiger Zeit erzielten Vereinbarungen spricht und Hülfe dagegen verlangt, dass die Strassburger Knechte die Schlettstadter Meister in Verruf bringen (Bel. 52).

Ein Sturm der Aufregung und Entrüstung erhob sich unter den Kürschnergesellen am ganzen Oberrhein im Jahre 1470. Der Grund hievon ist nicht leicht zu ermitteln. Wie aus dem Briefe [1]) einiger Kürschnerknechte an den Rath hervorgeht, haben die Meister sich unterstanden, „etliche Neuerungen gegen sie zu gebrauchen und fürzunehmen wider und über gütlich Ordnung und Vereinbarung", die sie in vergangenen Zeiten gegenseitig getroffen haben, Neuerungen, wie sie von den ältesten Gesellen nie gehört worden, noch irgend wo in Gewohnheit seien, Neuerungen, in Folge deren sie und das Handwerk sehr beschwert würden und Auftreibung zu befürchten hätten (in uwer statt zu werkend schühung enpfohen). Worin diese Neuerung bestand, geht klarer hervor aus dem Protest [3]), den sechsundvierzig Gesellen, die nach Hagenau gezogen sind [4]), von dort an den Rath gelangen lassen. Von solcher Spannung, sagen sie, und Zweiung, die sich verlaufen

---

[1]) Bel. 63. Der Brief ist nur von acht meist weit hergewanderten Knechten unterzeichnet, entweder weil die andern bereits die Stadt verlassen hatten oder weil diese acht einen engern Ausschuss bildeten, der die Brüderschaftsangelegenheiten besorgte; bei den Bäckerknechten bestand ein ähnlicher Ausschuss (die Achtknechte).

[2]) Bel. 64 (vgl. auch Bel. 67).

[3]) Dass nicht die Hagenauer Kürschnerknechte es sein können, die den Protest erlassen, darauf weist einmal die grosse Zahl hin — in Hagenau sind aber nur ca. acht, wie wir früher sahen —, dann der Satz „wir armen gesellen atzunt wonhaftig zu Hagenowe," endlich die Bemerkung, dass sie ihre Brüderschaft in Strassburg hätten.

und gemacht hat zwischen den Meistern der Kürschner und ihren Gesellen, ist ihnen und andern Gesellen vorgekommen, wie solche Meister vor die ehrbare hohe Weisheit des Rathes gekommen sind und von ihr gefordert und begehrt haben, die Kürschnerknechte zu einem ähnlichen Gedinge zu bringen, wie man die Schneiderknechte und andere Handwerksknechte dingt, das doch bei dem Kürschnerhandwerk eine unerhörte Sache sei und das nie ein Mann in deutschen Landen oder deutscher Zunge gehört hat, zumal da das Handwerk der Kürschnergesellen die „Freiheit" hat, so dass es solchen Eintrag billig von den Meistern von Strassburg oder anderswo nicht vertragen kann. Die Art des Dingens ist also der Stein des Anstosses und der Sachverhalt wohl der. 1465 wurde für Strassburg und andere Städte eine allgemeine Knechtordnung feierlich auf dem Lattemer verkündet (Bel. 57). Sie ist der erste grössere Versuch, für die Gesellen aller Handwerke einheitliche Normen aufzustellen und sämmtliche Gesellen den Meistern und dem Rathe dauernd unterzuordnen. Trinkstuben, gemeine Gesellschaft, gedingte Häuser sind den Gesellen auf alle Fälle untersagt; nur ein Gebot „jrer Kerzen wegen" ist ihnen verstattet und das nur nach Ansage beim Zunftmeister. Waffentragen, Leichenbegängnisse an Werktagen, gemeinsame Kleidertracht werden nicht geduldet; endlich muss jeder Knecht spätestens acht Tage, nachdem er in Arbeit getreten, vor dem Zunftmeister seines Handwerks schwören, gehorsam zu sein, und sein Name in ein Buch eingetragen werden.

Dieser reactionäre Erlass sollte als allgemeine Richtschnur für die Handwerke gelten, und ward derselbe darum jedem Handwerk geschrieben zugestellt. Auf Grundlage dieser Verfügung mögen die einzelnen Zünfte ihre bisherigen Bestimmungen über die Gesellen modificirt oder ergänzt haben; in der That findet sich im Statutenbuch der Kürschnermeister ein schon von Mone veröffentlichtes Gesellenreglement (Bel. 82), von welchem wir freilich nicht die genaue Jahreszahl wissen, wohl aber, dass es in die zweite Hälfte des 15. Jahrhunderts gehört, also jedenfalls dem Jahre 1470 sehr nahe steht. Der Inhalt ist von dem nämlichen Geiste durchweht, wie die

Knechteordnung von 1465, und die zweite Bestimmung ist nur eine modificirte Wiederholung des oben angeführten Passus. Im Uebrigen soll jeder Knecht bis Weihnachten gedungen, ihm für den Fall des Entlaufens 5 sh. vom Lohn zurückbehalten, für jeden Tag Müssiggang 1 sh. am Lohn abgeschlagen werden. Diesen Erlassen scheinen die Gesellen ohne Widerspruch sich gefügt zu haben, aber der letzte Satz, den die Meister bei dieser günstigen Gelegenheit einzuschieben wagten, mag den Ausbruch des Unwillens der Gesellen veranlasst haben. Diese Bestimmung heisst: „Item es sol auch ein hauptkan eim jeglichen meister knecht setzen zu arweiten und die gesellen nit me tün, dar zu sol es ein hauptkan glich deilen uff den eit. und welher einen knecht on den hauptkan setzt, der bessert 5 β D., ußgenomen ein luderer, der sol frij` sin dieser obgeschriebenen ding." Also eines der wichtigsten Rechte der Gesellenschaft, das der Arbeitsvermittlung, war ihnen entzogen, und ein Haupteinfluss auf die Meister ihnen dadurch genommen. Darauf, glaube ich, bezieht sich der Unwille der Gesellen, der in Strassburg, Colmar, Freiburg i. B., Willstett ausbrach; denn die übrigen Bestimmungen waren nicht so abnorm und unter den Handwerken ziemlich verbreitet; und daraus erklärt sich auch, dass in allen Briefen von der Genossenschaft die Rede ist, weil eben die Arbeitsvermittlung ein wesentliches Recht dieser war. So berufen sich die Strassburger Knechte auf ihr altes Herkommen und die alten Briefe, die ihre Voreltern ihnen gegönnt, und bitten, sie bei ihrer Brüderschaft und Freiheit zu belassen; ebenso machen die Kolmarer Gesellen ihre Vorstellung [1]) bei den Meistern und verlangen, dass man ihre alten Briefe und Siegel ehre, werden aber höhnisch mit der Bemerkung abgewiesen, „wozu man ihrer bedürfe, man habe ja gar nicht nach ihnen geschickt", weshalb diese erzürnt über solchen Hochmuth an ihre Genossen

---

[1]) Bel. 65: Die Colmarer Kürschnermeister hatten, wie es scheint, die fragliche Bestimmung der Strassburger ebenfalls acceptirt; auch die Strassburger Knechtordnung galt für mehre Städte, also wahrscheinlich auch für Colmar; siehe den Schluss des Bel. 57.

das Ansinnen stellen, keiner solle sich verdingen, und drohen:
„weller aber der wer' und das nit entett, wan er uns zů handin
kumpt, den wel wir halten also des hantwerks gewonheit ist."
Auch die Willstetter Knechte fordern, so lange in Strassburg die Arbeit einzustellen, bis man das alte Herkommen,
die alten Briefe und Siegel wieder hergestellt; weder in deutschen Landen, noch in welschen Landen, noch in der Heiden-
schaft seien solche Neuerungen je erhört gewesen; zehn oder
zwanzig Jahre lang wollen sie es dem Gesellen nicht vergessen, der sich überreden lässt; festes Zusammenhalten sei
nothwendig, da auch die Meister anderer Städte den Strass-
burgern beistehen wollten in dem grossen Kampfe (Bel. 66). Die
Gesellen von Freiburg i. B. waren zwar nicht direct von dem Verfahren der Meister betroffen, denn sie waren ja nicht vom
Strassburger Rath oder einer Strassburger Zunft irgendwie
abhängig, hatten zudem seit einem Jahre (Dec. 1468) sogar
ein Gesellenstatut, wodurch ihre weltliche Organisation be-
gründet wurde (Bel. 60); ihr Brief ist daher eine gütliche Vorstellung an den Rath zu Strassburg, um die Meister von ihren
freventlichen Neuerungen im Dingen abzuhalten, sie seien —
man sieht, wie selbstbewusst sie auftreten — zu jedem Gegen-
dienst bereit (Bel. 67). Ja sogar die Meister einer Ortschaft —
welcher, konnte ich nicht eruiren — haben in einem Briefe auf
die Anzeige ihrer Knechte hin von dem Verfahren abgerathen,
„da bruste daruss wahssen wurde (Bel. 68)." Es scheint auch,
als ob die Meister auf die stricte Durchführung verzichtet hätten;
denn das Reglement ist im Statutenbuch durchstrichen, und
aller Wahrscheinlichkeit nach wurden neue Bestimmungen erlassen, in denen man die gehässigen Punkte strich; wenigstens
werden wir in dieser Meinung dadurch bestärkt, dass uns Ver-
ordungen dieses Betreffs aus dem Jahre 1509 überliefert sind
(Bel. 88), in denen der Stein des Anstosses weggeräumt ist.
Man überlässt jetzt Lohn und Zeit ganz der freien Vereinbarung zwischen Meister und Knecht, was jedenfalls auch das
richtigste war, da der Knecht durch die Gesellschaft ge-
stützt, etwaiger Ausbeutung entgegentreten und einen wahrhaft

freien Vertrag abschliessen konnte [1]); in Streitigkeiten sollen
sie es erst gütlich mit einander versuchen, dann vor dem
Handwerksgericht erst rechtlich die Sache schlichten; nur
wenn in· eine Woche ein Feiertag fällt, soll ein Tag Müssiggang zum Abschlagen des Lohnes berechtigen, aber nicht
·nöthigen; nicht einmal für den Contractbruch war eine Strafe
festgesetzt. Eine Ergänzung wurde darum nöthig und diese erfolgte auch bereits nach vier Jahren, 1513 (Bel. 90). Auch hier
wird die freie Vereinbarung wieder an die Spitze gestellt; ist
aber der Contract einmal geschlossen, dann soll auch ohne
redliche Ursache der Geselle nicht aufstehen und einem andern Meister arbeiten; kein Meister soll einem solchen Knechte
Arbeit geben; der Contractbruch wird aber geradezu gestattet,
im Fall der Geselle, der natürlich keinem Meister Etwas
schulden darf, fortwandern will. So hatten die Knechte durch
ihr einmüthiges und starkes Zusammenhalten sich eine freie
sociale Stellung gegenüber dem ausbeutelustigen Capital —
in diesem Falle darf man wohl dieses moderne Schlagwort
gebrauchen — errungen. Der privilegirten Meisterschaft
durften sie sich freilich nur als Meisterssöhne oder als Gatten
einer Meisterstochter nahen; darum hatten sie auch sich
das Ziel gesteckt, ausserhalb der Meisterschaft eine gewisse
wirthschaftliche Selbständigkeit zu erlangen. Sie konnten, wie
aus dem Artikelbuch (Ende des 15. Jahrhunderts) hervorgeht (Bel. 81), eigen Feuer und Rauch haben, im eigenen Hause,
wenn auch nur im Dienste eines Andern. arbeiten, ja sogar
die Haltung eines Knaben hatten sie beansprucht, was aber
ihnen verboten wurde; kein Knecht konnte mehr aus der Zunft-
stube ausgewiesen werden ohne vorhergegangenes gerichtliches
Urtheil.

---

[1]) Ob die Lohnfestsetzung ganz den Pactirenden überlassen war oder
nur in fest normirten Grenzen sich bewegen durfte, konnte nicht eruirt
werden; zwei im Strassburger Archiv noch vorhandene höchst detaillirte
Stücklohnverzeichnisse, überschrieben: „Disen nochgeschriben lone söllent
kürsenermeister zů Strassburg iren knehten zů lone geben" aus den Jahren
1436 und 1470 beweisen nichts, da sie eben vor dem Jahre 1509, also
vor der Errungenschaft des freien Vertrags, verfasst sind.

Während wir in Strassburg die Gesellen so an einem erquicklichen Ende angelangt sehen, scheint in Freiburg i. B. trotz der frühen Selbständigkeit die Entwicklung eine weniger glückliche gewesen zu sein. Eine allgemeine Reaction gegen die Gesellenverbände überhaupt war in Freiburg offenbar eingetreten, wie aus dem Verbot von 1500 (Bel. 87), in Wirthshäusern die Gesellschaft abzuhalten, wohl zu schliessen ist; zudem scheinen daselbst die Gesellen ihr eigenes Interesse falsch verstanden zu haben; denn nur dadurch konnte es kommen, dass daselbst (1510) kein Knecht werken durfte, der eigen Feuer und Rauch hatte (Bel. 89). Aber auch in Strassburg ob der anscheinend guten Verhältnisse nun Ruhe und Beständigkeit zu erwarten, wäre weit gefehlt. Die Geschichte kennt keinen Stillstand, keine Ruhe, sie kennt nach erbitterten Kämpfen ein Siegen auf der einen, ein Unterliegen auf der andern Seite. In der That bedurfte es auch nur einer kurzen Spanne Zeit, um die ganze Situation zu ändern und alle Errungenschaften der Knechte in Frage zu stellen. Die weltbewegenden Ereignisse dieser Periode mussten auch unsern kleinen Verhältnissen ein Zeichen ihres Daseins aufprägen. Die Reformation war hereingebrochen und ganz Strassburg der Bewegung anheimgefallen. Die Urkunde (Bel. 96), die wir aus dieser Zeit besitzen und welche von einer Aenderung der alten Artikel spricht, steht unter dem unmittelbaren Eindruck dieses Processes und ist darum schon in dieser Hinsicht höchst merkwürdig. Sie gibt uns aber zugleich ein deutliches Bild, wie die Meister den unsichern Zustand benutzt haben, um sogleich wieder die Knechte niederzudrücken. Eine der wichtigsten Folgen der Reformation für das Gesellenwesen musste die Auflösung der auf kirchlichem Grunde aufgebauten Brüderschaften sein; denn wie sollte z. B. die unserer Kürschnerknechte noch einen Sinn haben, welche ausdrücklich „zu lobe und zu eren der heiligen muter Marien der himelschen künigin" gegründet war? In der That geht auch aus einem Abschnitt unserer Urkunde hervor, dass für die kranken Gesellen nicht mehr von ihren Mitgliedern gesorgt wird. Die Reformation isolirte mithin, soweit nicht eine weltliche Gesellen-

schaft bestand, den einzelnen Gesellen wieder, und die Meister,
die durch das rein gewerbliche Zunftband (ohne Rücksicht
auf etwaige Brüderschaften, denen der einzelne angehörte)
geschlossen blieben, konnten nun wieder eigennützig die Gesellen ausbeuten. Damit hebt denn auch die Vorstellung der
Kürschnergesellen an. Das neue Evangelium weise auf's ernst-
lichste zu brüderlicher Liebe und Einigkeit hin, für Viele aber
diene es nur zum Deckmantel des Eigennutzes. Das Recht
der Knechte, durch ihre Büchsenmeister nach Arbeit Um-
schau zu halten, sei ihnen von den Meistern wiederum genommen; es sei ihnen am Ende gleich [1]), wer dies Geschäft
besorge, allein man erkenne doch daraus, wie willkürlich die
Meister mit ihnen umgingen. Früher sei jeder Meister berechtigt gewesen, vier Stühle und einen für einen Lederer zu
halten, jetzt wären dieselben aus Neid (gegen einzelne Meister,
welche diese alle besetzen und beschäftigen konnten) · überein
gekommen, dass jeder Meister nur drei Stühle besetzen dürfe;
dadurch würden viele Gesellen wegen Nichtbeschäftigung in
den Krieg [2]) getrieben und das um so mehr, als der Andrang
der Gesellen in Strassburg, als dem Hort des neuen Glaubens,
immer grösser werde. Ehedem, sagen sie, durfte, wenn ein Meister seinem Knechte Urlaub vor dem Ende des Zieles gab, der
Knecht jedwedem andern Meister dienen [3]), jetzt sei ihnen im
Falle des Urlaubs nicht gestattet, bei einem andern Meister zu
dienen, sondern sie müssten aus der Stadt ziehen. Die Feiertage seien in Folge der Reformation abgeschafft, ihr Lohn aber
statt aufgebessert für die Zeit zwischen Weihnachten und St.

[1]) Man könnte daraus schliessen, dass unsere obige Auffassung, dass
1470 gerade wegen dieses Punktes der grosse Streit entstanden sei, unrichtig wäre; allein der Grund, warum die Gesellen jetzt so wenig Werth auf
das Recht der Arbeitsvermittlung legen, ist wohl der, dass ihre Büchsenmeister
wegen Auflösung der Brüderschaft gar nicht mehr in Function waren, dieses
Recht also gar nicht ausüben konnten. Dass ihnen die Sache so gar
gleichgültig nicht war, dürfte schon der Umstand beweisen, dass sie diesen
Anklagepunkt an die Spitze stellen.
[2]) Man erinnere sich zur Klarstellung der Situation an den Bauern-
krieg von 1525.
[3]) Bel. 90.

Jakobstag herabgemindert worden; gleiche Bezahlung das Jahr über, meinen sie, sei wegen der eingetretenen Vermehrung der Arbeitstage keine ungerechtfertigte Forderung. Während eines ganzen Jahres von den Meistern getrieben, hätten sie endlich eine Ordnung der kranken Gesellen halber gemacht — natürlich wollten die Meister diese Last von sich weg auf die armen Gesellen wälzen —, es sei ihnen aber dann dieselbe von den Meistern nicht gewährt worden. Der Grund der Verweigerung ist ersichtlich; nach ihrer eigenen Aussage wollten die Gesellen die Vergehen gegen das sittliche Betragen bestrafen und die Strafgelder ebenfalls zur Krankenversorgung benutzen; die Meister wussten aber aus Erfahrung, wie gefährlich ihnen die Strafgewalt der Gesellen und die dadurch erzeugte feste Organisation werden konnte.

Wie lange es den Meistern glückte, die Gesellen in ihrer Isolirung zu erhalten, ist ungewiss, auf alle Fälle nicht sehr lange; denn der Versuch der Genossenschaftsbildung behufs Krankenunterstützung [1]), ja schon das gemeinsame Auftreten bei der Eingabe sind ja deutliche Symptome für das Streben eines zu erneuernden allgemeinen Zusammenschlusses. Eine Abschrift von den Artikeln [2]) der Augsburger Kürschnergesellen aus dem Jahre 1574, die ich im Strassburger Stadtarchiv vorfand, war vielleicht nur verlangt worden, um nach diesem Muster ihre neue Organisation einzurichten. Dieses Statut ist der Typus für die nach der Reformation nothwendig gewordene Redaction [3]); möglichst umfassend, aber frei von jeder kirchlichen Beziehung, sorgt es für die Arbeitsuchenden, für die Kranken, für die Aufrechthaltung guter Ordnung auf der Herberge, gutes moralisches Betragen in der Oeffentlichkeit.

---

[1]) Die Gründung einer Krankenkasse war oft der erste Schritt zur Absonderung der Gesellen; vgl. Bel. 12 a.

[2]) Bel. 100.

[3]) Bei denjenigen Gewerben, die eine sehr grosse Zahl Gesellen verschiedener Confession in einer Stadt mit gemischter Bevölkerung vereinigten, kam auch die Scheidung in zwei confessionelle Gesellenverbände vor, so wenigstens in Augsburg bei den Schuhknechten.

h. Die Gesellen des Bauhandwerks.

Wir haben bisher immer nur von Gesellen gesprochen, deren sociale Stellung mit der zünftigen Organisation auf's engste verwachsen ist. Zur Vervollständigung dürfte es nicht unpassend erscheinen, auch auf ein Gewerbe kurz hinzuweisen, bei dem in den einzelnen Städten die verschiedensten Verhältnisse obwalteten, ich meine das Baugewerbe. In Nürnberg z. B. traf die Massregeln im Baugewerbe nur die städtische Behörde (Bel. 55, 56). Daher die geringe Verschiedenheit zwischen Meister und Geselle; beide waren selbständig und standen unter unmittelbarer Herrschaft des Raths. Die Satzung, dass kein Meister ohne des Raths Erlaubniss im Sommer ausserhalb der Stadt arbeiten soll, bei Strafe zweijähriger Verbannung, und die für Meister und Gesellen fast gleiche Löhnung zeigen eine solche Unterordnung selbst der Meister an, dass von einer Abscheidung der Gesellen keine Rede sein kann, um so weniger, als dem Zuzug fremder Gesellen ein Hemmschuh dadurch angelegt war, dass die Meister keinen fremden Gesellen über acht Tage Arbeit geben und stets den einheimischen dem fremden vorziehen sollten. Die Arbeitsvermittlung wird durch die Meister besorgt. Indem eine dritte unparteiische Behörde — sogar die Anordnung der Meisterprüfung und Bestimmung der Lehrlingszeit ist Sache des Raths; der Lohn für Gesellen und Meister wird vom Stadtbaumeister bezahlt — Alles regelt, scheint allgemeine Zufriedenheit hergestellt worden zu sein. Etwas anders mag das Verhältniss in Danzig gewesen sein, wo die Meister und Gesellen selbständiger und enger verbunden auftraten; die Maurer (Gesellen und Meister) stifteten ein gemeinsames Seelgeräthe 1388 und vereinbarten eine genossenschaftliche Ordnung, welche nur die religiösen Interessen berücksichtigte[1]. Wieder anders war es in Wien, wo die Maurer und Zimmerleute regelrechte Zünfte bildeten[2].

---

[1] Hirsch, Danzig p. 322.
[2] Vgl. Hormayr, Wien I. Jahrgang 5. Bd. p. 117, 118, 230. Als Beispiel mag auch dienen die Ordnung der Zimmerleute zu Strassburg 1478 (Mone XVI. p. 155).

Von diesen wieder total verschieden[1]) ist die Brüderschaft der Steinmetzen, welche eigentlich Künstler waren. Ihr Verband bildete sich heraus aus der Bauhütte, der in alter Zeit ein wohlausgebildeter Mönch vorstand; ein solcher entwarf den Plan und leitete auch den Bau. Eine Unterscheidung der übrigen im Bau thätigen Leute in Meister und Knecht konnte darum entweder gar nicht oder nicht in nennenswerthem Umfang eintreten; alle Männer standen im Dienste des obersten Lenkers. Erst als die klösterliche Leitung und Kunst an einzelne weltliche Meister überging, machte eine schärfere Differenzirung sich geltend, die aber nicht stark genug war, um das bisherige traditionelle Verhältniss demokratischer Gleichheit ganz umzustürzen. Vielmehr blieben Gesellen, Polierer und Meister in Einer Brüderschaft vereinigt, wahrten gemeinsam die fein ausgebildeten Handwerksgewohnheiten und übten gemeinsam das Gericht. Dieser Einigkeit ist es zum grossen Theil zu verdanken, dass jener grossartige Verband sämmtlicher deutscher Steinmetzen mit den vier Haupthütten Wien, Köln, Zürich, Strassburg 1452 sich vollzog. Die Eigenartigkeit dieser Verbände, sowie der mir zugewiesene Raum verbieten mir, hier näher sie zu besprechen. Das Urkundenmaterial, dass Heideloff[2]) gibt, ermöglicht dem Leser, der sich dafür interessirt, hinlängliche Aufklärung sich zu verschaffen.

In der vorangehenden Betrachtung haben wir uns durch eine Fülle von Beispielen überzeugt, dass das Ende des 14.

---

[1]) Sehr gut betont von Maurer II. 479 und 480. Nach dem Baseler Zunftbuch beschweren sich 1505 die Maurergesellen vor dem Rath und verlangen, dass die Steinmetzgesellen an ihrer Brüderschaft theilnehmen; der Rath aber erkennt, dass die Steinmetzen gegen die Brüderschaft der Maurer zu gar nichts verpflichtet sind, „weder karthen - stubenzins noch dheines gelt von der brüderschaft wegen uss ze geben noch mit ir gesellschaft nützit ze schaffen haben."

[2]) Bauhütte des Mittelalters in Deutschland 1844. Vgl. ferner Winzer, Die deutschen Brüderschaften des Mittelalters, Giessen 1859. Berlepsch, Chronik der Gewerbe VIII. Bd. (bearbeitet von Damman).

und der Anfang des 15. Jahrhunderts in der That die Zeit ist, in welcher das Streben der Gesellen nach gemeinsamem Auftreten und nach eigenem genossenschaftlichen Recht je nach der Oertlichkeit und dem Gewerbe, hier etwas früher, dort etwas später zum Ausdruck gelangt und als Ausfluss des Gegensatzes zu den Meistern sich charakterisirt. Unsere Aufgabe wäre jetzt, einmal die Formen der Organisation in's Auge zu fassen, sodann den Inhalt der organisirten Bestrebungen durch systematische Behandlung etwas schärfer zu specialisiren. Wir beginnen mit der kirchlichen Gesellenbrüderschaft.

6.

Zweck und Organisation der kirchlichen Brüderschaft.

Je älter die Urkunden sind, um so reiner lässt sich der Charakter der Brüderschaft herausschälen. Nicht immer darf man glauben, dass, sobald der Ausdruck Brüderschaft vorkommt, man die kirchliche Gesellenverbindung vor sich habe; er ward oft ganz allgemein für Bezeichnung des Gesellenverbandes gebraucht. Jede Urkunde aber, die die Stiftung oder Fortbildung einer wahren Brüderschaft enthält, documentirt sich schon äusserlich dadurch, dass im Eingang derselben die Gründung als Gott dem Allmächtigen, seiner hochwürdigen Mutter Maria und allen Heiligen zu Lobe vorgenommen erscheint [1]). Das innere Erkennungszeichen aber ist [2]), dass die-

---

[1]) Die der Sporer- und Schlosserknechte zu Strassburg 1479 (Bel. 74) enthält diesen Eingang nicht; es ist aber zu bedenken, dass dies Actenstück einem Protokollbuch entnommen ist, und, wie ersichtlich, nur neue und modificirte Bestimmungen zu der bereits vorliegenden Stiftungsurkunde enthält.

[2]) Sämmtliche Brüderschaftsurkunden, gleichviel von welchen Gesellschaftsklassen sie herstammen, zeigen eine ungeheure Aehnlichkeit, die sich nicht bloss auf solche von Deutschland erstreckt; man vergleiche nur das schöne Werk English Gilds von Toulmin Smith und insbesondere die Einleitung hiezu von Lucy Toulmin Smith, London 1870.

selbe den zwei Hauptaufgaben der Brüderschaft wesentlich
Rechnung trägt, nämlich einmal der Fürsorge für die Repräsentation der Genossenschaft in der Kirche, sodann der Fürsorge für die armen und kranken Gesellen[1]). In ersterer
Beziehung stiften sie meist eine oder mehre Altarkerzen, für
deren Anzündung an hohen Festtagen und sonst wichtigen
kirchlichen Gelegenheiten ihre Kassirer Sorge tragen müssen[2]).
Am Frohnleichnamstag und anderen hohen Festen treten die
Gesellen als Corporation auf und suchen durch ihre reich-
geschmückten kostbaren Kerzen den allgemeinen Glanz zu
erhöhen; alle Frohnfasten, und so oft ein Mitbruder stirbt,
lässt die Genossenschaft eine „singende Seelmesse" halten und
der verstorbenen Knechte alle Wochen auf der Kanzel im

---

[1]) Von der Genossenschaft, die wir hier betrachten, ist wohl zu scheiden
jener rein religiös-geistliche Verband, der durch Aufnahme in die Kloster-
gemeinschaft entstand. In der katholischen Kirche ist nämlich die Einrichtung, dass man auch als Laie (frater barbatus oder conversus) in
eine engere Beziehung zu einem geistlichen Orden treten kann. Franz
v. Assisi gab diesem Verhältniss eine feste Form dadurch, dass er alle
Laien, die sich mit den klösterlichen Mitbrüdern verbrüdern wollten, ohne
Geistliche zu werden, zu einem sogenannten dritten Orden (den der Ter-
tiarii) vereinigte. Die Mitglieder dieses Ordens bleiben in ihren bürger-
lichen Verhältnissen, verpflichten sich aber, gewisse Gebete, Fasten
und Zahlungen zu vollziehen, wogegen sie an allen geistlichen Vortheilen
und Segnungen (Messen, Ablässen) des Hauptordens Antheil haben. Man
sieht leicht, dass diese Institution für den Orden ein Mittel war, an Einfluss und Reichthum zu gewinnen. Die Gesellenbrüderschaften mussten
zur Eingehung eines solchen Verhältnisses um so mehr veranlasst sein,
als sie in der Kirche des Klosters besondere Privilegien zu Zwecken der
Repräsentation beanspruchten, diese aber wohl oft nur um den Preis des
Eintritts in den dritten Orden zu erhalten vermochten. Darum darf man
annehmen, dass die meisten kirchlichen Brüderschaften zugleich den Ter-
tiariern angehörten, muss aber festhalten, dass dies nicht nothwendig zum
Wesen der kirchlichen Gesellenbrüderschaft gehört. Die höchst merkwürdige Urkunde (Bel. 69), die eine Aufnahme der Schneidergesellen in
die Klosterbrüderschaft der Franciscaner zu Görlitz enthält, zeigt deutlich,
dass die Gesellengenossenschaft schon vor der Aufnahme bestand, da von
Altknechten (als den Vorständen der Brüderschaft) bereits die Rede ist.
[2]) Vgl. z. B. die Bestimmungen der Strassburger Gerberknechte von
1477 (Bel. 71).

Gebete gedenken. Selbstverständlich darf Niemand der Theilnahme am Leichenbegängniss[1]) eines verstorbenen Bruders, an der Messe und am Opfer sich entschlagen[2]). Um Gewährung einer gemeinsamen Begräbnissstätte bei der gewählten Kirche wurden die Kirchenvorstände immer gebeten[3]), wogegen die Knechte den Kirchenschatz durch Anschaffung von Paramenten, z. B. Messgewändern, Altartüchern und dergleichen, bereicherten[4]). Werden die Gesellen durch Vermächtnisse anderer Leute besonders beschenkt, so kommt es vor, dass die Brüderschaft eine eigene Kapelle baut und hier ihren gemeinsamen kirchlichen Bedürfnissen Genüge trägt. So war dies der Fall bei den Strassburger Bäckerknechten[5]).

Der Sorge für die kranken und armen Mitglieder unterzieht sich die Genossenschaft in einer den damaligen Verhältnissen nach einzig möglichen Art, nämlich nicht etwa durch Gewährung bestimmter Summen für den Krankheitsfall und für eine bestimmte Zeit, wie dies die modernen, auf Beobachtung basirten Kassen anstreben[6]), sondern dadurch, dass ihre

[1]) Der gestorbene Geselle ward auch von seinen Mitgesellen zu Grabe getragen, da es als eine Schande galt, von Ungenossen oder von bezahlten Leuten getragen zu werden. (Vgl. Maurer II. 819).

[2]) Vgl. z. B. die Urkunde der Colmarer Gerberknechte (Bel. 61).

[3]) So hatten die Bäckerknechte in Freiburg 1419 zwei Grüfte in der Spitalkirche (Bel. 38); die Gerberknechte zu Colmar ihr Begräbniss im Kloster der Barfüsser (Bel. 61); die von Strassburg bei den Augustinern unter den Wagnern (Bel. 71); die Schmiedeknechte in Frankfurt hatten eine eigene Gruft im Kreuzgang des Dominikanerklosters (Kriegk, Bürgerzwiste p. 403); die Huf- und Kupferschmiedegesellen zu Freiburg ihr Begräbniss bei den Augustinern (Bel. 73); die Schlosser und Sporer in Strassburg auf dem Leichenhof zu St. Martin (Bel. 74); die Leinweber im grossen Spital (Bel. 72); die Kürschner bei den Predigern (Bel. 28); die Brauknechte in Hamburg hatten ein eigenes Begräbniss an der Nicolaikirche und auch einen eigenen Stuhl in der Katharinenkirche (Berlepsch IX. 89).

[4]) Bel. 74 § 5 und 76.

[5]) Bel. 78.

[6]) Ich erinnere an die 1855 von Dr. Heym in Leipzig gegründete Krankenversicherungsgesellschaft. Man vgl. auch das Statut einer modernen Gesellenkrankenkasse bei Schnell, Die sociale Privathülfe, Berlin, 1860 und die Einrichtungen und Statuten in dieser Hinsicht bei den Gewerkvereinen.

Kasse bei eintretender Krankheit und Noth eines Gesellen sich ihm als Darlehnskasse darbietet. Das Leihen ist durchweg die Regel, und dies geschieht nur zunächst gegen ein Pfand; der Betrag aber, der auf blosses Wort hingegeben werden darf, ist genau fixirt[1]). Die Pfänder dürfen in der Regel innerhalb eines ganzen Jahres nicht verkauft werden. Die Rückzahlung des auf Treue und Glauben dargeliehenen Geldes wird durch Androhung der Auftreibung gesichert. Doch erschöpft sich die Sorge für die Kranken von Seite der Genossenschaft nicht bloss in der Gewährung von Geldmitteln, sie erstreckt sich auch auf die Herstellung eines passenden Verpflegungsortes und einer geordneten Verpflegungsart. Die Brüderschaft erreichte dies meist durch Vereinbarung mit einem Spital (oder Wirth[2])), wonach sie eine Anzahl von Betten im Spital zur Verpflegung der kranken Gesellen unterhielt[3]). Besonders vermögende Brüderschaften hatten einem Spital auch für die Verpflegung ihrer Mitglieder eine Summe zugewendet. In Schaffhausen übergeben 1524 die Schmiedeknechte und ihre verwandten Genossen ihr ganzes Capital dem Seelhaus, wofür dies die Verpflichtung übernimmt, jeden kranken Gesellen aufzunehmen und bis zu seiner Gesundheit zu verpflegen. Ein von den Knechten gewählter Geselle hat die Aufsicht zu übernehmen (Bel. 94). Seit 1587 schiesst jeder Knecht, wenn er in Arbeit tritt, noch einen besonderen Beitrag bei (Bel. 102). In Freiburg haben die Schneidergesellen

---

[1]) Bei den Kürschnerknechten in Strassburg 1404 auf drei Schilling (Bel. 28); bei den Colmarer Gerberknechten 1470 (Bel. 61), denen zu Strassburg 1477 (Bel. 71), den Kupfer- und Hufschmiedgesellen in Freiburg 1481 (Bel. 73), den Bäckerknechten 1420 ebenda (Bel. 39) auf 5 Schilling; nach der spätern Redaction bei den Gerberknechten in Strassburg auf $1/_3$ Gulden, 1467 bei den Schmiedeknechten in Schaffhausen auf 10 Schill. (Bel. 59), 1410 und 1474 in Speier bei den Bäcker- und Müllerknechten auf $2^1/_2$ Schilling (Bel. 31).

[2]) Vgl. die Bestimmung 13 bei den Gesellen der Krämerzunft in Freiburg aus dem Jahre 1415 (Bel. 37).

[3]) So geschah es in Basel bei den Weberknechten, den Grautüchern, den Rebleuten; in Königsberg von Seite mehrer Gewerke. Maurer III. §. 413. In Ulm hatten die Weber zwei Bettstätten im Hospital (Bel. 40a); ebenso die Bäckerknechte in Schlettstadt 1489 (Bel. 76).

1555 dem Armenspital 40 fl. überreicht, damit ein jeder ihrer Kameraden, falls er von der Pestilenz ergriffen werde, ein eigenes Stübchen erhalte, und 1572 hinterlegen sie noch weitere 20 fl., damit diese Vergünstigung ihnen bei jeder Krankheit gewährt werde. (Mone XV. p. 30.) Auch die Strassburger Bäckerknechte hatten, wie es scheint, mit dem Spital einen Vertrag geschlossen; denn es liegt aus dem 15. Jahrhundert ein Statut [1]) vor, welches gute Kost und Verpflegung der Gesellen vom Spital verlangt, über strenge Disciplin und Verhütung von Missbrauch durch den Büchsenmeister resp. Knechtsknecht wachen lassen will.

Zur Erreichung der obgenannten Zwecke mussten s ä m m t - l i c h e Knechte Beiträge liefern, insoweit die Brüderschaft nicht auf andere Weise (wie durch Vermächtnisse) Zuschüsse erhielt. Die Zwangsassociation war somit auch hier, wie im Mittelalter überhaupt, Vorschrift [2]); bei allen von mir geprüften und in der Anlage beigegebenen Brüderschaftsurkunden ist der gezwungene Beitritt ausgesprochen [3]), und gegen diejenigen, welche nicht Theil nehmen wollen, wird mit Ausschluss jeder Gemeinschaft in Arbeit und Gesellschaft gedroht [4]). Um uns eine Vorstellung von der Grösse des Beitrags zu machen, bedienen wir uns der Angaben in der Brüderschaftsurkunde der Kupfer- und Hufschmiedgesellen in Freiburg von 1481 (Bel. 73). Danach war der mittlere Tageslohn 1 sh. Bei diesem ward als Eintrittsgeld $\frac{1}{2}$ sh. verlangt . . . . . $= \frac{1}{2}$ Taglohn; ausserdem jede Frohnfasten 2 D $= \frac{1}{6}$ Tag-

lohn, also im Ganzen . . . . . $= \frac{4}{6}$ „

endlich jede Woche ein Hälbling $= \frac{1}{2}$ D.

$= \frac{1}{24}$ Taglohn; im Ganzen . . $= \frac{52}{24}$ „

$\frac{80}{24} = 3_{,3}$ Taglöhne

[1]) Bel. 79.

[2]) Dies war zum Theil auch nothwendig, da die mittelalterlichen Genossenschaften viele öffentliche Bedürfnisse befriedigen mussten.

[3]) Nicht zum Beitritt gezwungen sind in der Regel nur die verheiratheten Knechte (Bel. 72) und diejenigen, die den geringsten Lohn erhalten (Bel. 73). In Constanz wollen 1407 die Zunftmeister den Zwang nicht dulden, offenbar um den Gesellenverband zu schwächen (Bel. 30).

[4]) Bel. 74.

das ganze Jahr über[1]). Auch die Zeit der Entrichtung ist
genau geregelt; so müssen in der Regel die Wochenbeiträge
am Sonntag (im Winter zwischen 11—1, im Sommer von 9—11
Uhr) in das Haus des Meisters gebracht werden, wo der
Büchsenmeister als Knecht dient[2]). Wer nicht zahlen kann,
muss ein Pfand hinterlegen, das oft schon nach acht Tagen
verkauft werden darf. Der Büchsenmeister ist natürlich für
die Einnahme haftbar[3]). Fast immer werden zur besseren
Controle und zur Erleichterung der Erhebung mehrere Büchsenmeister gewählt: in Freiburg bei den Gesellen der neun Handwerke (Bel. 37) drei auf die Dauer eines Vierteljahres, von
denen zwei die Schlüssel, einer die Büchse hat; bei den
Kürschnerknechten (Bel. 28) in Strassburg vier, welche die grosse
und kleine Büchse auf ein Vierteljahr verwalten, und von
denen jeder drei Wochen die Einnahmen der Gelder für die
kleine Büchse zu besorgen hat, deren Inhalt dann nach Ablauf der drei Wochen unter dem Beisein der beiden anderen
Büchsenmeister in die grosse Büchse geschüttet wird; bei
den Gerberknechten (Bel. 91) in Strassburg ist einer der
Büchsenmeister ein Geselle, der andere ein Meister, welche
beide mit ihrem Schreiber auch die nächsten Büchsenmeister
vorschlagen; auch bei den Leinweberknechten (Bel. 72) sind
zwei Kassenverwalter, nur dass sie hier ein ganzes Halb-
jahr in Function bleiben. Selbstverständlich hat jeder der
Kassirer einen eigenen Schlüssel zu der Büchse, so dass diese
immer unter doppeltem, oft dreifachem Verschlusse steht. Die
Ausleihung von Geld dürfen jedoch die Kassirer meist nicht
eigenmächtig vornehmen, sondern nur mit Zustimmung der
übrigen Gesellen; ebenso geschieht die Rechnungsablegung

---

[1]) Fast ebenso gross ist 1484 und 1503 die Beitragssumme bei den
Schuhmacherknechten; für diejenigen, die 1 sh. und darüber Wochenlohn
haben, beträgt die Steuer an die Gesellschaftskasse im Jahr 3,₂ Taglöhne,
für diejenigen, die unter 1 sh. haben und darum Knaben und nicht Knechte
sind, die Hälfte.

[2]) Bei den Leinweberknechten in Strassburg muss der Büchsenmeister
umhergehen und die Beiträge sammeln.

[3]) Bel. 37 §. 22.

vor mehren Mitgesellen, welche zum Theil von der Brüderschaft beigegeben, zum Theil von den Büchsenmeistern selbst
beigezogen werden. Der Büchsenknecht ist zugleich Vorstand der Brüderschaft; hie und da wird ihm noch ein Ausschuss an die Seite gestellt; so in Freiburg bei den Bäckerknechten, wo 1420 er und die sogenannten Vierdleute die
Vorstände bilden; ferner in Strassburg, wo 1504 die Büchsen-
knechte und Achtknechte die Macht besitzen (Bel. 77 b). Die
Kasse ist aufbewahrt entweder bloss bei dem Büchsenmeister [1])
oder, wie meistens, bei des Büchsenmeisters Herrn, der sie
vor Ablauf der Woche nicht ausliefern darf [2]), oder die Knechte
setzen den jeweiligen Aufbewahrungsort durch Beschluss fest [3]),
oder die Büchse wird namentlich da, wo der Rath den Gesellen misstraute, beim Zunftmeister aufbewahrt [4]). Das Vermögen irgend einer Brüderschaft sicher anzugeben bin ich
nicht im Stande, dasselbe mag aber bei manchen in Folge
der Vermächtnisse recht bedeutend gewesen sein; man darf
sich nur daran erinnern, dass sie oft Capellen besassen, dass
die Bäckerknechte zu Colmar für ihre Kerzen allein 120 Gulden
ausgaben, dass die Webergesellen in Ulm 1404 aller Wahrscheinlichkeit nach sogar als unternehmende und handelnde
Corporation auftraten, da sie nach Abzug ihrer Ausgaben zwei-
unddreissig Stück Barchenttuch angeschafft hatten. Einen
Anhaltspunkt gewährt auch der Brüderschaftsbrief der Bäckerknechte zu Schlettstadt von 1489, worin der Vermögensfonds

---

[1]) So bei den Huf- und Kupferschmiedegesellen in Freiburg 1481 (Bel. 73
§. 11), bei denen sie alle acht Tage von dem Büchsenmeister auf die Ürte
gebracht wird.

[2]) So bei den Gesellen der Krämerzunft in Freiburg 1415 (Bel. 37).

[3]) So bei den Kürschnergesellen in Strassburg 1404 (Bel. 28).

[4]) So bei den Gerbergesellen zu Colmar 1470 (Bel. 61 §. 15), bei
den Bäckerknechten zu Rufach wegen Missbrauchs, vgl. p. 85. Bei den
Sporer- und Schlossergesellen in Strassburg befindet sich die kleine
Büchse in den Händen der Ürtengesellen, die grosse, in welche alle Frohn-
fasten die kleine geleert wird, ist beim Oberstmeister aufbewahrt; die
Schlüssel dazu haben natürlich die Gesellen.

ziemlich vollständig dargelegt worden zu sein scheint, ferner der Capitalbetrag, den die Schmiedeknechte in Schaffhausen dem Spital übergeben.

7.

Ausserkirchliche Momente in den Brüderschaften.

So ungetrübt der kirchliche Zweck und kirchliche Charakter im Grossen und Ganzen in den ältesten citirten Brüderschaftsurkunden sich ausprägt, so selten fehlen selbst in diesen Spuren, dass noch andere Quellen, als das rein religiöse Bedürfniss, vorhanden waren, die den Fluss der organisatorischen Bewegung bilden halfen und demselben, aus je verschiedenerem Untergrunde sie stammten, eine um so verschiedenere Färbung ertheilten. Wie nahe lag es doch auch, dass die Brüderschaften in andere Bahnen einlenkten, wenn man erwägt, worauf wir schon einmal aufmerksam machten, dass die mittelalterliche Genossenschaft immer den ganzen Menschen verlangte; „freilich war es häufig ein ganz bestimmtes Bedürfniss, welches Anlass zur Vereinsbildung gab, und demgemäss eine ganz bestimmte Seite, nach welcher der Verein vorzugsweise fortgebildet ward, nach welcher vielleicht allein speciellere Bestimmungen getroffen oder aufgezeichnet wurden. Niemals aber war dieses Bedürfniss, dieser Zweck das eigentliche Bindemittel der Genossen, immer waren sie zugleich für alle andern menschlichen Gemeinschaftszwecke vereint." (G i e r k e I. 227 und 228.)

Welches sind nun die Spuren, die auf ausserkirchliche Momente in den Urkunden hinweisen? Alle Stiftungsurkunden der Brüderschaften sind nur auf Widerruf des Raths oder der Zunft bestätigt. Wozu das, wenn es nur um fromme Zwecke sich gehandelt, wenn nicht vielmehr die Besorgniss vor Ueberschreitung der Statuten obgewaltet hätte? Was konnte es Verführerisches geben, als die Einnahmen zu andern denn kirchlichen Zwecken zu verwenden? Schon oben haben wir auf Massregeln wegen dieses Punktes hingezeigt, und

auch einzelne Bestimmungen der Statuten deuten stark auf
eine Uebertretung in dieser Sache hin; 1404 müssen die
Kürschnergesellen zu Strassburg ausdrücklich verbieten (Bel. 28),
das überschüssige Geld zu vertrinken; bei den Leinweberknechten (Bel. 72) ebenda sollen 1479 die Büchsenmeister nicht
aus der Büchse zehren, Geld ohne Erlaubniss der Meister
nicht einmal an Kranke herleihen, aus der Gesellenkasse nicht
gegen die Meister „pfalzen"; bei den Gerbern (Bel. 71) soll 1477
in Strassburg die Hälfte der Strafgelder „in der gemein gesellen
nutz" verbraucht, d. h. doch wohl vertrunken werden; in
der That ist in der späteren Redaction bereits von einer
Ürte (Wirthsstube) die Sprache und ebenso von einer die gewöhnliche Zahl überschreitenden und bloss die Knechte betreffenden Reihe von Versammlungen; in Freiburg vollends haben
die Huf- und Kupferschmiedegesellen (Bel. 73) gleich alle acht
Tage eine Zusammenkunft in einer Ürte. Dass da nicht lauter
fromme Pläne geschmiedet, sondern auch Schmausereien gehalten wurden, lässt sich denken [1]. Auf diese Weise begreift
man, warum die Meister (Bel. 37) der Krämerzunft den Gesellen
zu Freiburg i. B. nur mit schwerem Herzen und „umb daz sü
dester bass bi ihnen bliben mögent" die Brüderschaft gewähren,
um so mehr, als die Knechte schon in ihrer Urkunde ver-
rathen, dass es ihnen nicht bloss um kirchliche Dinge zu thun
ist, denn im §. 11 statuiren sie ausdrücklich, jeder Knecht könne
ein Gebot verlangen, sei es, dass der Grund „die gesellen,
antwurche oder die buchsen antreffe". Die Verordnung, keine
Versammlung ohne Erlaubniss der Zunftmeister und nur in
Gegenwart abgesandter Meister zu halten, ist ebenfalls nur ein
Symptom für die Gefahr, die man in den Brüderschaften er-
blickte. Von besonderer Wichtigkeit endlich ist noch, dass
mit der Brüderschaft die Gewalt der Strafexecution und eigene
Gerichtsbarkeit — denn ohne solche Vollmachten ist eine
mittelalterliche Genossenschaft undenkbar — verbunden war.
Diesen wohnte nun keine Gefahr inne, so lange sie sich auf
Versäumnisse bei Versammlungen oder bei den Beiträgen u. s. w.

---

[1] Vgl. auch die Urkunde von 1475 Bel. 70.

beschränkten, sie mussten aber ein grosses Machtmittel der Gesellen werden, sobald sie die Moral, den Anstand, kurz das gesammte Betragen der Gesellen in ihr Bereich zogen; denn hiemit
ward den Meistern auch die letzte Handhabe und die Erziehung, Leitung und Zucht der Gesellen entzogen. Als Beispiele für die Ansätze zu dieser Entwicklung dienen die Urkunden der Colmarer Gerbergesellen von 1470 (§. 7—10
Bel. 61), die der Strassburger von 1477 (Bel. 71), die der
Weberknechte von 1479 (Bel. 72), während die der Kürschnerknechte aus dem Jahre 1404 noch frei davon ist (28).

In der That bestätigt denn auch die weitere Entwicklung,
dass die Brüderschaft nur das Gefäss war für einen Inhalt,
der nach Bedürfniss geändert werden konnte. Das Entscheidende war, dass die Gesellen überhaupt organisirt auftreten.
Was nun diese Organisation im einzelnen Falle vermochte,
welche Mittel sie ergriff, wie sie erstarkt grosse Kämpfe auf-
nahm und siegreich durchführen konnte, das an einem Beispiel
zu erkennen, dürfte gewiss erwünscht sein. Ein glänzendes
Exempel derart bietet der Rechtskampf der Colmarer Bäckerknechte von 1495—1513 gegen Meister und Rath von Colmar,
worüber der abbé P. A. Merklen eine sehr anziehende Darstellung geliefert hat [1]). Wir stehen um so weniger an, diese
bisher in Deutschland unbekannt gebliebene Arbeit in Uebersetzung und mit mehren Kürzungen und Aenderungen wieder-
zugeben, als wir im Stande sind, dieselbe durch weiteres
von uns in Strassburg und in Colmar vorgefundenes Urkundenmaterial zu ergänzen, und zwar gerade in solchen Punkten,
die für unsere Untersuchungen besonders in Betracht kommen.

8.

Der grosse Streit der Colmarer Bäckerknechte.

I. Dienstag vor dem Feste der Heimsuchung, den 30. Juni
1495, erschienen vor dem Vogt, Schultheiss, Meister und Rath

---

[1]) Notes et Documents tirés des archives de la ville de Colmar par
Mossmann 1872. XVIII.

von Oberbergheim zwei streitende Parteien, nämlich der Magistrat und Rath der Stadt Colmar einerseits und neunundzwanzig Bäckerknechte derselben Stadt andererseits.

Der Sachverhalt war nach der Anklage der Stadt Colmar etwa folgender: Die Bäckerknechte zu Colmar pflegten seit Alters her am Frohnleichnamstage das Allerheiligste zu begleiten, da sie die kostbarsten Kerzen hatten; nun aber hatten sich die „grautücher", die „karcher" und die „bader" noch kostbarere Kerzen angeschafft, und die Stiftsherren erlaubten in Folge dessen auch diesen, neben dem hl. Sacrament einherzuschreiten. Die Bäckerknechte, dadurch erbittert, verweigerten die Theilnahme an der Procession und entflohen; die Stadt liess aber einige einsperren und stellte für dies Mal den Frieden wieder her. Als das nächste Frohnleichnamsfest wieder herannahete und die Angelegenheit wieder zur Sprache kam, verwendete sich der Magistrat bei den Stiftsherren und bat sie, auch die Bäckerknechte im Stift zuzulassen, wurde aber abgewiesen. Der Rath machte nun den Knechten verschiedene Vorschläge, diese aber baten um die Erlaubniss, ihre Kerzen verkaufen zu dürfen, was ihnen gewährt ward, und versprachen, sich ruhig zu verhalten; nichtsdestoweniger verliessen sie vereinigt die Backhäuser ihrer Herren und gingen am Abend nach ausgegangenem Feuer aus der Stadt, nicht aber durch die Thore, sondern indem sie das Wasser bei einer Mühle passirten. Wegen dieses Vergehens und der dadurch begangenen Verletzung eines geleisteten Eides, wonach sie versprachen, der Stadt „nutz und ere zu fürdern vnd zu werben, iren schaden zu warnen vnd zu wenden" und alle Streitigkeiten vor dem Stadtgericht auszutragen[1]), hält die Stadt Colmar die Knechte für schuldig und bittet das Gericht zu Oberbergheim, wohin sich die Bäcker wegen des dieser Stadt verliehenen Asylrechtes geflüchtet hatten, die Knechte zum Schadenersatz zu verurtheilen.

---

[1]) Ich erinnere an den 5. Abschn. des Bel. 57, worauf wahrscheinlich auch Bezug genommen ist, da ja die Strassburger Knechteordnung auch von andern Städten acceptirt worden war.

Die Bäckerknechte aber erliessen darauf folgende Rechtfertigung: Wir haben, sagen sie, die im Namen der Stadt Colmar gegen uns vorgebrachte Klage vernommen, wonach wir unsere Versprechen und Eide mit Füssen getreten hätten und darum zum Schadenersatz verpflichtet seien. Die Anklage erzählt es im Detail. Aber wir hoffen, dass man es in aller Wahrheit erkennen wird, dass wir uns betragen haben, wie es einem wackern Gesellen geziemt. Um das hohe Gericht besser mit dem Verlauf des Streites bekannt zu machen, sind einige vorläufige Erklärungen nöthig. Die Bäckerknechte haben zu Colmar wie anderswo eine Brüderschaft, gegen welche sie vor Allem die Verpflichtung übernehmen, ihre herkömmlichen Rechte und Privilegien zu vertheidigen. Nun hatte seit Menschengedenken diese allerälteste Brüderschaft das Recht, vor und nach dem hl. Sacrament zu gehen. Aber vor einiger Zeit haben „die von Colmar" uns zu veranlassen gesucht, unsern Rang andern Gesellen einzuräumen, die schönere Kerzen hatten, sicherten uns aber jedesmal zu, dass wir in unser Recht wieder eintreten dürften an dem Tage, wo wir andere Kerzen haben würden. Daraufhin haben wir uns schwerlich angegriffen und uns vier Kerzen zu 120 Gulden gekauft, und demzufolge haben wir unsern Rang wieder erlangt; nun aber haben die Bader auch eine Brüderschaft, wegen der wir vorher vor dem Rathe zu Colmar erscheinen mussten. Es ward erkannt, dass wir unsern herkömmlichen Platz wieder erhalten würden, und wir erwarteten, wie billig, in diesem Recht geschützt zu werden, als neulich vor dem letzten Frohnleichnamsfest die Angelegenheit neuerdings vor den Rath gebracht wurde. Man erklärte uns, die Sache sei unmöglich. Wir enthielten uns jeder Erklärung, bekamen aber alle möglichen Vorschläge zu hören, die durch diese unverdiente Bevorzugung hervorgerufen waren, und wir fühlten uns schwer beleidigt. Wir vereinigten uns dann in einem Kloster, um über eine neue Vorstellung und Wiederherstellung unserer Ehre zu berathen. Aber mitten darin wurden wir officiell benachrichtigt, dass wir uns zu trennen hätten. Aus Furcht aber, wie ehedem in's Gefängniss geworfen zu werden, verliessen wir die Stadt, und damit glauben wir nicht schlecht gehandelt zu haben. Nichtsdestoweniger haben nach unserer Entfernung „die von Colmar" uns dieser Tage öffentlich durch den Stadtschreiber nach gegebenem Glockenzeichen „usgerufft", zunächst alle zusammen und dann noch jeden einzelnen beim Namen, da wir treulos gegen unsere Meister und meineidig gegen die Stadt gewesen seien [1]). Diese Massregel hat uns gerechter Weise betrübt und stellt die unserthalb getroffenen Massregeln des Rathes in's rechte Licht; denn man ging vor ohne jede Erörterung und vor jeder Untersuchung. Wir müssen noch hinzufügen, dass wir am vollen Tage und nicht unter dem Deckmantel der nächtlichen Dunkelheit entwichen sind, wie man uns vorwirft. Was aber die Meister anlangt, so haben sich dieselben keineswegs über uns zu beklagen, weil wir alle ihre Interessen gewahrt haben, und sie an diesem Tage nicht zu backen brauchten. Wollten sie sich aber über uns beklagen, so würde es ein Leichtes sein, ihnen eine genügende Antwort zu geben. In unserm Geschäft werden wir nämlich wöchentlich bezahlt, und derjenige, der nicht bei seinem Meister bleiben will, kann jederzeit ihn verlassen, wofern er nur der Zunft und der Brüderschaft eine Strafe zahlt, welche · aber die Stadt gar nichts angeht [2]). Ebenso verpflichtet der

---

[1]) Der Wortlaut des Ausrufs ist Merklen unbekannt; eine Abschrift desselben fanden wir im Strassburger Archiv (Lad. 11 Nr. 12a), die wir im Folgenden wiedergeben wollen: „Der usrüff zü Colmer. Meister und rat tünt meniglich verkunden, dem noch und sich die brotbeckknecht, so nünzemole den meistern alhie gedient, uber und wider ir eyde und glübde von der statt entrinnet one ufrecht erber ursach, anders sich in worheit so das zü rechtfertigung kompt nyemer erfinden, domit das nit mangel' an brote, das dann alle brotbecker und meniglich, wem das gelegen, tegelich so vil und dick einem jeden gelegen wissbrot, beckenbrot, symmelmele, rollemele und griess alhir in markte füren und verkoufen möge; so lange unz der rat das wider abverkündet, hienach habe sich meniglich zu richten." Er enthält also die Namen nicht, wie die Bäckerknechte fälschlich behaupten.

[2]) Der Art. XIV. der Colmarer Magistratsordnung vom 21. Mai 1485, auf den man hier sich bezieht, lautet: „Wellicher Brottbeckerknecht einem

Eid, den jeder der Stadt leistet, nur so lange, als der Betreffende zu Colmar bleibt. Wir hoffen also, dass die Stadt mit ihrer Klage abgewiesen und zu den Kosten verurtheilt werden wird.

Aus dem Bisherigen dürfte man einen klaren Einblick in den Sachverhalt und den beiderseitigen Standpunkt erhalten haben. Bewundernswerth ist das Geschick, mit welchem die Knechte für ihre Rechte einstehen, und mit welchem sie ihrer Sache eine ganz neue Wendung geben durch Herbeiziehung des Ausrufs, durch den sie für meineidig erklärt worden seien. Beide Parteien machten noch eine Duplik, die Bäckerknechte sogar eine Triplik, und entwickelten in denselben eine immer grössere Spitzfindigkeit, ohne dass sie an Thatsachen etwas Neues mehr hinzubringen [1]).

Nachdem Vogt, Schultheiss, Meister und Rath von Bergheim vergebens zu vermitteln gesucht hatten, fällten sie am 6. November 1495 folgendes Urtheil:

Die Gesellen haben, weil sie gegen den Eid und die Satzungen der Stadt Colmar nicht durch die Thore, sondern heimlich sich entfernt haben, schlecht gehandelt, und wird jeder zu 3 Pfund alter Baseler Pfennige verurtheilt, von denen aber, die den Eid nicht geschworen hatten, jeder zu $\frac{1}{2}$ Gulden.

Die Stadt Colmar hat Unrecht gethan, weil sie ohne vorangehende Untersuchung die Bäckerknechte hat ausrufen lassen und keinen Unterschied gemacht hat zwischen denen, die den Eid geschworen, und denen, die ihn nicht geschworen haben [2]). Darum wird sie zu den Kosten verurtheilt.

Die Knechte sollen von den Meistern und der regierenden

Meyster inn der woche usser sinem huse als dienste gienge on urloub, so sol dhein Meyster demselben knecht arbeit geben, er sye dann zuvor mit der Zunfft überkommen umb 5 schilling."

[1]) Vgl. dieselben bei Merklen.

[2]) Nach meinen Recherchen im Colmarer Archiv hatten sechzehn geschworen, neun hatten nicht geschworen, bei vieren wissen es die Meister nicht; die Knechte waren so vertheilt, dass sechzehn Meister je einen Knecht, fünf Meister je zwei und ein Meister drei Knechte beschäftigten.

Obrigkeit als „an iren eiden, eren und glimpf in alleweg unverletzt" betrachtet werden.

II. Da Bergheim nicht zu den unter einem kaiserlichen
Amtmann stehenden zehn österreichischen Städten gehörte,
so konnten die Bäckerknechte noch an das kgl. Hofgericht
zu Ensisheim appelliren. Am 15. Januar 1496 erschienen vor
dem Obristhauptmann und Landvogt Kaspar fünf Knechte
und erklärten sich mit dem Urtheil unzufrieden und verlangten insbesondere, „das man widerumb an die glock schlug
unnd Inen da Ir Ere widergeb", da ja das Urtheil ausdrücklich erkläre, dass sie darin unverletzt ·sein sollten [1]). Der
Advokat von Colmar lehnt wiederholt jede Schuld von Seite
der Stadt ab, die Rangordnung sei Sache des Stifts, die
Knechte hätten das Reglement, welches Strassburg und Colmar mit einander getroffen, übertreten, im Ausruf seien die
Knechte nicht mit Namen genannt worden, diejenigen aber,
die den Eid nicht geleistet, seien nicht weniger schuldig, da
sie sich mit den andern vereinigt und noch andere Gesellen
veranlasst hätten, nicht in Colmar zu dienen. Nach einer
Gegenerklärung von Seite der Knechte und nochmaliger von
Seite der Stadt [2]) ward von den „reten so uf datum dis briefs
by verhör der sach gesessen und nach rat anderer kuniglicher
reten alle mit namen bestympt zu r e h t e r k a n t, das zu
B e r g h e i m wolgesprochen und darvon übel geap-
pelliert sy".

III. Die Bäckerknechte unterwarfen sich auch diesem
Urtheil nicht, appellirten vielmehr zum dritten Mal und zwar
an des heiligen Reichs Kammergericht zu Frankfurt (nicht
Speier oder Rottweil, wie Merklen glaubt). Ein Recht zu

---

[1]) Die Stadt scheint, von der Appellation in Kenntniss gesetzt, zur
Vermeidung weiterer Unkosten einen Vergleich versucht zu haben; wenigstens fand ich noch das Concept eines solchen im Colmarer Archiv.
Danach sollten die Brotbäckerknechte in Sachen der Procession den jeweiligen Anordnungen der Regenten und Oberen der Stadt Colmar gehorsam,
der Ausruf sollte vergessen und Niemands Ehre verletzt sein, die Kosten
jeder Theil selbst tragen.

[2]) Vgl. M e r k l e n p. 30—34.

dieser Appellation stand ihnen nicht zu und ward ihnen auch vom Landvogt und von den Räthen des Hofgerichts zu Ensisheim bestritten; in einem von mir vorgefundenen Schreiben an das Kammergericht von Frankfurt (1497) erklären die letztern, dass seit Menschengedenken von ihrem Hofgericht nur noch eine Appellation an den Landesfürsten zu Innsbruck möglich gewesen sei, und bitten um Abweisung der Bäckerknechte, welcher Bitte jedenfalls auch entsprochen wurde. Von 1495 bis 1505, also volle zehn Jahre, hatten nun die Bäckerknechte gestrikt. Die Missstände in Colmar waren seit 1495 unerträglich, die Knechte waren unversöhnlich und wurden in ihrem Widerstand bestärkt durch Unterstützung und Zustimmung ihrer sämmtlichen oberrheinischen Genossen. Gehen wir etwas in's Detail ein.

Am 20. Juni 1496 schrieb der Rath von Colmar nach Mühlhausen und beklagt sich, weil die Brüderschaften des Bäckerhandwerks zu Strassburg, Basel und in Colmar selbst allen Bäckerknechten verbieten, in Colmar in Dienst zu treten, sogar „andere knecht so nit irs hantwerks" in Colmar veranlassen, ihr Handwerk nicht auszuüben, vielmehr Strike zu machen und die Stadt zu verlassen. Ein solches Verfahren verstosse gegen den Eid, den die Knechte nach der zu Strassburg zwischen den freien und kaiserlichen Städten getroffenen Vereinbarung geschworen hätten. Gemeinsames Vorgehen sei nothwendig, und Colmar bittet desshalb die Städte, am Peterund Paulsfest zu Schlettstadt sich einzufinden. Was hier Gemeinsames geplant wurde, ist Merklen unbekannt. Der „Abscheid" befand sich aber in Abschrift im Strassburger Archiv. Laut dessen ward festgesetzt, dass in jeder Stadt, wo die Brotbäckerknechte eine Brüderschaft haben, Meister und Knecht vorgeladen und denselben vorgestellt werden soll, dass die Brüderschaften nur zur Ehre Gottes und seiner Heiligen, zur Pflege der Kranken und zur Ausübung guter Werke gestiftet und zugelassen worden seien; jede Stadt soll dieselben ermahnen, in der Sache zwischen Colmar und den Bäckerknechten jede Selbstirrung zu vermeiden, dem Verbot, dass kein Knecht zu Colmar dienen soll, zu entsagen, keinen deswegen in Strafe zu nehmen, die appellirenden Knechte nicht aus Brüderschaftsgeldern zu unterstützen. Sollten im Verhör die Knechte den Gehorsam verweigern, so möge jede Stadt einen Vorschlag machen, welche Massregeln zu ergreifen seien. Das Resultat dieser Untersuchungen, sowie jede den Streit betreffende frisch sich ereignende That soll nach Strassburg berichtet werden und dieses dann weitere Verhandlungen einleiten.

Die Correspondenz über die angestellte Enquête ist uns noch erhalten[1]), und entnehmen wir ihr Folgendes: In Mühlhausen erklären die Knechte und Meister, Niemand sei den Colmarer Knechten irgendwie anhängig aussgenommen ein junger Bürgerssohn, den die strikenden Knechte von Colmar abwendig gemacht und sich verbündet hätten; sein Vater wolle aber denselben ihnen abverlangen. In Münster wollen alle Knechte ganz unschuldig sein und kein Geld aus der Büchse hergegeben haben; ein aus ihrer Stadt gebürtiger Genosse habe zwar Anfangs in Colmar sich zur Theilnahme überreden lassen, hätte sich aber auf seiner Freunde Veranlassung wieder losgesagt und wisse nun nicht, was sie gegen ihn „gebrauchen" würden. In Keysersberg versichert man, der Stadt Colmar immer nur Gutes gewollt zu haben, und verspricht, keinen Gesellen in die Brüderschaft aufnehmen zu wollen, der wider die Stadt Colmar sei, auch keinem mit Geld aus der Brüderschaftskasse behülflich zu sein. In Hagenau gibt sich der grösste Theil den Anschein, von dem Colmarer Streit gar nichts zu wissen; um Geld, sagen die Knechte, seien sie nie angegangen, die Stadt Colmar auch ihnen nicht verboten worden; sie lassen aber in ihren Reden durchblicken, dass vier Knechte dahin ziehen wollten, von den Kerzenmeistern aber angehalten und ihnen gesagt worden sei, dass „welcher zu Colmar arbeite, der werde darnach für ein schelmen gehalten und in keyn bruderschaft me ufgenomen", worauf sie wieder zurückgekehrt seien[2]); jetzt, nachdem sie

---

[1]) Strassburger Stadtarchiv Lad. 11 Nr. 12a.
[2]) Unwillkürlich wird man an das moderne picketing erinnert, das die

über die Sache aufgeklärt, versprechen sie, sich nichts daran
kehren und gern in Colmar dienen zu wollen. In Rufach ist
für die Gesellen das Verhalten der Brüderschaften in andern
Städten massgebend, desshalb wird ihnen ihre Büchse abge-
nommen und bei dem Zunftmeister untergebracht. In Breisach beklagen sich die Gesellen, dass ihrer Brüderschaft durch
die von Colmar wöchentlich drei Messen abgestellt worden
seien, wollen aber trotzdem Alles leiden und thun, was die
Brüderschaften in Strassburg, Schlettstadt und Freiburg leiden
und thun. In Thann ist ein Knecht bei der Sache betheiligt,
will aber davon abstehen; die Brüderschaft habe nichts dabei
zu schaffen, und Geld könne von derselben schon desswegen
nicht hergegeben werden, weil auch die Schuhknechte in ihrer
Brüderschaft seien. In Gebweiler stellen die Bäckerknechte
die Theilnahme in Abrede, richten sich im Uebrigen aber
nach den Brüderschaften anderer Städte. In Schlettstadt
geben die Knechte keine Antwort, und in Basel läugnen sie
jede Gemeinschaft ab, die Weissenburger aber wollen nach
wie vor in Colmar dienen. Während in den genannten Städten
die meisten Brüderschaften die Geldunterstützung abläugnen,
bezüglich des Arbeitsverbots in Colmar ausweichende Antworten geben, kommt mehr Klarheit in die Sache durch den
von Mone (XVII. 48) veröffentlichten Brief vom Stadtrath in
Freiburg i. Br. an den von Strassburg. Danach haben zwar auch
die Freiburger Bäckergesellen [1]) kein Geld aus der Brüder-

Gewerkvereine bei Arbeitseinstellungen in Anwendung bringen und das (nach
dem Schlussbericht der englischen Commission über die Arbeiterfrage in
der von Soetbeer zusammengedrängten Uebersetzung bei Bamberger,
Die Arbeiterfrage vom Gesichtspunkt des Vereinsrechts p. 340) „darin be-
steht, dass die strikenden Arbeiter Abtheilungen an allen Zugängen der
betreffenden Fabriken aufstellen, um sich die Arbeiter, welche kommen
oder weggehen, zu merken und sie zu bestimmen suchen, dort nicht zu
arbeiten".

[1]) Nach Schreiber, Geschichte der Stadt Freiburg i. B. IV. 277
und 278 hatten die Bäckerknechte ihre Brüderschaft in der Kirche des
hl. Geistspitals und, wie von mir bereits früher erwähnt, schon im Anfange
des 15. Jahrhunderts. Sie scheinen daselbst grosse Achtung genossen zu
haben. Weihnachten bereicherten sie einen grossen Weihnachtsbaum, der

schaftskasse zur Unterstützung der Strikenden gegeben, und die Verbote und Gebote wider die Brotbäckerknechte zu Colmar sind nie anders vorgenommen worden, als gemeinlich unter Handwerksknechten geschehe; für sie, sagen die Gesellen, sei die Verschreibung, die sie mit sieben Brüderschaften (darunter Strassburg, Schlettstadt, Colmar, Breisach, Keysersberg) gemacht und zu Breisach liegen hätten, massgebend, und sie könnten sich auch aus dieser Verschreibung nicht losflechten, „angesehen das inen selbs dise sonderung zü schaden dienen, dann sie dadurch von andern brüderschaften geschechen oder gestraft werden mochten". In der That, es unterliegt keinem Zweifel, dass den Colmarer Meistern von der Mehrzahl der Brüderschaften die Knechte verboten wurden. Den directen Beleg hierfür liefern die Briefe der Breisacher und Strassburger Bäckergesellen an die Schlettstädter. Diesen theilen erstere, um Rath befragt, mit, dass man diejenigen Knechte, die im Handel begriffen sind und in Colmar dienen, in keine Brüderschaft aufnehmen, diejenigen aber, die nicht im Handel begriffen in Colmar arbeiten, freundlich ersuchen soll, aus der Stadt zu ziehen und nicht zu arbeiten bis zum Austrag der Sache. Dieser Weisung entsprechend lautet denn auch die Erklärung der Strassburger Knechte vor dem Rath, als sie in Folge des Schlettstadter Uebereinkommens vorgeladen wurden; beharrlich verweigern sie die Annahme der Knechte, die zu Colmar gedient haben oder dienen, und als der Rath zur Folgsamkeit mahnte, verlassen sie die Stadt. Strassburg ladet desshalb wieder die Städte zu einer Zusammenkunft in Schlettstadt ein, um dort gemeinsame Schritte zu berathen; über diese Zusammenkunft stehen mir keine Urkunden zu Gebote. Viel Erfolg scheinen ihre Massregeln nicht gehabt zu haben, da 1500 zu Hagenau und 1504 abermals zu Schlettstadt neue Vorkehrungen getroffen werden mussten, um die Verwendung der Gelder der Brüderschaftskassen zu andern als Krankenzwecken zu verhindern und dem Umherlungern der strikenden Knechte entgegenzutreten.

Neujahr unter grossem Gepränge von dem Altgesellen für die Armen abgeschüttelt ward.

IV. Die Stadtbehörden vermochten nicht, den Gesellen gegenüber etwas auszurichten, ebensowenig die Gerichte; ihr Rechtsspruch war unvereinbar mit der Rechtsüberzeugung der Gesellen, und dieselben zu seiner Anerkennung zu zwingen, hatte man nicht die Macht. Zehn Jahre waren so verflossen, die Pression, welche Colmar von der Gesellenschaft erlitt, einerseits, die Noth, die sich bei den Strikenden einstellte, andererseits machte beide Parteien schliesslich zur Verständigung geneigt. Man wählte Herrn von Rappoltstein zum Vermittler und Schiedsrichter. Vor ihm erschienen sechs Mitglieder des Raths und je zwei Mitglieder der Brüderschaften von Strassburg, Schlettstadt, Colmar, Keysersberg, Freiburg i. B., Gebweiler, Rappoltsweiler und eines von Rufach. Mit Zustimmung beider Parteien fällte Herr von Rappoltstein folgendes Urtheil:

1) Die Strafsumme, zu der die Bäckerknechte zu Bergheim verurtheilt worden waren, nebst den Kosten und Ausgaben, welche seitdem der Stadt Colmar erwachsen sind — zusammen etwa 170 fl. = 1070 fr. — hat die Bäckerzunft zu tragen [1]).

---

[1]) Nach einer von mir in Colmar noch vorgefundenen Pergamenturkunde (Lade 25 lit. B. Nr. 10) nahm die Zunft der Bäcker zur Zahlung der Strafe bei Thenige Wilhelm von Sunthofen ein Capital von 100 rhein. Goldgulden auf; die Vorsteher der Zunft, Mich. zum Engel und Claus Cunmann, weigerten sich aber in der Folgezeit, den jährlichen Zins von 5 Gulden zu bezahlen; der Gläubiger sah sich genöthigt, beim Rath 1511 Klage zu stellen. Vorgerufen verlangte die Bäckerzunft, die Verzinsung solle durch die Bäckerknechte geschehen; denn diese seien die Veranlasser der Schuld; die Knechte dagegen wenden ein, dass die Meister das Capital aufgenommen, also auch den Zins zu bezahlen hätten; gegen sie hätten sich die Meister längst bezahlt gemacht in der Zeit, als die Brüderschaftskasse hinter den Meistern gestanden; zum mindesten solle man ihnen über die Verwendung ihres Brüderschaftsgeldes Rechnung stellen, zeige sich dann, dass sie noch etwas schuldig seien, so würden sie ihre Verpflichtungen erfüllen. Die Zunftvorsteher werden zur Zinszahlung verurtheilt, ihnen aber anheim gegeben, ihr Recht gegen die Bäckerknechte und ihre Mitmeister zu verfolgen. Ueber den weiteren Verlauf sind keine Urkunden erhalten; aber die wenigen Notizen werfen bereits ein Licht auf die Art, wie der Vergleich mit den Bäckerknechten 1505 zu Stande ge-

2) Alles, was zu Colmar gegen die Bäckerknechte bis auf diesen Tag geschehen ist, „soll gantz crafftlos, tod, ab und uffgehoben" sein. Die beiden Parteien sollen die ganze Geschichte vergessen und diejenigen Knechte, die nicht an der Bewegung Theil genommen haben, gegen jede Verfolgung von Seite anderer Brüderschaftsmitglieder gesichert sein.

3) Es bleiben aufrecht erhalten die „oberkeit", Statuten, Satzungen und Privilegien genannter Brüderschaft.

4) Endlich was die Veranlassung des ganzen Streites betrifft, nämlich den Rang der Bäckerknechte bei der Frohnleichnamsprocession, so ist anerkannt, dass die Stadt sich nicht darein gemischt hat, somit der status quo erhalten bleibt. Beide Parteien nahmen diesen Schiedsspruch an, der Sieg war unstreitig auf Seiten der Gesellen[1]).

---

kommen sein mag; mit einem bewunderungswürdigen Geschick hatte man offenbar den schwierigsten Punkt umgangen; der Zunftmeister und die Zunft hatten versprochen, dass sie der Stadt gegenüber an der Knechte „statt und von iren wegen wore bekantliche houptschuldnere sin wellend und sollend"; ob aber damit ihr Forderungsrecht an die Knechte auch erlösche, wie die Knechte jedenfalls glaubten, ist nirgends gesagt.

[1]) Eine Berichtigung und Ergänzung zur Arbeit von Merklen glaube ich an dieser Stelle noch beifügen zu müssen. Dieselben gründen sich auf ein sehr massenhaftes Actenmaterial, das, als Merklen seine Arbeit fertigte, im Colmarer Archiv verlegt war. Merklen gibt nach Auszügen aus dem Kaufhausbuch die Kosten des Streites der Bäckerknechte für die Stadt zu 2434 fr. 30 c. an; sie betrugen aber nur 1175 fr. 45 c.; die Auslagen, die Merklen einzeln aufführt, beziehen sich zum grossen Theil auf eine Streitsache der Stadt mit der Bäckerzunft (,,fiscalische sach"), die seit 1507 an Stelle der Knechteangelegenheit tritt, ihre Wurzeln übrigens in der letztern hat. Folgendes sind die Hauptzüge: Als die Knechte mit dem Rathe wegen des Vorrangs bei der Procession „entstiessen", hielten die Meister zu den Knechten, wohl wissend, dass sie von letztern mehr oder minder abhingen. Nachdem diese nun nach Bergheim entflohen waren, erklärten die Meister vor dem Rath, „sie kunden noch welten one die knecht nit brot bachen". ·Ein Meister aber, Michel von Worms, entsprach der Bitte des Raths und zeigte sich bereit, Brot zu backen. Da war natürlich der Eigennutz der andern Meister nicht mehr fähig, zu Gunsten der Knechte ein Opfer zu bringen, und haben sie sich „mit merklichem unwyllen und mürmelen ouch begeben brot zu bachen". Dieses Vorgehen des

Nachdem wir diesen interessantesten Streit, den wir aus dem 15. Jahrhundert von Gesellen kennen, näher betrachtet

Michel von Worms, noch mehr aber seine Geschicklichkeit im Brotbacken machten ihn bei seinen Mitmeistern nicht wenig verhasst. Mittlerweile begehrte sein Sohn die Zunft, die Bäckermeister aber schlugen ihm dieselbe ab, und als der Rath seine Zulassung befahl, weigerten sie sich, dem Rathserkenntniss Folge zu geben und das Geschenk zu reichen. Sie brachten verschiedene Klagen gegen denselben vor, durch die er das Recht zur Zunft verwirkt, er habe gegen einen eine Hellebarde gezückt und doch geschworen, solches nicht gethan zu haben, ferner einen fremden Kessel widerrechtlich sich angeeignet etc. Der Rath fällte mehre Urtheile, und als kein Friede unter den Parteien werden wollte, erkannte er schliesslich alle Sachen „darumb urteln gesprochen und in craft gangen, sollten todt und ab sein und nit witter me gerechtfertiget werden". Die Zunft beruhigte sich wieder nicht und ward darum vom Rathe auf drei Jahre aufgehoben (1508—1512), Claus Cunmann und Michel zum Engel aber wurden aus dem Rathe gestossen und durch Eide verpflichtet, „dass sie weder ir libe noch ir gütte der stat Colmar empfremden" wollen. Diese aber, die bisherigen Vorstände der Zunft und zugleich „aller widerwertigkeit styfter", verklagten nun den Rath beim Kaiser. Dieser ernannte eine Commission und beauftragte (1509) mit Untersuchung der Sache den Bischof Wilhelm von Strassburg und den Landvogt vom Unterelsass von Mörsperg. Gleichzeitig aber stellte der kaiserliche Fiscalgeneral beim Kammergericht Klage gegen die Stadt Colmar; sie habe Claus Cunmann und Michel zum Engel an der Appellation hindern wollen und wegen dieses Pönfalles 30 Lib. Gold verwirkt. Die Stadt hatte also gleichzeitig vor zwei Gerichten in der nämlichen Sache sich zu verantworten, und ihr Befremden darüber ist leicht erklärlich. Auf ihre Bitte hin befiehlt 1510 der Kaiser dem Fiscal, die Klage ruhen zu lassen, bis die kaiserliche Commission eine Entscheidung getroffen. Der Fiscal weigert sich aber, dem kaiserlichen Gebot zu gehorchen; er sei kraft Reichsordnung verpflichtet, die Klage durchzuführen. Dreimal erneuert der Kaiser sein Gebot, ohne dass ihm Folge gegeben worden zu sein scheint. Unterdessen hatte die Commission ihre Untersuchung, wenn auch unter grossen Schwierigkeiten, durchgeführt; die Stadt, durch den Prof. Vehus, Dr. beider Rechte zu Freiburg, sehr gut berathen, hatte alle möglichen Kreuz- und Querzüge gemacht, um die Verhandlung zu erschweren; bald erschien sie nicht, bald protestirte sie gegen die Commission, der kein Gerichtszwang zustehe, oder machte andere Einwände. Nach mehren Zeugenverhören, die ganze Bücher füllen, sucht der Bischof von Strassburg einen Vergleich herbeizuführen, der auch angenommen ward. Claus Cunmann und Michel zum Engel werden ihres Eides entbunden, können mit Erlaubniss des Raths auch wieder zu Rathsherren und Zunftmeistern gewählt werden; in Betreff der Kosten aber wird bestimmt, dass jede Partei ihre eigenen zu tragen habe.

haben, liegt uns noch die Aufgabe ob, die Folgerungen zu ziehen, die sich daraus für unsere Arbeit ergeben:

1) Gegen Ende des 15. Jahrhunderts ist die Organisation der (Bäcker-)Gesellen in der ganzen obern Rheingegend eine vollendete und hochentwickelte, die Coalition eine so erstarkte, dass die genossenschaftlichen Rechte feierlichst anerkannt werden müssen.

2) Die Organisation ist formell eine kirchliche, verschmäht aber nicht, auch weltliche Zwecke zu verfolgen und die Kasse der Brüderschaft hiefür in Anspruch zu nehmen.

3) Diese Zwecke lassen sich im Allgemeinen dahin zusammenfassen, dass ihnen die Bewahrung und Erhaltung der Standesehre zu Grunde liegt [1]).

4) Die Brüderschaften der verschiedenen Gewerbe stehen in keinem engern Verband unter sich, im Gegentheil, sie vermeiden einen innigen Contact, und ihre Repräsentationslust befördert die gegenseitige Rivalität und Feindschaft. Aber die Brüderschaften des nämlichen Gewerbes [2]) stehen innerhalb einer bestimmten örtlichen Zone solidarisch für einander ein und suchen durch pecuniäre und moralische Mittel sich gegenseitig zu vertheidigen, so zwar, dass die Angelegenheit der einen die aller wird [3]). Auf's engste mit einander verbunden und in der Erfüllung ihrer Aufgaben (wegen der vielfach öffentlichen Natur derselben) den Einzelnen stark in

---

Ob die Stadt die Strafe von 30 Pfund Gold an den Fiscus auch noch erlegen musste, konnte ich nicht eruiren.

[1]) Nicht mit Unrecht stellen darum die Bäckerknechte diesen Gedanken an die Spitze ihrer Vertheidigung und weigern sich, mit dem Urtheil sich zufrieden zu geben, weil es ihrer Ehre unvollkommene Satisfaction verschafft.

[2]) Daraus erhellt von Neuem die Richtigkeit unserer Darstellung, die wir bei der Betrachtung der einzelnen Gesellenverbände gaben, und der Anordnung, die wir dabei einhielten.

[3]) Recht auffällig in dieser Hinsicht ist der Umstand, dass beim letzten Schiedsspruch, welcher in Sachen der Bäckerknechte gefällt wurde, die eine Partei nicht mehr die strikenden Gesellen bilden, sondern die Vertreter der einzelnen Brüderschaften.

seiner Freiheit beschränkend, übertragen sie an Macht selbst die heutigen Gewerkvereine.

5) Einzelnstehende, noch nicht zu einer Brüderschaft vereinigte Gesellen[1]) treten nicht für die allgemeinen Interessen ein, sondern bloss die Brüderschaften, und zwar meist in der Art, dass die hervorragendste (z. B. die Strassburger) Genossenschaft die Gesellenpolitik sich aneignet und auf die Handlungsweise der übrigen Brüderschaften bestimmend einwirkt.

6) Die Standesehre, bezw. der Corpsgeist ist bereits so allgemein, dass die örtliche Herkunft der einzelnen Mitglieder ganz einflusslos ist[2]).

7) Nur die Erhaltung der Standesehre gewährt ein Recht auf Gesellenarbeit.

8) Das Mittel, dem der Ehre Zuwiderhandelnden die Arbeit zu verbieten, wird in unumschränktester Weise geltend gemacht.

Zu solcher Höhe haben die Bäckergesellen sich emporzuschwingen vermocht, die Erhöhung des standard of life war ihnen in mehr als einer Beziehung gelungen; darum verweigern auch 1549 die Strassburger Bäckerknechte[3]) die sonntägliche Arbeit und verlangen den Sonntag für sich als einen Tag der Ruhe, wie alle andern Menschen. Aber gleichzeitig machten sich auch bereits starke Auswüchse bemerkbar und konnten nicht ausbleiben, da die Knechte die Geschlossenheit der Zunft nicht durchbrechen konnten und auch nicht wollten. Die Kraft, die ihnen innewohnte, suchte darum Auswege und leistete zwar Gewaltiges, aber Ungestaltiges[4]).

---

[1]) Wenn es überhaupt noch solche gab; vielleicht in Constanz? Vgl. p. 72 Note 3.

[2]) Bei den Colmarer Bäckerknechten war einer aus Colmar gebürtig, die übrigen stammten aus Mainz, Worms, Tübingen, Offenburg, Pforzheim und aus den Niederlanden.

[3]) Die französischen Gesellen hatten das schon erreicht. Levasseur II. 255 sagt: On ne cuisart ni le dimanche, ni les jours de fête; et le samedi, tous les fours devaient être éteints à l'heure où l'on allumait les chandelles.

[4]) Vgl. das Gebahren der Bäckerjungen in der Zeit von 1538—1573 in Basel (Bel. 104).

9.

Brüderschaft und Gesellenschaft.

Die Colmarer Affaire hat uns recht deutlich gezeigt, dass die kirchliche Brüderschaft den Kreis ihrer Aufgaben fortwährend erweitert und vielfach die Organisation der Gesellen ganz übernimmt. Unabweisbar drängt sich uns jetzt die Frage auf: Gibt es überhaupt neben den kirchlichen Brüderschaften gleichzeitig weltliche Genossenschaften, die wir der Kürze wegen Gesellenschaften heissen wollen? Theoretisch betrachtet, muss das Nebeneinanderbestehen beider für möglich gehalten werden. Die Aufgaben der einen Genossenschaft heben die der andern nicht auf. Warum sollte neben der Genossenschaft, welche die Sorge für die Kranken und Verstorbenen und für die kirchlichen Bedürfnisse übernimmt, nicht auch eine solche bestehen können, die das gesellschaftliche Leben zu ordnen sucht? In der That ist nach dem von mir vorgefundenen Material nicht zu bezweifeln, dass Doppelgenossenschaften existirten. Aus Speier liegt uns von den Bäcker- und Müllerknechten die Ordnung der Gesellenschaft und Brüderschaft vor. Beide Corporationen hatten ihre eigenen Vorstände; die der erstern heissen Stubenmeister, die der andern Büchsenmeister; denn dass letztere nicht bloss Kassirer waren, sondern auch Vorstandsrechte genossen, ist daraus ersichtlich, dass sie beim Gebot der Brüderschaft ausdrücklich den Vorsitz führten und das Recht hatten, dem Einzelnen Schweigen zu gebieten. Auch ihre eigene Kasse hatte jede Corporation; zwar wird nur in dem Brüderschaftsbriefe von einer solchen und von Beiträgen, die an dieselbe zu leisten waren, gesprochen; allein in dem Gesellenstatut steht die Bestimmung, dass die zwei abgehenden Stubenmeister den neu eintretenden „Rechnung thuen" sollen, was doch wohl nur in dem Vorhandensein einer Kasse seine Erklärung findet. An beiden Genossenschaften mussten alle Knechte sich betheiligen; denn nach der Confirmation durch den Rath muss jeder Knecht,

der gedingt wird, geloben, den Inhalt beider Briefe zu halten,
wie oft dagegen jeder die Stube besuchen will, ist ihm überlassen. Weniger klar ist das Verhältniss bei den Gesellen,
die den Hammer führen, in Schaffhausen. In der Confirmation
der Brüderschaft von 1467 sind wohl zwei Punkte, die das Vorhandensein einer besonderen Gesellenschaft indiciren; einmal
ist Brüderschaft und Gesellenschaft coordinirt gebraucht (z. B.
„biss das er dem allem nachkompt und der brüderschaft und
gesellschaft umb alles so er inn schuldig wirdet gnüg tüt");
dann ist neben den gewöhnlichen Brüderschaftsbeiträgen von
einem Zins für Haus und Garten, wo sie ihre gewöhnlichen
Versammlungen hatten, die Rede. Ob aber eigene Kassen
und eigene Vorstände für die Gesellenschaft existirten, ist nicht
zu ersehen; seit 1554 sind auch eigene Statuten für die
letztern vorhanden, ohne dass dadurch eine tiefere Scheidung erkenntlich wird; denn immer ist gleichzeitig neben der
Gesellenschaft die Brüderschaft erwähnt; sogar die Wahl der
verschiedenen Aemter wird in der Gesellenschaft vorgenommen.
Nach Allem zu schliessen, war die Verbindung und Ver-
kettung der beiden Genossenschaftsseiten eine ungemein enge,
Kasse, Vorstände [1]), Mitglieder waren wahrscheinlich für beide
die gleichen. Schon mehr getrennt mögen beide Organisationen bei den Schuhmachern in Freiburg gewesen sein, namentlich lässt sich dies aus der Redaction der Statuten von
1503 schliessen; da ist von einem eigenen Frohnfasten- und
und Gesellengebot die Rede; es werden neben den Büchsenmeistern noch besondere Stuben- und Kerzenmeister genannt;
ob aber zwei verschiedene Kassen bestanden, ist nicht mit
Sicherheit zu entscheiden; man darf aber wohl vermuthen,
dass der Beitrag, der „um die Gesellschaft und der Gesellschaft Hausrecht" gegeben ward, sowie das Dinggeld in eine
Gesellschaftskasse, das Frohnfastengeld und die alle acht Tage
in die „Büchse" zu gebende Steuer in eine Brüderschaftsbüchse kamen. Kaum einem Zweifel kann es unterliegen,

---

[1]) Die Brüderschaft wählt ohnehin nur einen, der die Kerzen an-
brennt; Vorstandsrechte sind ihm keine besonderen eingeräumt.

dass auch bei den Kürschnergesellen in Freiburg eine Doppelgenossenschaft vorhanden war. Dieselben gehörten, wie sie
selbst sagen. zur Krämerzunft; schon 1415 hatten (Bel. 37) die
Knechte von neun zu dieser Zunft gehörigen Handwerken zusammen eine Brüderschaft gestiftet; die Kürschner sind aber
dabei nicht aufgezählt. Sollten sie aber, die 50 Jahre später sogar
für die weltliche Gesellenschaft Statuten entwarfen (Bel. 60),
sie, die doch gewiss vornehmer und auch reichlicher gelohnt
waren als die Ringler-, Säckler-, Nadler-, Spenglerknechte etc.,
nicht auch eine solche gehabt haben, ist es nicht vielmehr
wahrscheinlich, dass sie mit der Gründung vorangegangen und
die andern nur zur Nachahmung ihrer bereits bestehenden
Brüderschaft veranlasst haben? Diese Vermuthung gewinnt
noch mehr an Berechtigung, sobald man das ganze Statut von
1468 überblickt und wahrnimmt, wie nur das Verhalten der
Gesellen, namentlich auf der Trinkstube, sowie die Uebernahme der Sorge für den Wanderer und dessen Geschenk
(§. 22) in demselben geregelt wird, von den speciellen Aufgaben der Brüderschaft aber keine Spur zu entdecken ist.
Wer aber sollte für ihre Kranken, Begräbnisse und kirchliche
Repräsentation sorgen, wenn nicht sie durch eine besondere
Brüderschaft[1])? War aber eine solche vorhanden, dann war
seit 1468 auch die Doppelgenossenschaft gegeben.

---

[1]) Meine Recherchen in Freiburg zur Auffindung der betreffenden
Brüderschaftsurkunde blieben resultatlos; nur Indicien konnte ich eruiren,
die ebenfalls meine Meinung bekräftigen. Nach einem vorhandenen Brüder-
schaftsentwurf von 1510 erscheinen die Säckler-, Balierer-, Weissgerber-,
Ringler-, Gürtler- und Kürschnerknechte vor dem Rathe, um die in Verfall
gerathene Brüderschaft wieder aufzurichten. Die Nadler, Tessenmacher,
Sträler und Spengler fehlen also; wo sind aber die geblieben und wie
kommen auf einmal die Kürschner herein? Ein Artikel des Entwurfs gibt
darüber Aufschluss: „Item ob noch nu dazü nodlerknaeht, tessenmacher-
knecht, streler und spenlerkneht widerumb hie har gen Fryburg kaemen
und dieselben handwerk widerumb ufgiengen, dieselben kneht sollen och
in diss brüderschaft zunftig und gehorsam sein". Also das Gewerbe der
Nadler, Tessenmacher, Sträler, Spengler war zurückgegangen, Gesellen
keine mehr da; dadurch aber war offenbar die alte Brüderschaft so ge-
schwächt, dass sie nicht mehr bestehen konnte; zu ihrer Erneuerung war

Wie ausgedehnt diese Doppelgenossenschaften waren, darüber fehlt aller Anhalt [1]). Häufiger dürfte jedenfalls gewesen
sein, dass die Brüderschaft einfach die Aufgaben übernimmt,
die je nach den Verhältnissen und Bedürfnissen als allgemein
wichtig an die Gesellen herantreten; denn von den Gesellen
Beiträge zu zwei Genossenschaftskassen zu verlangen, konnte
kaum die Regel sein. Schon der Colmarer Streit hat uns
gezeigt, wie elastisch die Brüderschaften, und wie leicht sie
die umfassendsten Schritte für Gesellenehre, Gesellenrecht,
Gesellenarbeit zu unternehmen bereit sind. Je jünger die
Urkunden, um so mehr schleichen sich auch über solche Verhältnisse Bestimmungen ein; ich erinnere nur an das signi-
ficante Beispiel der Schlosser- und Sporerknechte, die 1484
in ihren Brüderschaftsstatuten einen Paragraphen haben [2]),
wonach der Büchsenmeister zugleich für die Wandernden um
Arbeit sorgt, aber natürlich nur dann, wenn die Betreffenden
in die kirchliche Brüderschaft sich aufnehmen lassen. Bei dem
Privilegium der Bäckerknechte (Bel. 91) in Frankfurt a. O. von
1515 und dem der Schuhknechte (Bel. 92) von 1516 lässt sich
der Process von der vollen Aufnahme der weltlichen Verpflichtungen ziemlich sicher beobachten. Bei diesen Gewerben gab

---

also aller Wahrscheinlichkeit nach die Fusion mit der Brüderschaft der
Kürschnerknechte nothwendig; ja es scheint, dass auch die weltliche Gesellschaft eine gemeinsame werden sollte; denn in dem Entwurf ist folgender für die Stellung der Gesellschaft überhaupt wichtiger Paragraph:
„Item ob ouch die obgenanten hantwercksknechte ein gemeine stüben uberkomen und halten würden, so mogent sy allweg stubenmeister under inen
ordnen und setzen, ouch die unzüchten und frevel so under inen in den
vier wenden geschen, abstellen und straffen und sich in solhen gemanlich
und sonderlich halten wie es andere bruderschaften brüchen.“
    [1]) Doch mögen sie auch in Strassburg nicht ganz ungewöhnlich ge-
wesen sein, wenigstens glaube ich, dass die Gesellenschaft gemeint ist,
wenn es in der Strassburger Knechteordnung von 1465 (Bel. 57) heisst:
„Es söllent ouch alle antwercksknechte — hynnan furter kein trinkstube
oder gedingete huser, garten, noch kein gemein gesellschaft ine haben,
dar jnne sü züsamen gont, es sy zeren oder süst in keinen weg vngeverlich.“
Eine vollständige Doppelgenossenschaft bestand auch bei den Barchent-
weberknechten in Frankfurt a. M. (Bel. 47 a).
    [2]) Bel. 74.

es, wie aus dem Anfang der beiden Documente hervorgeht, viel Streit und Hader zwischen Meister und Gesellen, und um endlich diesem Unfrieden ein Ziel zu setzen, erliess man über die streitigen Punkte gesetzliche Bestimmungen. Das Privilegium der Bäckerknechte nun hat einen rein weltlichen Charakter — denn dass jeder beim Tode eines Genossen zum Grabe mitfolgen solle, ist eine Regel des Anstandes —, die charakteristischen Bestimmungen über Krankheit, Kerzen etc. fehlen total. Wohl aber ist von einer (bereits vorhandenen) Brüderschaft stets die Rede, und es kann somit einem Zweifel gar nicht unterliegen, dass durch das Privilegium den Bäckerknechten gesetzlich die Uebernahme der weltlichen Gesellenordnung gewährt ward, d. h. ihnen eine Reihe von Pflichten und Rechten übertragen wurde, die schon lange, wenn auch unter Widerstreben der Meister, die Brüderschaft ausgeübt hatte. Das Privileg ist nichts als eine Ergänzung der kirchlichen Genossenschaftsrechte. Bei den Schuhknechten dagegen ist die vollkommene Verschmelzung bereits auch in der Urkunde vollzogen, und wie erkenntlich ist, treten die eigentlichen Brüderschaftsangelegenheiten gegenüber denen der Gesellenschaft ganz in den Hintergrund. Das ist der Charakter der Entwicklung im Anfang des 16. Jahrhunderts durchweg, wie die Statuten der Schneidergesellen in Freiburg von 1525 und 1527 nicht minder beweisen [1]). Dieser Umwandlungsprocess musste seit der Reformation namentlich an den von ihr berührten Orten mit beschleunigter Geschwindigkeit sich vollziehen, die weltlichen Genossenschaftsinteressen ganz in den Vordergrund schieben und die Sorge für die Kranken der Gesellenschaft zutheilen, die kirchliche Repräsentation aber ganz fallen lassen [2]). Die Entwicklung der Gesellengenossen-

---

[1]) Bel. 95. Bei diesen ist zum Zeichen ihres Ursprungs nach §. 32 die Kranken- und Kirchenkasse von der Gesellenkasse noch getrennt gehalten.

[2]) Klar und präcis ist dies in der Ordnung der Schlosser- und Sporergesellen zu Strassburg 1536 ausgedrückt. Gleich am Eingang ist ausgesprochen, wie die früher gestiftete Brüderschaft im Widerspruche zur religiösen Ueberzeugung stehe, die jetzt Platz gewonnen habe, und dass,

schaft nimmt also — wenigstens in der Rheingegend und in Frankfurt a. O.[1]) — einen von den Meistergenossenschaften verschiedenen Gang. Während die Meister zuerst durch das Handwerksinteresse zur Zunft geführt werden — wie schon das Zusammenwohnen gleichartiger Handwerker beweist (Maurer II. 401)[2]) — und erst später kirchliche Brüderschaften stiften[3]), so ist bei den Gesellen der innere Grund zwar auch das eigene Interesse; aber das Organisationsbedürfniss nimmt äusserlich seinen Ansatz zuerst in der kirchlichen Genossenschaft[4]) und entwickelt erst aus dieser heraus allmälig die weltliche. Man ist aber nicht berechtigt, gleich vorweg beide zusammenzuwerfen und ihre Verschiedenheit zu vernachlässigen, wie dies Maurer thut[5]). Abgesehen davon, dass beide Genossenschaftsformen wirklich unabhängig von einander bestanden[6]), auch die Mitglieder in beiden waren nicht voll-

---

da die Uerten- und Büchsenmeister keine Autorität mehr besässen, eine Umänderung der Statuten eintreten müsse.

[1]) Eine Ausnahme fand ich nur in Speier bei den Bäcker- und Müllerknechten; 1410 „fangen sie ihre Brüderschaft erst an“; 1411 erneuern und verbessern sie aber bereits den Brief ihrer Gesellschaft; es ist also alle Wahrscheinlichkeit vorhanden, dass die Gesellschaft älter ist als die Brüderschaft, was auch die Erklärung dafür sein mag, dass der Gesellschaftsbrief in der Confirmation von 1474 an die Spitze gestellt ist.

[2]) Daraus, dass einzelne Gewerbtreibende nicht mit ihren Genossen zusammenwohnten, folgt noch nicht die Negirung dieses Beweises, wie Kriegk, Bürgerzwiste. p. 394 fg., glaubt.

[3]) Die Entstehung von Zünften aus kirchlichen Brüderschaften gehört meist erst der zweiten Epoche der Zunftbildung an und fand bei untergeordneteren Gewerben Statt. So in Basel bei den Schiffleuten und Fischern. Ochs, Geschichte von Basel II. 94.

[4]) Was Brentano I. p. 8 Hartwig folgend als Grund für die Entstehung von Brüderschaften anführt, trifft für die Gesellen nicht zu.

[5]) II. 435. Ebenso dürfte schon aus Analogie mit den Gesellenverhältnissen Maurer's Ansicht II. 401 und 407 falsch sein, wonach kirchliche Brüderschaften mit den Zünften zusammenfallen, vielmehr Jäger, Mone, Berlepsch, Wehrmann das Richtige treffen, wenn sie Brüderschaft und Zunft streng von einander sondern.

[6]) Das beweist auch der Umstand, dass oft nur die Gesellschaften verboten, der Fortbestand der Brüderschaft aber gestattet wurde; vgl. Bel. 19, 30, 41, 57.

kommen identisch; immer blieb die Brüderschaft bezüglich der Mitglieder umfassender als die Gesellenschaft; zu letzterer konnten nur ausgelernte, das Handwerk übende Gesellen (und Knaben) gehören, zu ersterer dagegen auch Frauen und Meister. So ist in Strassburg bei den Gerbern in der Redaction der Brüderschaftsurkunde noch 1477 und bei den Leinweberknechten 1479, sowie besonders bei den Badern[1]) 1514 der Schwestern, bei den Gerbern 1477 und den Sporerknechten 1484, den Badern[2]) 1514, den Ulmer Weberknechten 1404 der Meister als Mitglieder gedacht, und bei den Schuhknechten in Frankfurt a. O. wird trotz der vollzogenen Fusion doch noch „ymants fraw oder Mhan" der Zutritt zur Brüderschaft gewährt. Die Bäckerknechte in Freiburg 1420 sagen in ihrem Stiftungsbrief, dass auch Leute in ihre Brüderschaft aufgenommen werden können, die nicht ihres Handwerks sind, und bei den Müllerknechten ebenda können sogar 1606 auch andere Knechte an der Brüderschaft Theil nehmen. Nun wollen wir aber durchaus nicht behaupten, dass die Entwicklung der Gesellenschaft überall aus der kirchlichen Brüderschaft geflossen sei[3]), und damit in die nämliche Einseitigkeit

---

[1]) Strassburger Archiv Lade 12 Nr. 21.

[2]) A. a. O. „Ob es sich ouch begeb, das ein meister bader antwercks begerte by den gesellen in irer bruderschaft zu sin, der selb der soll in aller masen dan in bénigen und gehorsam sin und thůn und lassen als ein anderer bruder der in unser brüderschaft ist in mossen wie obstat."[']) In der Urkunde, aus der wir diese Stelle entnommen, ist ein ähnlicher Process wie bei der der Frankfurter Schuhknechte wahrnehmbar.

[3]) Hieher gehören auch die Gesellenschaften Schleswig-Holsteins, die bis in unsere Tage herein fortbestanden. Diese hatten zwar auch schon lange andere Zwecke als rein kirchliche verfolgt, bewahrten aber doch zum Theil den ehemaligen kirchlichen Charakter und man suchte sie diesem, als durch das Reichsgesetz vom 16. August 1731 alle Gesellengebräuche verworfen und durch eine Verordnung vom 21. October 1796 die Corporationen der Gesellen verboten und nur Vereinbarungen derselben zum Zweke der Verpflegung erkrankter Mitgesellen durch das Kanzleischreiben vom 20. December 1788 als erlaubt anerkannt worden waren, noch mehr, wenn auch mit wenig Erfolg, zu nähern. Vgl. Rauert, Ueber Gesellenbrüderschaften und die Verpflichtung zur Verpflegung erkrankter Hand-

verfallen, der man sich so oft bei der Geschichte der Zunftentstehung schuldig gemacht hat. Gerade wie bei der Zunft
bald das Gildewesen, bald altrömische Traditionen, bald hof-
rechtliche unfreie Innungen nur Anknüpfungspunkte gaben für
den tiefer liegenden Grund der Bildung, so konnte auch bei
den Gesellenschaften der äussere Impuls von verschiedener
Seite her erfolgen; entweder aus polizeilicher Initiative, wie
wahrscheinlich bei den Danziger Leinweberknechten 1447 und
vielleicht auch bei den Berliner Tuchknappen 1331, oder aus
Rivalität des Rathes gegen die Meister, wie bei den Iglauer
Weberknechten 1669, oder endlich aus dem Bedürfniss der
allgemeinen Conformität und des gleichen Handwerksrechts,
auf Veranlassung der Meister, wie bei den Tüffelmachern in
Bremen 1589.

Indem wir das Erörterte nochmals kurz zusammenfassen,
können wir folgende Sätze aufstellen: 1) Das Vorkommen
von Doppelgenossenschaften, d. i. gleichzeitiges Auftreten der
Brüderschaft und Gesellenschaft bei den Gesellen eines Handwerks mit verschiedenen Kassen, verschiedenen Vorständen,
kann nicht bezweifelt werden. 2) Häufiger jedoch war wohl
eine engere Verschmelzung beider, so dass Brüderschaft und
Gesellenschaft entweder gemeinsame Vorstände oder gemeinsame Kasse hatten [1]). 3) In der Rheingegend scheint die Brüderschaft meist die primäre Genossenschaftsform gewesen und
allmälig entweder zugleich die Trägerin des ganzen Gesellenwesens geworden zu sein oder im weitern Verlauf die Ablösung einer eigenen Gesellenschaft herbeigeführt zu haben.
4) So sicher auch die Gesellenschaft sich oft aus der Brüderschaft ausschied, so darf doch dieser Process nicht als ganz
allgemeine Regel aufgestellt werden; hie und da war der Vorgang auch umgekehrt; hie und da eine Brüderschaft neben

---

werksgesellen, in Falck's Archiv für die Geschichte Schleswig-Holsteins,
1842, I. Jahrg. 1. Heft p. 78 fg.

[1]) Mone behauptet XV. p. 30, Gesellschaft und Brüderschaft hätten
immer nur einen Verein gebildet, aber zwei getrennte Kassen eingerichtet;
die Beweise dafür, dass dieser Satz ganz allgemein gelte, dürften ihm
aber wohl gefehlt haben.

der Gesellenschaft gar nie vorhanden. 5) Seit der Reformation löst sich in den von ihr berührten Orten die Brüderschaft meist auf, die Gesellenschaft bemächtigt sich der noch
berechtigten Aufgaben der Brüderschaft und wird die domi-
nirende einzige Genossenschaftsform; in den katholischen Gegenden tritt zuweilen eine Verschärfung des kirchlichen Charakters der Brüderschaft ein, meist aber gewinnen auch hier
in Folge des Strebens nach Conformität die Gesellenschaften
die Oberhand (Freiburg).

10.

Die Gesellenschaft.

Wir sind auf dem Wege historischer Betrachtung zur
Unterscheidung der Brüderschaft und Gesellenschaft gelangt.
Ueber die Organisation und eigentlichen Aufgaben der erstern
haben wir bereits gehandelt; nun wäre unsere Aufgabe, ebenso
bezüglich der Gesellenschaften zu verfahren. Um aber in
diese einen Einblick zu erhalten, und namentlich, um die
Gesellenschaftspolitik systematisch überschauen zu können,
müssen wir von der historisch gewonnenen Scheidung der
beiden Genossenschaftsformen in soweit absehen, als wir in
den folgenden Abschnitten die gesammte ausserkirchliche Thätig-
keit der Gesellen zusammenfassen wollen ohne Rücksicht darauf, ob sie in einzelnen Fällen von der Genossenschaft in
Form der Brüderschaft oder Gesellenschaft ausging.

Die äussere Organisation der Gesellenschaft lässt sich
indess selbständig betrachten. Diese ist, wie leicht zu vermuthen, der der Brüderschaft ähnlich. Wie dort, so werden
auch in der Gesellenschaft einige, meist zwei oder vier, Gesellen zu Vorständen gewählt. Sie führen aber, während bei
den Brüderschaften der Name Büchsenmeister neben Kerzenmeister fast typisch ist, sehr verschiedene Namen [1]): Stuben-

---

[1]) Vgl. Maurer II. 378.

meister ¹), Altgeselle ²), Altknecht ³), Knappenmeister ⁴), Meister-
geselle oder Meisterknappe ⁵), Meisterknecht ⁶), Uertenmeister ⁷).
Die Wahl der Vorstände war durch Gewohnheit geregelt und
ist desshalb oft in den Statuten gar nicht besonders vorgesehen, wie bei den Danziger Weberknechten 1447 (Bel. 48);
in Freiburg i. Br. werden bei den Kürschnergesellen die zwei
Stubenmeister jeden Monat neu gewählt; bei den Schneidergesellen ist die Dauer ihrer Function nicht festgesetzt; in
Speier werden bei den Bäcker- und Müllerknechten 1411 in
jedem halben Jahr vier Stubenmeister gewählt, von denen je
zwei einen Monat lang den Dienst haben. Bei den Tuchknappen
in Iglau 1669 (Bel. 108) geschieht die Wahl durch die sechs
„amttragenden Aeltesten", welche aus jeder Gesellenkategorie
(den verheiratheten, unverheiratheten und fremden) je zwei
ernennen. Kurz, bunte Mannichfaltigkeit findet sich in diesen
unwesentlicheren Verhältnissen.

Die Versammlungen, an welchen die Gesellen ihre genossenschaftlichen Angelegenheiten besorgen und die immer
mit feierlichen Ceremonien eingeleitet und abgehalten werden ⁸), führen gleichfalls die verschiedensten Namen ⁹), wie
Ladentag, Friedenstag, Umfrage, Eingang, Gebot, Vierwochen-
gebot, Schenke, Tischgesass, Mittel (Bel. 109), in späterer Zeit
insgemein Auflage. Die Entscheidung der eingebrachten
Anträge erfolgte jedenfalls meist durch Stimmenmehrheit;
doch auch hier kommen Variationen vor. So war bei den

---

¹) Bei den Kürschnern 1468 zu Freiburg (Bel. 60).
²) Bei den Schwarzfärbern in Strassburg 1638 (Bel. 107).
³) Bei den Kürschnern in Augsburg 1574 (Bel. 100).
⁴) Bei den Leinwebern in Danzig 1447 (Bel. 48).
⁵) Bei den Bäckerknechten in Frankfurt a. O. 1515 (Bel. 91).
⁶) Bei den Schuhknechten in Frankfurt a. O. 1516 (Bel. 92).
⁷) Bei den Schneidern in Freiburg 1525 (Bel. 95).
⁸) Vgl. die Gebräuche bei der Auflage der Schmiede in Magdeburg
bei Stock; Grundzüge p. 77 (abgedruckt bei Berlepsch VII. 68 f.), die
der Schlossergesellen bei Berlepsch VII. 173, die der Maurergesellen bei
Berlepsch VIII. 163.
⁹) Maurer II. 436.

Schneidergesellen in Freiburg 1525 wegen der grossen Zahl derselben — darum auch vier Urtenmeister — offenbar der Gang der Verhandlung zu schwerfällig geworden. Man ging daher zu einem mehr repräsentativen System über. Zunft- meister und Uertenmeister wählen bei jedem Gebot die zwölf ältesten Gesellen aus, und diese haben dann die Entscheidung für alle [1]. Ebenda erwählen 1503 die Schuhmachergesellen in jedem halben Jahr zwölf Gesellen, welche mit zwei Meistern alle Geschäfte erledigen sollen.

Der Beitritt ist wie bei den Brüderschaften ein erzwun- gener; so schon bei den Kürschnergesellen zu Freiburg 1468, wie aus §. 23 (Bel. 60) trotz der Eingangs· der Urkunde gesetzten Phrase, „die sich in diß unser gesellschaft verpflichten wöllen", hervorgeht; verheirathete Gesellen werden bei manchen Ge- sellenschaften zugelassen, wie bei den Webern zu Iglau, in der Mehrzahl aber ihrem Beitritt Schwierigkeiten gemacht. Mit dem Beitritt ist natürlich die Beitragspflicht verbunden und diese ähnlich wie bei den Brüderschaften geregelt.

Der Schwerpunkt der Gesellenschaft — und das ist ein Hauptunterschied von der Brüderschaft — liegt in der Her- berge [2] oder, wie sie in der ältern Zeit genannt wird, in der Trinkstube, Uerte. Auf diesen Versammlungsort concentrirt sich die ganze Aufmerksamkeit, hieher kommen die Wanderer, da wird Gutes und Schlechtes berathen, das Gericht gehalten, hier muss jeder zehren, sobald er mit mehren Genossen sich vergnügen will [3]. Darum sind auch die ältesten Statuten zu- nächst nur Bestimmungen über das Verhalten auf der Trink- stube — wahre Trinkcomments — wie bei den Bäcker- und Müllerknechten in Speier 1411, den Schmiedegesellen in Schaff- hausen 1554, den Kürschnergesellen zu Freiburg 1468 und bei den Leinwebergesellen in Danzig 1447, und erst später

---

[1] Bel. 95 §. 36.

[2] Wird zuerst erwähnt in der Urkunde von 1432 zu Landau (Bel. 45).

[3] In Freiburg bei den Schneidergesellen sollen nicht mehr als drei ausserhalb der Gesellschaft zehren (§. 15 des Bel. 13), und bei den Bäcker- knechten in Frankfurt a. O. soll kein Geselle unter Strafe in ein anderes Bierlocal gehen, wenn der Gesellenvater Bier ausschenkt (Bel. 91).

wird ihr Charakter zum Theil durch Aufnehmen brüderlicher Aufgaben, wie der Sorge für die Kranken, zum Theil durch Fixirung von Gesellengewohnheiten, z. B. der Wanderverhältnisse [1]), nach Zeit und Ort weiter und mannichfaltiger.

Wie keine Genossenschaft nach germanischen Ideen ohne genossenschaftliche Gerichtsbarkeit denkbar ist [2]), so auch hier. Dieses Recht war aber auch der Zankapfel bei allen Genossenschaften. Der Kampf um dieses Recht war der Grund, warum die Bischöfe Anfangs oft die freien Zünfte wieder aufhoben, es war der Grund, warum die Zünfte die Patricier stürzten [3]), war der Grund, warum sie selbst jetzt gegen die Gesellenverbände kämpften [4]). Die Meister fühlten, dass mit der Gewährung dieses Genossenschaftsrechtes eine von der bisherigen total verschiedene Anschauung Platz greifen musste, und hatten das Bewusstsein, wie schwer es sei, demselben seine richtigen Schranken anzuweisen. Darum suchten sie lieber anfangs ihm jede Berechtigung zu nehmen und dasselbe, wo es auftauchte, zu unterdrücken. Das ganze sechste Capitel ist hiefür ein Beleg, und aus jener Fülle möchte ich nur Einiges zur Illustration herausgreifen und daran erinnern [5]), wie man in Constanz 1390, 1407 und 1423 den Knechten verbot, Gesetze zu machen, wie man 1400 gegen die Schmiedeknechte im Elsass aus diesem Grunde vorging, wie der Rath von Keysersberg im 15. Jahrhundert die Gerichtsorganisation der

---

[1]) Vgl. das Statut der Schwarzfärbergesellen in Strassburg (Bel. 107), das der Schlosser- und Schmiedegesellen ebenda (Bel. 109).

[2]) Maurer II. 389.

[3]) Vgl. Schmoller, Strassburg zur Zeit der Zunftkämpfe p. 8.

[4]) Wie das Streben nach eigenem genossenschaftlichen Rechte als Reaction gegen die Klassengesetzgebung der Zunftherrschaft hervorgehen musste, haben wir schon früher angedeutet; doch glaube ich nicht, dass bei den Gesellen die Tendenz, von dem Druck des einseitigen Zunftgerichts sich zu befreien, für die Absonderung so entscheidend war, wie ehedem bei den Zünften gegenüber den Patriciern; vielmehr herrschten die ökonomischen Momente bei den Gesellen vor gegenüber den rechtlichen politischen Ursachen.

[5]) Hieher gehört auch das Verbot der Sattler in Frankfurt 1406 gegen das Auftreiben durch die Gesellen. Kriegk, Bürgerzwiste p. 399.

Schuhmacher- und Schneiderknechte schildert und zum Einschreiten gegen sie auffordert, wie Basel 1399 die Schneiderknechte, 1421 die Seilerknechte, Landau 1432 die Bäcker-
und Müllerknechte, Breslau 1464 die Kannengiessergesellen [1]),
Strassburg 1465 die Knechte überhaupt zur Anerkennung der
ordentlichen Gerichte zwingen will. Nur in ganz seltenen
Fällen finden wir schon in dieser Zeit Spuren für die Anerkennung der Gesellengerichtsbarkeit. So in Breslau, wo die
Gürtlergesellen 1329 den Beschluss gefasst haben, ein ganzes
Jahr zu striken, worauf die Meister nicht die Unterdrückung
dieses Beschlusses vom Rathe verlangen, sondern einfach sich
verbindlich machen, keinen von den betreffenden Gesellen
während dieses Jahres in Arbeit zu nehmen, und in Landau
1431, wo Schmiedemeister und Knechte bei einem Hufschmied
Ulrich keinen Knecht dienen lassen wollen, die Meister zwar
auf die gütliche Vorstellung des Raths hin nachgeben, die
Knechte aber meinten, „der egenant Ulrich sölt sich gantz
hinder sie hergeben"; ihr Recht hiezu bestritt der Rath nicht,
aber als Appellbehörde konnte er ihr Urtheil vernichten, und
da sie sich diesem nicht unterwarfen, sie bestrafen [2]); von den
Seilerknechten zu Basel endlich sagt der Rath, dass sie die
„meistere besserten, trangtent und ze kumber, kosten und
schaden brachtent", die Meister müssen also doch, wenn auch
nur vorübergehend [3]), ihrer Jurisdiction sich gefügt haben [4]).
Da aber, wo man die volle Anerkennung derselben versagte
— wie meist noch im 15. Jahrhundert —, aber auch nicht
im Stande war, die allgemeine Bewegung ganz zurückzudrängen,
half man sich durch einen Mittelweg; man suchte die Ausübung der genossenschaftlichen Gerichtsbarkeit zu überwachen

---

[1]) Bel. 54. Die Gesellen „sollen ihre Richter selbst nimmer sein,
sondern an die geschworne Eltesten Meister solche ihre Zwietracht bringen, und vor ihn klagen und von ihn Straf und Unterweisung nach Billigkeit aufnemen."

[2]) Mone XVII. p. 33 u. 34. Stahl, Das deutsche Handwerk p. 407 f.

[3]) Vgl. Mone XVIII. p. 26.

[4]) Wie die Gesellen nach der Theilnahme am Gericht über alle gewerblichen Verhältnisse strebten, darüber siehe den Abschnitt 12. 1.

und verlangte, dass kein Gebot gehalten werde ohne Erlaubniss des Zunftmeisters oder des Raths und ohne Anwesenheit
zweier abgeordneter Meister[1]. Formell waren die Gesellen-
corporationen einem über ihnen stehenden Rechte eingegliedert[2] und von den Meistern überwacht, factisch erwies sich
die ganze Massregel als illusorisch; denn über bedenkliche
Punkte verhandelte man nicht in den feierlichen[3], vor offener
Lade gehaltenen Geboten. sondern hinterher.

Worin bestand denn nun der Inhalt der Gesellengesetze, da
man gegen sie so hartnäckig sich wehrte und schliesslich doch
derselben nicht ledig werden konnte? Durchmustert man die
reinsten Gesellenstatuten, z. B. die der Kürschnergesellen zu
Freiburg, oder die der Schaffhausener Schmiedeknechte. oder
der Freiburger Schuhmachergesellen, oder der Speierer Bäcker-
und Müllerknechte, so kann man kaum zu der Meinung gelangen, dass diese Satzungen so Gefährliches für die Meister
enthalten; sind es doch nur Strafbestimmungen gegen die Ausbrüche der Heftigkeit wie gegen denjenigen, der einem Andern
Böses wünscht oder ihn im Zorne schlägt, mit ihm seinen
Muthwillen treibt oder gegen den Wirth sich ungeziemend

---

[1] So findet man diese Satzung schon in den Strassburger Brüderschaftsurkunden der Gerber von 1477, der Leinweberknechte von 1479,
bei den Metzgergesellen in Freiburg 1462—96 etc., noch nicht bei den
Kürschnern in Strassburg 1404.

[2] Maurer behauptet II. 436, die Gesellenbrüderschaften wären ganz
unabhängig von ihren Meistern und der Zunft selbst gewesen, seien vielmehr unmittelbar unter der städtischen Behörde gestanden. Dies ist unrichtig, wie schon daraus hervorgeht, dass in Freiburg 1415 bloss die
Krämerzunft den Brüderschaftsbrief bestätigt und für seine Aufrechthaltung
eintritt; ähnlich war es 1404 und 1428 bei den Kürschnern, 1477 bei den
Gerbern in Strassburg, 1484 bei den Schuhknechten in Freiburg. Erst
gegen Ende des Jahrhunderts wird die Bestätigung von Meister und Rath
allgemeiner; eine Ausnahme noch in dieser Zeit bilden die Urkunde der
Schmiedeknechte von 1481 und die der Schneidergesellen von 1525 in
Freiburg.

[3] Man erinnere sich nur, dass in Hamburg der Grossvogt der Brüderschaft der Brauerknechte sogar auf einer erhöhten Bühne, das hohe Recht
genannt, sass, wenn eine feierliche Versammlung gehalten wurde. Beneke,
Hamb. Gesch. p. 287.

benimmt oder sonstwie den Anstand oder die Sitte verletzt; sind es doch nur Massregeln, um den Gesellen vor leichtsinnigem Spielen und Schuldenmachen zu bewahren und nur der erste Anfang für die Codification der Wandergewohnheiten. Die Strafen für die einzelnen Vergehen sind genau fixirt, aber nicht mehr in Wachs, wie bei den Brüderschaften, sondern meist in dem alltäglichen Geld. Das Erkenntniss und der Vollzug der Strafen innerhalb des festgestellten Polizei- und Sittenrechts wird den Gesellen meist ausdrücklich zugestanden. So heisst es 1331 in den vom Berliner Rath gewährten Statuten: „Qui uero contra predicta omnia queque atemptare presumpserit, arbitrio predictorum „meysterknapen" est iudicandus et plectendus." Noch weiter geht die Befugniss der Freiburger Kürschner (Bel. 60 §. 24): „Item ob ouch ein gesell ützit anders verschulte, das nit an disem brief gemelt wer, dieselb straff sol dann ston zü den gesellen; in allen vorgeschriben dingen gevarlich inzüg zu vermyden." Mit besonderem Nachdruck gewährt 1474 der Rath von Speier den Bäcker- und Müllerknechten das Recht eigenen Gerichts (und ob sie etliche lichtfertige unredenliche und unendelichen under inn erfinden, die selben der glichemassen auch zu buchsen und zu strafen nach eyner yeglichen sachen gelegenheit) und behält sich nur das Recht einer Appellbehörde vor. Beschränkt ist dagegen die Gewalt der Augsburger Kürschnerknechte 1574 (Bel. 100 §. 29), indem ihnen nur eine Strafverhängung von höchstens 4 Kr. zugestanden wird [1]). Die Strafgelder fallen anfänglich und im Allgemeinen der Gesellenkasse allein zu; erst in der späteren Zeit zwang man die Gesellen, den halben Theil an die Stadt abzuliefern, den andern halben Theil wiederum zur Hälfte der Zunft zu überlassen und erst die andere Hälfte zum Wandergeschenk zu verwenden, wie dies 1638 bei den Schwarzfärbern [2]) in Strassburg der Fall ist.

---

[1]) Aehnliche Beschränkungen finden sich auch schon bei den Brüderschaften; so bei den Huf- und Kupferschmieden in Freiburg 1481, welche nur bis zu 6 D strafen, aber nicht einmal diesen Beitrag eintreiben dürfen, sondern die Hülfe der Meister dazu beanspruchen müssen. (Bel. 73, §. 15).

[2]) Bel. 107.

Dies geschah offenbar, um einestheils die Gelage soviel wie möglich zu beschränken, anderntheils um anzudeuten, dass die Gesellen ihre Strafgewalt nur kraft Uebertragung von Seite der Zunft und Stadt ausüben sollen.

Aus dem zuletzt Angeführten ergeben sich etwa folgende Sätze: Das den Gesellen gewährte Gebiet eigener Gerichtsbarkeit scheint sehr geringfügig gewesen zu sein; allein das Entscheidende in der Frage ist die Thatsache, dass sie überhaupt selbständig Urtheil finden können und dürfen [1]. Nur von Macht- und Wirthschaftsverhältnissen konnte es dann in der Folge abhängen, wie weit sie ihre Rechtsfindung auszudehnen berufen waren. In der That lag die Bedeutung des Gesellengerichts zum geringsten Theil in der Sittenpolizei, aber diese Seite ihrer Befugnisse gelangte am ersten und ausführlichsten zur Codification und hat den Grundpfeiler ihres Auftretens, die Standesehre, tief in ihr Bewusstsein eingeschlagen, während die andern Bestandtheile ihrer Rechtsgewohnheiten nur unvollkommen oder gar nicht präcisirt auftraten und der Sitte wie der Macht überlassen blieben, jedoch sehr bestimmenden Einfluss auf ihre wirthschaftlich-sociale Lage hatten. Es sind die Fragen, die bis zum heutigen Tage nur im Kampfe, nicht in voller Abklärung und Abgrenzung zu finden sind; es sind die Fragen, wie und wie weit die Gesellen (Arbeiter) das Arbeits- und Dienstverhältniss mitbestimmen und welche Rechte sie über das ganze Handwerk ausüben durften.

11.

Der Einfluss der Gesellencorporation auf Arbeits- und Dienstverhältniss.

Schon oben haben wir erwähnt, dass in der ersten Blüthe der Zunft die Stellung des Meisters zum Knecht als Herr-

---

[1] Dies geschah nach germanischer Weise dadurch, dass der Altgeselle bloss das Recht erfragte, die umherstehenden Gesellen aber das Urtheil fanden und alle Zuwiderhandlungen rügten und durch den Junggesellen vollziehen liessen. Maurer II. p. 438.

schaft des ersteren über den letzteren aufgefasst ward. Die Consequenz davon ist, dass der Lohn einzig und allein von der Meisterschaft bestimmt wird [1]). Der Modus der Löhnung war aber, wie auch in unsern Tagen, sehr verschieden [2]), und, je nach den verschiedenen Zeitperioden, wog bald diese Art, bald jene vor. In der ältesten Zeit scheint die Zeitlöhnung allein vorgeherrscht zu haben; später, aber namentlich seit Ende des 14. Jahrhunderts, entwickelt sich daneben die Stücklöhnung und erreicht zuletzt eine Detaillirung, welche selbst vor einer Lohnliste der englischen Gewerkvereine, was Specialisirung anlangt, nicht zurückzustehen braucht [3]). Die Stücklöhnung war jedenfalls zu einer gewissen

---

[1]) So heisst es in der Ordnung des Wollenhandwerks zu Frankfurt 1377: „Auch mögen sie ihren Lohn setzen im Handwerk, nach dem sie dünket, dass zu jeder Zeit bescheiden sei" (Stahl, Das deutsche Handwerk p. 335). Die Schneiderzünfte der zwanzig oberrheinischen Städte setzen 1457 gleich für achtundzwanzig Jahre den Lohn der Knechte fest (Bel. 50, §. 1) und noch 1520 auf fünfzehn Jahre (Bel. 93). Die Webermeister in Speier meinen, gleich für alle Ewigkeit den Lohn bestimmen zu können (Bel. 6). Bei den Bendern in Frankfurt durfte 1388 kein Knecht auf kürzere Zeit als ein Jahr gedungen werden. Nach der Ordnung der Goldschmiede von 1364 in Ulm war festgesetzt: „Kam ein Knecht zu einem Meister, der seiner bedurfte, und wollte durch das Vorgeben, dass ihm ein anderer Meister mehr Lohn gebe, ihn zu einem ungewöhnlichen Lohn nöthigen, so durfte ihn kein Meister in Ulm setzen" (Jäger, Ulm p. 654). Vgl. endlich die veröffentlichten älteren Statuten, die die Lohnbestimmung von Zunft wegen enthalten, z. B. Bel. 63 a.

[2]) Vgl. besonders Stahl p. 302—345.

[3]) Die stets zunehmende Ausbildung der Stücklöhnung lässt sich besonders beim Weberhandwerk verfolgen. Man vergleiche die geringe Zahl der aufgeführten Stücke im Speicer Streit 1351, die bedeutend grössere 1362 (Bel. 6 und 10) und die ungeheuere Detaillirung in der Wollenweberordnung der Markgrafschaft Baden von 1486 (Mone, IX. p. 147—160). In Hamburg war die Löhnung nach Stückwerk vielfach üblich, jedoch derart, dass die Gesellen die Woche auch eine bestimmte Anzahl Stücke zu liefern gezwungen waren; vgl. Rüdiger, Gesellendoc. 7, 27, 28. Wie aber sogar bei den Bäckern die Stücklöhnung Platz griff, beweist der Bel. 91. Im Grossen und Ganzen scheint dem Gesellen die Wahl gelassen worden zu sein, ob er Stück- oder Zeitlöhnung verlangen wolle. So fanden wir in Strassburg betreffs der Kürschnergesellen sehr reichhaltige

Nothwendigkeit geworden wegen der verheiratheten Gesellen, sodann musste sie den Meistern erwünscht sein, da sie dadurch der strengen Aufsicht über die ihnen entfremdeten Gesellen zu einem grossen Theil überhoben wurden, noch erwünschter aber den Gesellen selbst, da ihnen daraus eine grössere Freiheit und Selbstbestimmung erwuchs. Hie und da scheint die Reaction (sei es wegen schlechter Arbeit oder Ueberarbeitung) gegen Stückarbeit aber auch damals eingetreten zu sein. So duldeten in Strassburg weder die Meister noch die Knechte des Schneiderhandwerks am Ende des 15. Jahrhunderts Stückarbeit (Bel. 85), und ein gleiches Verbot fand ich bei den Schmieden in Constanz am Ende des 15. Jahrhunderts: „Item es sol ouch kain maister dhainem knecht kainer hand stuckwerch nit zů werchen geben in kainen weg." Eine weitere selbstverständliche Consequenz des strengen Herrschaftsverhältnisses ist die, dass das eigenmächtige Sichentziehen der Gesellen vom Dienste gewerblich todt machte. Ganz allgemein hatte sich das Zunftrecht dahin ausgebildet, dass ein Geselle zu jeder gewerblichen Arbeit untauglich ist, so lange er nicht seinem frühern Herrn Genüge geleistet. So setzen die Consuln von Lübeck, Hamburg, Rostock, Wismar, Stralsund und Greifswald bezüglich der Böttchergesellen 1321 fest: „Item quicunque famulus se bis absentauerit a seruicio sui domini et hoc inuito suo domino, ille de cetero non debet recipi ad seruicium ab aliquo dolifice in aliqua istarum ciuitatum" (Bel. 1). Die Bäcker-

---

Lohnverzeichnisse aus dem 15. Jahrhundert, worin aber immer beiden Lohnarten Rechnung getragen ist. Auf diese Wahl deutet auch die allgemein gebräuchliche Frage, welche der Ordensgesell vor allen an den wandernden Gesellen richtete: Mit Gunst, Fremder, worauf schickt er denn? Auf Stückwerk oder Wochenlohn? (Stock p. 62). Doch war diese Wahl in manchen Fällen eingeschränkt; im Zunftbuch der Bender (Kriegk, Bürgerzwiste p. 542) ist folgende Rathsverordnung von 1495: „Vorter ist unser bescheidt, daß eyn iglicher knecht benderhantwercks, der gedingkte werck machet, obe sin der meister in der zyt synes gedingts bedorffte in tagelone zu arbeiden, das solte er thun und deß nit weigern, und dar nach demselben synem meister sin gedingt wercke doch uß machen und bereiden one inredde. doch also daß solichs nit mit geverden an den knecht gesucht oder gefordert werde."

meister der mittelrheinischen Städte bestimmen 1352: „Auch
sin wir ubirkomen, welch gedinget knecht von sime meister
get und in sumet an sinem wercke, der sol in den acht stetden
verboten sin als lang biz er dem meister wieder dut, daz er
ine gedan hat" [1]). Als dritte Consequenz dieser Auffassung
ergibt sich, dass, wie schon früher einmal erwähnt, der Knecht
überhaupt nur ein Recht auf Arbeit hat, insofern der Meister
ihn an seinem Amt participiren lässt; jede Arbeit auf eigene
Rechnung ist untersagt [2]).

Sobald die Gesellen sich als vierter Stand abzusondern
begonnen hatten, musste auch in der Auffassung des Dienstverhältnisses eine Wandlung eintreten. Ja man muss geradezu
als innersten Grund der Absonderung den Versuch betrachten,
das strenge Dienstverhältniss in ein Contractverhältniss um-
zugestalten und so thatsächlich zu erreichen, was sich schon
in der Umänderung des Namens Knecht in Geselle ausgeprägt
hatte [3]), hie und da gleich in den Stiftungsurkunden zum Aus-

---

[1]) Bel. 7; vgl. neben zahlreichen anderen Belegen die Hamburger Zunftrollen; z. B. die der Bader von 1375 (Rüdiger p. 6 Nr. 10), der Bartscherer von 1452 (Rüdiger p. 9 Nr. 7), der Barbierer von 1468 (Rüdiger p. 11 Nr. 6), der Bäcker von 1375 (Rüdiger p. 25 Nr. 26), der
Gerber von 1375 (Rüdiger p. 89 Nr. 16), der Kannen- und Grapengiesser von 1375 (Rüdiger p. 124 Nr. 12), der Kerzengiesser von 1375
(Rüdiger p. 131 Nr. 5).

[2]) So bestimmen in Lübeck die Neteler 1356 (Wehrmann p. 340): „vnd
nein leddig geselle schal arbeiden by sinem egenen brode;" die Paternosterm.
1510 (Wehrmann p. 348): „Item neen knecht schal steen kopen vnde
arbeiden vppe syne eghene hant, by missinge des amptes, sunder der heren
wille;" die Maler und Glasewerter vor 1425 (Wehrmann p. 327): „Vortmer so en schal neen meistere mit synen knechten to halven arbeyden,
vnde neen knecht egen werck maken sunder synes mesters orloff." Vgl.
ferner Wehrmann p. 218, 219, 405, 460, p. 117. Aehnliches verordnen
in Hamburg die Bartscherer 1455 (Rüdiger p. 10 Nr. 6); die Bäcker
1375 (Rüdiger p. 26 Nr. 31); die Hauszimmerleute 1582 (Rüdiger p. 122
Nr. 5). Siehe endlich auch Bel. 50, §. 15.

[3]) Es ist höchst interessant, zu verfolgen, wie der Name die spre-
chendste Urkunde für die jeweilige Entwicklungsphase ist. Von der Zeit
an, wo der Zusammenschluss der Knechte Statt fand, taucht der Name
Geselle auf. So bereits einmal 1362 in Speier bei den Webern, 1404 ein
einziges Mal in der Kürschnerbrüderschaftsurkunde neben der üblichen

druck gelangte. Als im Jahre 1539 die Schreinergesellen in
Freiburg ihre eine Zeit lang ganz in Verfall gerathenen Ordnungen und Satzungen wieder neu gestalten wollen, kommen
diese Statuten selbst nur durch Pactiren mit den Meistern
zu Stande; die Meister schlagen den Gesellen einige Artikel
vor, und diese hinwiederum fixiren schriftlich ihre Forderungen;
auf Grundlage beider Propositionen kommt dann erst ein Vergleich zu Stande — gewiss ein deutliches Kennzeichen, dass
die ehemalige Herrschaftsstellung der Meister stark abge-
schwächt worden war.

Als erste Folge dieses Umwandlungsprocesses muss das
Streben bezeichnet werden, durch die geschlossene Macht des
Gesellenverbandes auf die Lohnhöhe einen Einfluss zu üben.
Ob ganz allgemein vom 14. Jahrhundert auf's 15. und 16. Jahrhundert eine Lohnsteigerung eingetreten ist, vermag ich nicht
endgültig zu entscheiden. Die Feststellung des Werthes der
damaligen Arbeit bietet nach dem bis jetzt vorhandenen Ma-
teriale noch zu grosse Schwierigkeiten. Die Unsicherheit der
Reduction, das Fehlen der Angaben über Kost und sonstige
Dienstverhältnisse, die Lohnangabe bloss nach Stückwerk, die
grosse Differenz in der Arbeitszeit[1]) sind lauter Momente,

Bezeichnung Knecht; in dem Statut der Kürschner zu Freiburg 1468 aber
ist bereits immer nur von Gesellen und nur einmal (§. 28) vom Knechte
die Rede. So ging der Process weiter und 1685 sind nach Beieri Boethus
p. 6—10 nur noch Schmiedeknecht (aber nur Schlossergeselle), Fleischer-
knecht, Hausknecht, Bader- und Balbierknecht, sowie Schuhknecht üblich.
Wie die letztern diesen Namen 1796 als schimpflich abweisen, darüber
vergleiche die höchst kräftigen Briefe der Hamburger Schuhmachergesellen
an die Bremer Schuhknechte bei Böhmert, Beiträge zum Zunftwesen p. 134,
Urk. Nr. 60. In unsern Tagen ist nun auch die Bezeichnung Geselle als
eines mit dem Meister noch verbundenen Arbeiters veraltet und hat der
Bezeichnung Gehilfe als eines nur aus Wohlwollen den Meister unter-
stützenden Arbeiters den Platz eingeräumt. Als Parallele zu diesen Be-
merkungen vgl. Riehl, Die deutsche Arbeit p. 260—63.

[1]) Man denke nur daran, dass bei manchen Gewerben, z. B. bei den
Webern in Köln (im 14. Jahrh.), nur bis zum Lichtanzünden (Ennen und
Eckertz, Quellen zur Geschichte der Stadt Köln I. p. 372: „Vortme so wilch
kneicht mit kertzen hilpt wirken, hee sij junck off alt, der en sall sich dat
iair an dem Ampte nyet geneiren"), bei den Schiffszimmerleuten in Lübeck

welche die Exactheit einer derartigen Arbeit erschweren. Wir begnügen uns, zu constatiren, dass die Gesellenschaften nicht nur gegen Lohnkürzungen sich verwahren, sei es, dass dieselben durch das Trucksystem, wie bei den Webern in Speier, oder durch Wegfall von Feiertagen, wie bei den Kürschnern in Strassburg (16. Jahrh.), oder durch sonst ein Mittel herbeigeführt werden sollen, sondern auch das Streben bekunden, den Lohn zu erhöhen; hier verdienen erwähnt zu werden die Müllerknechte in Basel, welche im Jahre 1400 die Bäckermeister zwingen wollten, sie besser zu lohnen, und in dieser Forderung, da es auf fremde Kosten ging, von den Müllermeistern sogar unterstützt wurden (Bel. 26); ferner die Tuchknappen in Schweidnitz, welche höhern Arbeitslohn verlangt hatten und desshalb 1453 vom Rath auf Betreiben der Meister harte Massregeln und Beschränkungen in ihren genossenschaftlichen Rechten zu erfahren hatten (Bel. 49b); endlich die Speierer Weberknechte, die schon im 14. Jahrhundert mehrmalige und bedeutende Lohnerhöhungen durchsetzten, wie wir p. 47 ausführlicher erörterten [1]). Man muss aber festhalten, dass immer nur die Gesellencorporation die Trägerin dieser Bewegung war, und sei zum Beweis hiefür nochmals an das einseitige Vorgehen der Tuchmachermeister in Freiburg im

(1560) von früh 5 Uhr bis 6 Uhr Abends (Wehrmann p. 406), bei den Schmieden in den wendischen Städten von 3 Uhr Morgens bis 6 Uhr Abends (Wehrmann p. 448), bei den Kistenmachern in Lübeck (1508) (Wehrmann p. 252) und bei den Schreinern in Freiburg (1539) im Sommer und im Winter von früh 4 Uhr bis Abends 7 Uhr (Bel. 98) gearbeitet werden musste.

[1]) Aus der spätern Zeit sind in den Archiven für den Versuch der Lohnerhöhung zahlreiche Belege zu finden. So sind im Baseler und Colmarer Archiv noch die Actenstücke eines Strikes der Schneidergesellen vorhanden; danach machen 1619 die Schneiderknechte in Colmar ein „ringlein" und bestimmen, „welcher unter ihnen fürther in allhieiger statt arbeiten würde, es werd ihnen dan der wohenlohn verbessert, dass derselb für kein ehrlichen gsellen gehalten werden solle." (Basel. Stadtarch. St. Nr. 21 A. b.) Mehre ziehen nach Basel, sind aber nicht im Stande, den Strike mit Erfolg durchzuführen, müssen vielmehr 1620 in Colmar um Entschuldigung bitten und wegen ihres trotzigen Abzugs sich bestrafen lassen.

Jahre 1463 erinnert, das nur möglich war, weil eine organisirte Gesellenschaft fehlte.

In zweiter Linie kommt der Einfluss der Gesellen auf die Bestimmung der Arbeitszeit in Betracht. Kürzung der täglichen Arbeitszeit verlangen die Gesellenschaften in den mir vorliegenden Urkunden nicht, dagegen ruhte nie der Kampf um Verringerung der Anzahl der Arbeitstage, resp. um Arbeitsbefreiung am sogenannten blauen Montag. Den historischen Fortschritt dieses Kampfes zu Gunsten der Gesellen hat Stahl, Das deutsche Handwerk p. 313 fg. sehr gut untersucht. Nach ihm befahlen die Meister zur Zeit ihrer vollen Macht unter Strafe, für jeden Tag Müssiggang den Lohn entsprechend zu kürzen, hie und da die Gesellen noch zu strafen[1]). Mit dem steigenden Einfluss der Gesellenverbände im 15. Jahrhundert und Anfang des 16. Jahrhunderts wird der Montag bereits regelmässig als Tag des Müssiggehens erwähnt und derselbe den Gesellen als halber Feiertag[2]) concedirt und zwar bald

---

[1]) Vgl. die Beispiele bei Stahl p. 316 und 317 und die in den Hamburger Zunftrollen; so heisst es bei den Böttchern 1375 (Rüdiger p. 31, Nr. 9): „Vortmer welck knecht den mandach holt unde sines heren werc vorsumede, den moghen de wercmestere woll in de hechte setten in des woltbaden hues, Unde weret dat jenich ander knecht uht dem ammete to ehme ghinge eder spise sande in de hechte, den mogen de wercmestere ock wol by eme setten laten."

[2]) Als Typus möge die Verordnung der Scrodere von 1464 gelten (Wehrmann p. 424): „Item vor den vorscrevenen sondagh vnde alle andere hilghe vrydage, nyne buten bescheden, scholen de knechte hebben den halven mandagh van vromorgens an beth des myddages to twelfen. In der myddelen tyd mogen ze ere egen werck neyen vnde to deme bade ghan, weme dat gelevet vnde anders nicht. Denne scholen ze vort de gantzen weken al vth eren mesteren arbeyden vnde neyen, vthgenomen des donredagen avendes, denne moghen de knechte ok ere egen werk neyen van sossen an des avendes to teynen in de klocken vnde nicht lenger. — Men hefft eyn mester denne dessulven mandages brudwerk edder ander hastich werk, denne schollen eme zine knechte den gantzen mandach al vth arbeyden vnde neyen helpen, dar vor de mester den knechten enen andern halven dagh weddervmme schall gunnende wesen." Die Armbrosterer zu Hamburg (Rüdiger p. 4) geben 1458 den Knechten den Montag frei, verlangen aber zur Verhütung von Ausschweifungen, dass die Knechte

nur alle vierzehn Tage, bald jede Woche (Stahl 319). Das
Mindeste aber, was die Gesellen fordern, ist, dass der Lohn-
abzug für einen Tag Müssiggang zum ganzen Lohn in einem
richtigen Verhältniss stehe, so dass der Einzelne, ohne seinen
ganzen Lohn zu verlieren, alle vierzehn Tage in's Bad gehen
könne. Im weitern Fortgang verlangen die Gesellen, dass
alle Mitgenossen am Montag der Arbeit sich enthalten, damit
nicht dies Recht ihnen allmälig von den Meistern entzogen
werden könne, und im 16. Jahrhundert wird ihnen oft sogar
der ganze Montag zur eigenen Erholung eingeräumt und nur
gegen das Müssiggehen an zwei Tagen angekämpft [1]). Dieses
Streben nach Abkürzung der Wochenarbeit war kein unbe-
rechtigtes, wenn man erwägt, dass die tägliche Arbeitszeit
damals eine verhältnissmässig sehr lange gewesen zu sein
scheint, dass das Bedürfniss des Badens und dazu ward ja
ausdrücklich der freie Tag verlangt — bis zum dreissigjährigen
Kriege ein ganz allgemeines war [2]), dass die Gesellen ihre
genossenschaftlichen Zusammenkünfte an Feiertagen nicht

innerhalb eines halben Jahres an diesem Tage zur gewöhnlichen Arbeitszeit vier Armbrüste machen. Bei den Schlossergesellen (Bel. 97) in Strassburg ist 1536 der Montag Nachmittag — nicht der Morgen — jedem freigegeben, der über acht Kreuzer Lohn hat, bei den Schreinergesellen in
Freiburg 1539 eine solche Bedingung nicht gestellt, aber verlangt, dass
am Montag Nachmittag die Arbeit nur dann ausgesetzt werde, wenn in
die Woche kein Feiertag fällt (Bel. 98).

[1]) So verordnen die Bekenmaker 1591 (Wehrmann p. 171): „so ein
knecht in der weken mehr den einen dach tho beer geitt, soll dat wedden
mit ¹‚₂ daler vnd an dat ampt verbraken hebben 8 β ludt des weddebokes.“

[2]) In Nürnberg erlangten die Zimmergesellen sogar, obwohl nicht
coalirt und direct unter dem Rath und Stadtbaumeister stehend, allmählig
das Recht, zum Zweck des Badens alle vierzehn Tage eine Stunde früher
enden zu dürfen. Tuchers Baumeisterbuch p. 61. Das Beispiel der Handwerksgesellen wirkte auch auf die übrigen Arbeiter. So riss die Gewohnheit des blauen Montags auch bei den Bergarbeitern ein und, die Chur-
triersche Bergordnung vom 22. Juli 1564 musste ausdrücklich bestimmen:
„Auch wollen wir dass auff unserem Bergwerck von keinem Schmid, Häuer
oder andern arbeytern so zu Bergkwerck gehörend kein guter Montag sol
gehalten werden.“ (Faucher's Viertlj. Jhrg. 1867 Bd. XIX p. 55. Rudolf
Seebold, Die wirthschaftl. Motive des deutschen Bergrechts etc.).

halten durften, also einen Werktag hiefür gewinnen mussten. Wenn später aber Entartungen einrissen und die Forderungen zu weit gingen, so ist das noch kein Grund, die anfänglich berechtigten Ansprüche zu verdammen.

Die Milderung der Strafe des Contractbruchs streben die Gesellenschaften in dritter Linie an. Während in ältester Zeit der contractbrüchige Geselle meist gar keine Arbeit erhalten durfte [1]), ersetzte man diese überaus harte Bestimmung schon oft im 14. Jahrhundert durch eine fest bestimmte [2]) Geldstrafe, die allerdings meist hoch gegriffen war. So wurde bei den Schuhmachergesellen in Strassburg 1387 die Strafe für Contractbruch auf fünf Schilling festgesetzt, und bei den Kürschnergesellen soll (im 15. Jahrh.) der Meister gleich fünf Schilling vom Lohn vorweg innebehalten, und die Colmarer Brotbäckerknechte erklären rund heraus, dass ihnen, sobald sie die Strafe von 5 Schilling zahlten, der Contractbruch nicht zum Vorwurf gemacht werden dürfe. Bei den Steimetzen (Torgauer Urkunde von 1462) ist ein Pfund Wachs die Strafe [3]). An manchen Orten wussten die Gesellen noch eine weitere Abschwächung zu bewirken. So konnte in Berlin der Weber-

---

[1]) Zu den oben schon erwähnten Beispielen füge ich noch folgende Bestimmung der Lübecker Bader vom 14. Jahrh. (Wehrmann 162): „Ok weret zake dat een man enen knecht hadde, de sines heren werkes nicht waren wolde vnde sin here ene dar vmme straffede mit harden worden, vnde den eme de knecht entginge darvmme vth sineme denste vnde toge to eneme andern to denende, den schal men nicht holden vnde heelde den jemand hyr en boven, de schal vor jewelken dach, den he ene holt, wedden eyn halff pund (a. a. O. p. 163). Ok weret dat eneme manne sin knecht entoge vth sineme denste vnd qweme de knecht wedder in de stad, de scholdet vnsen heren wedden mit eneme halven punde vnde den knecht schall numment im ampte to zyk nemen, yd en zy mit willen des gennen, deme he entgan is. heelde ene dar jemand en boven, de schal von jsliken dach wedden een halff .pund.“

[2]) Früher konnte nur Meister und Geselle gütlich miteinander über den Schaden übereinkommen, was für den letzteren sehr schwere Folgen hatte.

[3]) Heideloff, Bauhütte p. 53. Art. 66: „Welcher geselle bithet forderung zu einem andern meister Ehe er vrlaub nimpt von dem Meister, bei dem er steht, der sol geben ein pfunt wachs vnd soll vrlaub haben.“

knecht (1331) sofortige Bezahlung und Entlassung verlangen, wenn er die Stadt zu verlassen gedachte. Die Schneider-knechte in Strassburg finden die Strafe von 5 Schilling für den Contractbruch unverhältnissmässig hoch und wünschen Beibehaltung des alten Zustandes, wonach ein Knecht nur einen Ersatzmann zu stellen brauchte, wenn er fortgehen wollte; 1509 sollte in Strassburg die Lösung des contract-lichen Verhältnisses bei den Kürschnergesellen vor Gericht bewirkt werden, 1515 ein Bäckerknecht in Frankfurt a. O. zwar nicht ohne redliche Ursache vor Ausgang der Dienstzeit weggehen, die Bestrafung ist aber gar nicht vorgesehen. Schliesslich suchen die Gesellen sogar die Entscheidung über Contractbruch ganz oder theilweise an sich zu reissen. In Berlin z. B. sollen nach dem Knappenbrief von 1331 die Vor-stände der Webergesellen die Entscheidung darüber haben, ob ein Werkmann berechtigt war, von einem angefangenen Werk abzustehen oder nicht (Item si aliquis textorum ali-cui texere presumpserit, opus inchoatum finire tenetur, nisi causa veri impedimenti interfuit, quam predicti „meysterknapen" rationabiliter diuestigabunt [1]).

Ueberhaupt suchen die Gesellenschaften je nach ihrer Macht ihrem Stande so vortheilhafte Arbeitsbedingungen zu sichern als möglich, das ihnen günstige Herkommen zu erhalten und darüber zu wachen, dass die Unterdrückungslust und Arglist der Meister nicht die Herabdrückung der Arbeits-bedingungen zur Folge haben, wie wir oben bei den Vor-stellungen der Strassburger Kürschner- und Schneidergesellen wahrzunehmen Gelegenheit hatten.

---

[1] An dieser Stelle verdient erwähnt zu werden, dass auch in Wien bei den Schneidern die Frage bezüglich des Contractbruchs am Anfang des 15. Jahrhunderts eine brennende war. Herzog Albrecht traf desshalb 1422 einen Entscheid, wonach sowohl dem Meister als dem Gesellen zu-nächst während der ersten acht Tage und dann nochmals vierzehn Tage vor Ablauf der ersten sechs Wochen oder später beliebtem Weggang die Kündigung freigestellt, für muthwilliges Contractbrechen, gleichviel von welcher Seite her es erfolgte, die Strafe vom Stadtrichter bestimmt, beiden Parteien überhaupt jedes Recht auf eigene Gerichtsbarkeit für die Zukunft entzogen wurde (Bcl. 41 a).

12.

Stellung der Gesellencorporation zu den übrigen Zweigen der Handwerksverwaltung.

Der Umschwung, der dadurch eingetreten war, dass aus einem Knechte des Meisters ein Geselle geworden war, hatte zur Folge, dass der Gesellenstand auch einen Antheil an der Regelung des ganzen Gewerbewesens verlangte.

1. Zunächst scheint das Streben der Gesellen dahin gegangen zu sein. im gewerblichen Gericht und in der Zunftverwaltung eine Vertretung ihrer Corporation zu haben. Je dürftiger die Notizen hierüber fliessen, um so wichtiger wird ihre Zusammenfassung[1]) an dieser Stelle sein (vgl. auch Abschnitt 10). In Speier wird anlässlich des Streites der Webergesellen mit den Meistern 1351 festgesetzt: „Unde wer diz breche me gebende oder me nemende danne also vorgeschriben stet, der sol sin antwerg verlorn han als lange, biz er daz wider dût und gebessere, als danne die meistere und knehte wisent und sprechent, daz ez gnûg si ane alle geverde," also den Knechten eine Stimme eingeräumt bei Festsetzung der Strafe für Brechung des von Meister und Knechten geschlossenen Vertrags. In Strassburg entscheiden Wollschläger und Weberknechte nicht nur über gegenseitiges Verhalten vor dem ganzen Handwerk und Ammanmeister (1350), die Weberknechte sind auch vertreten bei der Abschliessung des Vertrags, der von Zünften verschiedener Städte über die Handwerksgerichtsbarkeit geschlossen ward (1356), und in

---

[1]) Der angeregte Punkt bedarf noch der genauern Untersuchung; die von mir angeführten Stellen sind zur Aufhellung der Sache ungenügend; die vielen Fragen, die sich aufwerfen liessen, sind durch neues urkundliches Material, und zwar für jedes Handwerk besonders, zu beantworten; denn es ist nicht zweifelhaft, dass bei den einzelnen Handwerken die Theilnahme der Gesellen eine verschiedene war, bald in engern Grenzen sich bewegte, bald weiter ging (wie bei den Schlossern, Bauhandwerkern, Wagnern, Gerbern).

dem Streit wegen der Lehrknechte (1363) wird ihnen fast
ebenso grosser Einfluss gewährt wie den Meistern, wie deutlich aus der Zusammensetzung des Gerichts hervorgeht; der
regierende Ammanmeister nämlich berief seine Amtsvorfahren
und befahl diesen, von den Meistern fünf und von den Knechten
ebenfalls fünf auszuwählen. Diese zehn sollten bestimmen,
was Rechtens sei, bei Stimmengleichheit aber sollte der Ammanmeister Obmann sein. In Frankfurt a. O. wird 1515 bei
den Bäckerknechten ein derartiges Schiedsamt als Regel sta-
tuirt und sogar in die Statuten derselben aufgenommen: „Auch
sollen die Meister des Gewerkes eynen vnter jn kiesen, der-
gleichn auch die Gsellen eynen; dieselbigen beide sollen die
Gebrechn, so sich tzwischn jn begeben, entscheidn vnd ent-
richtn. So aber die tzwene die Sachn nicht entscheidn kon-
den, so sal die Sach vor das gantz Gwerbe komen.“ Die
Strafe für Arbeitsverweigerung aber steht den Gesellen allein
zu: „Wurde auch eyn Meister eynen Geselln vmb Arbeit an-
reden, vnd der Geselle demselbigen Meister ane redlich Vr-
sach nicht arbeitn wil, sal jn der Gsellen Straff seyn.“ In
Magdeburg war der Gesellenverband der Schmiede so erstarkt,
dass die Schmiedegesellen die Gerichtsbarkeit über Meister
und Gesellen ganz allein handhabten. (Pölitz und Bülau
1843 I p. 365—369 und Berlepsch VII p. 72—75.) In
Speier scheinen 1539 die Gesellen in den Zunftgeboten eine
Stimme gehabt haben, da es in der Schlosserordnung [1]) vom
26. Nov. §. 13 heisst: „Wenn die zwei verordneten Meister
ein Zunftgebot ansagen lassen, müssen alle Meister und Gesellen der Zunft erscheinen;“ und keinen geringeren Einfluss
besassen ihre Genossen in Strassburg; diese, auf Erhaltung
ihrer Rechte den Meistern gegenüber immer bedacht, hatten
auch die Theilnahme am Gericht sich gesichert und hielten
zähe an dieser Errungenschaft fest. Obwohl nach der Reformation die momentane Zerrüttung von den Meistern benutzt
worden war, um sich grössern Einfluss über ihre Gesellen zu
verschaffen — die Zunft wählte vier Meister und unter diesen

---

[1]) Mone XVI p. 167.

einen Obermeister, ohne dessen Wissen kein Geschäft der Gesellenschaft erledigt werden durfte, dem alle gehorchen sollten, der auch die grosse Büchse in Verwahrung hatte —, so konnte die Zunft es doch nicht wagen, die Gesellen von der Theilnahme an der Gerichtsbarkeit und von der Regelung der Zunftangelegenheiten ganz auszuschliessen; vielmehr sollen die Gesellen aus ihrer Mitte vier geschickte verständige Genossen wählen, damit diese mit den vier Meistern alle und jegliche Streitigkeit entscheiden und die Angelegenheiten und Interessen der Gesellenschaft wahrnehmen. Sind die Parteien mit dem Urtheil nicht zufrieden, so können sie die Sache vor das ganze Handwerk bringen, wo aber wiederum neben den Meistern sämmtliche Gesellen stimmberechtigt sind. Ein ähnliches Verhältniss bestand bei den Schreinergesellen in Constanz (1599), wie aus einem Rathsentscheid (enthalten in den Ordnungen der Handwerker in Constanz vom Jahre 1548 an fol. 49 u. 50) hervorgeht. Ein Schreinermeister hatte in der Trinkstube ein Glas zerbrochen und weigerte sich dasselbe zu bezahlen; nach einer Rathsverordnung stand das Recht der Ahndung nur den „Obleuten" und „Zusätz" unter Beiziehung von zwei Meistern zu; statt dessen wollten die Schreinermeister und Gesellen ihn bestrafen, und da er der Strafe sich nicht fügte, verlangten die Gesellen von dem Gehülfen des schuldigen Meisters die Arbeit einzustellen; als dieser auf Zureden seines Herrn sich dessen weigerte, verliessen sämmtliche Gesellen die Arbeit, gingen auf ihre Herberge und verzehrten für 6 L. 6 sh. d. Schliesslich blieb nichts anderes übrig, als dass der Rath den Meister bestrafte und noch zur Bezahlung der 6 L. 6 sh. d. verurtheilte, gegen die Gesellen aber mit einem blossen Verweis sich begnügte. So nichtig die Ursache des Streites ist, man ersieht aus ihm, dass die Gerichtsbarkeit fast nur bei den Gesellen ruht, weil sie allein eine wirksame Executive hatten. Der Rath sah sich wohl in Folge dieser Erfahrung veranlasst, die Gesellen von sämmtlichen „geschenkten" Handwerken zum Handwerksgericht beizuziehen; er erliess (a. a. O.) die Verordnung, dass das Gericht in Zukunft aus den „Obleuten und Zusätz", zwei Meistern und zwei Gesellen des jeweils beim Streit betheiligten Handwerks zusammengesetzt werden solle. Ganz allgemein war die Theilnahme der Gesellen an den Zunftversammlungen bei den grossen Gewerken üblich [1]). So beschickten bei den Gerbern die Gesellen die Versammlungen, hatten dort Sitz und Stimme wie die Meister und selbst in dem Verwaltungsrathe musste ein Geselle, der beste und redlichste, der sich am Vororte fand, zugezogen werden. Ebenso waren bei den Wagnern die Gesellen mit den Meistern fast gleichberechtigt. Im Elsass, wo die Mitglieder des Wagnerhandwerks Einen grossen Verein bildeten, wurden die Gesellen gleich den Meistern zu den grossen, auf kaiserlichem Privilegien beruhenden Jahresversammlungen eingeladen (eine solche vorhanden von 1602 im Archiv zu Colmar S. E. Lad. 28. W. Nr. 2) und nahmen, wie aus dem Urtheilsbrief ihres Schultheissen von 1578 hervorgeht (Bel. 101), schon seit hundert und mehr Jahren an der Rechtsprechung Theil. In Ulm sollen nach einer Ordnung von 1442 bei den Müllern Meister und Knecht sich gegenseitig beobachten und das Unrecht rügen, der Knecht soll ein Geschworener sein und nur ein solcher die Metzen nehmen [2]). Bei den Steinmetzen werden die Handwerksstatuten gemeinsam beschlossen, und darum heisst es im Eingang der 1459 zu Strassburg vereinbarten Ordnung derselben (Heideloff p. 34) also: „Sohant Wür Meister und Gesellen desselben Handwercks alle, die dann Kapittels wise by einander gewesen sint zu Spyr, zu Straßburg und Regensburg im namen und anstatt unser und aller ander Meister und Gesellen — Solich alt Harkumen ernüwert und geluttert und Uns diser Ordenunge und Brüderschaft gietlich und freyntlich vereynt, und die einhelleklich uffgesetzet" [3]). Die Gerichts-

---

[1]) Nach Stahl, Die Bedeutung der Arbeiterassociationen p. 10.

[2]) Jäger, Ulm p. 626.

[3]) Wie die allgemein für eine ganze Bauhütte geltenden Gesetze zu Stande kamen, darüber gibt die Urk. vom 9. April 1464 (Heideloff p. 42) nähern Aufschluss. Danach fassen die Werkmeister der Strassburger Hütte in Speier den Beschluss, dass der Werkmeister Dotzinger zu Strassburg ein „semminge sol haben der Wercklütte, und sollent dryge oder vier Meister genumen und kosen werden, uff eine Tag zu samen zu kumen,

barkeit aber war so geordnet, dass in geringeren Angelegenheiten der Meister sofort entscheidet (Torgauer Urk. Art. 39 l. c. p. 51: „Do mag ein meister ein gemeine recht halden in seiner Hütten vber seine eigene Gesellen, vnd soll auch recht richten vnd nicht nach hasse, nach feindtschafft nach freindschaft by seinem eide"[1]), in Sachen des Leumunds aber und wichtigen Gewerksangelegenheiten ein von den Meistern gewählter Oberrichter mit den von den Polierern und Gesellen gewählten Schöffen das Urtheil findet (Torg. Urk. Art. 43 p. 51: „Ob zu richten were vnder Meistern das orleumut antrifft oder werk wurden vertriben oder falsch Ding machen, das schaden daraus mochte komen, das Jarwerke antreffe, oder grose gebeude, das soll man richten, wo das Buch der ordnunge liget vnd die meister alle Jar hinkomen auf den tagk als er ist vorberürt; So sindt die Meister einen oberrichter zu kißen, vnd die Pallirer vnd gesellen sollen Schepffen kissen zu dem Richter die sollen Richten nach Clag und Anthwort auf die Eide, do sie auff vermant werden, ob sie sich in etzlichen sachen irgent erregten, so mögen dieselben aber schidleute zu In ruffen vnd sich besagen, das den Jedermeniglich recht geschihet"). Aehnlich scheint es in Hamburg im 16. Jahrhundert bei allen oder doch vielen Gewerben gewesen zu sein. Bei den Kannengiessern geschah die Beilegung grösserer Streitigkeiten vor Alderleuten, Meistern und Gesellen (1581, Rüdiger p. 130); die Schiffszimmergesellen in Hamburg protestiren ganz entschieden gegen einen Zustand, in dem fünf Meister allein das Schiffbaueramt darstellen und dessen Gesammtrechte ausschliesslich bei sich behaupten wollen; sie

---

wo sie dan des eins werden; und was do erkannt wurt imt dem meren Teyl deren, die also berieffet sint in Cappittels wise, dieselben, die dan do sint: wie die etteliche Artikel mynren oder merent, das sol auch gehalten werden durch die gantze Ordenunge". Die Initiative und die vorläufige Redaction fällt sonach den von den Werkleuten (Meistern nnd Gesellen) gewählten Meistern zu, die endgültige Sanction der Ausschussberichte findet durch die kapitelsweise versammelten Meister und Gesellen Statt.

[1]) Vgl. auch die Ordnung von 1459 Art. r bei Heideloff p. 37 und die von 1462 Art. 15, 80, 44 ebenda p. 49 fg.

führen aus, dass bei ihnen allezeit M e i s t e r u n d G e s e l l e n zusammen als das Amt anerkannt worden wären, dass die Alterleute der letztern die Gemeinschaft des Kirchenstuhls mit den Altmeistern hätten und zur Besichtigung des Meisterstücks zugezogen werden müssten [1]). In Oesterreich setzte Ferdinand I. 1527 in einer Handwerksordnung, durch welche alle Zechen und Zünfte abgeschafft wurden, fest, dass das Handwerk zwei Meister und zwei Gesellen als Beschauer der Arbeit wählen soll, und dass Meister und Gesellen dem Rath bei Zwietracht im Handwerk behilflich sein mögen [2]).

2. Für Aufrechterhaltung der Ehre und Gewohnheiten im Handwerk bildeten die Gesellenschaften die sichersten Garanten, und hatten ihre Vorstände darauf ein wachsames Auge zu richten. Darum heisst es in der Naumburger Bäckergesellenordnung von 1483 [3]): „Und wenn sie die vier Gesellen gekohren haben, so sollen und wollen denn alle Gesellen denselben und sonderlich, wenn sie besandt würden, auch sonst was Innung und Handwerk betrifft, gehorsam sein und sich in allen ziemlichen Dingen nach ihnen richten. Wer das aber nicht thäte und ungehorsam erfunden würde, soll das mit einem neuen Groschen gangbarer Münze verwandeln." Bei den Schmiede- und Schlossergesellen zu Jena soll (1678) der Altgeselle bei Eröffnung der Lade dreimal fragen, ob etwas, was wider Handwerksgewohnheit liefe, begangen worden sei (Bel. 109). In Danzig wird den Leinwebergesellen 1447 in ihren Statuten ausdrücklich aufgetragen und das Recht eingeräumt, in Wirthshäusern böse Reden auf das Handwerk

---

[1]) H i r s c h, Das Handwerk und die Zünfte in der christlichen Gesellschaft, Berlin 1854 p. 98 Anm. 43. Aehnlich war die Stellung der Gesellen bei den Schwertfegern in den sechs wendischen Städten (Bel. 99 b).

[2]) W e r n e r, Iglauer Tuchmacherzunft p. 89; vgl. hiezu, dass (1280) in Ypern sechs Meister und drei Knechte die Arbeit überwachen und in Paris bei den Tuchwalkern im 13. Jahrhundert vier Prudhommes bestehen; diese sind zwei Meister, welche von den Gesellen gewählt und zwei Gesellen, welche von den Meistern hiezu bestimmt werden. (B r e n t a n o, Arbeitergilden I. Anmerkung 220.)

[3]) B e r l e p s c h VI 125.

sogleich selbst zu „verantworten" oder vor die Alterleute zu bringen (Bel. 48). In Colmar verlangen die Bäckermeister 1504, dass ein gewisser Michael von Worms, der die Zunft begehrte, über sein früheres Verhalten in Strassburg ein Zeugniss bringe, nicht aber von seinem ehemaligen Meister, sondern von der Brüderschaft der Bäckerknechte. Sie also sind die Wächter der guten Ehre. In Görlitz zogen 1484 die Böttchergesellen nach Zittau, weil sie glaubten, einer ihrer Mitgenossen (M. Kessdorf) habe früher bei einem Bauer als Schäfer gedient und dadurch das Handwerk entwürdigt[1]). Aehnliche und noch heftigere Scenen kamen ebenda bei den Schustergesellen [2]) und 1708 bei den Tuchknappen [3]) aus solchen Motiven vor. Bei solch strenger Aufrechthaltung der Handwerksehre ist es begreiflich, dass die Schneiderzünfte von vierzehn mittelrheinischen Städten den Gesellen 1520 das Recht zur Strafe einräumen konnten, wenn ein unehlicher Lehrknabe sich eingeschlichen habe (Bel. 93, §. 34).

3. Ueberhaupt wird durch die Aufmerksamkeit, welche die Gesellenschaften den Lehrlingen zuwenden, eine ihrer bedeutendsten Beziehungen zum Handwerk erfasst; auf diese war die corporative Gestalt des Gesellenwesens von grossem Einfluss, die Erziehung des Lehrburschen war wenigstens indirect den Gesellen zum Theil eingeräumt [4]). In der That konnte es der Gesellenschaft keineswegs gleichgültig sein, wie erzogen und in welcher Anzahl [5]) die Lehrlinge ihrer Genossen-

---

[1]) Neumann, Görlitz p. 626.

[2]) Neumann, Görlitz p. 600.

[3]) Neumann, Görlitz p. 616.

[4]) Besondere Beachtung erfahren die Lehrlinge in der Brüderschaftsordnung der Färbergesellen in Hamburg von 1589: Der Lehrling soll „sine lehrjahren mitt geborlicken gehorsam unnd denste jegen de gesellen also thobringen, datt man ehme mit billicheitt nicht to beklagende hebbe. — Idt scholen und willen de gesellen sick jegen de lehrknechte mit lehren, vormaningen und straffen der geboer und aller bescheidenheit nha wedderumme vorholden, und wen ein geselle van einem meister gehuret werdt, schal he in de busse twe schilling Lubsch geven." (Bel. 102a.)

[5]) Die Maurer- und Zimmergesellenbrüderschaften citirten noch oft in diesem Jahrhundert in Schleswig-Holstein die Meister vor sich, weil sie

schaft sich näherten. Darum sehen wir schon 1363 die Weberknechte in ernstlichem. Streit mit den Meistern wegen der
Lehrlinge; es genügt den Gesellen auch nicht die einfache
Freisprechung des Lehrlings durch den Meister, obwohl sie
dazu beigezogen wurden (vgl. eine solche Freisprechung bei.
Rüdiger p. 114) und gegen die Freisprechung stimmen konnten (Stahl p. 223), sondern sie verlangten, wofern der Lehr-
bursche vollbürtiges Glied ihrer Gesellenschaft werden wollte[1]),
sich feierlich von ihnen aufnehmen zu lassen. Das Streben
des Lehrburschen, es nicht bloss zu einem „Jünger“ sondern
bis zu einem „gemachten“ Gesellen zu bringen[2]), war gewiss
ein Sporn, durch Fleiss und Geschicklichkeit dieser Standesehre sich würdig zu machen; denn so richtig auch die Bemerkung Stahl's ist, dass der Aufnahmeact (Hänseln) dazu
diente, dem Lehrling die Handwerksgewohnheit[3]), namentlich
die Befähigung zum Wandern beizubringen, so gewiss darf
man doch auch annehmen, dass sie nicht einen in die Welt
hinausschickten — der gemachte Geselle musste in der Regel
gleich die Wanderschaft antreten —, der noch ganz untüchtig
sich erwies[4]); vergebens fragte man nicht jedesmal auf der

mehr Lehrburschen hielten als es die Gesellenbrüderschaft für gut befand.
Rauert in Falck's Archiv für die Gesch. Schleswig-Holsteins p. 92.

[1]) Den Brüderschaften gehörten bereits die Lehrlinge an, aber nicht
den Gesellenschaften. Die letztern duldeten nicht einmal, dass ein Geselle
mit einem Lehrjungen Karten spiele. Vgl. Beieri Boethus p. 26 u. 27.

[2]) Die „Jünger“ waren bloss von den Meistern freigesprochene Gesellen; sie konnten an der Gesellschaft Theil nehmen, mussten aber
vor den „gemachten“ Gesellen in vielen Dingen zurückstehen; so mussten
sie sich dutzen lassen, zur Linken gehen, durften mit einem gemachten
Gesellen nicht um Geld spielen, sondern bloss um Bier oder Wein, mussten
beim Gebot stehen, den andern einschenken, konnten keine Altgesellen
werden etc. Boethus von Beier 1689, p. 13 fg. In Strassburg genossen die Jünger, die über sechs Kreuzer Lohn hatten, 1536 fast die
Rechte eines Gesellen (Bel. 97).

[3]) Vgl. die Vorsagen beim Gesellenmachen der Schmiede in Berlepsch
VII 49 fg., bei dem der Böttcher in Berlepsch IX 32—47.

[4]) Diese Seite des Einflusses der Gesellenschaft ist um so mehr zu
würdigen, als Lehrlingsprüfungen im Ganzen selten stattfanden; so erzählt
Kriegk, Bürgerzw. p. 540 von einer solchen bei den Bendern in Frankfurt

Herberge den wandernden Gesellen, wo er Geselle geworden.

4. Eine sehr einflussreiche Stellung zum Handwerk nehmen die Gesellenschaften endlich dadurch ein, dass sie im weitesten Sinn als Institute für Regelung des Arbeitsangebotes auftreten [1]). In die Bruderschaft der Webergesellen zu Ulm (1404) liessen sich sogar auswärtige Meister aufnehmen, lediglich um Arbeit zu finden (Bel. 27). Selbstverständlich lag indess bei Erfüllung dieser Aufgabe der Schwerpunkt in der Sorge für die zugewanderten Gesellen. Der ankommende Geselle fand, sobald er sich nur in dem Gesellengruss als wirkliches Glied einer Gesellenschaft des betreffenden Handwerks ausgewiesen hatte [2]), in jeglicher Beziehung die ihm förderliche Aufmerksamkeit. In der Herberge, dem Centrum der Gesellenschaft, hatte der Fremdling zunächst sein Obdach, bis dem Altgesellen es gelang, ihm einen Platz zu verschaffen. Dieser Dienst galt aber nicht nur als Pflicht, sondern als ein ehrenvolles Amt. Darum waren die Umschaugesellen oft durch Kleidung ausgezeichnet. So trugen die betreffenden mit dem Umschauen beschäftigten Böttchergesellen in Magdeburg als Abzeichen blaue Mäntel mit einem mit goldenen Tressen besetzten Kragen und die Seiler ein Herz in der Hand, durch welches ein Pfeil gesteckt war [3]). Die Reihenfolge der Meister, zu welchen der Wandergeselle geführt werden musste, war in der Regel durch die frühere oder spätere Anmeldung derselben in der Herberge und hie und da auch noch durch andere Rücksichten (so wurde oft ein Meister, der keinen Gesellen hatte, einem vor-

---

(1495). Vgl. auch Stahl, Das deutsche Handwerk p. 220 und 221. In den Gesellenstatuten des 16. Jahrhunderts sind oft einzelne Paragraphe den Lehrlingen gewidmet. Bei den Wollenwebern, Leinenweberknechten und Hosenstrickern in Freiburg 1591 (§. 18, Bel. 103), wollte die Genossenschaft keinen Lehrling fördern, der nicht die Lehrjahre ausgedient oder von seinem Meister weggelaufen ist, siehe ferner Rüdiger, Gesellendoc. p. 22, 37.

[1]) Vgl. Rüdiger, Buchbinderrolle 1559 p. 39 und 40, Nr. 18—24; ferner Bel. 48, 100, 109.

[2]) Berlepsch VII 61 fg., 125 fg. 169 fg.; VI 120 gibt Beispiele für diesen Gebrauch.

[3]) Stock, Grundzüge p. 51.

gezogen, der einen bereits beschäftigte) fest bestimmt. Allein
man begreift, dass nichts desto weniger diese Einrichtung
eine starke Waffe für die Gesellenschaft war; denn was hielt
den Umschaugesellen von Verdächtigungen gegen missliebige
Meister ab, so dass der Wandergeselle Bedingungen stellte,
deren Annahme von Seite des Meisters sicher nicht zu erwarten war? Gewiss war dies der Grund, warum man
ihnen oft dieses Recht ganz zu entziehen suchte, gewiss aber
auch der Grund, warum die Gesellen so energisch gegen die
Entreissung dieses Machtmittels sich wehrten, wie wir früher
bei den Kürschnerknechten in Strassburg zu bemerken Gelegenheit hatten. War es gelungen, für den Fremdling Arbeit
zu finden, so ward er baldigst von der Gesellschaft feierlichst empfangen, d. h. ihm der Willkomm[1]) gereicht und
dadurch mit seinen sämmtlichen Handwerksgenossen am Orte
bekannt gemacht. Konnte aber kein Platz ausfindig gemacht
werden, so hatte der Wandergeselle zufolge der Beiträge, die
er an die Gesellenkasse, wenn auch anderswo — denn man
nahm an, dass die Häufigkeit des Eintreffens von Wanderern
im Grossen und Ganzen für die einzelnen Orte sich ausgleiche
— geleistet hatte, in den meisten Handwerken einen Anspruch
auf ein Geschenk[2]) oder auf Unterstützung für das weitere
Fortkommen und ward dadurch in den Stand gesetzt, sein
Glück anderswo zu versuchen. Annoncen gab es damals
noch nicht, und das Wandern musste dieselben ersetzen.
Immerhin muss die ganze Organisation in Anbetracht des
mangelhaften Verkehrs und der Gefahren, die mit dem Wandern verbunden waren, als eine einfache und doch sehr zweck-
dienliche angesehen werden. Nirgends war, soweit die deutsche
Zunge reichte, der Geselle fremd, und verhältnissmässig rasch
und ganz von selbst zog sich das Arbeitsangebot dahin, wo
man Arbeiter bedurfte.

---

[1]) Näheres über einen solchen Willkomm bei der Auflage findet man
in Berlepsch IX 51. Dieser Willkomm hiess auch oft Geschenk.
(Bel. 107.)

[2]) Ueber die vielfache Bedeutung des Geschenks siehe Stahl, Das
deutsche Handwerk p. 372 fg.

Die vorerwähnten Notizen dürften zeigen, dass es ganz unrichtig ist, bei Betrachtung des mittelalterlichen Gewerbewesens immer den ganzen Nachdruck auf die Zunft und Genossenschaft der Meister zu legen; die Theilnahme der Gesellen am gewerblichen Gericht und an den zünftigen Versammlungen, ihre strenge Festhaltung der Ehre und Gewohnheit innerhalb des Gewerbes, ihr Einfluss auf das Lehrlingswesen, ihre grosse Fürsorge für Regelung des Arbeitsangebotes sind Momente, die ihnen im ehemaligen Verwaltungsorganismus des Gewerbes eine sehr zu beachtende Stellung sicherten.

Anhang.

1.

Kurzer Ueberblick über die Entwickelung des Gesellenwesens vom Beginn des 16. Jahrhunderts an.

Die vorausgehenden Betrachtungen haben uns gezeigt, wie die Gesellen ihre sociale Stellung mehr und mehr zu heben wussten und ihrer Genossenschaft in der Reihe der mittelalterlichen Corporationen einen würdigen Platz verschafften. Keck und frisch, waren sie immer rasch zur That entschlossen, wenn es nöthig war, für ein alterworbenes Recht einzustehen oder ein neues zu erkämpfen; hoch und hehr galt ihnen die Standesehre, diese selbst gegen die höchsten Corporationen zu vertheidigen[1]) trugen sie kein Bedenken; heiter und lustig, durch das Wandern etwas verfeinert, wussten sie in ihrer Blüthezeit (etwa Ende des 15. Jahrh.) ihre Feste zu den beliebtesten in den Städten zu machen und in die Eintönigkeit des mittelalterlichen Lebens ein angenehmes Intermezzo einzuschieben[2]). Um so bedauerlicher ist es, dass die Gesellenschaften nur so kurze Zeit auf der Höhe ihrer

---

[1]) Ich erinnere nur an die bekannte Leipziger Schusterfehde von 1471, wonach die Schustergesellen, von einigen Mitgliedern der Universität beleidigt, der ganzen Universität den Krieg erklärten (Bel. 62). Ueber das Faustrecht der Schuhknechte vgl. Berlepsch IV 153.

[2]) Ich erinnere an den Höge der Hamburger Brauknechte, der alle zwei Jahre acht volle Tage dauerte (Berlepsch IX 76 fg.), an den Badgang der Schuhknechte zu Nürnberg (Berlepsch IV 155), an das Fahnenschwenken der Bäckergesellen (Berlepsch VI 146) und an den Tanz der Bäcker und Lebküchner zu Nürnberg (Berlepsch VI 154), an das schöne Weihnachtsfest bez. Neujahrsfest der Bäckergesellen zu Freiburg i. B. (Schreiber, Freiburg IV 271—278), an das grosse Wursttragen der Fleischergesellen in den verschiedenen Städten (Berlepsch V 97), an den Schäffler- oder Reiftanz der Böttcher in München (Berlepsch IX 71), Feste, die sich zum Theil bis in unsere Tage herein erhalten haben.

Errungenschaften sich halten sollten und konnten. So gross der
Fortschritt auch war, den die Gesellen in socialer Hinsicht
gemacht hatten, so vermochten sie nicht, dem Einzelnen vollkommene wirthschaftliche Selbständigkeit zu verschaffen.
Abgesehen von den wenigen Fällen, in denen der Geselle einen
Antheil am Ertrag des ganzen Geschäfts hatte [1]), und abgesehen von den wenigen Handwerken, bei denen sie zu Heim-
arbeitern sich emporgeschwungen (so war dies namentlich der
Fall beim Webergewerbe, bei den Buchdruckern und Gerbern,
hie und da bei den Kürschnern): im Grossen und Ganzen wurden
selbständige, verheirathete Gesellen von den Meistern [2]) ungern gesehen, da das Streben der letztern war, den Lohn ziemlich niedrig zu halten und denselben zum Theil in Form von
Miethe ihrer Häuser, die sie den Gesellen einräumten, und zum
Theil in Kost darzureichen (Stahl p. 276), und ebenso ungern
wurden sie von den Mitgesellen gesehen [3]); diese erfassten in-
stinctiv ihre ganze Lage zu gut, um nicht einzusehen, dass
ein verheiratheter Gesellenstand bei dem bereits bestehenden
Ueberangebot von Arbeitskräften die ganze Situation noch ver-
schlimmere, auch waren sie sich bewusst, dass damit die Existenz
des ganzen Geselleninstitutes in Frage gestellt würde; denn
der Grundstein desselben wurde hinweggenommen, sobald das

---

[1]) Vgl. einige Beispiele bei Stahl p. 332 fg. Besonders beliebt war
dieses Compagniegeschäft — und es ist heute noch so — bei den Barbier-
gesellen (Beieri Boethus 21); bei diesen wurde es aber in Hamburg 1519
(Rüdiger p. 13 Nr. 8) verboten: „Item idt schall ock na dissem daghe
nhenn knecht offte geselle samptlick myt den meisteren umme de helffte
des lones vorbynden offte helen. Averst de meister schall deme knechte
geven, wes eme beduncket redelick to synde unde dem knechte nicht mer
vorpflichtet wesenn. De daranne brickt, de schall dem ampte geven de
meister theyn schillingk unde de knecht viff schillingk."
[2]) Die Abneigung der Meister gegen verheirathete Gesellen lag schon
in dem Streben, das ehemalige Knechtschaftsverhältniss festzuhalten.
„Der strengen Zunftverfassung war es zuwider, dass der Geselle als
solcher eine förmliche Niederlassung begründe" Hofmann, Befugn. z.
Gewerbebetr. p. 91. So bestimmten in Lübeck die Scrodere 1370 (Wehrmann p. 422): „Ok en schal neman den knecht holden, de en echte wif
heft;" in Hamburg die Bartscheerer 1455 (Rüdiger p. 10): „Item welck
knecht des bartschereramptes tor ee nemet eyne hußfrouwen, densulven
schal nen meister des vorgenanten amptes wedder vor enen knecht to-
setten." Sogar bei den Wollenwebern in Lübeck galt 1477 die Satzung
(Wehrmann p. 494): „Desset ok desulve ghesellе hir bevoren neyn echte
wyf hebben schal."
[3]) In Schleswig-Holstein bestand nach Rauert (Falck's Archiv p. 82)
noch in diesem Jahrhundert der Brauch, dass die Maurer- und Zimmergesellen, welche sich verheirathen und am Orte wohnen wollten, die Erlaubniss von der Brüderschaft haben und dafür 10 bis 100 Thaler bezahlen
mussten.

Wandern durch Verheirathung der Gesellen nothwendig beschränkt werden musste, und die Geschlossenheit der ganzen deutschen Gesellenschaft eines jeglichen Handwerks, die Aufrechthaltung gleichen Rechts und gleicher Ehre, das wirksame Auftreten gegen die Meister, die Gleichartigkeit der Interessen [1]) ging verloren. Andererseits gelang es ihnen aber auch nicht, die Zunftschranken zu durchbrechen und dadurch früher zur Meisterschaft zu gelangen; ja es scheint, als ob die Gesellen in dieser Zeit noch gar nicht die Zunft umstürzen wollten; die Zunftorganisation war zu enge mit ihren Anschauungen von Jugend auf verwachsen, die Ehrfurcht für diese alte Institution, die zugleich Trägerin der politischen Organisation war, zu gross, um sie zu bestimmen, am Fundament selbst zu rütteln.

So konnte trotz der Gesellenschaft die zünftische Engherzigkeit, die im 14. und 15. Jahrhundert begonnen, im 16. immer mehr Fuss fassen. Die Zahl der Lehrlingsjahre ward jetzt ganz genau (meist auf drei oder vier Jahre) fixirt und von dieser Bestimmung oft die schreiendste rückwirkende Anwendung gemacht [2]), auch die Anzahl Knechte, die jeder halten durfte, genau vorgeschrieben [3]). Die Gesellen wurden gezwungen, eine Reihe von Jahren zu wandern [4]); das Meister-

---

[1]) Die Erhaltung dieser Gleichartigkeit der Interessen ist der Kitt, der jede Genossenschaft zusammenhalten muss. Die Gesellenschaften pflegten darum in der spätern Zeit auch die in Magazinen arbeitenden Gesellen schon wegen der verschiedenen Löhnungsart nicht in ihren Kreis aufzunehmen; vgl. das Privileg des Freimeisters Lucas v. Meden in Bremen bei Böhmert, Beitr. z. Zunftw. p. 31.

[2]) Beleg hiefür der Reichsabschied zu Regenspurg von 1594 (Lünig, Reichsarchiv P. G. Cont. erste Forts. p. 363 §. 124): „Wie dann auch fürkommen, dass sonderlich in etlichen Städten die Handwercks-Meister neue Innungen machen, und darein setzen, dass ein Lehr-Jung drey oder vier Jahr lernen soll, und unterstehen sich hernach die alte Meister in andern Städten, welche viel Jahr zuvor deme damals üblichem Handwercks-Brauch nach, redlich ausgelernet, ihr Meister-Recht gewonnen, und das Handwerck ohne jemands Einrede lange Zeit geruhiglich getrieben haben, zu tadeln, und die Gesellen, so bey denselbigen vor aufgerichter neuer Innungen redlich ausgelernt haben, oder sonst den alten Meistern arbeiten, zu schelten, auszutreiben und zu nöthigen, entweder anderwerts zu lernen, oder sich von den neuen Innungs-Meistern, ihres Gefallens, auch ohngeachtet, was hierinnen die Oberkeit zur Billigkeit verschafft und anordnet, straffen zu lassen, und was dergleichen mehr."

[3]) In Constanz enthalten die „Ordnungen der Schmiedezunft und anderer Zünfte" aus dem 16. Jahrhundert fast nur solche Fixirungen: die Schlosser und Sattler z. B. durften danach 1596 drei Gesellen und einen Lehrknaben, die Tischmacher zwei Gesellen und einen Lehrknaben halten.

[4]) Diese Vorschrift ging vom Handwerk aus und bestand schon vor der staatlichen; letztere wurde z. B. in Bayern erst 1616 und in dem Mandat

9*.

stück ward jetzt fast überall verlangt[1]) und dasselbe immer
schwieriger und kostspieliger gemacht[2]); eine ganze Reihe der
sonderbarsten Erschwerungen in den Bedingungen zur Erlangung des Meisterrechts niedergelegt; bald[3]) musste der Nach-
suchende seine Lehrlingszeit in der betreffenden Stadt zugebracht, bald sollte er während dieser Zeit nur eine bestimmte
Zahl Meister gehabt haben, bald am Orte geboren sein, bald
durfte er nur in bestimmten Fristen um das Recht nachsuchen.
Von dem Erforderniss einer ehelichen Geburt und eines un-
bescholtenen Rufes wurde eine Anwendung gemacht, die allen
Begriffen der Gerechtigkeit Hohn sprach, den Söhnen vieler
Handwerker der Zutritt geradezu verwehrte[4]). Bei all diesen
und ähnlichen Beschränkungen wurde noch die Zahl der Zünfte
geschlossen[5]), ja sogar vermindert[6]), und das Meisterrecht an

---

von 1669 erlassen; ebenso wahrscheinlich erst im 17. Jahrhundert in
Frankfurt a. M.; für das ganze Reich erst 1731, vgl. Maurer II p. 451.

[1]) So auch 1495 bei den Bendern, aber nicht auf Veranlassung des
Rathes, wie Kriegk p. 373 glaubt, da ja in der Urkunde (Anm. 213
p. 538) ausdrücklich der Rath sagt: „Deß glichen han wir yuen zuge-
laißen und gegont;" bei den Bäckern ebenda 1512 (Kriegk 373). Vgl.
auch Schönberg p. 60.

[2]) Eine Parallele bilden die Schilderungen von Levasseur II 96 u. 97.

[3]) Bei den Goldschmieden in Frankfurt a. M. musste 1500 der Aufzunehmende nach seiner Lehrzeit in Frankfurt drei Jahre gearbeitet und
durfte während dieser Zeit nur zwei Meister gehabt haben. Kriegk 372.
Die Gerber in Frankfurt nahmen nur den auf, der in Frankfurt gelernt
hatte, l. c. p. 372.

[4]) Ordnung und Reformation guter Polizey, zur Beförderung des gemeinen Nutzens auf dem Reichstag zu Augspurg Anno 1548 aufgericht
(Lünig, Reichsarchiv. P. G. Cont. p. 847, §. XXXVII): „Als auch an
etlichen Orten der Gebrauch ist, dass die Leinweber, Barbierer, Müller, und
dergleichen Handwercker in den Zünfften zu andern, dann ihrer Eltern
Handwercken nicht aufgenommen noch gezogen werden, und aber je unbillich, dass diejenigen, so eines ehrlichen Herkommens Handels und Wesens, ausgeschlossen werden solten, so wollen wir solche beschwerliche
Gebräuch oder Gewonheiten hiemit aufgehebt und vernichtiget haben:
Setzen, ordnen und wollen demnach, dass die Leinweber, Barbierer, Schäfer,
Müller, Zöllner, Pfeiffer, Trummeter, Bader und die, deren Eltern, davon
sie geboren sind, und ihre Kinder, so sie sich ehrlich und wol gehalten
haben, hinführo in Zünfften, Gaffeln, Ampten und Gilden, keineswegs ausgeschlossen, sondern wie andere redliche Handwercker aufgenommen, und
darzu gezogen werden sollen, was aber ausserhalb der jetzt gemelten, andere gemeine Handwercker belangt, in denen wollen wir den Obrigkeiten,
Ordnung und Satzung, nach eines jeden Lands Gelegenheit zu machen,
hiemit befohlen und auferlegt haben."

[5]) Schönberg p. 75.

[6]) In Freiburg gab es im 14. Jahrhundert achtzehn, im 15. Jahrhundert
zwölf Zünfte; in Strassburg 1442 vierundzwanzig, 1482 nur zwanzig Zünfte
(Maurer II 163); in Colmar wurden (nach Mossmann, Essai sur l'ancien
constitut. de Colmar p. 71) 1521 die zwanzig ursprünglichen Zünfte durch

Meisterhäuser und Verkaufsläden [1]) gebannt [2]). Dieser Fortgang und diese Tendenz der Zunftentwicklung wurde zudem
durch Momente unterstützt, denen gegenüber jeder Widerstand
der Gesellenschaften eitel war. Diese Momente waren poli-
tischer und wirthschaftlicher Art. Durch Einführung des
ewigen Landfriedens (1495) verfiel die Wehrfähigkeit der
Städte und ihre Macht. Mit dieser wachsenden politischen
Bedeutungslosigkeit verengte sich ihr Gesichtskreis, und es
entstand jener kleinlich egoistische spiessbürgerliche Geist,
der in den Zünften den richtigen Boden für sein Thun und

---

zehn neue ersetzt; in Constanz wurden 1430 die zwanzig Zünfte auf zehn
herab gemindert. Freilich geschahen diese Vereinigungen zunächst meist
nur, um die Zünfte zu strafen; ich glaube aber, dass diese Fusion auch
vielfach zu einer Verkleinerung der Meisterstellenzahl führte oder in der
Folgezeit doch leicht dazu führen konnte.

[1]) Namentlich bei den Fleischern, Bäckern, Schuhmachern, Pfeffer-
küchlern, Badern, Krämern (Neumann, Görlitz p. 603); so galt bei den
Görlitzer Bäckern die Satzung 1575 (p. 74): „Wenn Einer das Meisterrecht
zu gewinnen begehrt, der soll zuvor ein Backhaus und eine Brodbank haben."

[2]) Was wir bereits im 3. Kapitel über Bevorzugung der Meisterskinder
in den früheren Jahrhunderten erwähnten, gilt natürlich noch in verstärktem
Masse für diese Periode. Um nur zwei Beispiele anzuführen: Die Lübecker
Bekenmaker bestimmen 1591 (Wehrmann p. 171): „Item idt soll ock nen
knecht in vnsem ambte nicht vortgestadet werden, he befrye sich denne mit
eines meisters dochter, edder einer wedewen, so ferne de vorhanden, doch vp
gutachtent der weddehern." In Basel beschweren sich (nach dem Zunftbuch)
am 27. Mai 1594 die Meister, dass man fremde Meister und Knechte als
Bürger aufnehme, ehe sie das Meisterstück gemacht; obwohl nun der Rath
zusichert, dass in Zukunft diese Regel nur ausnahmsweise verletzt werden
solle, so sind die Meister doch noch nicht zufrieden. 15. Juli 1605 suchen
sie um eine neue Beschränkung nach; da man täglich um Zunft- und
Bürgerrecht anhalte, so sei Gefahr vorhanden, dass das Handwerk über-
setzt werde, und es liege die Möglichkeit vor, dass die Bürgerssöhne, deren
etwa vierzig in der Fremde dem Handwerke nachzögen, aus der nämlichen
Ursache zur Heimkehr gezwungen, zu Hause keinen Platz mehr fänden;
darum verlangen sie, dass keinem das Bürgerrecht verliehen werde, wenn
er nicht drei Jahre nach einander in Basel zugebracht habe, und wird
dies ihr Verlangen vom Rath auch gewährt. Auch in Constanz ward das
Bürgerrecht in der zweiten Hälfte des 16. Jahrhunderts vertheuert und die
Aufnahme in die Zunft sehr erschwert; so erzählt ein Zeitgenosse Christoph
Schulthaiss (Bd. VI fol. 181 seiner Collectaneen, aufbewahrt im Constanzer
Stadtarchiv): „so aber ain handwerker kumen, der hat nit wol mügen in
kümen, da die zunft ire hantwerker bedacht und die selbigen nit gern über-
setzt haben." In der That kann man an der Richtigkeit dieses Urtheils
nicht zweifeln, wenn man den Antrag der Schneidermeister (1584) daneben
hält; denn sie verlangen, dass nur Meister werden solle, wer in einer Stadt
ausgelernt und nach seinen drei Lehrjahren noch zehn Jahre lang bei dem
Handwerk gewesen sei; ihr Verlangen wird nun zwar vom Rath abgewiesen,
aber ihnen doch die Concession gemacht, dass derjenige, der mit einer un-
ehelichen Tochter sich vermählt, nicht Meister werden solle (Ordnungen
der Zünfte und Handwerker von 1549—1601. Constanzer Stadtarchiv).

Treiben fand. Das Eindringen des römischen Rechts machte
Städte und Zünfte für Findung des Rechts unfähig und führte
sie bei ihrer Ohnmacht ganz der emporsteigenden Kraft der
Landesherren zu. Die Zersetzung endlich, welche durch die
Reformation auf allen Gebieten hervorgerufen wurde, beför-
derte nicht minder den Zerfall der Genossenschaften, die vielfach mit religiösen Einrichtungen verwebt waren. Noch schwerer
fällt in's Gewicht der wirthschaftliche Rückschritt im 16. Jahrhundert. Die Renaissance, welche in Italien und Frankreich
eine bedeutende wirthschaftliche Blüthe erzeugte, vermochte
bei uns nicht eine gleich tiefgreifende Wirkung zu haben, wenigstens lange nicht die, welche die Arbeitstheilung im 13. Jahrhundert im Gefolge hatte; der in dieser Periode erzielte Gewinn
fiel im Gegentheil den Meistern zu und war auch nur von geringer Dauer. Die Verschiebung des Handels nach Westen
in Folge der Entdeckung der neuen Welt, die Verschliessung
des Orients seit 1453 führten eine wirthschaftliche Krisis her-
bei, welche wohl zu den bedeutendsten gehört, welche die
deutsche Wirthschaftsgeschichte zu verzeichnen hat. Der
Factor, der dem Gewerbe das Leben einhaucht, der Handel
war verloren, die Versendung deutscher Producte an fremde
Märkte durch die vielen Territorialzölle geradezu unmöglich.
Die deutsche Industrie war somit fast ganz auf den einheimischen Markt angewiesen, mit andern Worten auf das platte
Land. Die ganz verkümmerte Landwirthschaft aber Heferte
nur wenigen Grundherren ein beträchtliches Einkommen, nicht
der grossen Masse der Bauern. Letztere war vielmehr
für die Mehrzahl der (für den Export geeigneten) Artikel
kaufsunfähig, und die ungleichmässige Einkommensvertheilung
traf darum jetzt mit harten Schlägen die einheimische gewerbliche Production.

Unter solchen Umständen konnten die Gesellenschaften
nur schwer eine Erhöhung ihres standard of life erwirken; im
Gegentheil, es ist aller Grund vorhanden anzunehmen, dass
der Lohn der Gesellen, namentlich bei Gelegenheit der grossen
Preisrevolution im 16. Jahrhundert, herabgedrückt wurde.
Für Sachsen wenigstens weist Falke[1]) nach, dass von der
Mitte des 15. bis Ende des 16. Jahrhunderts der Lohn um
die Hälfte sich herabminderte; während der Tagelöhner[2])

---

[1]) Hildebrand's Jahrbücher XVI p. 62—71 und Schmoller's kritische
Notiz hierüber in der Tübinger Ztschr. 1871 p. 354.
[2]) Für die Maurer- und Zimmergesellen gibt Falke folgende Rechnung (p. 66): Im 15. Jahrhundert verdiente der Geselle in 3—4½ Arbeits-
tagen den Werth eines Scheffels Korn; in der ersten und zweiten Hälfte

einen Dresdener Scheffel Korn 1455—1485 schon in zehn
Tagen verdienen konnte, so war dies 1520—1557 erst in dreizehn Tagen und 1558—1599 sogar erst in neunzehn Tagen
möglich. Ist es bei solchen Thatsachen zu verwundern, wenn
die Gesellenschaften, eines grössern Zieles bar, in einer klein-
lichen, von Krämergeist erfüllten Umgebung selbst in Kleinig-
keiten sich verloren, nebensächliche Zwecke zu Hauptzwecken
machten, den Meistern gegenüber immer unverträglicher und
verdrossener wurden?

In der That machen die zahlreichen Klagen über das
Gebahren der Gesellen den Eindruck, als ob die Auswüchse
im 16. Jahrhundert die guten Seiten überwogen hätten, die-
selben traten zuletzt in solcher Allgemeinheit und Heftigkeit auf, dass das Reich die Angelegenheit (sowie das ganze
Zunftwesen) in die Hand nehmen musste. In den Reichstags-
abschieden spiegelt sich darum der weitere Fortgang des
Gesellenwesens ab, und wir können um so mehr uns mit dieser
Quelle begnügen, als wir uns nur einen kurzen Ueberblick
verschaffen wollen. Nur darf man nicht vergessen, dass diese
Quelle bloss die Schattenseiten des Gesellenwesens verzeichnet.
Nach zwei Richtungen hin ist man den Gesellenverbänden
gegenüber zu Klagen veranlasst, einmal wegen des müssigen
Umhergehens, Schenkens und Zehrens, welches sich missbräuchlich mit der Sorge für die Wanderer ausgebildet haben soll —
man entzieht darum den Gesellen ganz das Recht, den Wanderern Arbeit zu besorgen, und spricht dasselbe dem Zunft-
knecht oder -Wirth, beziehungsweise dem jüngsten Meister
zu —; sodann wegen der eigenen Gerichtsbarkeit und Strafgewalt, namentlich mit Bezug auf die Strafen des Schmähens,
Auftreibens, Unredlichmachens, welche die Gesellen bei der
geringsten Gelegenheit gegen Meister und gegen Mitgesellen,
die sich nicht anschliessen wollen, zur Anwendung bringen —
man setzt darum fest, dass Streitigkeiten polizeilicher Natur
nur vor der Ortsobrigkeit, solche aber, die das Handwerk
anlangen, vor der Zunft zum Austrag kommen sollen [1]). Sicher-

des 16. Jahrhunderts in 8—15³/₆ Tagen. — Freilich darf man bei Erwägung
dieser Thatsachen sich nicht verhehlen, dass von den Taglöhnern, Maurer-
und Zimmergesellen noch kein directer Schluss auf die andern Handwerksgesellen erlaubt ist; wahrscheinlich aber war bei letztern die Lohn-
entwicklung die nämliche, vielleicht eine noch schlimmere, da den Gesellen
des Bauhandwerks mehr Widerstandskraft zuzutrauen ist als den übrigen
Handwerksgesellen.

[1]) Ordnung und Reformation guter Polizey im H. Röm. Reich zu Augspurg anno 1530 aufgericht (Lünig, Reichsarchiv P. G. Cont. p. 566 fg.)

lich hatte man in beiden Punkten den Kern der Sache getroffen, noch mehr, man scheute sich nicht, in die ureigensten
Rechte der Gesellenschaft selbst einzugreifen [1]). In der Sorge
für die Wanderer und in der eigenen Gerichtsbarkeit lag
die ganze Macht der Gesellen. Welche Bedeutung dieselben
der Beherrschung des Arbeitsangebots beilegten, haben wir
schon früher erwähnt; und von diesem Rechte liessen sie nicht
ab; denn auf den Contract (die „Förderung") einzuwirken,
war ihre sociale Aufgabe, und wie weit sie darin in dieser
Zeit gegangen waren, ersieht man daraus, dass sie den Meistern eindingen wollten, was und wie viel sie ihnen jederzeit
zu essen und zu trinken geben sollten [2]). Ebensowenig war
zu erwarten, dass sie ihrer so mühselig errungenen Gerichtsbarkeit entsagen würden, obwohl nicht zu läugnen, dass dieselbe viele traurige Folgen mit sich brachte. Der grösste
Fehler an ihr war nicht sowohl der, dass sie sich das Bestim-
mungsrecht darüber aneigneten, ob sie bei einem Meister oder
neben einem andern Gesellen nach den Begriffen ihrer Standesehre arbeiten könnten, sondern der, dass dies Bestimmungs-
recht nicht die Corporation als solche, sondern in der Folgezeit der Einzelne beanspruchte, womit natürlich der Anarchie
Thür und Thor geöffnet war. Wie sollte nun das Reich, das
jeder Executive entbehrte und namentlich nicht jedem Lande

§. XXXIX: „Sachen, so ein Handwerck nicht betrifft — soll ein jeder vor
der Oberkeit — Sachen, ein geschenckt oder nicht geschenckt Handwerck
belangend, vor der Zunfft — austragen."

[1]) Die übrigen Gesellenmissbräuche waren mit dem Wesen der Gesellenschaft nicht nothwendig verbunden, so das Müssiggehen an Tagen,
an denen ein Mitbruder begraben ward (schon erwähnt in der Strassb. Knechteordnung von 1465), das ausgelassene Leben am blauen Montag, welchen die
Meistersänger 1580—1648 (Hirsch 78) daher als ein Unthier darstellen auf
sieben Beinen, das die ganze Woche nach sich schleppe; die Rohheiten
beim Gesellenmachen (Hobeln, Schleifen), das Trinken von sog. Schauern
von Seite des fremden Gesellen, der Missbrauch mit den Degen und Waffen,
welche zu tragen ehedem ein Zeichen der Ehre (Maurer II p. 445) für
sie war etc. Siehe hierüber das Reichsgutachten aus Regensburg von 1672
(Lünig, Reichsarchiv P. G. I. Thl.) und Auszug davon p. 139; dann Frisius,
„Der vornehmsten Künstler und Handwerker Ceremonialpolitika, in welcher
nicht allein dasjenige, was beim Aufdingen, Lossprechen und Meisterwerden
nach denen Articuls-Briefen unterschiedener Oerter von langer Zeit her
in ihren Innungen und Zünften observiret worden, sondern auch diejenigen
lächerlichen und bisweilen bedenklichen Actus, wie auch Examina bei dem
Gesellenmachen vorgestellt und mit nützlichen Anmerkungen zufälliger
Gedanken ausgeführt wird". Leipzig 1708. Als Parallele Levasseur
I. p. 503, II p. 89 fg., II 493 fg.

[2]) Ordnung und Reformation guter Polizei, zur Beförderung des gemeinen Nutzens auf dem Reichstag zu Augspurg Anno 1548 aufgericht
(Lünig, Reichsarchiv P. G. Cont. p. 848 §. XXXVII 4).

die gleichmässige Durchführung aufzuzwingen vermochte, sondern den einzelnen Staaten Aenderungen an den Reichserlassen
vorzunehmen gestattete [1]), die leicht beweglichen Gesellenschaften in richtigen Grenzen halten können?

So kam es, dass unbekümmert um die Reichsordnungen [2])
die in Cartel stehenden Gesellenschaften ihre Gewohnheiten
nach wie vor beobachten und ihr Recht mit einer erstaun-
lichen Consequenz und Gleichmässigkeit ausbilden konnten.
Einen Vortheil hatten übrigens selbst ihre Missbräuche; in
einer Zeit, wo in Deutschland die Zerrissenheit und Zerfahren-
heit bis in's Unendliche zu wachsen drohte, sollten sie es sein.
welche die Zusammengehörigkeit der Deutschen bewahrten
und die einzelnen Staaten und Städte stets [3]) daran erinnerten.
dass man vereinzelt gegen sie nichts ausrichten könne, und
nur gemeinsames Zusammengehen einen Erfolg sichere. Das
einzige Mittel, die Auswüchse zu hemmen, wäre eine Verbindung der Zünfte in den verschiedenen Städten gewesen; nur
dadurch wäre den wandernden Gesellen eine ähnliche gleich-
heitliche und starke Organisation entgegengesetzt worden:
aber die Zeit der Städtebündnisse war längst vorüber; so
lange die Städte gegen eine höhere Macht zu kämpfen hatten,
waren sie in Bündnissen stark; seit aber die Zünfte eine politische Macht geworden, verengte sich ihr Horizont, die möglichste Abschliessung und Abwehrung jeder Concurrenz ent-
fremdete eine Stadt der andern und jede verknöcherte in
ewigen Competenz- und Zunftstreitigkeiten und war nicht einmal mehr fähig, einem mächtigen Nachbarn gegenüber sich
zu schützen. Die Meister aber trugen selbst die grösste Schuld

---

[1]) Ordnung etc. von 1530 (Lünig, Reichsarchiv P. G. Cont. p. 578
§. XXXIX Absatz 2): „Doch einer jeden Oberkeit, so Regalien von uns
und dem heiligen Römischen Reich hat, unbenommen, diese unser Ordnung, nach eines jeden Lands Gelegenheit, einzuziehen, zu ringern und
zu mässigen, aber in keinen Weg zu erhöhen oder zu mehren."

[2]) Daraus ersichtlich, dass man die alten Ordnungen immer von Neuem
einzuschärfen nöthig hat; so im Reichsabschied zu Augspurg von 1559
(Lünig, Reichsarchiv P. G. Cont. erste Fortsetzung p. 81 §. 75), Reichsabschied zu Augspurg von 1566 (Eodem p. 144 §. 178), Mandat umb Abschaffung der geschenkten Handwerken vom 18. März 1571 (Neue und
vollständigere Sammlung der Reichsabschiede von 1747, III 319), in Römischer
Kayserlicher Majestät und des Reichs-Ständen Polizey-Ordnung zu Frankfurt 1577 gebessert (Lünig, Reichsarchiv P. G. Cont. S. 412 ff.), im
Reichsabschied zu Regenspurg von 1594 (Lünig, Reichsarchiv P. G.
Cont. erste Forts. 333 f. §. 123).

[3]) Noch 1841, also in der Zeit der vollen Souveränetät der Einzel-
staaten, fasste der Bundestag einen Beschluss wegen der Gesellenverbindungen, da der einzelne Staat nichts gegen sie dauernd ausrichten konnte.

an der ihnen unliebsamen Gesellenmacht; denn nicht genug, dass sie von ihrer Privilegiensucht nicht abliessen, den Reichsordnungen, die hiegegen einschritten, sich nicht fügten, sondern dieselben vereitelten: in ihrer Kurzsichtigkeit liebäugelten immer einzelne mit den Gesellen, hetzten und hatten ihre Schadenfreude, wenn ihre Mitmeister durch die Gesellen in rechte Verlegenheit gebracht wurden; haben wir doch schon die Nachricht von einem solchen Individuum aus dem Jahre 1425, wonach zu Colmar ein Seilermeister mit den Gesellen gegen einen andern Meister conspirirte (Bel. 40); und dass Strikes von Meistern ehedem künstlich hervorgerufen wurden, wie heute, wissen wir auch [1]). So waren keine widerstandsfähigen Dämme gebaut worden, um den Strom der Gesellenmacht, welche aus einer klaren Quelle sich gebildet, am Ueberwallen zu hindern. Je schlimmer die Lage der Meister in Folge der wirthschaftlichen Krisis von Tag zu Tag wurde, die manche veranlasste, sich wieder zu Gesellen zu degradiren [2]), je mehr die allgemeine Unzufriedenheit und der Feudaldruck sogar in dem conservativen Bauernstand den revolutionären Geist entflammte, je mehr die Reformation die frischen Kräfte — und das waren die Gesellen — erregte und überall Spaltungen erzeugte, je beweglicher und freier das Leben mit dem Eintritt der Buchdruckerkunst zu werden begann [3]), je unsicherer das Verkehrsleben durch die hereinbrechende Geldentwerthung sich gestaltete [4]), je mehr letztere Streitigkeiten der auf Lohn Angewiesenen mit ihren Lohnherren hervorrief und Alles aus dem Geleise redlicher Tagesarbeit herausriss: um so geringer war die Aussicht, die wachsende Zügellosigkeit zu hindern.

Da brach im 17. Jahrhundert der dreissigjährige Krieg mit all seinen Leiden aus und liess, nachdem er alle Blüthe auf jeglichem Gebiete vernichtet hatte, Deutschland verwilderter zurück denn je; nach seinem Ende war zwar sowohl für die Zunft als auch für die Gesellenschaft die Form noch vorhanden, aller Geist aber daraus entwichen; eine Reform·

---

[1]) Vgl. das Edict vom 19. Nov. 1724 für Ostpreussen (C. C. M.).

[2]) Werner, Iglauer Tuchmacherzunft, erzählt p. 57, dass 1574 der Rath veranlasst wurde, den Meistern zu erlauben, bei einem andern Knappendienste zu verrichten, damit sie nicht verhungerten.

[3]) Rittinghausen, Socialdemokratische Abhandlungen, Köln 1868. 1. Heft, Philosophie der Geschichte.

[4]) Vgl. die Schilderung von G. Freytag, Bilder aus der deutschen Vergangenheit II p. 144 über die Kipper- und Wipperzeit (1621—1623) p. 152. Parallele: Levasseur II 57.

des ganzen Gewerbswesens war eine Nothwendigkeit. Der
aufgeklärte Despotismus zögerte denn auch nicht, diese ernstlich in die Hand zu nehmen, als sechs Jahre nach Beschluss
des Krieges der Reichstagsabschied von 1654 den einzelnen
Regierungen überlassen hatte, eigene Gewerbeordnungen zu
machen. Die politische Bedeutung der Zünfte ging in der
erstandenen fürstlichen Macht auf, ihre rechtliche Bedeutung
war eine ganz andere geworden (Gierke I. 639). Aber der
Missbräuche vermochte die fürstliche Gewalt doch nicht Herr
zu werden, und man sah sich wieder auf gemeinsame Massregeln hingewiesen (namentlich seit 1666). So kam das Reichsgutachten von 1672 zu Stande, auf dessen Basis die ganze
Gewerbegesetzgebung des 18. Jahrhunderts sich bewegte. Danach sollten: 1) die Handwerker keine Autonomie unter Strafe
der Exclusion haben; 2) Strike, Contractbruch mit Ausschluss
bestraft werden; 3) Freizügigkeit der Gesellen gelten, also sie
auch an Orten mit andern Gebräuchen zugelassen werden;
4) die bisher excludirten Kinder von Malefizpersonen nicht mehr
ausgeschlossen sein; 5) eigenmächtige Schmähungen und Auf-
treibungen untersagt sein und die letztern nur von der Obrigkeit decretirt werden; 6) die Unterscheidung von Haupt- und
Nebenladen, 7) von geschenkten und ungeschenkten Handwerken aufhören; 8) die Strafen nur gesetzliche sein; 9) die
Missbräuche beim Gesellenmachen ein Ende haben; 10) ebenso
die Gesellenverbindungen mit eigener Gerichtsbarkeit, 11) der
Unterschied der Geburt bei Zulassung von Lehrlingen beseitigt, 12) die Meisterstücke von Unkosten und Missbräuchen
gereinigt werden. Das Gutachten ward aber zunächst vom
Kaiser nicht decretirt (sondern erst 1726).

Als die Missstände sich immer mehrten und um so un-
erträglicher wurden [1]), je mehr der absolute Staatsgedanke
Boden gewann, musste dieser socialen Frage neue Aufmerksamkeit zugewendet werden. Preussen ergriff die Initiative
und leitete, als in Folge eines grossen Aufstandes der Tuchknappen in Lissau 1723 eine immer mehr wachsende Anarchie
einzutreten drohte, mit Wien Verhandlungen ein; Hiller,
Director der Domänenkammer in Küstrin, normirte in seinen
principia regulativa die Grundsätze, nach denen die Bestimmungen entworfen werden sollten. Der Meinungsaustausch
der Regierungen und die Entwürfe, die dabei resultirten, be-
reiteten ein Einverständniss vor, welches auch einen prak-

---

[1]) Böhmert (p. 49) sagt: „Die Geschichte der Zunft war im 18. Jahrhundert eine Geschichte von Gesellenaufständen."

tischen Erfolg erzielte, als die furchtbare Revolte der Schuhmachergesellen [1]) in Augsburg 1727 die Nothwendigkeit von
Reformen abermals nahe legte; es kam endlich das bekannte Reichsgesetz vom 16. August 1731 (publicirt 1732)
zu Stande [2]). Die Zunftauswüchse wurden zum Theil beseitigt,
die Gesellenschaften sehr knapp gehalten: das Auftreiben derselben wurde verboten (§. 2), die Gerichtshaltung ihnen untersagt (§. 11), die Missbräuche beim Gesellenmachen für un-
statthaft erklärt (§. 9) und durch Einführung der „Kundschaft"
stets kräftig die Hand über die Gesellen zu halten gesucht.
In Brandenburg und Hannover, wo man diese Bestimmungen
mit aller erdenklichen Strenge durchführte, kam man auch
wohl zum Ziele. Andernorts stiess die Durchführung auf end-
lose Schwierigkeiten, und gelang es nur unvollkommen, die
geschlossene Macht der Gesellenschaften niederzuwerfen und
namentlich ihren Widerwillen gegen das Führungszeugniss zu
brechen, was Böhmert durch reiches Material aus Bremen
trefflich bewiesen hat [3]) und was die Terrorisirung der Zünfte
durch die Gesellenschaften in Schleswig-Holstein noch in diesem Jahrhundert erkennen lässt [4]).
　　Wie in der modernen Zeit allmählig die polizeiliche Gewalt den Sieg errang, die Zünfte successive schwächte und
schliesslich ganz auflöste, ist bekannt. Mit der Auflösung der
letztern waren aber auch die Gesellenschaften veraltet; denn
ihr eigenstes Ziel, durch die Organisation gegen die Zunft
sich zu schützen und sie zu bekämpfen, war gegenstandslos
geworden, ihre Aufgabe als Institut des Arbeitsangebots durch
andere moderne Mittel ersetzt. Da aber die heutige Gewerbegesetzgebung nur negativ wirkt und somit die positive Thätig-
keit der eigenen Initiative der Betheiligten überlässt, so sehen
wir jetzt aus dem Boden der Individualisirung heraus wieder
neue, den neuen Verhältnissen entsprechende Organisationen
erwachsen, welche die zerstreuten Atome wieder zu kräftigen,
lebensfähigen Complexen vereinigen wollen [5]). Die wenigen

[1]) Berlepsch IV 142—153.
[2]) Abdrücke desselben allenthalben zu finden, auch in Mascher,
Das deutsche Gewerbewesen, Potsdam 1866 p. 771.
[3]) Vgl. Böhmert, Beiträge z. Zunftw., besonders p. 130 Nr. 57 fg.
[4]) An manchen Orten mussten die Zünfte ihre Artikel von den Gesellen anerkennen lassen, und zwar von einer inländischen und von zwei
ausländischen Brüderschaften, und dafür oft über 30 Thaler bezahlen
(Rauert a. a. O. p. 92).
[5]) Ja in neuester Zeit werden sogar Stimmen laut, die eine Rückkehr
zu zünftischen Schranken verlangen; vgl. z. B. Allgemeine Zeitung 1875
Nr. 322 p. 5016.

Meister, deren Gewerbe von solcher technischer Beschaffenheit
ist, dass die moderne Industrie dasselbe nicht zu verschlingen
vermag, suchen ihre Kräftigung in den Schulze'schen Genossenschaften; die Gesellen aber, oder, wie sie sich jetzt zu nennen
belieben, die Gehilfen haben als solche kein Bedürfniss nach
einer specifischen Corporation, da ihnen, um sich frei zu bewegen, keine Schranke gesetzt ist. Sie haben darum nach
individueller Neigung den verschiedenartigsten Genossenschaften, bald religiösen [1]), bald politischen, sich angeschlossen,
um dem rein geselligen Bedürfniss zu genügen. Der grösste
Theil der Gesellen und ein grosser der Meister ist aber zu
Arbeitern geworden, welche im Dienste der Industrie, beziehungsweise des Capitals stehen. Da dieses eine monopolistische Macht dem einzelnen Arbeiter gegenüber auszuüben
vermag, sehen wir, dass gerade wie im 14. und 15. Jahrhundert die Gesellen gegen die monopolistische Tendenz der
Zunft sich vereinigten, jetzt die Arbeiter sich zusammen-
schliessen zum Schutz gegen das übermächtige Capital.

2.

Vergleich der Gesellenverbände mit den Gewerkvereinen.

Ueberblickt man die Organisation der alten Gesellenverbände und scheidet das Zufällige vom Wesen, das Aeusser-
liche vom Kern, so kann man nicht umhin, die Gewerkvereine [2])
als die den neuen Verhältnissen entsprechend modificirten
Gesellenverbände, richtiger Arbeiterverbände zu betrachten.
Die Aehnlichkeit ist im Grossen wie im Kleinen in der
That frappant. Das wesentlich Gemeinsame beider Institutionen liegt darin, dass beide als eine Reaction gegen die

---

[1]) Vgl. auch England er, Geschichte der franz. Arbeiterassociationen,
Hamburg 1864 IV 204 und Beil. z. Allg. Zeitung Jhrg. 1876 Nr. 152 u. 153.
[2]) Ich meine hier nicht die socialdemokratischen Gewerkschaften, sondern die englischen und deutschen (Hirsch-Duncker'schen) Gewerkvereine.
W. Stahl vergleicht die alten Gesellenschaften ohne näheres Eingehen mit
der Internationale. Durch diesen Missgriff versperrte er sich den Weg zur
Klarlegung der mittelalterlichen Gesellenassociation und sieht in ihr Nichts
wie Aufruhr. Siehe dessen Rede, Die Bedeutung der Arbeiterassociationen in
Vergangenheit und Gegenwart 1867 p. 18 fg. Besser ist seine Auffassung in
dem Buche Das deutsche Handwerk 1874, obwohl auch hier das Zusammen-
werfen aller neuen Organisationen, ohne Rücksicht darauf, ob die Erreichung der Zwecke auf politischem oder anderem Wege bei denselben
angestrebt wird, zu verwerfen ist (p. 428 fg.).

rücksichtslose **Ausbeutung fremder Arbeit** erscheinen [1]), die im einen Fall an eine äussere politische gewerbliche Organisation, im andern an das Grosscapital sich knüpft, dass eine Mehrzahl gegen eine privilegirte Minorität kämpft, und diese Mehrheit in Unselbständigkeit und totaler Abhängigkeit von jener Minorität sich befindet. Beide verfolgen somit keine rein politischen Zwecke [2]), sie erkennen vielmehr den vorhandenen Zustand an, suchen aber innerhalb dieses Rahmens „eine möglichste Sicherung in allen Lebenslagen" zu gewinnen [3]). Die Privilegien, die Zünfte und Capital besitzen, sollen gemildert werden; die Politik der Gesellenschaften war der bald mehr, bald weniger bewusste Kampf gegen die einseitige Herrschaft der Zunft und trug bei zur Untergrabung und schliesslichen Beseitigung derselben; die Gewerkvereine kämpfen gegen die capitalistischen Privilegien und sind beruhigt, wenn es ihnen gelingt, dieselben aufzulösen und an ihre Stelle Productivgenossenschaften zu setzen.

Beide wollen eine successive, den realen Verhältnissen entsprechende Lösung; eben desshalb ist bei beiden die Organisation nicht ganz von der technischen Grundlage abgelöst, sondern bei beiden umfasst dieselbe die Arbeiter nur des nämlichen Gewerbes; und zwar innerhalb eines anfangs engen, später national abgegrenzten Territoriums [4]). Der einzige Unterschied zwischen beiden ist, dass die alten Gesellenschaften rein föderativ verbunden waren, während jeder Gewerkverein eine einflussreiche Oberleitung besitzt [5]). Anklänge an eine solche sind übrigens auch bei den Gesellenverbänden zu finden, indem die mächtigste Gesellenschaft innerhalb eines kleinern Territoriums rathend und tonangebend auftrat. Ich

---

[1]) Gerade weil dies Grundelement die Unterlage beider bildet, ist es begreiflich, wie bei total umgewandelter Technik die Zünfte nicht mehr bestehen, die Gesellenorganisationen in wenig modificirter Gestalt fortbestehen oder neu auftreten konnten.

[2]) Das verhinderte natürlich nicht, dass einzelne Gesellen zu politischen Manövern verwendet wurden, wie dies in Elsass beim Guerre de six deniers (Notes et Doc. de Colmar par Mossmann XXI., auch Beil. der allg. Ztg. 1875 Nr. 334) geschah.

[3]) H. Polke, Die deutschen Gewerkvereine 1875 p. 14.

[4]) Bei den Gewerkvereinen ist sogar die Tendenz des internationalen Verbandes vorhanden, vgl. Brentano I 200.

[5]) Die Executive besitzen nur die Generalversammlung des Gewerkvereins und seine Vorstände; bei den alten Gesellenschaften lag dagegen der Schwerpunkt in der örtlichen Versammlung, welche etwa dem „Ortsverein" der Gewerkvereine entspricht. Eine Verlegung der Executive, wie sie jetzt üblich, wäre damals schon wegen der Verkehrsmittel unmöglich gewesen.

erinnere an den Bäckerstreit von 1496 in Colmar, anlässlich dessen die Schlettstädter Bäckergesellen bei denen von Strassburg sich über ihr einzuhaltendes Verfahren Raths erholen, ferner an den Laufbrief bremischer Schustergesellen an die Breslauer [1]) von 1800, woraus deutlich zu errathen ist, wie immer die Gesellenschaften der bedeutendsten Städte die Entscheidungen in wichtigen, alle Gesellen des Handwerks betreffenden Angelegenheiten gaben. In gewissem Sinn gibt es somit auch bei den Gesellenschaften eine Art Hauptladen, wie bei den Zünften [2]). Durch die mehr oder weniger centralisirte [3]) Cartelverbindung der Gesellen wie der Gewerkvereiner ist es beiden möglich geworden, nicht nur der Bedrückung der Arbeitgeber zu widerstehen, sondern auch selbst directen Einfluss auf die Arbeitsverhältnisse zu üben.

Zwangsbeitritt, eine fast nothwendige Folge der Cartelverbindung und ihrer Wirksamkeit, ist beiden Organisationen gemeinsam. Dieser war bei den alten Gesellenverbänden stricte durchgeführt und um so weniger drückend, als im Mittelalter die Person Nichts bedeutete, wofern sie nicht einer Genossenschaft angehörte. Ganz so suchen die Gewerkvereine die Forderung zu stellen [4]), dass die vollberechtigten Mitglieder des betreffenden Gewerbes ihren Vereinen beitreten, wozu sie freilich rechtlich nicht so competent sind, wie die ehemaligen Gesellenschaften, denn nur aus Billigkeitsgründen können sie dem freien Individuum einen Druck [5]) auferlegen, da die Nichtgewerkvereinler wohl zum Theil an den Vortheilen participiren, welche von den Gewerkvereinen durchgesetzt werden, nicht aber an ihren Lasten; darum hält es besonders

---

[1]) Vgl. Böhmert a. a. O. Urk. 61 p. 134.

[2]) Die Hauptladen der Zünfte vergleicht Brentano mit den Verhältnissen der Gewerkvereine (I 57).

[3]) Die deutschen Gewerkvereine unterscheiden sich in diesem Punkte von den englischen, indem die sämmtlichen Gewerkvereine in Deutschland (also der verschiedensten Gewerbe) noch zu einem Gesammtverbande vereinigt sind — jedenfalls ein wirksames Mittel, um wenigstens die Eifersucht der schwächern den stärkern gegenüber, sowie die der verschiedenen Gewerbe angehörigen Gewerkvereine zu verhindern, was bei den alten Gesellenschaften nicht der Fall war.

[4]) W. Th. Thornton, Die Arbeit (Uebers. von Schramm), Leipzig 1870 p. 206. Brentano II 56—58. Die Gewerkvereinler des Schneiderhandwerks betrachten sich als „ehrbar", die Nichtgewerkvereinler als „unehrbar". Brentano II 205. Die Mitglieder der Gewerkvereine heissen sich „Brüder". Thornton p. 381.

[5]) Ueber den Terrorismus älterer und einiger neuerer Gewerkvereine vgl. Comte de Paris, Les Associations ouvrières en Angleterre VIème Edition Paris 1869. Chap. 1. 4, chap. IV p. 103, chap. V p. 124, chap. VI etc.

schwer, zu verhindern, dass die Vereinler bei Arbeitseinstellungen die Nichtmitglieder von der Arbeit abhalten und das System des Picketing [1]) oder der Schildwachen anwenden, wie es bei den alten Gesellen in analoger Weise gang und gebe war (vgl. die Colmarer Bäckergeschichte p. 83 und 85).

Der Versuch, die Gesellenvereinigungen zu unterdrücken und dem einzelnen, von einem Meister ausgeschlossenen Gesellen die Möglichkeit der Unterkunft zu nehmen, führte, wie wir sahen, zu Verbindungen der Zünfte aus den einzelnen Städten: gerade so haben auch die heutigen Fabrikanten den Gewerkvereinen gegenüber sich verbündet [2]), dem Zerfall der Bündnisse durch verschiedene Mittel vorgebeugt — denn wie ehedem, so wollen auch heute die Bündnisse der Unternehmer nicht recht fest sein — und den feindlichen Arbeitern durch grossartige lock outs oder durch das berüchtigte livret [3]) die Möglichkeit zur Arbeit genommen.

Die Kassen der Gesellenschaften waren im Grunde nationale Kassen. Hatte ein Geselle an einem Orte seine Beiträge gezahlt, so hatte er, wenn er an einen andern kam, auch dort die üblichen Anspruchsrechte. Ein Kassaübertrag [4]) war trotz dieser nationalen Grundlage nicht nöthig; die einzige aussergewöhnliche und nicht vorherzusehende Auslage, die für das Wandergeschenk, musste fast in demselben Verhältniss variiren, wie die Summe der eingehenden Beiträge; die Ausgaben für Kranke waren aber immer nur ein durch Pfänder gedecktes Darlehen [5]). Ebenso und noch viel mehr tragen die Hülfskassen der Gewerkvereine einen na-

---

[1]) Thornton p. 243.
[2]) Z. B. L'Association des fabricants de fer du nord de l'Angleterre. Comte de Paris p. 127. Association centrale des maitres constructeurs p. 88 etc.
[3]) Brentano II 129 und 130. Vgl. Verhandlungen des I. ordentlichen Verbandtages der deutschen Gewerkvereine 1871 p. 65.
[4]) Der einzige regelmässige Kassenübertrag, der mir beim Quellenstudium aufstiess, aber eine ganz andere Bedeutung hat, findet sich in der Urkunde der Brüderschaft der Steinmetzen (Meister und Gesellen) von 1563 Art. 25 (Heideloff p. 66). „Item: So dann alle Meister, die büchs habend, alle jar von jhren umbsessen also rechnung ihrer büchsen empfangen hond; sollend die selbigen davon ein böhemsch jhärlich auff Michaelis gehn Strassburg auff die Haupthütten mit einem zettelin, wannen der komme, zu einem zeichen der gehorsame und brüderlicher lieb schicken, damit man wisse, daß solches also, wie vor stoht, geschehen sey."
[5]) Jedenfalls das einfachste Mittel, um den grossen Schwierigkeiten zu entgehen, welche die modernen Krankenkassen darbieten. Vgl. auch Dannenberg, Das deutsche Handwerk und die sociale Frage. Leipzig 1872, p. 12, 66—81, 129, 133 und das neue deutsche Hülfskassengesetz.

tionalen Charakter ¹); die in alter Zeit unnöthigen Invaliden-, Wittwen- und Waisenkassen ist man bestrebt ganz zu centralisiren, die Krankenkassen den einzelnen Gewerkvereinen zu überlassen, wobei man durch ein Cartelverhältniss der einzelnen Kassen auch der (in alter Zeit ebenfalls nicht vorkommenden) Beschäftigungsänderung der Einzelnen Rechnung zu tragen gedenkt ²).

Die grösste Aehnlichkeit bieten die beiden Organisationen rücksichtlich des Einflusses, den sie auf die Arbeitsbedingungen zu üben suchen; liegt doch auch hierin der Kernpunkt ihrer Bestrebungen, und ist die Erfüllung der übrigen Zwecke mehr oder minder von dem Erfolge, den sie dort erlangen, abhängig.

Die Gesellenschaften begannen, wie wir sahen, zuerst den Kampf gegen dictirte Arbeitsbedingungen und brachen die erste Lanze für Herstellung eines wahren Contractverhältnisses. Die moderne Zeit ist noch weiter gegangen, und die neue Gewerbegesetzgebung überlässt nicht nur den Parteien die Festsetzung der Contractbedingungen, sondern bestraft auch nicht mehr den Contractbruch. Rechtlicher Druck ist sonach nicht mehr möglich, wohl aber ein socialer durch die Uebermacht des Capitals, und diesen suchen die Gewerkvereine durch ihre Association zu schwächen und zu verhindern.

Bezüglich der Löhnungsart gilt bei beiden im Allgemeinen das Princip, die im Gewerbe durch Gewohnheit hergebrachte beizubehalten (ich erinnere an die Strassburger Schneidergesellen; Bel. 85 §. 10), bei der Stücklöhnung genau specialisirte Preistabellen festzusetzen (Speierer Weberknechte), den Zeitlohn so hoch zu schrauben, als die Verhältnisse gestatten ³); die künstliche Lohnherabdrückung durch Bezahlung in Waaren und Getränken ⁴) (Trucksystem) zu verhindern.

Nicht minder wehren sich beide gegen die Herabdrückung des Lohnes durch Herbeiziehung ungelernter Arbeiter. Die Frankfurter Bäckerknechte wahrten sich dies Recht sogar durch Einstellung einer bezüglichen Bestimmung in ihre Statuten (1515): „So eyn Meister eyn Frawen ader Knecht haldn

¹) Polke, Die deutschen Gewerkvereine, 1875, p. 16—22.
²) Verhandlungen des II. ordentlichen Verbandtags der deutschen Gewerkvereine, 1873, p. 158.
³) Die Gewerkvereinspolitik bei Brentano II 59 fg.
⁴) Siehe besonders die beredte Schrift Social Politics in Great Britain and Ireland by Professor Kirk, Edinburgh. London 1870. Ueber Zwistigkeiten wegen Löhnung und Kost bei den Gesellen siehe Ordnung u. Reform g. Polizei auf dem Reichstag zu Augspurg Anno 1548 aufgericht XXXVII 4. Lünig, Reichsarchiv P. G. Cont. 831—48.

wurde, die das Handtwerck nicht geleirnet habn, werdn sich
die Gesellen wol wissen zu haldn." Bei den Gewerkvereinen
ist die Wachsamkeit über diesen Gegenstand noch viel grösser
als bei den Gesellen — denn bei diesen war es nicht so nothwendig, insofern als hierin der Zunftmitglieder Interesse mit dem
der Gesellen zusammenging — und hat zu ihrer grossartigen
Politik betreffs der Befugniss zum Gewerbebetrieb geführt [1]).

Der Kampf um Kürzung der Arbeitszeit war damals wie
heute vorhanden, nur die Form der Forderung war verschieden. Während die Gesellenschaften der gewöhnlichen [2]) täglichen Arbeitszeit von 5 Uhr Morgens (manchmal im Winter
von 6 Uhr Morgens) bis Abends 7 Uhr kein Hinderniss ent-
gegenstellten, so waren sie um so energischer auf Erlangung
eines freien Tages bedacht. Heute dagegen wirken die Gewerkvereine auf Kürzung der täglichen Arbeitszeit hin, und
aus den ehedem üblichen dreizehn Stunden sind jetzt neun
Arbeitsstunden geworden.

Oben haben wir entwickelt, wie die Gesellenschaften so
recht eigentlich für die Besorgung des Arbeitsangebotes geeignet waren und wie sie in der Erfüllung dieser Aufgabe
nicht nur eine Pflicht, sondern auch eine Ehre suchten. Treu
dem Beispiele ihrer Altvordern folgend, haben auch die Gewerkvereine dies Amt übernommen und in einer der Zeit entsprechenden Weise reformirt. Sie geben den ausser Arbeit
Befindlichen und nach Arbeit Wandernden eine Unterstützung,
welcher sie sogar den altherkömmlichen Namen Donation (Geschenk) beigelegt haben [3]), besitzen den alten Gesellenherbergen
ähnliche Meldebureaux [4]), bei denen beschäftigungslose Mitglieder nach Arbeit umschauen müssen, suchen durch genaue
Statistik [5]) und durch Uebersichten über den ganzen Arbeitsmarkt und den ganzen jeweiligen Stand des Gewerbes die
Basis für eine möglichst gleichmässige Vertheilung der Arbeits-
kräfte zu schaffen.

Die alten Gesellenverbände haben sich, wie wir uns früher
überzeugten, nicht gleichgültig gegen die Lehrlinge verhalten,
aus denen sich ihre Genossenschaft fortwährend ergänzen
musste. Während sie aber mehr passiv als activ dabei wirk-
ten, da die Zahl der Lehrlinge, die Dauer der Lehrzeit schon
vom zünftigen Interesse entsprechend bestimmt ward, ist den

---

[1]) Brentano II 142 fg.
[2]) Felix, Die Arbeiter und die Gesellschaft, Leipzig 1874, p. 34.
[3]) Brentano I 83, 216 und 217.
[4]) Brentano II 140.
[5]) Vgl. auch Polke, Die deutschen Gewerkvereine p. 29.

Gewerkvereinen eine grössere Aufgabe zugefallen. Der Umschwung der Technik, das Fabriksystem, welches den Unternehmer der rein gewerblichen Arbeit entfremdet, die zum Theil bloss negativ wirkende Gewerbegesetzgebung hat dahin geführt, dass die Meister von der Erziehung des Lehrlings sich ganz zurückgezogen haben [1]). So kommt es, dass die Arbeiter Meister der Lehrlinge geworden sind und dass „die Gewerkvereine Vorschriften für das Lehrlingswesen erlassen, welche ganz nach dem Muster der alten deutschen Zunfteinrichtungen inclusive „Einschreiben" und „Ausschreiben", Prüfungen etc. abgefasst sind" [2]), dass sie jetzt allein in ihrem Interesse durch Aufrechthaltung einer bestimmten Lehrzeit, durch Begrenzung der Lehrlingszahl [3]) das Arbeitsangebot beschränken. Mit der Uebernahme dieser Pflichten ist die Macht der Gewerkvereine sehr gewachsen, und haben sich dieselben dadurch die Herrschaft über den Arbeitsmarkt erst recht errungen.

Alle diese Zwecke haben beide Organisationen mehr oder weniger auf dem Wege der Privatfehde zu erreichen gesucht, und lagen darum beide vielfach im Kampfe mit der staatlichen Gewalt. Wir haben aber auch schon aus der alten Zeit Versuche gefunden, zu friedlicher Lösung durch Institutionen zu gelangen, die den heutigen Gewerbekammern Kettle's entsprechen (ich erinnere an die Einrichtung bei den Steinmetzen, an die bei den Strassburger Weberknechten im Jahre 1363, an die bei den Frankfurter Bäckerknechten im Jahre 1515); denn schon damals erwiesen sich wie heute die gewöhnlichen Gerichte wie die einseitigen Meistergerichte als unbrauchbar [4]). In der gleichen Vertretung der beiden betheiligten Klassen scheint der Rechtsfrieden zu ruhen, und die Gewerbekammern zu officiellen Behörden zu machen, ist ein glücklicher Vorschlag Brentano's [5]), nur dadurch tritt klar zu Tage, was beiden Klassen gemeinschaftlich ist [6]).

---

[1]) B r e n t a n o I 102. Nach H i l s e (Berliner stat. Jahrb. p. 27) beschäftigen sich in Berlin von 201 Bundesmitgliedern der Maurer- und Zimmermeister nur 148 mit der Ausbildung von Lehrlingen.

[2]) D a n n e n b e r g, Das deutsche Handwerk und die sociale Frage p. 64.

[3]) Gegen Duldung zu vieler Lehrlinge sind nach Comte de Paris in England besonders die Unionen der Bauindustrie, der Maschinenarbeiter, der Glaser, der Drucker.

[4]) B r e n t a n o I 125. D a n n e n b e r g, Das deutsche Handwerk nnd die sociale Frage, zeigt die Unzulänglichkeit juristischer Gerichte in drastischen Beispielen.

[5]) B r e n t a n o, Die Gewerkvereine im Verhältniss zur Gesetzgebung, Separatabdruck, p. 14 und 15.

[6]) D a n n e n b e r g p. 110.

10 *

So sehen wir, dass die Gewerkvereine in der That
nur den modernen Verhältnissen entsprechend modificirte Gesellenladen sind, und der geistreiche V. A. Huber [1]) Recht hat,
wenn er sagt: „Die Trades Unions entsprechen nach Ursprung
und Idee als nach der bessern und besonders neuern Praxis
wesentlich den Gesellenladen des alten zunftmässigen Handwerks in einer den Bedürfnissen und Verhältnissen der modernen Industrie entsprechenden Modification, Ausdehnung
und Entwicklung.“

[1]) Ueber Arbeitercoalitionen, Berlin 1865 p. 6. Brentano dagegen
neigt sich mehr der Ansicht zu, dass die Gewerkvereine den Zünften ent-
sprächen. Arbeitergilden I 3, 12, 90. II 360 Anm. 353.

Urkundliche Belege.

Verordnung der Städte Lübeck, Hamburg, Wismar, Rostock,
Stralsund und Greifswald in Betreff der Böttchergesellen.
1321.
(Urkundenbuch der Stadt Lübeck II p. 354. Urk. CDIV. Wehrmann,
Lübecker Zunftrollen p. 176.)

2.

Die Gürtlermeister zu Breslau verbinden sich vor dem Rathe,
da die Gürtlergesellen sich vereinigt haben, ein Jahr lang
alle Arbeit einzustellen, während dieser Zeit auch ihrerseits keinem derselben Arbeit zu geben. 4. Nov. 1329.
(Korn, Breslauer Urkundenbuch p. 126 Nr. 138. Codex diplom. Si-
-lesiae VIII 15.)

3.

Der Rath zu Berlin giebt den Woll- und Leinweberknechten
polizeiliche Vorschriften in dem „knapen briff". 1331.
(Fidicin, Historisch-diplomatische Beiträge zur Geschichte der Stadt
Berlin p. 73.)

4.

Rathsverordnung wegen der Müller-, Schuhmacher-, Bader-,
Wollschläger- und Weberknechte zu Speier. 1343.
(Speierisches Stadtarchiv Fasc. VI. fol. 19—22.)

Wir der rat zů Spire důnt kunt allen den die dis iemer
sehent oder hôrent lesen, daz wir gemerket hant grozen bresten
in unser stat an dem, daz manig ôde frůmede kneht von ma-
nigen landen her kümet hie wonet und hie uflouf machet
und unser burger schadiget und damit sine straze loufet und
nieman bevor haben wil, die wile er zů meisterschefte und
zů fridelicher verbintnisse niht gebunden ist. da von wanne
meisterschaft und verbintnisse allen friden hanthaben und
schirmen mag und unfriden wern und drücken mag, so han
wir durch friden und eimůtekeite willen daz betrahtet und

besorget und setzent an disem briefe, daz man an niemanne
freveln sôlle danne an den personen die hie nach geschriben
stent. zûm ersten an den erbern husgenossen an iren elichen
wiben an iren kinden und an irem gedingeten gesinde, daz
nach an den erbern gezûmften an iren elichen wiben an iren
kinden die unberaten sint und an irme gedingeten gesinde.
unde wer niht ein husgenosse ist oder eins husgenossen wip
kins oder gedinget gesinde, oder wer niht gezunfte hat oder
eins zunftmannes wip kint daz unberaten ist oder gedinget
gesinde, wer die andern sint, an den sol man niht freveln,
uzgenommen des rates und der stetde gesworne schriberen
heimbürgen und knehte und ouch uzgenomen der iuden in
unser stat die unser burger sint, an den sol man ouch freveln. ouch setzen wir und wellent, daz die müller und müllerknehte die rüssen die beder die wollesleher und die wôber
knehte hie zû Spire, die wo hie wonent oder hernach hie wonende werdent, bliben sôllent bi allen den rehten als sie bizher
gewesen sint, und als die under in benant und bestellet sint,
doch mit solichen uzbedingeten fürworten, daz die selben
müller und müllerknehte rüssen beder wollesleher und wôber
knehte nieman in ire geselleschaft enphahen sollent, der irs
antwerkes niht enist oder ir antwerg niht enwirket oder ge-
wirken kan. und ouch daz sie die selben müller und müllerknehte rüssen beder wollesleher und weberknehte, die wo hie
wonent oder hernach herkument und hie wonende werdent,
geben sollent zû iren kerzen und zû iren buhssen, als daz
under in bestellet unde gemaht ist, unde ouch sweren sollent
als hienach geschriben stat mit namen. die müller unde
müllerknehte sollent sweren vor den beckermeistern und die
rüssen vor den schuchsûtermeistern. und die beder vor der
winlûte meistern, den sûne brief, der zwûschent unsrer stat und
den üssern gemaht ist, und darzû den brief, der mit der drizehen gezûnfte ingesigeln zû Spire besigelt ist, stete und veste
zû haltenne unverbrochenlichen ane alle geverde. so sollent
die wollesleher und wôberknehte sweren vor den dücher-
meistern und webermeistern die darzû bienander kumen,
sollent den vorgenanten sûne und den brief, [der] mit der drizehen gezûnfte ingesigelen besigelt ist, und darzû den brief, der
zwûschent der dücher zünfte und der weber zünfte gemaht
ist unde mit unsrer stetde ingesigel besigelt ist, stetde und veste
zû haltenne, allez daz die selben briefe besagent, unverbrochenlichen ane alle geverde. unde welich müller oder müllerkneht
rüsse beder wollesleher oder weberkneht hie zû Spire zû den
kerzen und zû den buhssen git, als daz under in bestellet

und gemaht ist, und darzů die vorgenanten briefe swert zů
haltenne als vorgeschriben ist, der sol in unserme schirme sin,
und sol man an dem freveln glicher wiz als an den andern,
die gezunft habent in unser stat. ouch sollent die vrôwen
und alle frôwennamen hie zů Spire in unserme schirme sin in
alle die wise, als der rihtbrief besaget, der über daz gerihte
gemaht und besigelt ist. ouch sol in disem vorgenanten gesetze und gebotde der dotslag uzgenomen sin, also daz man
den sol rihten, wie der geschiht in alle die wise als der vor-
genante rihtbrief besaget. dis welle wir der rat stete halten
und daz ez stete gehalten werde als lange, biz daz wir der
rat oder der merreteil des rates daz abe dünt minrent oder
merrent mit geluter glocken uf dem hove. dis geschach und
wart gesetzet do man zalte von gotes gebürte drůzehen hundert jar und drů unde vierzig jar an dem mantage vor sant
Mathis dage des heiligen zwôlf botden.

5.

Vergleich zwischen den Wollschläger- und Weberknechten in
Strassburg. 1350.
(Drucksachen des staatswissenschaftlichen Seminars der Universität
Strassburg.)

6.

Bestimmung des Arbeitslohnes für die Webergesellen zu Speier.
31. October 1351.
(Mone, Zeitschrift für Geschichte des Oberrheins XVII p. 56—57.)

7.

Verabredung der Bäckermeister von Worms, Mainz, Speier,
Oppenheim, Frankfurt, Bingen, Bacharach und Boppard
über die Behandlung ihrer Gesellen. Worms, 17. Sept. 1352.
(Böhmer, Frankfurter Urkundenbuch p. 625—627.)

8.

Vertrag zwischen den Strassburger, Zaberner und Hagenauer
Webermeistern und Knechten über die Handwerksgerichts-
barkeit. 1356.
(Drucks. des staatswissensch. Seminars der Universität Strassburg.)

9.

Beschlüsse des schlesischen Schneidertages. Schweidnitz, 14. Juni
1361.
(Korn, Breslauer Urkundenbuch Nr. 228 p. 201. Derselbe, Schlesische
Urkunden zur Geschichte des Gewerberechts, Cod. dipl. Silesiae
VIII p. 52. Berlepsch, Chronik der Gewerbe II p. 230—233.)

10.

Die Zünfte der Weber und Tuchhändler zu Speier bestimmen den Arbeitslohn ihrer Gesellen. 26. Jan. 1362.
(Mone, Ztschr. für Geschichte des Oberrheins XVII p. 58.)

11. ·

Vergleich zwischen der Meisterschaft und den Knechten des Strassburger Weberhandwerkes der Lehrknechte halber. 1363.
(Drucks. des staatswissensch. Seminars der Universität Strassburg.)

In der missehelle, die do gewessen ist, zwischen den meistern und den knehten an wöber antwercke zuo Strazburg von der lere kneht wegen. Dez komen si für den amanmeister her Johans Montzeheim, der nam die alten ammanmeister zuo ime und hiessent die fünf nemen von den meistern und fünf von den knehten; vnd waz die vber ein kömen, daz solt stette sin; wer ez aber, daz sie nüt möchten über ein komen, so· solte der ammanmeister ein gemein obeman sin. Do sint wir übereinkomen, altz hie nach geschrieben stat. Zuo dem ersten, so mag wol ein meister einen lerekneht dingen und mag in· heissen sweren ob er wil oder aber bi sime antwerk gelöben,· als ez von alter her komen ist. Wer ez aber daz der selbe lerekneht enweg lieffe, von sime meister lieffe vnd im nüt gehorsam were, so sol man in schuchen meister vnd kneht hie und an allen stetten, untz er mit den fünf manen vnd mit sime meister über einkome. Vnd waz die fünf man erkennent zuo besserunge von dez lereknehtz wegen, daz sol halber gevallen den meistern und halber den knehten. Wenne och ein lerekneht brichet, so mag der meister einen andern lerekneht dingen. Vnd wenn ein meister einen lerekneht dinget, so sullent sine ior an gan. Vnd alz lange er spuolet, daz sol im an sinen ioren abe gan. Ez soll öch kein meister zwen lerekneht in sinem huos vnd in sinne brotte han. Ez sol öch kein meister in dem lande noch in den stetten keinen lerekneht neher dingen, denne zu Strazburg altz sie gelöpt hant. Wer daz brichet, der lerekneht oder der meister, den wellent die meister und die knehte niht vor guot han. Vnd wo·ein lerekneht her komet vnd us sinen lere joren gelöffen ist, und daz küntlich wurt, den sol man wider umbe schicken. Hie bi ist gewessen meister Abreht Senftleben der zunftmeister vnd meister Abreht Fleischtür und Peter Senftleben, schöffel zuo Strazburg, und die fünf man, meister Hein zu Phvllen- · dorf, Walther Fuogelin, Günther von Zimbern vnd Hvsen Hen- selin, Pritscheman Krebser und von den knehten Hans Taller, geninsoß, Henselin Lübecke, Henselin Smeli, Heinzeman Gienger. Ez ist och levet, daz man disen brief alle ior sol lesen an sant martius tag vor meister und vor knehten und daz diz alles wor si und stette belibe, so han wir die meister unsri ingesygel an diesen brief gehenket, der gegeben wart dez jores do man zalt von gottes geburt drizehen hundert ior vnd in dem dritten vnd sehzigesten ior dez nehsten zinstage vor sant gergen tag.

12.

Die Ordnung der Mühlknechte in Danzig. 1365.
(Hirsch, Danzigs Handels- und Gewerbegeschichte p. 331.)

12 a.

Die Kürschnergesellen in Stendal errichten eine Krankenkasse. 1372.
(Riedel, Codex diplomaticus Brandenburgensis I 15 p. 176 u. 177.)

13.

Streit der Strassburger Wollschläger- und Tuchmachermeister mit den Wollschlägerknechten über das Tuchmachen. 1381.
(Drucks. des staatswissensch. Seminars der Universität Strassburg.)

14.

Die Meister der Schmiedezünfte von den Städten Mainz, Worms Speier, Frankfurt, Gelnhausen, Aschaffenburg, Bingen, Creuznach schliessen eine Uebereinkunft um Friedens willen zwischen ihnen und ihren Knechten. 13. Mai 1383.
(Böhmer, Frankfurter Urkundenbuch p. 760.)

15.

Vorgehen gegen die Gesellenverbände und die Handwerksgerichtbarkeit in Preussen. 18. Oct. 1385.
(Joh. Voigt, Cod. diplom. prussic. IV p. 35 u. 36.)

16.

Verhältniss der Wollenwebermeister zu den Gesellen in Constanz. 1386.
(Mone, Ztschr. für Gesch. des Oberrh. IX. p. 143.)

17.

Statuten über die Arbeit der Schuhmachergesellen zu Strassburg. 18. Mai 1387.
(Mone a. a. O. XVII p. 60.)

18.

Die Ausweisung verdächtiger Gesellen aus Constanz. 1389.
(Mone a. a. O. XV p. 43.)

19.

Rathsurtheil über die Schneidergesellen zu Constanz. 1389.
(Mone a. a. O. XVII p. 56.)

20.

Verbot der Gesellenstuben zu Constanz. 1390 und 1423.
(Mone a. a. O. XVII p. 61.)

21.

Verbot der Trinkstuben der Knechte in Constanz.
(Rathsbuch von 1440—1450 fol. 42. Constanzer Stadtarchiv.)

Sabbato post Othmari consilium 1441.
Satzung von der dienenden Knecht trinkstuben wegen.

Illa die hat ain raut gesetzt, das man hiefür aller dienenden knecht trinkstuben und garten abtün inen die verbieten und in der kain mer laussen sol. denn ob sy zeren
wend, das sy dann zü iren maistern in ir offen trinkstuben
gan da zeren und sich da beschaidenlich halten sond.

22.

Abschaffung der Trinkstuben zu Ulm. 1394.
(Rothes Buch in Ulm).

Wir der burgermaister und der raut grosser und clainer
der rat zu Ulme haben betrachtet die grosse brüch und schaden, die in viel stetten von trinkstüben usserstanden und gewachsen sind; und wann sich sölich trinkstüben in unsser
stat ynzo auch erhebt und angevangen hetten, davon wir
sölichs kunftigs schadens als vorgeschriben stat auch besorgen müssten, umb daz so haben wir ainhelliglicher in unserm
gesamten raut alle sölich trinkstuben abgenomen und wieder-
rufft und haben uns erkennt und sezen und gebieten daz bi
den aiden, dass nü fürbaz in unser stat kain trinkstub nymmer
mer sol gemachet noch gehebt werden in kainen weg. factum
feria VI[ta] ante festum b[t] Mariae nativitatis virginis ao 1394.

23.

**Ein Artikel wegen der Schmiedeknechte aus dem Recess eines
um 1390 in Preussen gehaltenen Städtetages.**
(Hirsch, Danzig p. 294 Anm. 5.)

23 a.

· **Uebereinkunft der Fleischer der Alt- und Jungstadt Danzig über die Behandlung ihrer Gesellen.**
(Hirsch, Danzigs Handels- und Gewerbsgeschichte p. 336—337.)

24.

Uebereinkommen mehrer oberrheinischer Städte wegen der Gerichtsbarkeit bei Streitigkeiten der Schuhknechte. 1399.
(Eine auf Pergament geschriebene Copie. Colmarer Stadtarchiv.)

Wir Friderich von Hadstat ritter des durchlüchtigen hoch-
gebornen fürsten mins gnedigen herren herzoge Lüpoldes von
gottes gnaden herzoge zü Österrich zü Stire zü Kernden und
zü Kreyn graven zü Tyrol lantvogt in Elsaß in Suntgöwe
und in Brißgöwe, Johans von Luppfen lantgrave ze Stülingen
herre zü Rappoltzstein und zü Hohenack, Smahsman herre zü
Rappoltzstein und wir die schultheißen die burgermeister die
rete und gemeinde gemeinlichen dirre nachgeschribnen stette
Basel, Colmer, Friburg in Brißigöwe, Sletzstat, Brisach, Nuwem-
burg, Mülnhusen, Keisersberg, Münster in sant Gregoriental,
Türingheim, Gewilre, Sultze, Rufach, Rappoltzwilre, Obern-
Bergheim, Egensheim, Tanne, Masemünster und Waltkilch ver-
gehent und tünd kunt aller mengelichem mit disem briefe
allen den die in ansehent oder hörent lesen nü oder hienach ich
der obgenante Friderich von Hadestat an des egenanten mins
gnedigen herren von Österrich und von sins geheißes wegen,
das vür den obgenanten unsern herren und sin rete und vür
uns und unser rete komen sind die erbersten personen schühemacher antwerkes in den vorgenanten stetten und gebieten
von ir selbes und gemeiner zünfte wegen schühemacher antwerkes, die da zünfte hand, und habend uns ernstlichen vür-
bracht und mit worten erzalet, wie das in güter vergangener
zite gross breste gewesen und noch tegelich sind in dem lande
zü Elsaße und in den kreißen und gegenen der vorgenanten
herren und stette so vorbegriffen sind zwüschend den schühemachern meistern und den schühemachern knehten; und wer'
aber der selbe gebreste sunderlich an den schühemachern
knehten, und darumb so möchtent ouch die meister des selben
antwerkes iren kunden und allen andern erbern lüten also vür-
derlich und alse wol nit gedienen noch gewarten, alse sie doch
gerne tetend und ouch notdurftig wer'; und habend damite
uns die obgenanten herren und rete mit fließe ernstlich gebeten, inen zü den sachen zü anende zü helfende und damite
bistendig zü sinde, wie sü söliches unlustes und schaden, den

sie davon empfahent, gegen den knehten abesin möchtend; .
sunderlich haben sie uns, vůrbracht und zů wissende getan,
wie sie von der selben stöße und spenne wegen ire frůnde
und erbern botten bieinander gehebt habend und sich umb
berlich notdurft, so yn harumb anligende sie, davon under-
redt und ettelich stücke darumb miteinander überkomen,
obe es unser gunst und wille sie und darzů gehellen
wellend; die selben stücke und ordenunge ouch hienach lůter-
lichen begriffen und geschriben stant, das ist zů wissende. zů
dem ersten wer' es sache das sich gefůgte, das ein schůhemacher kneht mit sinen meister des selben antwerkes stöße
und spenne gewunne, es wer' in dem zil alse er im dienen
sol oder so sin zil ußkomen, umb was sachen denn der selbe
stöß oder gespan ist oder dar růret, darumb söllent si beder
site gan vůr den zunftmeister schůhemacher antwerkes in der
selben stat und inen die sache und spenne vůrlegen; und
mag denn der zunftmeister siner gesellen so vil zů im nemen,
so darzů gehöret, und sie verhören und denn beder site mit
einander verrichten und übertragen; und sol ouch das der
zunftmeister vůrderlichen und on alles verzichen tůn. beschee
das dem knehte nit, oder wer es sache, das kein zunft schůhemacher antwerkes in der selben stat wer', so mag der kneht
die selbe sache und sinen gebresten vůr ein schultheissen
rete oder gerichte bringen an der selben stette, und sol im
ouch da der meister, von dem er clagende ist, unvezôgen-
lichen umb sin zůsprůche rechtes gehorsam sin; und wie sie
denn ouch miteinander berichtet und übertragen werdent, da
mite sol sů beder site wol gegnůgen. wo aber der kneht das
überfůre und darüber von sinen meister gienge und im knehte
oder gesinde verbůtte, so sol der selbe kneht, wer er ist,
darumb ein rechten ußgesetzeden penen bůß und bessrunge
verfallen und schuldig sin ein mark silbers luters und lötiges
Colmer brandes und gewihtes, und sol die selbe bessrunge
verfallen sin dem herren der stat oder dem gerichte, da denn
der selbe kneht entwichen ist; darzů sol ouch denn der selbe
kneht in disen kreissen und gebieten der obgenanten herren
und stette meister noch knehte niemer me werden noch gesin
unz uf die zite, das er die pene und bessrunge und darumb
genůg getůt und ouch dem meister dem er knehte und gesinde verbotten het solichen costen und schaden, so er sinent-
halb genomen het, gekeret und abegeleit nach bescheidenlichen
dingen. welich meister schůhemacher antwerkes den selben
kneht in den kreisen gebieten und gegenen der obgenanten
herren und stette darüber husete hefete und in satzeto im zů

dienende und zů werkendo nach der zite alse ym das verkündet und der selbe kneht verbotten wurt zů haltend, der selbe meister, wer der ist, sol ouch zů recht bůße und bessrung verfallen sin ein mark silber des egenanten brandes und gewihtes; die selbe mark silbers halber ouch werden und gevallen sin sol dem herren oder der stat, da der selbe meister hußhebelich seßhaft und wonende ist, und das ander halbe teil der mark silbers ouch vallen und werden sol gemeinom antwerk den schůhmachern daselbest in der stat, ir sie wenig oder vil. beschee es ouch, das der selbe kneht, ir wer' einre oder me vil oder wenig, ußer disem lande kreiße und gebieten der obgenanten herren und stette entwichent und flüchtig wurdent und aber mit andern knehten ires antwerkes hinder in bestaltent und schüffent, das den meistern ires antwerkes, von den sie komen und entwichen werent, knehte und gesinde verbotten wurde, weliche knehte sich des gebottes und verbietendes annemend und den meistern darumb nit werken woltend. und das nit halten alse vorgeschriben stat, der selben knehte, ir sien vil oder wenig, sol ouch jegelicher rechter ußgesetzter besserung verfallen sin ein mark silbers des obgenanten brandes und gewihtes; und was bessrung alse verfallet, es sie von schůhemachern meistern oder knehten, die söllen ouch genzlich genomen und nit varen gelassen werden. und alse wir die obgenanten herren stette und rete die vorgeschriben ordenung gesetzede und artikel sie alle und ir iegelichs besunder luter und eigentlich verhört hand, so habend wir uns daruf genzlichen besinnet und bedaht und bedunket uns allen gemeinlichen, wie es dem lande und mengelichen nutz und fromen bringe und ouch meistern und knehten schůhemacher antwerkes gelich gemein recht damite gegen einander widerfaren müge; und darumb so gebent ouch wir die obgenanten herren und stette ich der obgenante Friderich von Hadstat an des egenanten mins gnedigen herren von Österrich stat und von sinen geheißen vůr uns und unser nachkomen unsern gunst und gůten willen zů der selben ordenunge und gesetzede und gelobent ouch damite mit craft diß briefes vůr uns und unser nachkomen und die unsern mit den obgenanten meistern schůhemacher antwerkes, die obgenanten ordenunge und gesetzede mit iren puncten und artikeln si alle und ir jegelichs besunder alse sie denn da vorbegriffen sind, getruwelich und ungeverlich zů haltende und zů habende und inen darzů beholfen und beraten zů sinde, so verre wir gewalt hand und wir das tůn söllend und mögend getruwelich und ungeverlichen. und wann die selbe ordenung

und gesetzede und alle vorgeschriben stücke und artikel mit
des obgenannten unsers gnedigen herren von Österrich wissen
und willen und geheisse und ouch unser der andern herren
und stette und rete wissen gunst und gehelle und erlöbunge
gescheen und zůgangen sind, so han ich Friderich von Hadstat lantvogt vorgenant von geheisses wegen des egenanten
mins gnedigen herren von Österrich und an sinre stat vür des
selben mins herren obgenanten stette min insigel gehenket an
disen brief, und wir Johans von Luppfen lantgrave zů Stülingen und Smahsman herren zů Rappoltzstein vür uns und
der obgenanten unsern stette und die unsern ouch unser insigel gehenket an disen brief, und wir die andern vorgeneten
stette Basel Colmer Sletzstat Mülnhusen Keisersberg Münster
in sant Gregoriental Türingheim Gewilre Soultze Rufach und
Egensheim ouch unser merer insigele gehenket an disen brief,
der zwene sind und aber gelich stant an den worten; der selben briefe eine ligen sol in der obgenanten stat Colmer hinder gemeiner zünfte schůhemacher antwerkes zů gemeinen
handen, und der ander brief ligen sol in der obgenanten stat
Friburg hinder schůhemacher antwerk ouch zů gemeinen handen. die beden briefe geben sind zů Colmer an dem nehsten
samstag nach dem heiligen ostertage des jores da man zalte
von gebůrt Cristi tusend drühundert nünzig und nün jore.

25.

**Erkenntniss des Rathes von Basel wegen der Schneiderknechte.
1399.**
(Grosses weisses Buch fol. 92. Baseler Stadtarchiv.)

Dis ist die erkantnüsse, so wir erkennet hant den knechten
der snider zünfte von stößen wegen so si zů beider siten gegen
einander gehebt hand.

Wir Arnold von Berenfels ritter burgermeister und die
räte nüwe und alte der statt Basel thůnd kunt menglichem,
mit disem brief zů einer ewiger gedenknisse diser nach-
geschribener sach, wond des menschen sinne blöde und krank
sint und daz der geschrifte empholchen wirt, wirig ist ewek-
lichen von der zůsprüch sachen und missehellung wegen, so
gewessen sint zwüschent ünsern lieben burgern und meisteren
der snider zunfte bey üns ein site und den knechten derselben
zünfte andersite, der si für üns komen warent und kament
ze beiden teilen und ouch ir anrede und widerrede vor üns
geoffnet und kuntbaret wurdent, und die wir eygenlichen von
beiden teilen innamment und verhortent als billich waz daz

wir die nüwe und alte räte uf disen nachgeschribenen tag,
als dirre brief geben ist, ob den sachen sassent und gesessen
sint und mit güter zitlicher vorbetrachtung erkantent einhelleklichen und erkennent mit dirre geschrifte, daz dieselben
teile sich hinnanthin gegen einander fründlichen halten söllent,
als hienach begriffen gelütret und geschriben stät. des ersten
habent wir erkennet und wellent ouch, wond uns daz götlich
zimlich und recht dunket sin, waz gebott erkantnisse und
ordenunge die sniderknechte dahar under einander gemachet
habent, die da berürent die snidermeister oder knechte, und
die da beschechen und gemachet sint wider der meisteren willen
rät und verhengnisse, daz sie davon genzlichen lassen söllent
by dem eide, so sie darumb vor räte und meister gesworen
hand liplich zen heiligen, und by demselben eyde hinnanthin
kein gebott ufsatz ordnunge erkantnüsse noch besserunge
under einander machen ufsetzen ordenen noch erkennen, denne
mit willen rät gunste und verhengnisse der snidermeisteren
und ir sechsen. wand hat ein knecht deheinen gebresten
oder stoss wider seinen meistere oder einen anderen meister,
daz sol er bringen für der snider meister und im denn ein
gebott mit sinen sechsen heissen machen und vor den sinen
gebresten erzalen und die lassen darumb erkennen. ist im
aber nit füglichen sin sach für die ze bringende, so mag er
sin sach für rät und meister bringen oder sin recht vor der
schultheißen gericht süchen und nemen, wederthalb es im aller-
füglichest ist; daßelbe den meisteren gegen inen ze tünde auch
behalten sol sin. also daz dehein knecht hinnanthin mehr umb
deheinerleye sach gebresten noch stoß, so er wider einen meister
hät oder gewinnet, demselben meister knechte im ze werkende
oder ze dienende verbieten sol, er beleibe hie oder kome anders-
wahin, in dehein wise. und weler daz darüber tüt, so er enweg
kommet und inen har verschribet und verbütte dem meister
nit ze werkende noch ze dienende, daz söllent doch die knechte,
so denne hie belibent und sint, nit halten bey iron vorgeschribenen eyden ane alle geverde. aber bei der ordenunge, so
die sneiderknechte gemacht hand und überkomen sint von ir
kerzen und begrebte wegen, so si zü den Augustineren hand,
und den besserungen, so si von der ungehorsamkeit wegen, als
ir nottel wiset, überkomen sint und ufgesetzet hand, söllent
und mögent sie beliben, wond sie göttlich und gerecht sint.
sie söllent aber dehein sach verhandenlen, denne mit der
snidermeisteren willen und verhengnüsse. wond, wenne si ir
besserunge ufnemmen wellent, rechnungen irs büchsengeltes
tün, büchsenmeister oder dehein ander ding besetzen, daz sol

beschechen in gegenwürtikeit eins meisters von den snideren
der inen ie ze ziten zůgeben wirt, es were denne daz die
meister keinen inen zůgeben wöltent. und welen knecht sie
nit gehorsam könden machen, oder waz si under einander ze
schaffende hand, darumb söllent si denselben snidermeister
bitten, die sach für die meister und sechse ze bringende und
iren sachen in irem nottel begriffen ustrag ze gebende. als
denne den sniderknechten ein gemeine stube ze habende verbotten ist als ouch anderen knechten, darumb so mögent iedes
meisters knechte am viertage wol in irs meisters huse dem
sie dienent zeren, also daz si deheins andern meisters noch
frömden knecht zů inen nit lassen noch ziehen söllent, bi inen
ze zerende äne ires meisters willen und wissen, aber weles
meisters wille es ist, der sol darumb kein besserunge siner
zunfte noch niemande gevallen sin in dehein wise ze gebende.
als denne die snidermeister ein summe der lönen geschöpphet
und ufgesetzt hand knechten und knaben ze gebende und nit
me noch einem für basser denne dem andern, davon söllent
sie ouch genzlichen lassen by iren eyden, so sie räte und
meister gesworen hand, und hinnanthin kein summe der lönen
schöpphen noch ufsetzen knechten und knaben ze gebende,
denne einem yglichen knecht und knaben lonen, darnach er
werken und verdienen kan; wand einer gar nutzlicher ist und
baß werken kan denne der ander, darumb einem gůten nützlichen knecht me lones ze gebende ist, denne dem, der nit
werken kan, als er. ouch söllent si einem ieglichen meister
so vil knechten gönnen und lassen in sin werkstätt setzen, als
er wil und haben mag, und niemande kein summe knechten
ze habende schöpphen noch kein besserunge daruf setzen in
dehein wise. weler teil dehein stücke vorgeschriben überfart
und nit haltet, er sie ein meister oder knecht, der sol äne
gnäde fünf guldin rät und meister vervallen sin ze gebende,
als dicke er daz tätte, äne geverde. diß unser erkantnüsse
und lüterunge vorgeschriben vor beiden teilen vorgenant in
unserm räte von wort ze wort gelessen ist und wurdent, und
by der pene alß vorstät, von uns inen gebotten ze haltent und
ze tůnd ungevarlich. und des alles ze urkůnd so haben wir
diß erkantnüsse in ünser stettebuch heißen verschriben und
zwen gelich brief gemacht, der ietwederm teile einer geben
ist, mit ünser stette kleinem ingesigel besigelt, daz si sich
hienach darnach wissent ze richtent und die stücke ze haltend.
diß ding ist beschechen und dire brief geben nach Cristi gebürt drizechenhundert nünzig und nün jar an dem nechsten
samstag nach usganden osterwochen.

25 a.

Erlaubniss des Rathes zu Strassburg, dass die Schmiedezunft zu Strassburg den Vereinbarungen der elsässischen Schmiedezünfte gegen die Knechte sich anschliesse, nebst Urfehde, welche die Schmiedeknechte schwören mussten. 1400.
(Eine Abschrift auf Papier. Strassburger Stadtarchiv Lad. 12, Nr. 9.)

Dis sint die artikele zûm ersten:

Item keine smideknecht sol kein gebot me haben, es sie in stetten oder in dörfern, noch keinen tag niergent legen noch halten, also sü vormals hant getan. und das sü ouch nieman me vür sich süllent gebieten, und süllent keime meister kein kneht me verbieten und ouch keinen gesellen me verbietent und nieman trengen nammen zû koufende. sü süllent ouch keinen kneht me vertrinken, sü habent es danne vor ervolget mit rchtem gerihte an den stetten, do es danne vürkumet. sü sullent ouch keinen meister me vertrinken noch schetzen.

Item die meistere in den stetten und in dem lande süllent ouch kein kneht lenger behalten danne ahte tage, er swere danne dise vorgeschribenen stücke zû haltende. und welher kneht daz nit sweren enwolte, den sol man stellig tûn, so lange biz das er das ouch gesweret ze haltende. und daruf so süllent alle smidemeister in den steten und ufe dem lande sweren, dise vorgeschribenen stücke zû haltende, und das sü by dem selben eide hinnan vürder kein kneht empfohent, er swere danne dise vorgeschribene dinge stete zû halten.

Man sol ouch kein kneht von handen lossen komen, er sie angegriffen oder habe gesworen nit zû entwichende, er swere danne dise stucke zû haltende, und welher kneht, der hinnan vürder komet, dise vorgeschribenen stucke nit sweren enwolte, den sol kein meister halten in disem begriffe, also verre der gonde wurt.

Es soll ouch dehein meister deheime knehte, so er müssig gat, nit verbunden sin spise zû schickende, und ouch wenne ein kneht ein werktag müssig gat, so sol ime sin meister alle werktage sehs pfenninge abe slahen, es were danne das der kneht krankheit und siechtagen halb sins libes müssig ginge. und welher kneht entwiche, und ime ein meister nachvolgende were, und an welhe stat danne der kneht hinkumpt, do sol man dem meister beraten und beholfen sin gegen dem knehte. und also habent die smideantwerke diser hienach geschribener stete und ir erber botschaft von smiden von ieglicher stat besunder alhie in unser stat gehept und sint mit dem antwerke

11*

der smide in unser stat übereinkumen der vorgeschriben stücke, das sü die halten und vollefüren wellent, und habent ouch die selben antwerke der nachgenanten stete dise vorgenanten stücke alle gesworen zü haltende, also uns unser smide zunftmeister geseit hant. und darumbe so sint wir meister und rat zu Stratzburg mit rehter urteil übereinkumen und hant es auch erteilt, das das antwerk der smide in unser stat dise vorgeschriben stücke ouch süllent sweren stete zü haltende, das sü ouch also geton und gesworen hant. actum feria tercia ante diem festi pentecostes anno domini millesimo quadringentesimo.

So ist dis die urfehte, die die smideknehte gesworen hant, die by uns und in andern steten gevangen logent:

Von des anegriffes und überkomendes wegen, so die stete und die meister hie in disem lande geton hant, do hant die knehte gesworen, nieman darumbe weder laster noch leit zü tünde noch schaffen geton werden weder heimlich noch offenliche noch sü und in selber ouch. und welher das verbrichet, der sol meineidig und erloss sin, und sol man ime das nachschriben, wo er hinkumet.

So sint dis die heren und stette in disem lande, die ir smideantwerke und smide und ouch die smideknehte in iren stetten und gebieten darzü gewisen habent, die vorgeschriben stücke und puncten sweren zü haltend: zům ersten .... item grave Friderich von Liningen, landvögte in Elsazz, item juncher Johans und juncher Ludewig, heren zu Liehtemberg, item juncher Otteman, here zü Ohzenstein, item Heinriche von Geroltzecke, here zü Lare, item juncher Smassman, here zü Rappoltzstein, item Hagenöwe, Colmar, Sletzstat, Obernehenheim, Zabern, Mollesheim, Offemburg.

26.

Erkenntniss des Raths von Basel in Sachen des Streits zwischen den Müllern und Brotbäckern wegen des Lohns der Müllerknechte. 1400.
(Pergamenturkunde mit erhaltenem Siegel. Baseler Stadtarchiv caps. R. R. sub lit. G.)

Wir Gunther marschalk ritter burgermeister und die räte nüw und alte der statt Basel tünd kunt menglichem mit disem brief, die in ansechend lesent oder hörent lessen, ze einer ewiger gedenknüsse dirre nachgeschribner dingen: als die meister der brotbekenzunft by üns in beiden stetten der grossen und kleinen Basel üns mit klag fürträgent und fürbracht hand wider die müllermeister in beiden stetten vor-

genant, wie das die selben müller si trengen und zwengen
woltent iren knechten ze lonende und ze gebend von ieder
viernzal kornes, so si tünd mälen, zwen phenning genger und
geber in ünser stätt, über daz si von alterhar dän nie me
geben hettent, denne von ieder viernzal einen phening der
münze, so ie genge und gebe gewessen sye in ünser statt
und mit der man win und bröt köffte und verkouft und
merchtet; dazü ouch ir beider teilen brief nit anders wisstent
noch wisent, denne das die hrotbeken den müllerknechten
lonen söllent, als si von alter här getän habent, des si ouch
noch alwegent willig werent und gern gebent, und hettent
ouch die müllerknecht dahar solichen lone von inen genomen;
bis nüwlingen hettent si sich dawider gespert und meyndent
zwen phening von einer virnzal ze habent, daz doch unzimlich
were; und nach dem als harkomen were, als denne ir beider
teil brief wistent und wissent, das die müller inen mit irem
vich und knechten dienen soltent und söllent, als si von alterhar getän hettent, das were daz die müller inen ieweltenhär
leyme züg und herde zü iren öffenen und notdurft geföret
hettent und füren söltent, das ouch die müller nit meyndent
fürer ze tünd und umbillichen; als ouch denne ir brief wisent,
so sölle yglicher müller einem iglichem sinem brotbecken, der
by im mälet und ein kü hät, alle vierzechen tage ein viernzal
kleiner sprüwer senden und geben; daz woltent ettelich müller
nit tün wider ir briefen sag und meindent, wele brotbeke zer
wuchen under zwelf viernzale müle, das si dem die sprüwer
nit geben soltent, das doch ir brief nit wisent; so sye ouch
dabar iewelten gesin, daz ein ieglicher müller oder sin knechte
zü dem brotbeken, der by im mül, teglichs und frü vor korn-
merchte zite gënge und den frägte ob er dehein korn köffen
wolte, sprach er denne ja, so wartet sin der müller zü dem
merkte und gienge denne dahin, da daz korn läge, das der
brotbecke an dem merkte köfft hät, und hübe dem brotbeken
sin seke uf und hulfe das korn vassen, daz meindent die
müller ouch fürer nicht ze tünd wider bescheidenheit. harumb
die vorgedachten brotbeken üns bätent ze erkennent, si by
den vorgenanten lönen und stüken lassen beliben und inen
in den ze tünd und ze halten, als vorstaut und harkomen
und geschechen were und daby schirmen und handhaben
und die müller und ir knecht dazü wisen, wond daz götlich,
zimlich und recht were. uf die vorgedachten klag und stüke
der rede vil waz von den müllern geantwurt wart in geschrift und worten, warumb si den brotbeken nit gehorsam
sin woltent noch söltent die egenanten stük von inen fürgeleit

in der mässen als die fürgeleit sint, und üns ouch bätent in den sachen ze erkennent und och ze tůnd als billich und recht were, das wir mit gůter zitlicher vorbetrachtung und raute den wir under üns gehebt hand nach kuntlicher warer erfarung und kuntschaft, so wir in den sachen mit briefen und worten erfunden hand und ingenomen und ouch nach rede und widerrede einhelleklichen niemand ze liebe noch ze leyde noch in früntschaft noch vientschaft, denne als üns ünser eyde ere und herz zů dem rechten gewiset hät, in den egenanten sachen erkennet und gesprochen hand in die wise als hienach begriffen ist und glütert. des ersten daz die brotbeken und menglich ze Basel riche und arme geistlich und weltlich in beyden ünsern stetten von ieder viernzal kornes, die gemalen wirt, nit me denne einen phening, der ie ze ziten in ünser statt Basel genge und gebe ist und mit den man win und brote köfft, geben söllent ze lone, und ouch si den und nit me nemen söllent, wond kuntlich ist und wir erfaren habent daz man inen von alterhär nit me geben hätt und geben sye ze lone, und si och by dem lone wol beliben und bestän mögent, nach dem so wůchelingen by üns in beiden stetten gemalen wirt by sibenhundert virnzal kornes oder me und das inen dazů ouch vellet von redende und in ander wege. und wër daz überfert oder überfüre und me von ieder virnzal kornes, die man mälet, denne einen phening gebe oder neme als vorstät, das der oder die üns oder ünsern nachkomen meyster und räten ze rechter pene und bessrung äne alle widerrede vervallen syent und geben söllent fünf schilling der egenanten pheningen, wie dike er daz tůt, äne gnäde. dazů ouch die müllermeister by iren alten gewonlichen lönen beliben söllent von ieder viernzal sovil stüpphe konen ze nemend, als sy von alterhär getän händ, und nemen söllent und nit me, äne alle geverde. item die müller söllent ouch den brotbecken mit iren knechten und viche dienen, als si von alterhär getän hand, das ist mit namen, daz si inen zů iren offen leyme herd und gezüg füren söllent, als dick inen daz notdürftig wirt, äne geverde, wond kuntlichen ist daz si das tůn söllent und iewelten getän hand, wie wol daz si daz in iren briefen, so si gegen einander habent wie sie vor ziten übertragen wurdent, leyme herde noch zůge nemlichen nit verschriben stät. item und weler brotbek ein ků hät, dem sol sin müller by dem er mälet alle viezechen tag ein viernzal kleiner sprůwer senden und geben nach wisung ir briefen, der brotbecke mäle ze der wuchen by im vil oder wenig, ungevarlich. item und waz ouch bessrung und gesetzte die müller oder ir knecht under inen selber ufgesetzet und gemacht hand über die brotbeken, es sye ob ein müller oder sin knecht zů sinem brotbecken vor kornmerktezite käme und in frägte ob er korn köffen welte sin wartete und ime sin segke ufhůbe sin korn, so er köfft hette ze vassende und das gern tůn wolte, oder ob einem brotbeken fügte by einem andern ze mälende und by dem mälent wurde, oder ir einer sinem brotbeken wannan seke imnaten.oder ander geschierre zů siner notdurft liche oder in ander weg im diente oder ůtzit ze früntschaft täte, in welen weg sich daz fügte, von den selben bessrungen und gesetzten allen und yglichen, insunders wie si die gemacht und ufgesetzet hånd, davon söllent si genzlichen lassen und fürer nit halten noch dehein mer über si machen in dehein wise; und hinwiderumb, hand die brotbecken oder ir knechte dehein bessrunge und gesetzte über die müller oder ir knecht gemacht anders denne von alterhär komen ist, davon söllent si ouch genzlichen lassen und ir alten brief so si gegen einander hand mit ůnser stette ingesigel besigelt mit allen iren artikeln meinungen und punten ouch gegen einander halten by gůter trůw und äne geverde und dise erkantnüsse und stück vorgeschriben habent si ze beiden teilen vor ůns by gesvornen eyden, so si darumb getän hand liplich zů den heiligen mit ufgehebten handen und gelerten worten, glopt ze haltend getrůwlichen und ze tůnd alles äne geverde. und ze urkůnd der selben dingen vorgeschriben so habend wir den brotbeken von ir vorderung und bette wegen disen brief mit ůnser stette kleinem ingesigel geben versigelt und damitte bekant, den müllern ob si es vorderent öch einen glichen brief ze gebend, und ist dise ůnser erkantnůsse vorgeschriben be- schechen und dirre brief geben nach Cristi gebürde vierzechen- hundert jare an dem nechsten donrstag nach sant Mathys tag des heiligen zwelfbotten.

27.

Brüderschaftsurkunde der Webergesellen zu Ulm. 1404.
  (Auszug bei C. Jäger, Ulm's Verfassungs-, bürgerliches und commer-
  cielles Leben im Mittelalter p. 535—539.)

28.

Brüderschaft der Kürschnerknechte zu Strassburg. 1404.
  (Pergamenturkunde mit erhaltenem Siegel. Strassburger Stadtarchiv.)

In gottes namen amen. Wir Hans von Zofingen burger zů Strassburg, Hanneman Vougt von Colmar, Conrat Berstetter von Franckenfort, Frentzelin von Behem, Hanseman Hering von Strazburg, Hans Francke, Hiltebrant von Offembburg, Ebbelin Eycheimer, Claus Haderer von Lore, Claus Missener, Heinzelin von Gengenbach, Zeltmeister von Rutelingen, Merkelin Merckewart von Esselingen, Henselin von Dynckelspühel, Cůntze Pener von Dynckelspühel, Hans Wyndecke, Mathis Harrer, Hertzog Lauwelin, Conrat Fuhs von Rotwile, Uolrich Engel von Sulgen, Henselin von Spire, Heinrich Hartman von Tüngen, Schiben knehtelin von Rütelingen, Uellin Österricher von Frenstat, Uolrich Zaberer von Strazburg, Hans Grot von Vilingen, Andreas von Behem, Rothans von Mentze, Heintzelin von Lore, Jucker von Basel, Hans und Jacob Wölfe gebrüder von Ehingen; Vasolt von der Etsche, Stillanwelin von Zabern, Stephan Lutz von Fryburg uz Bryßgowe, Berhtolt Müller von Wile, Sifrit Op von Brecheim, Berhtolt Wirt von Rotwile, Görge Unger, Tilchin von Mechel, Hans von Bysel, Hans Ertrich von Basel, Döldin Hans von Mintzemberg, Ruopprecht von Ilmstat, Claus Vischbach von Vilingen, Lauwelins sun von Zabern, Claus Grüll von Wissemburg und Claus von Oppenheim, kürsenerknehte, und alle ander knehte und gesellen kürsenerhantwerkes zů Strazburg tůnt kunt allen den, die disen brief ansehent lesent oder hörent lesen nů oder hienoch: das wir alle gemeinlichen zůsamen gegangen sint und darin geschen und bedoht habent, daz wir und alle menschen, die do kömende sint in dise welt, unser sele libe und leben nůt von uns selber hant dann alleine von den göttelichen gnoden gottes von himelriche und wol bekennent, daz alle dinge in dirre zite zergenglich sint, und ouch sicher wissent und nůt wenne noch wie, daz wir von dirre welte scheiden müssent und der erden widerumbe befolhen werden, und zu einre gedehtnůs unser aller und unsere nochkommen selen, so sint wir alle gemeinlich und einhelliklich mit rehter wissende und wolbedochtem můte got und unser lieben frowen von himelriche sinre heiligen můter Marien der himelschen künigin zů lobe und zů eren miteinander willeklich und einmůtiklich übereinkomen und hant ein ordenunge under uns selber gemaht in die nochgeschrieben wise mit gůtem willen gehelle und verhenknůss der erbern bescheiden unsere lieben meister meister Heintzeman Hirtzfelders dez zunftmeisters, meister Heintzeman seloser-meister, Hans Westermans meister, Lauwelins in der Helle meister, Henselin Müniches und der gesvornen und der andern erbern meister aller gemeinlich kürsenerhantwerkes burgere zů Strazburg, die uns ouch diz alles willeklich gegünnet und erlöbet hant, daz wir ein löbeliche kerze von wahsse der gottez helfe söllent und wellent tůn frůmen stiften

und machen und wihen in der heiligen kirchen dez huses zů
den Bredigern zů Strazburg, do wir unsere begrebede enwelt
hant, die vůrbazme ewiklich in der selben kirchen in der ere
unsers herren gottez und unser liben frowen sinre můter
Marien steteklich sin weren und bliben sol one allen abgang,
und, ob got wil, von jore zů jore gebessert werden, und daz
man die selbe kerze jerlichen selbe drizehende ander kerzen
an den heiligen vier hochzitlichen tagen und an den heiligen
vier hochgeziten unser lieben frouwen enzünden sol, wenne
die fronemesse in der selben kirchen anfohet, und bürnen
söllent die fronemesse uz und us, und daz sus alle sunnentag
alle zwölfbottentag und alle gebannen virtage durch daz
jore enweg die grosse kerze alle fronemessen alleine bürnen
sol got und unser lieben frowen von himelriche zů lobe und zů
eren, umbe daz wir und unsere nochkommen an unserme
hantwerke und alle die, die ir stüre hiezů gebent und tůnt,
in dem ewigen leben noch unsere hinfert deste e begnodet
erlůhtet und enzůndet werdent.

Zů dem ersten so hant wir die vorgenanten kůrsener
knehte und alle andere unser gesellen und knehte kürsenerhantwerkes zů Strazburg under uns selber geordent und gemaht, daz wir zwo beslützig bühssen haben söllent und wellent,
ein gross und ein cleyne, iegliche mit zweigen slüsseln, und
daz wir vier gesworren knehte under uns allen darüber setzen
und in die bühssen und ieglichem ein schlüssel dozů empfelhen,
die wir ouch gesetzet hant mit namen Hans von Zofingen, Hanneman Vouget, Conrat Berstetter und Frentzelin
von Behem die vorgenanten, und die hant ouch globet bi iren
tuwen eiden und eren daz beste und wegeste harynne ze
tůnde getruwelichen also verre sie könnent und mögent one
alle geverde. und söllent wir und alle ander kursener knehte
und gesellen, die ignoten hie zů Strozburg dienent oder hie
noch dienen werdent sie sint frömede oder heimisch, in gottes
und unser lieben frouwen namen anfahen, und unser ieglich
got und unser frowen zů lobe und zů eren zů dem anefang
geben drige gůte strazburger pfenninge in die bühsse zů der
kerzen und donoch alle wochen ewiklich ein helbeling der
egenanten münse unser ieglicher. und wellichem knaben ez
jores nů zů ziten oder hienoch giltet drige güldin lones oder
darunder, der sol geben zwene pfenninge zů dem anefang in
die bühsse und donoch jerlichen alle fronevasten zwene pfenninge. wellichem ez aber giltet über drige güldin lones, der
sol geben als vil als ein kneht mit namen drige pfennige zů
dem anefank und donoch alle wochen ein helbeling in die

buhsse. und sollen ouch die vier buhssenmeister nüt lenger buhssenmeister sin, dann ein vierteil jores und ir ieglicher die clein buhsse bi ime haben drigen wochen daz gelte darin zü empfohende in dem huse, darynne er dann dienet oder wonende ist. und söllent wir alle wochen im winter von sant Michels tag unze dem meigetag daz egenante gelte in die buhsse selber öffenlich geben und antwürten und ez bi keinen botten dohin schicken alle sunnentag, e die ziteglocke eins slehet noch mittemtag und in dem summer von dem meigetag unz sant Michelstag alle sunnentage, e ez eilfe slehet vor mittemtage; und wellicher daz zil übersesse, er were knebt oder knabe, der bessert einen halben vierling wahsses in die buhsse; übersesse ez aber ein buhssenmeister, der dann wer', oder wer' ein buhssenmeister, der dann die buhsse hette, nüt gegenwertig und gehorsam daz gelte uf die zite zü empfohende, der bessert ein vierling wahsses, ez wer' dann sache daz unser einre ungeverlich nüt in der statt Strazburg were, dem sol ez keinen schaden bringen; also balde er aber keme, so sol er sin gelte fürderlichen mornes bi der tagezite antwürten und geben one verzug.

Wellicher ouch usser Strazburg der stat keme und über ein halp jore uz wer', keme der donoch widerumb har gen Strazburg und wolte aber hie dienen und sin, so sol er anderwerbe drige pfennige zü dem anefank in die buhsse geben und donoch alle wochen ein helbeling, als vorbescheiden, ist one alle geverde.

Wir die knehte buhssenmeister und knaben söllent ouch allewegent jerlich und ewiklich an dem nehsten sunnentage noch ieglicher fronevasten in der egenanten kirchen zü den Bredigern, do die kerze hangen sol, ein messe tün lesen und sprechen in der ere gottes und sinre lieben müter Marien, und sol unser ieglicher ein güten strozburger pfennige zü der messen uf den altar opfern; und welich kneht oder knabe nüt zü dem opfer also keme und opferte, der bessert ein halben vierling wahsses in die buhsse. welicher buhssenmeister aber nüt keme und also opferte under den die dann buhssenmeister werent, der bessert ein vierling wahsses ouch in die buhsse, es were dann daz einre oder me ungeverlich nüt in der stat werent, den sol ez keinen schaden bringen; wenne sie aber köment, so sol ieglicher sinen opferpfennige fürderlich mornes in die buhsse antwürten zü glicher wise. wenne got über unser ein gebütet, daz er von dirre welte scheidet er sy kneht buhssenmeister oder knabe, so söllent wir in in unser grap zü den Bredigern zü der erden befelhen und yeme ein selemesse

tûn sprechen und ein opfer haben in aller der mossen und bi
allen penen als vorgeschriben stot, es were dann sache daz
der, der verfüre, fründe oder moge hie hette, die in anderswo
zů eyme kirchspel oder gotzhuse zů der erden befelhen woltent,
daz sol uns nût angon. wer' ez ouch, daz einre als arme were,
daz er nût so vil noch sinem tode liesse, daz man in von dem
sinen zů der erden befelhen möhte, so söllent wir doch so vil
uz der bühssen nemen, daz er zů der erden befolhen und begraben werde.

Was besserunge ouch vůrbazme ewiklich under uns knehten
bühssenmeistern und knaben hie zů Strazburg in der stat vellet,
wie die besserunge geheissen oder genant ist, do söllent wir
noch unser nochkommen niemer kein me vertrinken noch verzeren, dann wir söllent und wellent sie durch gottes und unser
lieben frowen willen, daz die domitte gelobet und geeret werdent, lossen vallen mit dem andern gelte zů der kerzen in
die bühsse.

Wer' ez ouch daz ein kneht sieche oder wunt würde oder
yme sus libes not dete daz küntlich were, dem sol man lihen
uz der bühsse uf sine pfande so vil alse die pfande getůn und
getragen mögen, also daz er sie verspreche zů lösende zů
eyme bescheiden zil, und dete er ez nût, daz man dann die
pfande möge angreifen und sie verkoufen und daz gelte widerumbe in die bühsse antwürten; hette er aber kein pfant, so
sol man yme doch lihen drige schillinge pfenninge, und sol er
die ouch globen wider ze gebende zů eyme zil. beschehe daz
nût, so sol in donoch kein meister vůrbazme setzen noch kein
kneht bi yme werken hie noch anderswo, unz daz er daz gelt
widerumbe git in die bühsse.

Ouch söllent die vier bühssenmeister diz nehste vierteil
jores bühssenmeister sin und ir einre die clein bühsse drige
wochen bi yme haben und daz gelte darin empfohen, daz
wir alle danne geben söllent oder von besserunge wegen vellet,
und im winter dez geltez warten zů empfohen zwo ganze
stunde vor dem, daz ez eins slehet noch mittemtage und ym
summer ouch zwo stunde vor dem, daz ez eilfe slehet vor
mittemtage und ouch bi sinen eren sin selbez gelt, daz er die
wile geben sol ouch darin tůn. und wenne sine drige wochen
uzkomment, so söllent die vier bühssenmeister zůsamen gon
und die clein bühsse uftůn und daz gelt daruz nemen und
ez zalen und ez widerumbe darin schütten und die bühsse
besliessen, umbe daz man eigentlich wisse waz ieglicher sine
drige wochen empfangen habe, und dann die bühsse aber eim
andern drige wochen befelhen, also ie ir einre dem andern in

die vorgeschrieben wise. und wenne daz vierteil jores vergot, so söllent die vier bühssenmeister und wir die knehte und gesellen alle dez hantwerkes gemeinlich zûsamen gon und die bühssenmeister die clein bühsse ufsliessen und daz gelte daruz nemen und ez öffenlichen zalen und ez schûtten in die gross bühsse, umbe daz man eigentlich wisse wie vil geltez iegliche vier bühssen meister ir vierteil jor empfangen habent; und wenne daz beschiht, so söllent die vier bühssenmeister die zwo bühssen widerumbe besliessen, und die selben bühssenmeister und wir die knehte und gesellen alle gemeinlich vier ander erber bühssenmeister under uns welen und kiesen und in die bühssen und slüssel empfelhen daz gelte ouch zû empfohende getruwelich und zû antwürtende daz nehste vierteil jores donoch, und darnoch alle vierteil jores vier ander setzen yemer me ewiklich in alle wise und wege als vorgeschriben stot.

Es söllent ouch die vier buhssenmeister, die ignoten sint oder hie noch werden, bi iren eiden und eren iegliche ir vierteil jores daz gelt ernstlich und getuwelich empfohen und die grosse buhsse nût uftûn noch darüber gon, wir die knehte und gesellen alle oder der mere teil under uns sint dann gegenwertig, und söllent ouch die vier bühssenmeister die dann sint über die clein bûhz nût gen noch sie uftûn, sie sint dann alle vier bieinander.

Wir söllent ouch alle besorgen und bestellen daz wir die grosse bühsse setzent und bevelhent an die ende und stette, do wir dann truwent, daz sû uns allen getruwelichen behût und behalten sy.

Wer' ez ouch, daz der vier bühssenmeister, die wir ignoten gesetzt hant und hie noch setzende werdent, dheinre in dem vierteil jores, als er bühssenmeister were, von todez wegen abgienge und stûrbe, daz got lange wende, oder die stat Strazburg verlûre oder sus hinnan kcme wie daz were, so söllent die übrigen drige ein andern an sine stat under uns knehten und gesellen allen zû in welen und setzen daz vierteil jores uz, der sie dann uf ir truwe dunket nûtze und gût do zû sin ungeverlich. und weliche ie zû bühssenmeistern vor oder noch also erwelt werdent, die söllent gehorsam sin die bühsse und slüssel zu empfohende, und sol sich keinre dowider nût setzen in dheinem weg one alle geverde.

Wenne ez ouch were, daz die bühsse mit gelte als riche würde, noch dem so die kerze mit dem daz dozû gehôrt gefrûmet und vollebraht wûrt, daz wir doch zû got getuwent daz ez in kurzen ziten beschehen sölle, so söllent wir solich

gelte, daz uns jores über den brant der kerzen überbliben
mag, anlegen an stankerzen oder an messegewant oder an
altargewote wie wir ez dann einhelleklich miteinander über-
komment, umbe daz got von himelriche und sin liebe müter
Maria ewiklich domitte gelopt und geeret werdent; und
söllent ouch solich gelte daz wir also ufhebent und sammenent
ewiklich in unser keins nutze sus anders bekeren noch be-
wenden in dheinen weg one alle geverde.

Wir söllent und wellent ouch alle vorgeschrieben dinge
und iegliches besunder vür uns und alle unser nachkommen
knehte knaben und gesellen and dem egenanten hantwerke
die ignoten hie zů Strazburg sint oder harnoch harkomment
oder hie werdent, sie sint frömede oder heimische, bi unsern
tuwen eiden und eren halten und vollefüren ewiklich one allez
absagen und widerrüffen.

Und weliche knehte oder knaben hienoch harkomcnt in
die egenante stat Strazburg und hie dienen und sin wellent,
die söllent ez ouch also halten und ir gelte zů stunt rihten
und geben zů dem anfank und donoch allezite und zile bi
den penen glicher wise als wir und von den knehten und
knaben vor unterscheiden ist. welicher daz aber nůt dete
oder nůt tůn wolte, daz wir doch nůt getruwent, er were
frömde oder heimsche, den sol kein meister hie setzen noch
kein knehte noch knabe bi yme hie würken heimlich noch
öffenlich in dhein weg, er gebe dann sin gelte und besserunge,
ob er die verfiel glicher wise als wir und vorgeschrieben
stot und unterscheiden ist.

Doch weliche knehte und gesellen ignoten oder hie noch
mit dem egenanten hantwerke dienent und nůt mit namen
harinne geschrieben stonde, die sol diz allessammett nůt angon,
dann so vil als sie von eigem gůten willen gerne tůn wellent
und nůt anders, one alle geverde.

Und umbe daz das dise ordenunge und die vorgeschriben
dinge mit der gottez helfe vürgang habent und ewiklich stete
veste creftig und mehtig sint und blibent one allen abegang,
so hant wir alle früntlich und ernstlich gemeinlich gebetten
die vorgenanten erbern meister meister Heintzeman Hirtze-
felder den zunftmeister, meister Heintzeman selosermeister,
Hans Westerman meister, Lauwelin in der Hellen und meister
Henselin Münich und die geswornen meister und die andern
erber meistere alle gemeinlich kürsenerhantwerkes zů Strazburg, daz sie irs hantwerkes ingesigel uns und unsern nochkommen jemer me ewiklich dez zů besagende und zů einre

bestetigunge aller vorgeschriben dinge vûr uns öffenlich hant
gehenket an disen gegenwertigen brief. daz ouch wir die
selben der zunftmeister und die andern meister genant und
ungenant und die geswornen alle gemeinlich dez vorgenanten
hantwerkes veriehent und durch ir aller beede wille in gezûgnûs wise geton hant, wande sie dise ordenunge under in
selber gemaht und alle vorgeschriben dinge mit unserm gûten
willen wissende und gehelle geton habent und in ouch mit
urteil erkant worden ist, disen brief durch ir aller betde
willen in gezûgnûs wise zû besigelnde, der geben wart an dem
nehsten samestag vor sant Michels tag dez heiligen erzengelz
in dem jor do man zalte von gottez gebûrte tusent vier hundert und vier jore.

29.

**Notiz betreffs Verfügung über das Vermögen der aufgehobenen
Brüderschaft der Kürschnerknechte zu Strassburg. 1426.**
(Auf der Rückseite der vorbezeichneten Urkunde.)

Ordenung der kursenerbruderschaft, so sy sampt irer hab
halb ins platerhus und das ander halb in das gemein almusen
geben uf mitwuch p. q. Cantate anno 1426.

30.

**Verbot der besonderen Statuten der Schuhmachergesellen zu
Constanz. 5. Jan. 1407.**
(Mone, Ztschrft. f. Gesch. des Oberrh. XIII p. 155.)

31.

**Confirmation der Gesell- und Brüderschaftsordnung der Müller-
und Bäckerknechte zu Speier von 1410 und 1411. 1474.**
(Pergamenturkunde mit zwei erhaltenen Siegeln. Speierisches Stadtarchiv. Urkunde Nr. 400.)

Wir die burgermeister und der rat zûû Spyer bekennen
offenlichen in und mit craft diß briefs, daz uns die gesellen
der müller- und beckerknechtgeselschaft in unser stat Spier
zwen bergamenen unversigelten briefe, der eyn eyn ordenung
irer geselschaft, der ander ir bruderschaft besagende fürbracht
und demüttiglichen gebetten haben, die zu lesen zu sehen und
zu horen von wort zu wort. und der erste also stunde:
Es ist zû wissen, daz wir beckerknecht hie zu Spyer in
dem jare als man zalte dusent vier hundert und eylfe jare
haben wir beckerknecht, die dazumal dinstlich hye zu Spyer
wonhaftig warn, hernuwert und gepessert den briefe unser der

beckerknecht recht und gewonliche pünte und gesetzte als dann von alter gewonheit etlicher maßen herkomen ist. zü dem ersten sol man viere stubenmeister kiesen uß den gesellen gemeynlichen, der solent zweine eyn monadt die gesellen us-richten und stubenmeister sin und die andern zwen den andern monadt; und also eyn monadt umb den andern eyn halbe jare dazuschen sollen die ußgenden den ingenden alle monadt rechnuge thün, und wann daz halbe jar eyn ende hat, so solle eyn soliche erwelünge dürch alle gesellen aber geschen als vorberurt ist. item so der gesellen eyner oder mee erkorn wirt zu stubenmeistern, als dicke er sich sin dann wiedert biß zu dem drytten mal, als dicke soll er die penn geben öne gnade; die pen davon und von allen brüchen ist eyn halbe vierteyl wins, aber nach dem dryetten mall würde er nit desto weider von den gesellen gehalten. item alle wochen solent die zwen stubenmeister zwen würt kiesen uß den gesellen, die solent uf der stuben sin, so es zwolfe schlecht, das sie daz geschire swenken by der vorgenanten penn, den mag man gnade thün, begert er ire. item die stubenmeister sollen uf der stüben sin, so es eyns schlecht, auch by der vorgenanten penn; die sollen dann also der gesellen warten, biß ez zweye schlecht, kompt dann keyn gesell, so mögen die meister und die würt eyn halbe vierteyl wins hollen und drinken und sollen den selben win uf die nehst ürthen slagen darnach. item ez soll kein wurt schenken one der stübenmeister willen so wins gange uf dem dische ist, so solle auch kein geselle uß keyner flaschen schenken öne der stubenmeister willen oder heisen; ez soll auch kein gesell uß keyner kannen drinken; es soll auch keyn gesell ob der stubenmeister dysche essen oder drynken, er werde dan von inen berufet, und diß allez by der vorgenanten penn. item die würt und die stubenmeister solent die ürthen allein machen, und soll kein geselle one iren willen und heyßenn zu innen geen by der penn. item diser pünte soll zu dem ersten und gelesen werden, daz die stübe soll gemein sin allen gesellen, wer da wil unbezwongenlich. item so der stubenmeister eyner nit mage dagesin, so soll er der alten stubenmeister eynen bitten an sin stat. item ez soll kein würt spielen öne der stubenmeister erlaubünge, noch soll auch kein stubenmeister spielen öne sins gesellen erlaubung auch by der vorgenanten penn. item ez soll auch keyn gesell spieln uf der müern oder uf dem salzhöfe by der vorgenanten pen, dem mage man gnade thün, begert er sie. item welicher under den gesellen der ander eynen sehe spieln an den vor-genanten verbotten stetten, und den nit ruget noch fürbrecht,

der ist zwiefaltige penn schuldig. item welicher gesell vor
der ürthen spielt und hinwege geet und nit ûrten drinket,
der soll ganze ûrthen geben, und welicher spielet nach der
ürthen und der nit ûrthen gehapt hat, der soll halbe ürthen
geben, allez by der vorgenanten penn. item heyset aber der
gesellen eyner der stubenmeister eynen liegen, daz ist auch
zwiefaltige penn öne gnade. item woe zwen gesellen mit eynander kriegen, und sie die stübenmeister heyssent swigen zu
eyner zu dem andern zü dem dryetten maln, und sie dann nit
swigen, die hant die penn verlorn. item welicher gesell den
andern heyset liegen, der hat die penn verlorn öne gnade.
item woe eyn gesell dem andern in zorn und in kriege fluchet
den rieten die büel daz vallent übel oder soliche floche, dyr
man mydden soll, ist die penn verfallen öne gnade. item
welicher gesell gezucket eyn tegen eyn messer eyn kann, oder
waz er dann zuket zu frevel, der hat die penn verloren öne
gnade. worft stiechet oder schlecht aber eyner, darnach dann
der schade ist, darnach sol man richten; und waz uf der stuben
geschicht, daz sol man uf der stuben richten, und keyner soll
dehein sach von der stoben ziehen, daz daruf gescheen ist.
item welicher eyn kann eyn kruse eyn glase, oder waz man
uf der stuben brucht, zurbrecht, der soll ez bezalen. item zu
winterzyt so man die liechter ufzünet, so solent die stubenmeister daz erst liecht stecken fur unsers herren marteylbielde
und das soll kein gesell herabenemen by der penn. auch sol
kein gesell kein lieht nemen noch hinweg tragen one der
stubenmeister willen by der vorgenanten penn. item ez solent
auch die würt den stubenmeistern gehorsam sin, was sie sie
heyssen hollen, wynn brot, und waz nottorftig ist uf der stuben,
öne widderredde by der vorgenanten pen. item ez ensoll
kein gesell kein karthe hinwegtragen oder zurryssen by der
pen. item es eynsoll kein gesll uber daz ez sieben schlecht
uf der stuben bliben one dez würtz willen by der penn ön
geverde. item so die ürthen gemacht wurt, so soll man daz
geschyre ufheben, und ofter dez sint die stubenmeister und
die würt unverbünden uf der stuben zu bliben. item man
sollen keynen gesellen kein urten bürgen, er habe dann eyn
meister, so mage man im achtag burgen ungeverlichen; wer' ez
auch daz uf eyn zyt die gesellen kein stube hetten, so solten
die liesten stübenmeister mit der gesellen wissen·daz geschier
kannen flaschen gleser und krusen, oder waz der gesellen ist
und uf der stuben geprucht wurt, in unser frauwen arche zu
den barfusen beschliesen, daz ez versorgt und behalten werde.
item ez ensoll kein geselle kein gemein frauwe in die urten

furen noch darin berufen noch drinken geben, sie gee dann vor dem dische hin by der penn.

Der ander ludet also: In dem jare, da man zalte von Cristi gebürte düsent vierhundert und zehen jare, habent die erwürdigen bruder und gesellen mit namen der beckerknecht und mülerknecht got dem almechtigen zu lobe und zü ern Maria siner lieben muter und irm libe und selen zu drost und zu hülfe, mit namen wann sie von hinden scheyden sollen da got lange vor sye, eyn erwurdige bruderschaft und geselschaft angefangen by den ersamen und geistlichen brudern hie zü Spier zu den Barfußen und orden und machen daz zu dem ersten mal also: item zu dem ersten malle orden und machen sie, daz man eynen yeglichen knecht der under inn in ir bruderschaft syeche oder krank würt, daz man dem lihen soll drytten halb schieling pfenig zu styer in siner krankheit und siechtagen ob ez im not thet oder thüt; hielfet ime aber unser hergot daz er wieder gesünt würdet und widder erbeyten moge, so soll er die dryetthalb schieling pfenig widder bezalen. dethe ime aber me not in deßelben suchet und krankheit, daz er nit gesunt würd, so sol man im lihen uf sin pfant; stürbe er, so sol man bezalen von dem, daz er dann leset. zu dem andern machent sie, wer der knecht ist der da verdienet eyn schieling pfenig zu der wochen, der soll geben in die buchse der bruderschaft eyn pfenig; der knecht, der do nit als vill verdienet als sehs pfenig oder acht pfenig oder nüne pfenig, der solle geben eyn heller. auch wollen wir, daz yederman sin gelt alle süntage brynge und ez auch nit lenger verziehe dann viere wochen; wer' ez aber, daz es nit geschee in dem ziel, und eyner hinwek ginge one wissen und urlaup der buchsenmeister, der soll verfallen sin den knechten dirre bruderschaft eyn gulden in die buchse, er were fil schuldig oder wendig. zü dem dryetten male orden unde machen sie dem herrn und bruder, der eyn sacristan ist eyn schieling pfenig alle fronnfasten daz er die kerzen entzonde alle sündag, die hangen in der kierchen vor unser lieben frauwen altare. zu dem vierdenmall orden und machen sie, daz alle die knecht die hie zu Spier in dirre bruderschaft sint, die sollen komen an den sonntagen alle sampt mit eynander an den fronfasten zu der singenden selmesse, die in gesüngen wirt zu den Barfusen, und sollen da bringen ire opfer. mocht aber eyner nit komen vor sins meisters arbeyt, so lyhe man ime sin opfere dar, also daz er ez bezall in achtagen; thet er daz nit, so soll er vier pfenig verfallen sin in die buchse der bruderschaft; det er daz aber nit by der vorgemelten penn, so soll er der erbern geselschaft und brüderschaft verwiset sin in aller form und wise und sol sie von nuwen keufen. wer' ez aber sache, dez es eyner knecht ließ von mûtwillen daz man ez gewar wurde, daz er nit in der meß quem und auch sin penn nit engebe, der müst auch von nuwem die bruderschaft keufen als eyn fremder. zu dem funften malle orden sie und machen, daz alle die die in dirre bruderschaft sint daz die solent komen zu den Barfûsen an unser lieben hern fronnlichenamstage, so man daz heilige wurdige sacrament umbdreyt; darumb weliche da nit queme und uß verliebent, die sint verfallen der bruder-schaft eyn halbe pfunt wachse; hant sie aber urlaub von den buchsenmeistern, so verliesen sie nust. zu dem sehestenmal orden und machen sie, weliche zwen die buchse hant und die slusel, die selben solent sie nit lenger han dann viere wochen; wer'ez sach das sie sie lenger behielten achtage uber daz ziel und den andern nüst davon seyten, das sie zwen ander koren oder mechten, die solent verfallen sin der bruderschaft yeg-licher eyn pfunt wachse. zu dem siebenen mal orden und machent sie, wer'ez sache, daz eyner in der bruderschaft were hie zu Spier anderßwoehin queme und da storbe da got lange vor sye, dem sol man sinen tot begen als wer' er hie gestorben. zu dem achtenmal ordent und machent sie, wer'ez sache daz ir eyner anderswoehin keme, der da het die bruderschaft eyn wegk als den andern hie zu Spyer, queme er aber herwidder und ging müssig, so wer' sie dannoch sin; worde er aber er-beyten, so sol er dûn als eyn ander knecht als vorgeschriben stat von dem schieling pfenig zu der wochen eyn pfenig, ver-dienet er mynder, so gyt er eyn heller; auch orden und machen sie, daz zwen buwemeister sol setzen ye zwen eyn halbe jar und ob eyner dazuschen abging, so sol man eyn andern setzen an die selbe stat, die solent thun und lassen, waz der bruderschaft nütz und gut ist. darzu solent inn die andern brüder und gesellen beholfen sin, und auch welicher gesell oder bruder darwidder sprech oder thet, der soll ver-fallen sin der gemeyn bruderschaft eyn halb pfunt wachse. auch orden und machen sie die müllerknecht und becker-knecht, daz alle vierzehen tag ye zwen ye eyn mullerknecht und eyn beckerknecht mit eynander sollen gen von huse zu huse oder woe sie die gesellen wißen zu finden und sollen innen verkunden, das sie da geben in die buchse was sie darin schuldig sint; und ob sie daz nit techten und ungehorsam wernt zu dem selben mal oder darzu den viere fronfasten gebotten, und welicher dann auch nit queme zu den vorgemelten ge-potten wan im gepüt, der soll zü pen geben den gesellen eyn

halb vierteil wins on gnade; begert er gnade, so soll er eyn
maß geben und mit dem besten; wer' aber sach, daz eyn
buchsenmeister ime nit gepot und ez versumpt, den sol man
zwiefaltig busen, mit namen soll er geben eyn virteil wins one
gnade; begert er gnade, so soll er geben eyn halbe vierteil
gutz wins angeverlich als in der margt leret. auch orden und
machent sie daz man alle vier wochen die buchsen zusamen-
tragen und sie ußleren und daz gelte in die groß buchse
thûe. auch orden und machen sie, wann und welich zyt sie
zůsamen zům gepotte ez sye winter oder sommer, so sollen
sie mit namen in dem closter zu den barfusen zůchtigesin und
ire swigen halten durch heißünge ir buchsenmeister; und
welicher buchsenmeister der gesellen eynen hieß swigen zů
eynen mall zu dem andern male zu dem drytten mal, und
welicher dann nit swiege, der gebe den gesellen auch eyn halbe
vierteyl wins ön gnade; begert er gnade, so gyt er eyn mase;
und by eyner maß wins one gnade solle keiner die schelle in
dem reuental klenken noch lutten. auch ist zů wissen daz
uns die erbern herren und geistlichen brüder zů den Barfusen
by den unser kerze hanget in der kirchen vor unser lieben
frauen altare auch gûnen und geben haben eyn begrebede in
ire kierchen hinden by der lesten döre da sie auch selber
begraben spûlgen zu ligen, und sint drye serge und stein die
mit unserm zeichen gezeygent sint als an unsern kerzen
und liechtern auch sint, das wir da unse ruge solent haben,
wann unser eyner nach dem andern got ist berufen von dirre
welent; auch thůnt uns die ersamen und geistlichen vetter
und brůder die fruntschaft und tügende, das man unser in-
sünderheit gedenkt uf dem predigestüle in allen predigen
und durch die veter und bruder irs ordens die dann daz gotz-
wort dem gemeinen volke verkunden sint, das man den almechtigen got vor uns bitte. auch orden und machen sie, welicher
bruder und gesell die vorgemelten ordeünge und pen nit halten wolten die wir gemeinlichen in disen briefe geschrieben
und gemacht haben, den soll man die arbeit verbieten; und
ob es were daz eyn meister eyn knecht daruber wollt halten
wieder daz gebotte und ordenung der gesellen, dem selben
meister soll kein knechte arbeyten als lange und als vil, byß
daz ers mit den brüdern und gesellen eyns wurdet, desselben
glichen wollen wir innen auch widder thůn.

Und nach dem wir soliche zwen briefe gehort und gelesen,
ließen die obgenanten gesellen der müller- und beckenknecht-
geselschaft als von ire und aller ire nachkomen wegen uns für-
und anbringen, wiewolle sie sich solicher ordenunge beytrirer

12*

geselschaft und bruderschaft bisher so lange und dat. der
gemelten briefe besagten gehalten hetten, so würde doch von
etlichen understanden inn daran abbruch und beschedigunge
zu thunde, damit sie villicht us solicher ir lang herbrachten
brüderschaft und ordeünge gezogen und in verstorrünge bracht
werden möchten; uf daz nüe solichs verkomen, hetten sie uns
soliche ordeünge der geselschaft und ire brüderschaft furbracht,
bätten und begerten an uns als ire herren innen die zu
bewilligen und zu confirmieren, damit sie und alle ire nachkomen gepflichtigt wern der sich zu halten und nachzukomen,
auch innen zu vergünden, sünderlichen den ihennen den solichs
dürch ir qür uß innen befollen werden, obe eynycher uß inn
kunftigen zytten solichs überfüre nach innhalt obgeschribener
briefe, den selben zu büssen und zu beßern, und ob sie
etliche lichtfertige unredenliche und unendelichen under inn
erfinden, die selben der glichemassen auch zu büchsen und zu
strafen nach eyner yeglichen sachen gelegenheit, und doch also,
ob innen die gnade von uns geschee und solichs zugegeben,
ob dann eynychen, der also gestrafft oder gebüset würde umbe
was sachen daz were nust ußgenomen, bedächte oder bedünken
wollt daz er durch ire büß und straffe beswert in welichem
wege wise oder schin daz geschee oder gescheen möcht, das
so dann der selbe sich so dicke und vil sich begeben und im
notte sin würde fur uns fordern, und so derselbe also sin sache
für uns gezogen, daz ime so dann die gesellen folg thün fur
uns komen sich ire gespenn lassen entscheiden, und wie wir
sie in yeglicher zyt darumbe entscheiden, daz es daby bliben
sollt gutwilliglichen gerichten zü bestetten und zu geben.

Und so wir nü solich obgemelt zwen briefe offenlichen
verlessen gehort und darin ordenung, die inne eyner yeder
samelünge not ist, der gemein der geselschaft der gemelten
müler- und beckerknecht erfunden, damit sie ir gemeinsame
in frieden und gemache behalten, darzu die ander die bruderschaft besagende gotliche und ernliche wolbedacht angesehen,
deshalbe wir beide ietzgemelt ordeunge und bruderschaft
der vernüft gliche und hellende erfünden haben; darumbe
der gemelten geselschaft bette für sich und ire nachkomen
gemelter maße an uns gelangt bedacht und angesehen; und
so wir uß unser oberkeit billichen darzu geneigt frieden und
gemache der unsern und unsern underthonnen und sunderlichen gotzdinste zü fordern und zu hanthaben, so ferre an
uns ist: herumbe so haben wir den gemelten gesellen der
geselschaft der müler- und beckerknecht soliche ire fürbracht
und obgemelt ordeunge und bruderschaft uß zyttigen rade

und guten furbetrachtunge mit rechten wissen zuglassen ver-
nüwet confirmirt und bestet, zulassen vernüwern confirmiren
und bestetten auch die selben in craft dis briefs, wollen und
gebitten auch allen und ieglichen knechten und geselschaften
der gemelten müller- und beckerknechtgeselschaft der selben
ordeunge und bruderschaft in allen und yeglichen· pünten hinfur zu ewigen tagen nachzukomen; geben innen auch vollen
gwalt ganz möge und macht under innen zu yelicher fug-
licher zyt meister zu setzen die ordeung und bruderschaft zu
hanthaben und zu halten und alle und yegliche uberfarer derselben auch mißdetter oder unenlich gesellen, obe sie die
under innen erfaren, zimlichen zü strafen; doch also obe eynycher oder me von innen gestraft umbe was sach daz were
der sich beducht verkurzt oder beswert und fur uns heischen
würde, daz dann die selben gesellen der gemelten müller- und
beckerknechtgeselschaft von ire straffe sten dem heischenden
nachfolge für uns thün und wie wir sie darumbe und umbe
ire gespenn entscheiden das es billich daby blibe und von
beiden teil dem nachkomen folzogen und gehalten werde. und
uf daz den gemelten gesellen der müller und beckerknechtgeselschaft ire follmerglicher geschee und sie desto füglicher
by solicher ordeünge und bruderschaft bliben mögen, setzen
wollen und gebitten wir allen und yeglichen unsern burgern
beckern in unser stat und gebiet Spier auch den gemelten
müller- und beckerknechten, die knechtzlönne empfahen und
uns mit geschoß hütten wachen auch andern beswerüngen
als unser burger nit gewertige sint so yetzunt hie sint oder
nachmals in künftigen zytten her in unser stat Spire komen
werden, nüe fürterhin zü yeglicher zytte ime jare keynen in
iren dienste oder geselschaft zü ewigen tagen nit uf zü nemen
oder komen zü lassen, er globe dan zuvor mit truwen an eit
stat dem meister by dem er dienen will und auch den meistern der gemelten geselschaft, soliche obgemelt zwen briefe
die ordeünge ire geselschaft und ir brüderschaft auch dis
unser confirmirünge und hernuwerüng in allen und yeglichen
stücken pünten und artikeln ware stet veste und unverbruch-
lichen zü halten und sich rechtz umb allez daz, so er mit den
meistern den müllern beckern der zünfte den gesellen der
geselschaft den knechten sampt oder sunderlichen oder sünßt
in eynychen wege mit yemans den unsern wer der were zu
thun gewonn, alhie zü Spire mit recht fur rade oder wo der
radt daz hin wisen wurde und niergenz anderswoe uszutragen
und sich rechtz fur uns one alle fürrer usschellen oder uß-
laufen benügen zu lasen sunder alle geverde; und sollen auch

die meister der zunft eynen jeglichen gesellen, der also zü
innen in iren dinste kompt und ufgenomen wurdt, uf daz den
obgemelten dingen allen und yeglichen öne fürteil nachkomen
und vollenzogen werden, in anbeginde sins dinsts sin namen
besunderlichen ufzeichen und beschriben. wir haben auch
den genanten gesellen der müller- und beckerknechtgeselschaft gegonnet, das sie uf ir dringstoben under inn selbst schlech-
tiglichen und ungeverlichen umbe eyn pfenig oder zwen spielen mögent und soll der platzmeister nit zu inne daruf genn
oder kennen knecht zu inn darufe schicken, doch also das sie
allein under inn selbs ungverlichen obgemelter mass spieln
und niemantz fremdes der nit in ire bruderschaft oder geselschaft horet daruf spielen lasen, in allen und yeglichen obgemelten dingen sampt und sunderlichen uns unser oberkeit
und herlichkit anderunge minderunge und merrunge furbe-
halten. und zu gezugniss obgeschribner dinge haben wir diser
unser vernuwerunge und bestetigung zwen briefe under unserm angehenkten secret insigel versigelt, der wir eynen inhaben und den andern der gemelten geselschaft der müller-
und beckerknecht uf ir fließige bette und begerunge thun
übergeben und zu noch merer zugnisse und glauben so haben
wir die obgenanten gesellen gemeinlichen der geselschaft der
müller- und beckerknecht zu Spire fur uns und alle unser
nachkomen mit fliß gepetten und erbetten den notvesten
jünker Hannsen Stefen von Inselthern unsern lieben junk-
hern, das er uns und unser nachkomen aller obgeschribner
dinge zu besagen syn insigel an die gemelten zwen briefe
auch henken woll, daz ich der genant Hanns Stefen auch
also erken von bette der genanten gesellen der gemelten muler-
und beckerknechtgeselschaft gethon und myn insigel offenlich heran han thûn henken doch mir und minen erben one
schaden. geben und gescheen in dem jar als man zalte dusent
vierhundert siebenzig und viere jare uf samstag nach sant
Allexius tag.

32.

Der Rath zu Constanz bittet jenen zu Strassburg, Vorkeh-
    rungen gegen Auftreibung Constanzer Schneidergesellen
    zu treffen. 1410.
(Originalbrief. Strassburger Stadtarchiv Lad. 12 Nr. 19.)

Fürsichtigen wisen besundern lieben und güten fründe.
ûnser früntlich willig dienst sigen ûch allezit von uns voran
geschriben. besundern güten fründ. wir tûnd ûch ze wissen,
das vor etwivil ziten die schniderkneht, die bi uns dienten,

mengerlay ordenungen under ainander gesetzt und geordnet
hatten, die wider uns und die schnidermaister warent, das
namen wir in ab und hielten si, das sy davon lössen mûssten,
ald welem das nit fûklich wer', der möcht enweg gan. also
giengen etlich enweg, ir etlich die belibend. das hat sich nu
also sefûgt, so die zû ûch hinab koment, der zil hie us ist,
so wend ûwer schniderkneht die bussen und straufen umb
daz, das sy beliben sind, ald wend aber von in ufstan und
bi in nit mer arbaiten und würken, das uns unbillich nimpt
und uns und dem land grossen kumber bringen mag. als
ûwer wishait wol vorstat, bitten wir ûch frûntlich und ernst-
lichinnen durch ûnser dienst willen, das ir der sach noch-
gedenkint und ûwer ernste und ûwer veraingen darzû tûgen,
das das by ûch ouch gewendt werde, das ir und wir und ûwer
und ûnser schnidermeister solicher nûwrungen und solicher
bôsen louf von den knechten entladen und überhept werden.
das wellen wir mit willen gern umb ûch gedienen, und sand
ûns darumb ûwer verschriben antwurt wider wissen bi dem
botten. geben an samstag vor Oswaldi teg anno 1410.

Burgermaister und rate ze Costentz.

Den gar fursichtigen ersamen nnd wisen dem meister
und dem rate der statt zû Strassburg unsern besundern lieben
und gûten frûnden (in verso).

33.

**Der Rath zu Schaffhausen schreibt an jenen zu Strassburg
wegen gemeinsamer Vorkehrungen gegen die Auftreibung
Constanzer Schneidergesellen. 1410.**
(Originalbrief. Strassburger Stadtarchiv Lad. 12 Nr. 19).

Unser willig dienst vor unsern lieben frûnd. als ûch
unser gûtten frund der burgermaister und rat ze Costenz ver-
schrieben hand von des gebresten wegen, so den maistern
snidernhantwerks von iren knechten anlidten und ouch umb
den mûttwillen den si mit inen tribent, dieselben gebresten
und mûttwillen wir unsern sniderknechten erzellet und in unser
mainung darus ze verstân geben haben mit solichen furworten,
das si hinfûr davon lassen söllent, welher aber das nit myden
welt, das der von unser statt gân und fûrbas darin nit komen
sol: bitten wir ûch ouch mit allem ernst flissig der sach nach-
zegedenken und niner fûrdrung darzû ze tûnd, daz solich löff
und mûtwille nidergeleit und gewendt werdent. wän das
durft ist, kunnen wir daz in glichen und merren sachen umb
ûch gedienen, söllent ir uns allzit willig vinden. ûwer antwurt

verschriben by dem botten. geben an sant Laurentyen anbent anno 1410.

Vogt und rat ze Schaffhusen.

Den fürsichtigen und wisen dem burgermaister und rat zu Strasburg unsern besundern güten fründen (in verso).

34.

Der Rath zu Kaysersberg schreibt an jenen zu Strassburg wegen eines Strassburger Schneiderknechts, der einem Kaysersberger Meister die Gesellen verboten hat. Anfang des 16. Jahrh.

(Originalbrief. Strassburger Stadtarchiv Lad. 12 Nr. 19).

Den ersamen fürsichtigen unsern und bescheiden dem meister und dem rate ze Strasburg entbiten wir unsern gewilligen dienst. lieben fründe. alz hant unsre erbern botten vor ziten wol fürbraht, wie ir und andere der richestette botten unsre fründe mit einander geret hant von der antwerkknehte wegen besunder schühemacher- und sniderkneht, wie die gerichte under inen selber haltent und schultheissen und heger und amplüte under inen satzent und den gehorsam sint, danne den herscheften und meistern und reten, under den sü denne wonende sint, daz doch wider daz rich ist und richen und armen in dem lande wonende grossen schaden bringet. nun hant ir der selben knehte einen by üch wonende als uns fürkommen ist, heisset Rosenzwig, der het eimen meister by uns wonende schühemacherantwerkes, heisset meister Snewelin, knehte verbotten, alz im daz ander knehte sins antwerkes kunt geton hant, über daz das er doch nüt mit im ze tünde hat denne gütes alz er sprichet, und leit im sine werkstat müssig und bringet in zü grossem verderplichen schaden und bringet in darzü daz er von dem riche wichen müs. und darumb lieben frunde so bitten wir üch fruntlich mit allem ernste umb unsern dienst, daz ir denselben kneht ufhalten wellent und in darzü wisen, daz er den unsern semliches schaden über hab hat nüt an in zo sprechende, do mog er harfür uns kommen. wir wellent im von dem unsern unverzögenliche reht tün, daz er doch billichen von im ufnümpt und in darüber üngeschediget lot. lieben fründe. tünt harzü alz wir üch des besunder wol getrouwen und ir woltent daz wir tetten in semlichen und in merren sachen. uwer antworte. dat. fer. quinta ante purificationem sanctae Mariae virginis.

Meister und rat ze Kysersborg.

Den ersamnen fürsichtigen wisen und bescheiden dem meister und dem rate ze Strasbrug unsern güten fründen (in verso).

35.

Verbot des Müssiggangs der Handwerksknechte in Strassburg. 1411.

(Hegel, die Chroniken der oberrh. Städte, Strassburg II, p. 1029).

36.

Die Gerberknechte schwören, von dem Bund abzulassen, den sie wider ihre Meister gemacht haben. 1414.

(Strassburger Stadtarchiv Lad. 12 Nr. 24).

Von sollicher zweyunge und spenne wegen, die da gewesen sind zwuschent den gerwern meistern der stette zů Strassburg uf ein und den gerwerknehten hienach genanten andersite von solliches bundes wegen, so die selben kneht gemaht hettent wider die obgenanten gerwermeister, also sind bede parten derselben irer gespenn gütlich mit irer bedersite wissen und willen gerihtet und übertragen in der wise als hienach geschriben stat: daz ist daz dise hernach geschriben gerwerknehte mit namen Jeckel von Ichenheim, Hans von Benessheim, Peter Vende von Heilpurn, Hans von Zabern, Cůntz von Mollessheim, Hartmann von Lutern, Cůntzel von Etteling, Claus von Lore, Bertholt von Ichenheim, Claus von Mittelhus, Hans von Ichenheim, Hans Glotter, Heinrich Cappler und Hans von Wile alle samenthaft und ir yegelich besunder uf disen hutigen tag dat. dis briefs gesworn hant einen eyt liplichen zů got und den heiligen mit ufgehebten handen und gelerten worten, den obgenanten bunde, so sy wider die gerwermeister obgenant gemaht hand, genzlich und gar ab ze lassend und davon ze sind und ouch niemer me keinen bunt wider die obgenanten gerwermeister zů Strassburg noch alle ire knehte, die sy nů oder hernach habent oder gewinnet, ze machen in deheinen weg ungeverlich. und sollent ouch die knehte die gerwermeister furderen und nit hinderen und ouch bedersite einander weder laster noch leit ze tůnd noch schaffen geton werden noch niemand anders von der obgenanten sachen dez bundes wegen in deheinen weg ane geverde. und wer'ez daz die obgenanten knechte alle oder ir dheinr besunder nů oder hernach in zit ze tůnd hetten oder gewunend mit den obgenanten gerwermeistern zů Strassburg oder ihren knehten, wie daz wer', davon sollen sy by dem obgenanten irem eyde inen vor meistern und rat zů Strassburg, die dann zu ziten sind, oder vor dem gericht in dez burggraven hoff daselbs zů Strassburg oder vor dem antwerg der gerwer gericht och zů Strassburg, an der drier ende

einen, welhes sy wollent, und suss niergent anderswo zů
sprechen und sich aldo mit rehte benügen lassen. und sollent
ouch die selben knehte keinem knehte, der by den obgenanten gerwermeistern dienet, nymand gebitten von inen zů
komend oder inen die verleidigen in deheinen wise. und wer'ez,
dovor got sye, ob sy alle oder ir einer besunder der obgenanten ding deheins verbreche oder dawider dete, der und
die sollen meyneidig und erlozz und niemer frum kneht uf
dem antwerg sin, alle geverde und argliste harinne uzgeslossen.
und dez vorgenanten übertrags zů worem urkunden so hant
wir Claus Gerbotten, Uolrich von Issenhusen, Peter Kücheler
und Hans Sturm von der meister und unser selbs wegen und
dann Jeckelin von Ichenheim, Hans von Bensheim, Claus von
Lar, Peter Vende, Hans von Zabern, Bertholt von Ichenheim
und Hans von Ichenheim von den andern knehten und ir selbs
wegen gebetten flizlich gebetten den ersamen fursichtigen und
wisen hern Michel Melbrugen ammanmeister der stette zů
Strassburg, daz er sin ingesigel uns der vorgenanten dinge
aller zů besagend het gehenket an dis brief. dez ich Michel
Melbruge der ammanmeister bekenne, daz ich daz geton und
min ingesigel durch bette willen der egenanten parten gehenkt
han an dissen brief datum.

37.

**Brüderschaft der Gesellen von neun Handwerken zu Freiburg
i. Br. 1415.**
(Mone, Ztschrft. f. Gesch. d. Oberrh. XVIII, p. 13 fg.)

38.

**Vertrag der Freiburger Brotbäckerknechte mit den Pflegern
des Gotteshauses zu dem armen Spital wegen zweier
Gräber. 1419.**
(Pergamenturkunde mit zwei erhaltenen ;Siegeln. Freiburger Stadtarchiv).

Wir Berhtolt Hohenfirst Andres Otwin und Hanman Butzze,
alle drye pflåger des gotzhuses zů dem armen spital ze Friburg, tůnt kunt menglichem mit disem brief, als die brotbeckknecht, die in der brüderschaft sint des heiligen geistes spitales
ze Friburg, uns an des egenanten gotzhuses zů dem arman
spital statt ein stüre getan hant an den buwe desselben gotzhuses luterlich durch gott und durch ir und aller ir nachkomen selenheile willen, da verriehent wir die vorgenanten
pflåger alle drye offenlich mit urkünde dis briefs das wir
für üns und für alle ünser nachkomen pflåger den egenanten

brotbeckknechten gegónnet und erloubet hant, gúnnent und
erlöbent inen ouch mit disem brief, das sú alle ir nachkomen
in der selben brúderschaft hinnanthin in der obgenanten kilchen zú dem armen spital zwey greber sóllent han, darin man
sú begräbe; und als wir ouch den selben brotbeckknechten
ein grabe und ein stein in dem egenanten gotzhuse ze koufende gegeben hant umb zåhen schilling pfennig gúter und
gewonlicher friburger münze, der wir ouch gar und genzlich
von inen bezalt und gewårt sint, und hant sú ouch in desselben gotzhuses bessern nutze und fromen bewendet und
bekert: da verriehent wir die obgenanten pflåger, were das
inen hinnanthin dasselbe grabe und ouch der stein abbehept
wurde mit dem nåhten wie sich das gefügte, so sóllent wir
die obgenanten pflåger oder únser nachkomen pflåger den egenanten brotbeckknechten oder iren nachkomen die selben
zehen schilling pfennig fürderlich und unverzogenlich wider
gåben. die obgenanten brotbeckknecht und alle ire nachkomen in der selben brúderschaft sóllent ouch hinnanthin alle
järe uf den nechsten sumentag nach únser fröwen tag der
jüngeren ein jarzit han in dem egenanten armen spital mit
irem opfer und kerzen als denne ir sitte und gewonheit ist.
und was si da geltes einem yeglichen priester, der inen ein
selmesse hett, opferent, von dem selben opfer sol einem yeglichen sigeristen in dem egenanten armen spital volgen und
wår den der dritte pfennig äne únser der obgenanten pflåger
und unser nachkomen pflåger widerrede und irrunge ungeverlichen. und wcre ouch das die selben brotbeckknecht
oder ir nachkomen hinnanthin ützit buwen oder machen wól-
tent in dem egenanten gotzhuse, das sóllent sú tûn mit únser
der obgenanten pflåger oder mit únser nachkomen pflåger
gunst wissen und willen, doch úns unsern nachkomen und
ouch dem egenanten gotzhuse unschådlich schlechteklich und
äne alle geverde. harüber zú einem offen ståten waren urkünde so hant wir Berhtolt Hohenfirst, Andres Otwin und
Hanman Butzze die pflåger obgenant gebåtten die erbern bescheiden Petern Verler und Clewin Rûtschin beide burger ze
Friburg, das sú ire ingesigele inen und iren erben und nachkomen unschådlich hant gehenket an diesen brief, der gegeben
wart an dem nechsten mentag vor sant Matheus des heiligen
zwelfbotten des järs, da man zalt von gottes gebürt vierzehenhundert und nünzehen järe.

39.

Brüderschaftsordnung der Bäckerknechte in Freiburg. 1420.
(Pergamenturkunde mit drei Siegeln. Freiburger Stadtarchiv.)

Allen den, die disen brief ansehent oder hörent lesen,
künden wir Heinrich Pfistor zů disen ziten büchssenknecht,
Hans von Läre alter büchssenknecht, Hans Wagener von Esslingen Cůnrat von Vilingen und Bårchtolt Ståger alle vierdlüt
der brotbeckknecht ze Friburg in Brißgöwe und wir die
brotbeckknecht gemeinlich daselbs tůnt kunt menglichem
und veriehent offenlich mit urkünde dis briefs, das wir alle
gemeinlich und einhålleklich mit wolbedähtem můte und mit
gůter vorbetrachtung, wand wir ein ganz gemein gebott harumb gehebt hant, und dunkt üns ouch wåger getan denne
vermitten, übereinkomen sint von nutze und notdurft ůnser
brůderschaft wågen gott und ünser lieben fröwen ze lobe und
ze eren und habent ouch dise nachgeschriben stucke ge-
ordenet gesetzet und gelopt und verheissen für üns und für
alle ünser nachkomen bi gůten trüwen an eides stat ståte ze
haltende und ze vollefürende in die wise, als hienach geschriben stät äne alle geverde. des ersten so sol hinnanthin
ein yeglicher büchssenknecht die kerzen enzünden uf dem
spital an allen gebannen und zwelfbotten tagen, welher das
nůt tåte, der bessert sechs pfennig ünser fröwen. es sol ouch
dehein büchssenknecht nit spilen, alle die wil er gewaltig ist
über die büchssen, oder er bessert fünf schilling pfennig ünser
fröwen, als dicke er das bräche. welher ouch ze einem büchssenknecht erwellet wird und darüber nůt buchssenknecht
wölte sin, der bessert fünf schilling pfennig. und wenne der
büchssenknecht oder die vierdlüt ein ganz gemein gebott
hant, so sol der knecht yeglichem gebieten und deheinen
underwågen lässen; welher denne nit zů dem gebott kåme
oder ein urlöb gewunne, der bessert såchs pfennig; hette aber
der knecht einem nůt gebotten der zů der statt wer', so git
der knecht die besserung für in. welhe ouch hinnanthin zů
vierdlüten erwellet wårdent, die söllent vierdlüt sin; welher
aber das nůt wölte sin, der bessert ein schilling pfennig. wir
söllent ouch dem büchssenknecht und den vierdlüten gehorsam
sin råchter gebott und erberer dinge bi der vorgenanten
trüwe; welher das nit tåte, der bessert såchs pfennig. es sol
ouch dehein büchssenknecht noch vierdlüt nit me usser der
büchssen lihen, denne fünf schilling pfennig, es tåge denne
libes not. es mögent sů mit der gesellen räte und willen uf
gůte pfant wöl me lihen; welher das bräche, der bessert fünf

schilling pfennig ûnser fröwen. welhem ouch gelt usser der
büchssen gelûhen wûrt, der sol dannanthin deheinerleye spil
tûn, unz das er dasselbe gelt bezalt gar und genzlich; welher das brâche, der bessert ouch ûnser fröwen fünf schilling
pfennig. welher ouch sin trûwe brichet von geltschulde wâgen,
der unsers hantwârks ist und in ûnser brûderschaft gehôrt
und das ze clage von ime komet, der bessert den knechten
fünf schilling pfennig ane gnade. welher ouch hinnanthin
ûnser fröwen in die büchssen über zwen pfenning ufslecht,
so es an in gevordert wirt, der bessert sâchs pfennig, als dicke
er das tût. were aber, das ein büchssenknecht das gelt nût
an ein gevordert hette der bi der statt were, so git der
büchssenknecht die besserung für in. wâr ouch in unser brûderschaft begârt ze komende, der nût unsers hantwârks ist, er
sye fröwe oder man, der sol gâben anderhalb pfunt wahs.
welher ouch umb ein opfer und umb die kerzen bittet, der
nût in der brûderschaft ist, der sol ouch gâben anderhalb
pfunt wahs. wer' ouch das einer nit in die brûderschaft dienen wôlte, der unsers hantwârks were, so sol dehein knecht
by im arbeiten, er gebe denne von drû pfunt wahs ûnser fröwen, welher das brâche, der sol die besserung für in gâben.
welher ouch ein pfistor were in einem closter oder sust ander
knecht die in ûnser brûderschaft sint oder darin koment, die
sôllent das gelt in die büchssen richten alle fronvasten, als
dicke es an sû gevordert wirt von einem buchssenknecht;
welher denne nit das gelt gâben wölte, so hant der büchssenknecht und die vûrdlût gewalt ein usser der brûderschaft
heissen ze schribende und ime darumb abzesagende. wâr ouch
in ûnser brûderschaft ist, er sye fröwe oder man, der sol zû
den opfârn gehorsam sin und opferen als wir tûnt; wâr das
nit tûn wôlte, den môgent der büchssenknecht und die vierdlût ouch usser der brûderschaft heissen schriben slechteklich
und ane alle geverde. harüber zû einem offen stâten wären
urkünde so hant wir Heinrich Pfistor, Hans von Läre, Hans
Wagener von Esslingen, Cûnrat von Vilingen und Bârchtolt
Stâger obgenant gebâtten die 'fromen Juncher Bârtlin Steffan
Snewlin edelknecht Juncher Heintzman' Fürstenberg und
meister Peter Verlern burger ze Friburg zû disen zyten pflâger
des heiligen geistes spitales ze Friburg, das sü ire eigene ingesigele hant gehenket an disen brief üns und alle ûnser nachkomen in der obgenanten brûderschaft damit ze übersagende
aller vorgeschriben dinge, das ouch wir Bârtli Steffan Snewlin,
Heintzman Fürstenberg und Peter Verler vorgenant durch der
egenanten büchssenknecht und vierdlût ernstlicher bette willen

zem urkünde und gezügnüsse getan hant, doch üns und ünsern
erben und nachkomen unschädlich. dis beschach und wart
dirre brief gegeben an dem nechsten zinstag vor ünsers herren
fronlichamentag des jares da man zalt von gottes gebürte
vierzehenhundert und zwenzig jare.

39a.

**Wesentliche Abweichungen der Bruderschaftsordnung der Mül-
lerknechte zu Freiburg von der der Bäckerknechte. 1425.**
(Copie auf Papier. Freiburger Stadtarchiv).

Deß ersten sol ein jeglicher knecht all wuchen geben ein
helbling in unser büchßen, ußgenumen ein knab dem eß
nüt über nün pfennig guiltet; der selbe knabe sol mit nammen
zü allen vierzehen tagen einen helbling darin geben, und sollent ouch ein jeglicher, die in unser brüderschaft gehörent, zü
allen vier hochzitlichen tagen einen güten pfennig ze opfer
geben; welcher daß nit täte, der bessert in unser frowen
buichßen einen schilling pfennig.—eß sollent ouch die knecht
deheinen nuwen ufsatz wider die meister machen noch thun
noch schaffen getan und daß selbe die meister gegen den
knechten und by allen iren rechten lassen bliben; und sönd
ouch die knecht dehein gebot haben an einem werktago, eß
were denne ein notdurft, so sol ein büchßenknecht zü einem
zunfmeister gan und ein urlop an ime gewinnen; und wolte
daß der zunftmeister nit lassen thün, so sol der buichßen-
knecht daß gebot an dem nöchsten fyrtag darnach haben;
und were daß sich dehein knecht hiewider sperren wölte
und nit in unser frowen buichßen dienen noch gehorsam sin
wolte, die selben knechte sol dehein meister halten noch haben
uber der andern knecht willen. wan unß doch die meister
daß gegönnet und erloupt hant, were ouch daß wir deheinen
knecht under unserm hantwerk besseren oder verzeren oder
ime arbeit oder dienste oder geseleschaft verbieten oder in
vertriben woltent, bedunkte dän den selben knecht, daß ime
unrecht beschehe oder daß er deß zigs unschuldig were, so
mag derselbe knecht der selben sachen für unser meister ze
Friburg kummen und die darumb lassen erkennen. erkennen
denne die meister nach unser und deß selben knechtes rede
und widerrede, daß er 'büßwürdig sy, so sol unß unser recht
zü im behalten sin; erkennet aber sy, daß er nit büßwürdig
sye, so sol der selbe knecht der sachen halb unenbrosten von
unß sin. harüber zü einem offen steten waren urkunde so
hant der zunftmeister und die meister gemeinlich der muller

und die obgenanten knechte ernstlich erbetten den erwirdigen
geistlichen herren den prior zů den Oberrůtern und den wisen
meister Hamman Schmidlin zů dirre obrester zunfmeister zů
Friburg, daß sy ire eigne insigel hant getan henken an disen
brief, doch inen und iren erben und nachkummen onschedlich.
diß beschah und wart diser brief gegeben uf den nechsten
mõntag vor saut Johanß tag ze sungichten in dem jare do
man zalt von gottes geburte vierzehenhundert zwenzig und
fůnf jare.

40.

**Briefe der Stadt Basel an die Stadt Freiburg über Vergewalti-
gungen der Seilermeister durch die Gesellen und über
Gesellentage. 1421 und 1425.**
(Mone, Ztschrft. f. Gesch. des Oberrh. XVIII. p. 25—27).

41.

**Vertrag der Stadträthe von Mainz, Worms, Speier, Frankfurt
betreffs der Gesellen. 1421.**
(Kriegk, Frankfurter Bürgerzwiste und Zustände im Mittelalter. p. 541
und 542).

41a.

**Schiedsspruch Herzog Albrechts in dem Streite der Wiener
Schneidermeister mit ihren Gesellen. 1422.**
(Hormayr, Wien. I. Jahrgang 5. Bd. p. 124—126.)

42.

Verfahren gegen strikende Schneidergesellen in Mainz. 1423.
(Mone, a. a. O. XIII. p. 155).

43.

**Schreiben des Stadtraths zu Hagenau an jenen zu Strassburg
wegen des Aufbruchs der Kürschnergesellen von Strassburg. 1423.**
(Originalbrief. Strassburger Stadtarchiv.)

Den ersamen wisen und bescheiden dem meister und dem
rate zů Strasburg embitent wir der meister und der rat zů
Hagenow unsern frůntlichen dienst. als ir uns aber geschriben
habent von der kürsenerknechte wegen, die von uwer stat
ufgebrochen sint, und wie ir uwer erber botten by den meistern kürsenerantwerkes by ůch und ynnen gehabet, die ůch
der meister glimpf rorbraht und wie knehte mit pfiffern und
ungeberden gescheiden sint: wie dann uwer brief wiset, habent

wir ûch und den uwern zů liebe und ouch des besten willen
sů uf gestern sondag frûge besant und ynen uwern brief eins
teils so ferre sich dannen gehiesche lassen vorlesen, hant sü
geantwûrtet, das sů nit meinent, das ir unglimpf so gross sy;
aber umb uwernt unsern und glimpfs willen wellent sů nach
hût distages zemol gerne zům rehten vor ûch oder die fûnf
erbern botten, so ir zů den meistern und ynen gesant hettent
die ir gespenne und sachen faste wissig sigent, komen, also
daz su vor gewalt sicher und vertrost sigent. harumbe, ersamen wise sonder liebe frûnde, wile sü nû solich gebot tůnt
und ouch die sachen, nach dem wir verstanden habent, ger-
nigen an ynen selbes sigent, so bittent wir ûch voran umb
des besten und unsers frûntlichen dienstes willen, das ir ûch
der sache also annemen oder aber den egerûrten fûnfen es
entpfehlen, die uwern gûtliche daran wisen, daz reht an der
ende eyme uf zů nemen obe ir sů eht nit gûtliche übertragen
und sů ouch daruf vertrösten wellent für ûch und die uwern
für gewalt; dann wir getruwent, die sachen sullent zu gůtem
komen. uwer frûntliche verschriben antwûrte. geben uf sante
Andres abent anno 1423.

Den ersamen wisen und bescheiden dem meister und dem
rate zů Strassburg unsern sondern lieben frûnden (in verso).

44.

**Den Kürschnerknechten zu Strassburg wird die Wiederaufrich-
tung ihrer Brüderschaft gestattet. 1428.**
(Pergamenturkunde, die an die Brüderschaftsurkunde von 1404 Nr. 28
angeheftet ist; Siegel theilweise erhalten).

Wir die knehte gemeinlich kürsenerhantwerkes zů Strassburg tůnt kunt allermenglich mit disem briefe: alz wir eine
brůderschaft under uns gehept habent noch dem und danne
andere hantwerkknehte ouch habend, dieselbe brůderschaft
uns und ouch andern hantwerkknehten von den ersamen
wisen meister und rat zů Strassburg unsern lieben herren
abherkant und doch widerumb ettelichen hantwerkknehten
herloubt ist, des sint wir für die erbern bescheidenen die
meister dez obgnanten hantwerks gegangen und haben sy
flisslich und ernstlich gebetten, were das wir an den egnanten
unsern herren meister und rat haben môhtent, daz sy uns
unser brůderschaft ouch wider gônnen und herlouben woltent,
das sy danne ouch iren willen darin gebend. sollicher bette
ouch die meister uns geeret habent, und darumb so habent
wir gesworen und gelopt: wanne wir nûn hinnan fûrbasser

gerichte under uns haben wöllent, das wir kein gerichte haben
söllend, ez sigen danne zwene von den meistern, die, die danne
das obgnante hantwerk darzů küset, gegenwertik, und sollend
ouch dieselben zwene mit uns urteil sprechen uf das beste
und wegeste. dieselben zwene, so also von den meistern zů
und an meistergerichte gekosen werdent, söln uns ouch allezit, so wir dann gerichte haben wöllent, gehorsam sin und sich
ouch ernstlich darzů tůn, wann wir es an den meister dez
obgnanten hantwerkes, der dann meister ist, hervordernt,
umb daz wir an unserm gerichte nit gesumet noch gehindert
werdent. wer'ez aber daz dieselben zwene oder ir einer besunder zů den ziten, als wir dann gerichte haben woltend, nit
in der stat oder krank sins libez were, so sol ein meister dez
hantwerks, der dann meister ist, uns zwene andere geben, die
urteil mit uns sprechen sollent in die wise, alz davor stat.
die meistere des vorgnanten hantwerks habent uns ouch die
früntschaft getan, also sy bishar under inen gehalten habent,
daz keiner von den meistern mit uns in unser brůderschaft
dienen solte: wellicher do under den meister gnode oder gunst
hat mit uns und in unser brůderschaft zů dienende, daz der
ouch daz wol tůn mag. und daz dis von uns den obgnanten
knehten gehalten werde und ouch doby blibe noch dem davor
geschriben stat: wann wir nůn eigens ingesigelz nit haben,
darumb so habend wir mit flisse und ernste gebetten daz
obgnante hantwerk, ir ingesigel uns der vorgeschribnen dinge
zů besagende ze henkende an disen brief, daz ouch wir
die meister und geswornen dez hantwerks obgnant also getan haben. und ist diser brief geben uf fritag noch sant Ur-
bans dage dez jors do man zalte noch Cristus geburte vierzehen hundert zwenzig und ahte jore.

45.

**Verbot eines besonderen Banners für die Bäcker- und Müller-
knechte zu Landau. 1432.**
(Mone, Ztschrft. f. d. Gesch. d. Oberrh. XVIII. p. 12).

46.

**Vergleich der Meister und Gesellen der Grobschmiede in Thorn.
17. März 1437.**
(Hirsch, Danzigs Handels- und Gewerbegeschichte p. 343—344).

47.

Protokoll, aufgenommen von den Zunftmeistern zu Hagenau in Sachen gegen zwei des Auftreibungsversuches verdächtige Kürschnerknechte. 1445.
(Strassburger Stadtarchiv Lad. 11 Nr. 22).

Ich Orte von Wurmesse und ich Hans Pfaffenhofen der Junge, beide zů diser zit zunftmeistere der kursenerezünfte zů Hagenowe, und das hantwerke gemeinlichen der selben zunfte erkennen uns offenbar und kundent mengelich mit disem gegenwertigen briefe, das fur uns komen ist Hans von Wurmesse der kursenerkneht und hat uns gebetten von sin und Michel Vogelins Hertze des kursenersknehtz wegen, so ist uns ouch von ir beder wegen geschriben worden, innen beiden worheit und gezignisse zů geben in sachen, so dann der egnante Hans von ir beder wegen an uns zichen und erzelen würde. und nochdem wir dann ir beder fürnemen verhort und verstanden habent und nieman daz reht hindern sunder furdern sol, so sagent wir alle gemeinlichen, also wir dan darumb in eime vollen gebotte by einander gewesen sint, by unsern eyden, so wir der stat von Hagenowe geton habent, niemans zů liebe noch zů leide besunder umb furderunge des rehten willen, das uns zů wissende ist: wie das der egnante Michel Fögelins Hertze zů Hagenowe in ein huss gewonet habe; do habe sich etlich rede und trowe worte zwischent Johannes des lantfougtz, der jetzit gewesen ist, schribers frowen, die an dem selben huse gesessen ist, und im verloufen und gemaht. darumb so habent in unser heren von der stat zů Hagenowe in den turn geleit und habent in solcher rede halp lossen die stat eine zit verswern. und wir wissent suss nit anders, dann das der selbe Michel ein fromer erber kneht sie. und als sü dann beide gezigen worden sien, sullent daz su sich berümet habent, wie daz sü die kursenerkneht zů Hagenowe und ouch zů Strassburg enweg füren woltent und sü soltent einen bunt miteinander haben. dovon ist unser keime nit zů wissen, dann allein unser zunftgesellen einer sol von dem egnanten Hans von Wurmesse allein und nieman anders gehort haben, das er seite, die kursenerkneht zů Hagenow woltent alle enweg. so habent wir ouch noch allen den kursenerknehten, die zů den ziten zů Hagenow gewesen sint, mit namen noch Foulde von Hagenowe, Hans Spiess von Nürenberg, Hans Hesselbalt, Michel Sipser, Niclaus von der Nuwenstat und Jacob von Kolbessheim alle kürsenerknehte geschicket und habent jegelichen besunder by dem eide, den er der stat

zů Hagenow geton hat, lossen fregen, obe ir kcime üt dovon
zů wissende sie. do habent sů geseit, daz sie von solicher
büntnisse, so su miteinander haben sullet, zůmole nit wissent
und wissent ouch nit dovon zů sagen. und des zu urkunde
der worheit so habent wir von unsern und durch bette der obgnanten gesellen unsere zünfte ingesigele geton trücken in
disen brief zů ende diser geschrift uf den andern tag noch
sante Kathrinentag der heiligen jungfrowen anno 1445.

47a.

**Brüderschafts- und Gesellschaftsstatuten der Barchentweber-
knechte in Frankfurt a. M. Aus der Zeit von 1445—1489.**
(Kriegk, Deutsches Bürgerthum im Mittelalter p. 190—197).

48.

Rolle der Leinwebergesellen in Danzig. 2. Juni 1447.
(Hirsch, Danzigs Handels- und Gewerbegeschichte p. 332).

49.

Beeidigung der Handwerksgesellen zu Landau. 1450.
(Mone, Ztschrft. f. Gesch. d. Oberrh. XVII. p. 49).

49a.

Statuten der Schneidergesellen zu Frankfurt a. M. 1452.
(Kriegk, Deutsches Bürgerthum im Mittelalter p. 186—189).

49b.

**Verordnung des Raths von Schweidnitz gegen die Tuchmacher-
knappen aus Anlass einer von den letzten angestrebten
Lohnerhöhung. 1453.**
(Auszug davon in Fr. Jul. Schmidt's Geschichte der Stadt Schweidnitz
p. 188).

50.

**Bündniss der Schneiderzünfte von Mainz, Worms, Strassburg,
Speier, Frankfurt, Landau, Heidelberg, Oppenheim, Bingen, Coblenz, Alzey, Odernheim, Wimpfen, Heilbronn,
Aschaffenburg, Kaiserslautern, Neustadt, Ladenburg, Butz-
bach, Gelnhausen auf 28 Jahre in Betreff ihrer Gesellen.
26. Juli 1457.**
(Mone, a. a. O. XIII. p. 162).

50a.

Statuten der St. Vincenz-Brüderschaft der Brauerknechte in
  Hamburg. 1447.
Excerpta aus dem Buch dieser Brüderschaft. 15—17. Jahrh.
Urkunde, derzufolge diese Brüderschaft eine Seelmesse für ihre
  Brüder in der Katharinenkirche stiftet. 1459.
Vertrag dieser Brüderschaft mit dem Kirchherrn Lüder Meding
  und Pfleger Herman Bisping, wonach sie den Vincentius-
  altar ausschmücken und vor demselben Messe lesen lassen
  darf. 1459.
(Staphorst, Hamb. Kirchengeschichte. 1727. Thl. 3. p. 2—9).

50b.

Ordnung der Brauerknechte in Hamburg. 1594.
  (Rüdiger, Aeltere Hamburgische und Hansestädtische Handwerksgesellendocumente. 1875. p. 12—16).

51.

Verordnungen über Meister und Gesellen der Metzgerzunft zu
  Freiburg i. Br. 1462—1496.
  (Mone, a. a. O. XVII. p. 50—52).

52.

Schreiben des Rathes zu Schlettstadt an jenen zu Strassburg
  wegen der Auftreibung der Meister durch die Strassburger Kürschnergesellen. 1463.
  (Originalbrief. Strassburger Stadtarchiv Lad. 11. Nr. 22).

Den ersamen fursichtigen wisen unsern gůten fründen
dem meister und dem rate zu Strasburg enbieten wir der
meister und der rate zu Sletstat unser früntlich dienste. lieben frunde.

die kursenerknehte by uch haben wider die ordenung,
so zů ziten in uwer stat Strasburg von gemeinen stetten dis
landes der dienst- und hantwerkkneht halp beslossen worden
ist, ein gebot under inen ufgesatzt by einer penen, das kein
kůrsenerkneht den meistern kursenerhantwerks by uns dienen sol. deshalp sich die unsern gegen der kursener knehten
by uch zu rehte fur uwer wisheit herbetten, das ouch die
selben knehte ufgenomen haben. jarumbe so bitten wir uwer
ersamkeit zůmal früntlich und mit flisse, üch der sache zu
rechte anzůnemen und zu beladen, kurze tage daran zů setzen
und uch darinne so günstig zu bewisen, als wir uch des und
alles gůten wol getruwen und umb uch zů verdienen allzit
gůtwillig finden werden, wöllent und bitten haruf uwer ver-

schriben antwort. datum uf dernstag nach des heiligen creutz-
tag exaltate anno 1463.

Den ersamen fursichtigen wisen unsern besundern gûten
fründen dem meister und dem rate zu Strasburg. (in verso).

53.

**Entscheid des Rathes zu Freiburg im Streit der Tuchmacher-
meister wegen der Contractbedingungen zwischen Meister
nnd Knechten. 1463.**
(Pergamenturknnde mit erhaltenem Siegel. Freiburger Stadtarchiv).

Wir burgermeister und rate zû Fryburg im Bryßgow
bekennen und tûgen kunt allermenglich mit dem brief, das
an hût siner date für offen unsern râte in recht komen sind
etlich erber meyster der tûcherzunft by uns uf ein und zunftmeister mit sampt der selben tûcherzunft die ander sidt,
und clagten die berürten meyster uf meynung: wie das zunftmeister und die zunft obgenant sy irrten, also das sy sy ire
knecht zûm nechsten nit dingen lassen sonder meinen wolten,
sy solten knecht umb den vierden pfennig und nit neher dingen, das nû ir verderplicher schad were; patten die benanten,
zunftmeister und zunft zû underrichten, sy ire knecht, so noch
sy möchten, dingen zû lassen. dawider zunftmeister und die
zunft obgenant mit fürsprechen redten, wie das ir zunftordnung
und also gehalten sye, das ein jeder meyster einen knecht umb
den vierden pfennig und nit neher dingen sölle, und das sye
in einer zunft umb gemeins nutzes willen angesehen, damit
ein jeder gût knêcht und erbern lütten das ir zûm besten
ußrichten möchte; darumb so wöllen sy hoffen, ein zunft daby beliben sölle on intrag der andern meister. die meister
obgenant redten dargegen, es sye wol war, das vor jären do
das hantwerk am besten gewêsen, do sye es also gehalten,
das einer ein knecht umb den vierden pfennig dingen mûste,
das sye aber in keiner ir ordnung nit beschriben; diewyle
sy nû gût knecht wol nëher gehaben mögen und unsrer gnê-
digen herschaft und uns hoh und noch swêrlich dienen mûssen,
wöllen sy getrûwen, in werde vergönnt ir knecht zû dingen,
wie sy mögen; dann solte es by dem vierden pfening bliben
mûssen, so kâme es allein den knêchten zû nutz und in zû
einem verderben; darzû ob sy jeman ützit anders machten,
dann es sin solte, so stûnde das zû einer zunft, wie ein jeder
das wandeln solte. der zunftmeister und die zunft redten
wievor: sy wöllen hoffen, wir lassen sy by irem harkomen
beliben, gemeinen nutze darin angesehen, und satzten nach
vil worten, nit not alle zû beschriben, die sach baidersidt zû

recht. uf das wir nach gnůgsamer beiderteil verhörung in unserm rate erkennt erteilt und zů recht gesprochen haben, das die meister der benanten tůcherzunft ire knecht wol dingen mögen umb den vierden pfennig und nit höher, minder mag aber ein jeder sinem knecht wol geben; doch das sy daran syen, damit den lütten gůt werk gemacht werde, als das harkomen ist ungeverlich. des zů urkůnde haben wir unser stett secret insigel uns und unsern nachkomen ön schaden offenlich gethon henken an disen brief, der geben ist uf frytag vor dem heiligen pfingsttag nach Crists gepůrt im vierzehen hundert und drü und sechzigisten jaren.

54.

Verbot der Selbsthülfe für die Kannengiessergesellen in Breslau. 1464.
(Klose, Breslau's innere Verhältnisse von 1458—1526. Scriptores rer. Siles. III. p. 115).

55.

Von den Steinmetzen und Maurergesellen in Nürnberg. 1464—1475.
(Endres Tucher's Baumeisterbuch der Stadt Nürnberg herausgeg. von Dr. Lexer, p. 39—42).

56.

Von dem Lohne der Arbeiter in Nürnberg. 1464—1475.
(Tucher's Baumeisterbuch, p. 62—69).

57.

Strassburger Knechteordnung von 1465.
(Drucksachen des staatswiss. Seminars der Univ. Strassburg).

Es svllent alle dienstknechte, se seynt gut reisig oder antwerkknechte, vnd alle die nit burger zu Strassburg sint, nachtes jn vnser Stat nit affterwege gon, zu summer zit nemlich von Ostern vntz sant Michelstag noch dem vnd die Glocke zehen geslagen hat, vnd zu winter zit von sant Michelstag vntz Ostern so die glocke nun geslagen hat, es were dann das eyner jn syner herschafft oder meisterschafft dienst oder bottschafft gienge, und der sol haben ein burnen lieht jn siner hant als ein fackel ein schonp oder kurtz lieht, und wer anders affter wege funden würde, der bessert drissig schilling pfennige, und wer des geltz nit hat, der sol vier wochen dafür im thurne ligen vnd dem nit anders geben werden, dan wasser und brot.

Es söllent ouch alle dienstknechte und ander die nitt
burger zu Strassburg sind, hynnan fürter, nemlich zu summer
von Ostern untz sant Michelstag nach zehenen und zu winter
zit von sant Michelstag vntz Ostern noch nünen, in keins
würtes huss noch andern gelehenten hüsern tafernen oder garten
nit zeren, noch zusammen komen affter der obgenanten zit, und
wer das verbrechte, der bessert drissig schillinge pfennige.

Es söllent ouch alle würte vnd die soliche hüsr haben,
nit verhangen noch gestatten, das sollichs geschee, und welcher das verhengette oder sich widerte Ammeisters knechte,
heymlich hüte oder scharwaht jn zu lossen, sollichs zu erfaren
vnd zu suchen, der bessert fünff pfund; doch get diss nit an
hreid, ritterknechte, koufflüte, pilgerin, das erlich redelich
lüt sint.

Es söllent auch hynnan fürter nie dhein antwerk meister
noch knechte sich zusammen verbinden, vereynen noch ver-
hefften noch dhein büntnisse machen noch dheinerlei gebot
noch verbot vnder jnen ine haben one vrlop und erloubung
meister und Ratz.

Und darvff söllent hynnan fürter alle dienende knecht,
sü dienet rittern knechten oder bürgern, über die man zu
gebieten hat, vnd ouch alle antwerckknechte, so in diser Stat
dienent, globen vnd sweren. Meister und Rat gehorsam zu
sin, ire nutz und ere zu fürdern vnd zu werben, iren schaden
zu warnen vnd zu wenden noch jrem besten vermögen ge-
trüwelich und one alle gewerde, als lang sü in diser Stat
dienen und wonen sint. Vnd wer es sache, das sü in der
selben zit mit gemeiner Stat oder Meister vnd Rat jren bürgern oder den jren ützit zu schaffen oder sü ützit an zu
sprechen hettent oder gewönnent vmb sachen, die sich jn der
zit machtent wile sü in unser Stat wonhafftig vnd dienende
gewesen werent, das sü darvmb recht geben vnd nemen söllent vnd wellent vor meister und Rat, oder do sü das hin-
wisent, vnd niergent anders wo, und was jnen doselbs gesprochen vnd erkant würt, sol sü wolbenügen und das halten
vnd volleziehen vngeuerlich.

Es söllent auch alle antwercksknechte vnd ander dienende
knechte, wer die sint hynnan furter kein trinkstube oder gedingete huser, garten, noch kein gemein gesellschaft ine haben,
dar jnne sü zůsamen gont, es sy zeren oder süst in keinen
weg vngeverlich.

Es söllent ouch die antwerckknechte hynnan fürter den
meistere jrs antwercks keinen knecht verbieten vmb keynerlei
sache noch keynen knecht me vertrinken; dann hat kein

knecht mit keynem synem meister oder meisterschafft oder ander knechten ützit zu tůn oder zu schaffen oder sů vtzit an zu sprechen, das sol er vss tragen vor der meisterschafft sins antwercks und nyergent anderswo vnd halten, was von den erkant wirt. Es were dann das es soliche sachen werent, das die meisterschafft dieselbe sache furt wisent für Rat oder gericht jn vnser Stat oder jn gezoges wise für sü gezogen würt, do sol es dann zu vsstrag komen vnd mit Recht vssgetragen werden, vnd söllent ouch beide Teil vollefüren, was do gesprochen wurt. Und sol ouch eyn jeglicher meister, der also knechte empfahet, söliche knechte zu eyns jeglichen antwercks meister bringen in den nechsten achtagen, so er jn empfangen hat, vnd sol dann des antwercks meister eynen vsser jrem Gericht zu jm nemen, vnd solichen eidt von dem knecht empfohen, vnd sol ouch jeglich antwerck ein buchelin hinider jm haben, do sů söliche knecht, die also gesworen hant, jn schribent, vnd wellicher meiser darüber eynen knecht also hilte oder satzte vnd zů arbeiten vffneme, der sol noch den aht tagen alle tage fünff schilling pfennige verfallen sin.

Sie mögent ouch uff je den nechsten Sonnentag noch jeglicher fronfasten gebott haben von jrer kertzen wegen, doch söllent sü solich gebott nit haben, sü haben dann das vor einem Zunfftmeister verkündet; der sol dan eynen oder zwen des antwercks, daran dieselben knecht dienent vnd die do meister sint, dar zu ordnen vnd schicken, do by zu sin.

Es söllent ouch die antwerckknechte jr lychen begegnisse tun vff firtag vnd nit vff wercktage.

Es sol ouch hinnanfurt kein antwerckknecht ouch ander dienende knechte kein swart noch kein langmesser noch keinen tegen weder kurz noch lang ouch ein ander gewere, sondern in dieser Stat vnd in disem Burgbanne nit anders dann sleht brotmesser oder gewönlich scheidemesser, do eyns mit dem heffte vnd mit der lomelle nit über eyner spannen lang sy, tragen weder by tag noch by nacht weder zu pfingsten oder in der messe noch zu dheine andern ziten vnd wellicher knecht das darüber dete, der sol bessern zehen schilling pfennige, vnd wer die nit hat zu geben vnd das züget vnd den heiligen sweret, der sol von der Stat sin eyn halb jore ein myle, vnd sol weder meister, Ammeister noch Rat noch nyemans macht haben jme harin zu erlouben. Doch were das eyner vngewerlich vff das lant wolt gon, der mag sin gewere wol tragen, also wann er herheim kompt, das er dann solich gewer fürderlich wider hynlege vngeidlich by derselben penen.

Es sollent ouch nit über drije dienstknechte noch antwerckknechte ein glich kugelhut röcke hosen noch ander zeichen mit einander tragen vngeverlich.

Und wellicher knecht sich wider die vorgeschrieben stuck puncten vnd artickeln satzte vnd dem nit noch gen wolte, den söllent alle ander meister nit vffnehmen zu knechte oder sü weder husen noch hofen als ferre jnen das verkündet wurt und welicher meister das verbreche, der bessert vier guldin.

Was ouch besserunge oder vorgeschrieben stucke vnd puncten halb vallent, sollent halbs vnser Stat werden vnd vallen vnd das anderhalb dem antwerck.

Es söllent ouch hynnan fürter me dhein stette jn diser ordnunge begriffen dise vorgenanten puncten vnd artikeln nit abelossen, noch ändern jn dheinen weg one der andern Stette wissen vngeuerlich.

Anno MDLXV dominica ante Sixti wart dise obgesehene knechtordnunge vff dem lattemer gebotten vnd ouch allen antwercken geschrieben geben vnd etlichen Stetten verkündet.

58.

Bestätigung der Satzung der Freiburger Brotbäckerknechte über die an die Brüderschaftskasse zu leistenden Beiträge.
(Pergamenturkunde mit Siegel. Freiburger Stadtarchiv.)

Wir burgermeister und räte der stette Fryburg im Bryß-göw tünt kunt allermenglichem mit dem brief, das fur uns in unsern räte komen sint die brötbeckerknecht by uns zü Fryburg und etlich irer meister brotbecken mit in, offneten vor uns: nach dem und dann ir vordern zu lob und ere der heiligen drivaltikeit der erwirdigen himelkünigin und gepererin gottes und allen userwelten ein loblich gemein brüderschaft uf des heiligen geistes spittal by uns angesehen und ufgericht, zü der sy ouch sondern güten willen und neigung haben, und umb das dieselbe ir brüderschaft hinfür dester loblicher und ordenlicher in bestentlichem wesen beliben und gehalten werden möge, so haben sy alle knecht und knaben sovil ir yetzo hie zü Fryburg sigen, yeglicher einen halben wochenlon geben in die gemelten ir bruderschaft und daruf mit gunst wissen und willen irer meister gesetzt und gemacht, wie dann hienach geschriben stät. des ersten welher brotbeckerknecht der in ir brüderschaft ist, wenn der zü einem meister oder closter dinget, das er dann von stund an, so bald er gedingt, einen halben wochenlon in die obgemelten bruderschaft geben sol. dasselb gelt söl och alßdann ein büchsenmeister, der ye zü zydten ist, by siner trüw mit gutem fliß

insammeln; und welher solich gelt also zü geben sich über
das, so es von einem büchsenmeister an in ervordern, zü geben
widern wolte, dem mag ein büchsenmeister verbieten gemeinsame irer geselschaft, öch keinem meister zü dienen. und
welher gesell by einem solichen widerspennigen, dem der
büchsenmeister solich verbott gethon hette, diente oder sust
geselschaft mit im hette on der andern gesellen gunst wissen
und willen, der bessert vier pfunt wachs on gnäde unser lieben
frowen in die berürte brüderschaft. wenn öch einer solichen
halben wochenlon einmöl gegeben hät, er kom darnach hinweg oder nit, so sol er den zü geben nit mer verbunden, sonder des hinfur allwegen ledig sin aller ding ungevarlich. und
diewyle sy sölich noch ander ding on unsern besondern gunst
wissen und willen nit fürzunemen noch ufzüsetzen haben, so
wöllen sy uns demüticlich und flyssig pitten zü solichem irem
fürnemen und ufsatzung unsern gunst und güten willen zü
geben, ouch die obgeschriben stuck und puncten alle sonder
und sampt verwilligt bestět und confirmieret. verwilligent be-
stěten und confirmiren die yetzo wissentlich in craft diß briefs,
wöllen och die von den obgemelten brotbeckenknechten und
allen den, so zu der berürten irer brüderschaft verwandt sint,
hinfür also gehalten und den nachgegangen werden, doch uns
und unsern nachkomen hierin vorbehalten, solich obgemelt
ufsatzung zü endern oder ganz abzethünd, wenn uns oder
unser nachkomen des nöt sin beducht alles ön geverde. mit
urkund diß briefs geben und mit unser stette secret anhan-
genden insigel, doch uns und unsern nachkomen on schaden,
besigelt uf frytag nechst vor dem heiligen pfingstag von Crists
gepürt im vierzehen hundert und fünf und sechzigistem jare.

59.

**Confirmation der Brüderschaft der Schmiedeknechte und aller,
die den Hammer führen, zu Schaffhausen. 1467. Aufnahme
der Schreiner in die Brüderschaft. 1647.**
(Pergamenturkunde der Schmiedezunft in Schaffhausen.)

Wir der burgermaister und raut zü Schaffhüsen bekennen
und tünd kund menglichem mit disem brief, als vor vil jaren
die schmidknecht und dero, so den hamer füren, ain brüderschaft hie in unser statt in diser nachgeschribnen wiss und
mass angesehen und des ersten gott und siner wirdigen müter
und magt der himelküngin Marien zü lob und zü eren und
iren selen zü trost und zü hail geordnet haben ain kerzen,
als die hanget vor unser lieben frowen althar in der pfarrkirchen sant Johanns in unser statt, also das die fünf kerzen

in dem selben gehenk begriffen von inn gemainlichen ane abgang gehalten und uf alle sonntag und virtag in anfang des
lütpriesters mess angezündet und die selben mess us desglichen
zů den hochzitlichen tagen zů allen den ziten, so man in der
selben kirchen singet, brinnen sol. es sollen ouch zů jeglicher
fronfasten ainen usser inen darzů erkiesen, und welher darzů
erkosen wirdet, der sol ouch dann die kerzen zů den obgeschribnen ziten und tagen als vorstaut enzünden und . löschen
und des die selben fronfasten verbunden sin und dem darnach desselben jars nit mer, er tüge es dann gern. und ob
dann derselb dehains male daran sümig were, das er die
kerzen zů den obgeschribnen ziten und tagen nit enzundte
und löschte wie verstaut, so sol er darumb zů rechter pen
und büss verfallen sin ainen vierling wachs, die an die bemelten kerzen zů geben, so digk er das tůt. es söllen ouch
alle die knecht der obgeschribnen hantwerch, so har in unser
statt komend und hie dienend, in diser brüderschaft sin, und
wenn er darin enpfangen wirdet des ersten vorus ainen
wochenlon, wievil des ist, und dannethin all sonntag ainen
pfennig alle die wil und er hie dient in die büchs geben.
und ob derselben gesellen, so in dis brüderschaft geschriben
sind, dehainer mit dehainerlay krankhait begriffen wurde und
das er nit arbaiten mag, dem söllen die gesellen gemainlich
us der bemelten büchss, ob er des begert, one all pfand lihen
zehen schilling pfennig unser münz; und ob er dannethin
verrer notdurftig wurde und sich dann die gesellen gemainlichen erkennen, das man im mer lihen sölle oder nit, daby
sol es beliben; und ob dann ain sölicher mit tod abgaut, so
sol im sölich gelihen gelt ergeben sin; genisst er aber, so sol
er das wider bezaln, so erst er das vermag, ane all widerred
und geverd. welher ouch dero, so in die brüderschaft geschriben sind, in unser statt oder anderswa mit tod abgaut,
dem selben söllen die andern mitbrüder hie in unser statt
ir begrebt begon, wie das von alter harkomen ist. es söllen
ouch die knecht all der obgeschribnen antwerchen, soviel und
der ir hie ist, anzalen an den husszins oder gartenzins dahin
si ir ainander gewonlichen berüffen. si hand ouch den gewalt
umb der brüderschaft sachen enandern zu berüffen, und welher nit kompt, der sol sechs pfennig zů büss verfallen sin;
doch welher an sins maisters dienst ist in oder usserthalb
der statt zů den ziten, so si die berüffung ir fronfasten messen
oder begrebten haben, der sol kain büss pflichtig sin. es
söllen ouch die maister der obgeschribnen antwerch hie in
unser statt kainer kainen knecht haben noch den werken

lassen, er welle denn dem, so vor- und nachstaut nachkomen;
und ob sich dehain knecht des sparte, dem sol sin maister
sinen lon oder was er des sinen hinder im haut inhaben, bis
das er dem allem nachkompt und der brûderschaft und gesellschaft umb alles, so er inn schuldig wirdet, gnûg tût. es
sol ouch der knechten dehainer von unser statt nit schaiden,
er hab dann das geton; denn welher das darûber täte, so
haben die andern des gewalt im siner eren halb żûzûsprechen
und si all oder ainer besonder in darumb anzûgriffen allenthalben ane menglichs rauth sumen und irren so lang vil und
gnûg, bis das der brûderschaft und gesellschaft umb alles das,
so er inn zû tûn und umb allen costen und schaden daruf
gegangen von gerichtz oder ander redlicher sach wegen, der
voll und ain benûgig usrichtung geschehen ist ane iren schaden;
davor sol ouch iren dehainen nützit friden noch schirmen
dehain fryhait gnad recht noch glait burkrecht stettrecht noch
landsrecht und mit namen dehainerlay sach, so jeman erdenken
mag, arglist und gevärd genzlichen vermitten. also haben
schmidknecht und dero, so den hamer füren, mit willen und
gunst des zunftmaisters der sechsen und gemainer der schmidzunft in unser statt dis brûderschaft also ernûwert und
uns gebetten sölichs ouch zû verwilgen und zû vergünsten, das
wir ouch also von ir ernstlichen bett wegen geton haben, inn
ouch umb deswillen, das zwüschen den selben knechten nit
irrung erwachs, die lütrung geben, das in dis brûderschaft gehören und dienen söllen aller der antwerchknecht, so in der
schmidzunft hie in unser statt nach irs zunftbriefs lut und
sag zû dienen schuldig und pflichtig sind, mit namen hûf-
schmid, hubenschmid, clingen- und messerschmid, kupferschmid,
sporer, schlosser, nagler, harnescher, gloggengiesser, hafengiesser, kantengiesser, swertfäger, schliffer, gürtler und spengler, zimerknecht, wagner, tischmacher und hafner, doch mit
vorbehaltnus, das wir oder unser nachkomen dis alles endern
mindern meren oder ganz widerrüffen und abtûn mogen, wie
uns dann sölichs ie bedunkt, unser und unser gemainen statt
nutz er und fûg zû sin. und des zû warrin urkünd so haben
wir unser statt secret insigel nach urtail uns und unser gemainen statt unschädlich lassen henken an disen brief. geben
uf sant Matheus aubend appli. nach Cristus gepürt vierzehen
hundert sibenzig und sechs jar.

Es ist ze wissen, das die zieglerknecht ouch in dis brûderschaft dienen und gehören söllen.

Aussen auf der Urkunde steht folgender Zusatz:

Mittwoch dn 21stn Julij anno 1647 ist diser brief auf undertheniges anhalten eines l. schreinerhantwerks vor gesessnem rath abgelesen und hierunnen begriffnen inhalt nach allenklich confirmirt und bestetiget und die meister und gesellen eines l. schreinerhantwerks des seelehaußes brůderschaft noch inhaben einverleibt worden.

Actum ut supra.   Rathschreiber Wepfer.

60.

Statuten der Kürschnergesellen zu Freiburg i. B. 19. Dec. 1468
(Mone, Ztschrft. f. d. Gesch. des Oberrh. XVII. p. 62.)

61.

Bruderschaft der Roth- und Weissgerbergesellen zu Colmar. 1470.
(Mone: a. a. O. XVIII. p. 20.)

62.

Littera diffidationis sutorum adversus universitatem Luptzensem anno 1471.
(Fr. Zarncke, Die deutschen Universitäten im Mittelalter p. 209.)

63.

Bitte der Kürschnerknechte zu Strassburg an den Rath, den Neuerungen der Kürschnermeister entgegenzutreten. 1470.
(Originalbrief. Strassburger Stadtarchiv Lad. 11, Nr. 22.)

Strenge veste fürsichtige ersame wyse gnedige liebe heren. unser undertänig willig gehorsam dienste syent ůch allzyte zůvor bereyt. liebe herren. wir vernemen von etlichen gesellen unsers hantwerks, daz die ersamen meister unsers hantwerks underständen etlich nuwerung gegen inen zů gebruchend und fürzünemend wider und über gütlich ordenung und übertreg, in vergangnen zyten zwůschen inen beidersyt getroffen und gemächt, ouch wyter und mer, denn wir, so verre als wir dem hantwerk nochgezogen sint, ye gehört haben an den heynen enden zů spulgend, dodurch wir und ander gesellen unser hantwerk treffenlich beswëret und in uwer statt zů wërkend schůhung enpfohen, ob die meister by ůch doby zů hanthabend underständen würdent. ouch vernemen wir, daz uwer veste ersame fursichtikeit die ding betrachtet gütlich tag daran gesatzt und willen haben solichen zů fürkomen und gütlich hynzůlegend, des wir zů unserm teyl uwer wyssheit und hoher vernunft underdienstlich danken, ouch allzyt mit aller gehorsamkeit zů bedienend willig und bereyt finden werden; wellent ůch domit demuticlich bitten, die sachen anzüsehend, dodurch die gesellen by irem altem harkomen und gůter gewonheit gehanthabet und nit von den meystern uberylet oder entrüstet gemächt gewerdent, in mass wir des ungezwyfelt gegen uwer ersamkeit sint. daz wellent wir allzyt, so verre unsere armůt gereychen mag, williclich verdienen. besigelt mit der vesten juncher Gervasius von Pferr unsers lieben junchern insigel von unsern ernstlichen bett wegen. geben uf montag noch sant Johänns Baptisten tag zu sunnwẽndy anno 1470.

  Uwer ersamen wyssheyt undertänige Hanns Zän
   von Pressla, Marty Leyb von Brysach, Görg Steyg
   von Wyen, Jacob von Wansideln, Conrat von Kröck,
   Benedict von Fryburg in Öchtland, Caspar Muttz
   von Ligenitz usser Clesy, Laurin von Sletz, Lucas
   von Strassburg, Heinrich von Basel und Uolrich von
   Fryburg kürsenerknechte.
Den strengen vesten ersamen wysen meister und rate der statt Strassburg unsern gnedigen lieben herren. (in verso.)

64.

Bitte der nach Hagenau gezogenen Kürschnerknechte an den Rath zu Strassburg, sie den Neuerungen der Meister gegenüber in ihren alten Rechten zu schützen. 1470.
(Originalbrief. Strassburger Stadtarchiv Lad. 11, Nr. 22.)

Erbern wissen gnedigen lieben heren meister und rot der stat zu Srossburg unsere gewillige dinste einbieten wir armen gesellen atzunt wonhaftig zü Hagenowe kursenerknehte, in dissem brief undenen verzeichnet sind. uwere erbere und hohe wissheit. als von solcher spenne und zweiung, so sich verloufen und gemacht het zwuschen den meistern der kursener und der gesellen der kürsenerknechte, ist uns und andern gesellen furkomen, wie solche meister fur uwer erbere hohe wissheit komen sind und an uwer erberkeit herfordert und begert haben, die gesellen dorzu zu bringen zu einem gedinge durch uwer gebot und helfe, als man dan sniderknecht oder ander hantwerkknecht dingt, daz doch under unserme hantwerk ein ungehorte sach und nie kein man in tutzen landen oder in tutzer zungen nie gehört het; dan unsere hantwerk die friheit hot, daz es solcher intrege billich von den meistern von Strossburg oder anderswo vertragen solt sin. als uns nit zwiffelt, wie uwere erbere hohe wissheit in solcher hoher wissheit und gedechtnes sie solche unsere friheit zu bedenken und altes herkomen, als von alter her uf uns komen ist, und ouch uwer stat Strossburg brief und sigel annegesehen, so uns geben ist von uwern eltern, und uns by solcher gerechtikeit welt lossen, und dorzu angesehen unsere würdige brudere und bruderschaft und friheit, die gefestiget und begebet ist von uwern eltern: bitten wir uwere erbere hohe wissheyt, unsere wurdige bruderschaft und unsere friheit bliben zu lossen by solcher verschribung, so wir haben von uwern eltern, uns nit zwiffelt, so sich uwere erberkeit bedenket unser bruderschaft und friheit halb, ir schaffent solch furnemen der meister halb zu Strossburg abzutun, daz wir hinfur solche unsere wirdige unsere bruderschaft, die wir in uwer stat haben, dester loblicher mogen gehalten, und wir und ander gesellen die sich uwer stat Strossburg gebruchen von userm alten herkomen nit getrungen werdent. gnedigen lieben heren, bieten wir uwere erbere hohe wissheit uns hantzuhaben by solcher friheit durch unsere wirdiger bruderschaft willen, als uch wol wissend ist dy friheit, die uns und unser bruderschaft verschriben von uwern eltern, der gern wir und al gut gesellen uns zu bruchen. daz wollen wir um uwere erbere hohe wissheit willig und geneigt sin zu verdienen, wo unser arme dienste sten uwern gnaden zu gevallen geben. und dis haben wir alle gemeinlich gebetten den erbern und vesten Jorgen von Lamparten als unsern lieben Junckern, daz er durch unser aller bet willen sin ingesigel uf dissen brief getruckt und versigelt hat, daz ich Jorg von Lamparten mich beken des versigels und an mir und min erben an schaden. geben am mitwoch vor unsers hern fronlichnams tag 1470.

Claus Sachs	Ulrich von Friburg
Jacob Missner	Hans von Regenssburg
Mathis Werlin ein Franck	Martin us Behem
Niclaus von Strubing	Jost Turinck
Gregorius von Lusschitz in Meren	Antonig von Gorlitz
	Antonig von Colmar
Oswalt von Brunaw	Claus von Werde
Hans von Zabern	Utz von Augssburg
Hans Russ	Jorg Franck
Wilhelm Frenckel	Hans von Franckfurt
Caspar Slesier	Mathis von Wimpffen
Wolffgang us Stiermarg	Heinrich Springincli
Dietherich von Mossbach	Jorg Eilinfelt von Augsburg
Asimuth von Ottingen	Ulrich Kumpost
Enderes Ostenricher	Peter Pruss
Hans Schriber von Zabern	Hans von Kraken

Jost von Anssbach
Paulus Schottenhalm
Ludweg Halblutzel

Hans Unger von Ofen
Erhart Gering von Marck-
burg.

Den erbern furnemen und wissen meistern und rot der
stat Strossburg unsern gnedigen lieben hern. (in verso.)

65.

Schreiben der Kürschnergesellen zu Kolmar an die zu Strass-
burg wegen der Neuerungen von Seite der Strassburger
Meister. 1470.
(Originalbrief. Strassburger Stadtarchiv Lad. 11, Nr. 22.)

Unsern fruntlichen grüss züvoran. wir syegen eüch zu
wissen, das wir zů Strässburg sind gisin als von die zwitrachten
wigen als eüch der wol wissenlich ist als von der meister
wegen, wie sich die understanden haben ein nuy ordnung
ufzubringen, und sy meinen öch dem nöchzůkomen, das
doch in aller welt nie sytt noch recht ward. und wir hoffen
und gitrowen, es sol noch nit darzů komen noch recht werden, wan wir bigeren doch nit anderst, den das sy uns wellen
lässen belyben by yssern alten briefen und sygelin, die yns
bistet sind worden von meister und rätt zů Strässburg. daruf haben sy uns öch ein antwirt gigeben und sprachen zů uns,
was sy unser bederften, sy hettent doch nit nach uns geschickt. darumb ir gesellen, so ist das unser meinung, das
sich euyer keiner sol verdingen und bezwungen sol sin. weller
aber der wer' und das nit entett, wan er uns zů handin
kumpt, den wel wir halten, als des hantwerks giwonheit ist,
und als ein, der wider ein ganze geselschaft tůt, nit me. der
got spar ëch gisund. tůnd, als wir ëch gitruwen. von uns
gisellen zu Kolmar kyrsnerhantwerks mit namen.
Folgen 46 Namen meist ohne Heimathsangabe.
Gegeben an sant Margreten tag näch Kristus giburt tusent
fier hundert und 70 jär.
Diser brief gihert gimeinen gisöllen kürsnerhantwerks
zu Strässburg. (in verso.)

66.

Die Kürschnergesellen von Willstett bitten die von Strassburg
zu striken. 1470.
(Originalbrief. Strassburger Stadtarchiv Lad. 11, Nr. 22.)

Unsern freuntlichen grus. wissen liben geselln des kursnerantwergs zu Strosburg. wir pitten uch liben lib gesellen, das
ir nit hy wolt erbaiten zu Strazburg also lang, biz uns dy

meister wider lossen bey unsern alten herkumen und briefen und sigeln. geschicht aber des nit, so solt ir wissen, das es all gut gesellen nit fur ein dinst haben, und mocht sich also fugen, wurt dorumb zu red gestellet, wan ir etlich unendlich leut under euch hant dy dy ir meister ouch haltent das anderswo ouch ungeburlich ist, und hoffen, auch ir thut nit wider all gut gesellen und lossent uch nit uberreden, wan es mocht einen wol verbissen werden, das er hat getan wider all gut gesellen, uber 10 oder 20 jar oder noch den winachten mit mer. dan got spar uch frisch und gestaten und thunt uns, als ir woltent, das wir euch detent, wan dy ordenung in dietz teuthzen noch in welschen landen noch in der heydenschaft niegent recht ist uf unserm antwerg, als es uns dij meister fur halten. ouch möchten si also recht haben, die andern meister us anderen stetten hetten in bygestanden als si von in gepetten wurden, das wir furwor wol mugen reden und etlich sach mer, das wir nü zumol lossen sten. datum anno dem 1470 jar on dem samstag noch sant Ulrichs tage zu Wilstet.

Von unsern gemeyn gesellen des kursnerantwergs.

Den pugssenmeistern und gesellen des kursnerantwergs zu Sträsburg. (in verso.)

67.

Bitte der Kürschnergesellen zu Freiburg i. B. an den Rath zu Strassburg, den Neuerungen der Kürschnermeister in Strassburg entgegen zu treten. 1470.
(Originalbrief. Strassburger Stadtarchiv Lad. 11. Nr. 22.)

Furnemen ersamen wysen gnedigen lieben herren. uwer ersamen wyßheit unser undertenig willig dienst allzyt mit vlyß vorgeschriben. gnedigen wisen herren. uns komt für, wie die erbern meister kursenerhantwerks by uch etwas nůwer satzung ordenung oder enderung under inen understanden zů machen oder ze setzen, sunder in einem artikel die gesellen oder knecht desselben hantwerks berirende, wie die nu fürer gedingt oder gehalten werden solten anders, dann bißher uf dem rynstramen gewesen noch gebrucht sy. das uns bedunkt den gesellen zů swer und unlydlich syn: bitten wir uwer fürneme ersamkeit mit allem vlyß und ernst demutiklich mit den uwern meistern kursenerhantwerks zu verschaffen und si zů wysen sollicher nuwerung oder beswērung die knecht antreffende gütlich abzustond und die ding blyben zů lassen, wie von alter har uf dem rynstramen recht und gewonheit gewesen gehalten und harkomen ist. wa wir das umb ůwer furnēmekeit und ouch die meister verdienen und beschulden mögen, wollen wir allzyt willig syn. geben und von unser bette mit des erbern Peter Manns burgers zů Fryburg insigel versigelt an donrstag in der pfingstwochen anno septagesimo.

Die gesellen gemeinlich kursenerhantwerks zu
Fryburg im Bryßgow.

Den furnemen ersamen wysen meister und rät der statt Straßburg unsern gnedigen lieben herrn. (in verso.)

68.

Vorstellung an den Rath zu Strassburg wegen der Neuerungen der Kürschnermeister. 15. Jahrh.
(Strassburger Stadtarchiv. Lad. 11 Nr. 22.)

Auch lieben herren uns habent die kursenerknecht, so ietzt by uns wonhaftig und mit eyden verpflichtet sind, anbracht, do sy vor zweinzig joren in bysin und mit hilfe etlicher uwer ersamen ratsfründe dozů geordent zwüschent meistern und knehten des kursenerhantwerks by uch ein ordenung und brüderschaft und anderer puncten halp gemacht durch uwer wissheit gehowen verbrieft versigelt und unzhar gehalten. darin understandent ine die meister ietzt aber intrag zu thünt, und wo inen solchs würde gestattet, das brecht als sie sagent dem gemeynen manne deheinen nutze sonder schaden, ouch so wurde ir lobliche brüderschaft dodurch abgengig und zerstört. lieben herren. do ist an uwer wissheit unser fruntlich bitt, mogen in vermerken, das brüste ob den meistern das gestattet darus wahssen wurde, in der gestalt als die kneht zu erkennen gebent, das ir dann die selben kneht wollent lassen bliben by der alten ordenung vorgemelt und uch also darin bewisen, das sie mögen vermerken, das unser bett inen harinne habe frühtberlichen erschaffen. das wollen wir allezit willig sin umb uch zu verdienen. datum ut in literis.

69.

Veit Kuneck, Guardian des Franziskanerklosters zu Görlitz, nimmt die Gesellen des Schneiderhandwerks zu Görlitz als Mitbrüder auf und räth ihnen, die dem Kloster vom Papste Sixtus IV. geschenkte Begünstigung des Gnadenjahrablasses im Görlitzer Kloster zu benutzen. 24. Febr. 1475.
(Neues Lausitzisches Magazin Bd. XXVI. p. 82.)

70.

Erkenntniss des Raths zu Freiburg in dem Streite der Kupfer-
und Hufschmiedsknechte wegen ihrer Brüderschaft und
Gesellschaft. 1475.
(Freiburger Stadtarchiv. Missivenbuch vom Jahre 1475 u. 1476 fol. 250.)

Wir burgermeister und rat zu Fryburg im Bryßgöw tunt
kunt menglichem, das wir diße nachgenanten parthyen uf ir
anrüffen verhört, und die hübsmidknechte an einem sich
durch iren erlopten fürsprechen ob den kupfersmidknechten ir
brüderschaft und gesellschaft berürerend clagt, wie sy die under
in eine span hielten deßhalb, daz der kupfersmid wenig siegen
und dennocht in allen dingen vorteil haben welten: indem,
wer's under in gemol, behielten sy in selbs verzarten das insonders; was aber von den hufsmidknechten entstün, liessen
sy allweg in gemein dienen; züdem trügen sy inen in ir alt
harkomen irs zeichens, wa vor der slang X zwuschen hamer und
zang gestanden wer', dahin meinten sy nü den kessel ze stellen,
als sy yetz an der gesellschaft fleschen thun hetten; das und
anders, so sich in teglicher widerwertikeit zu unfriden und
abgang der brüderschaft begëb, möchten sy nit erliden noch
ir alt harkomen also hinziehen lassen und wolten die ding nit
me mit inhalten oder der beider gar abston, umb das grösser
unwill und kumber vermitten blib. die kupfersmidknecht
befrömbdet diß fürnemen, angesehen daz sy beidersidt von
alter har zůsamen verwant und wol vor jaren ir zeichen und
anderer stuck halb irrig worden; doch wer' von unsern vordern entscheiden, das ir brüderschaft gemein kerzen liecht-
stöck altartücher messgewand trög büchssen und anders wes
sy under in selbs gemein machen, von beiden teilen yeder
parthy zeichen verzeichnet sölten werden. dem weren sy bißhar erberlich nachkomen, hielten sich des. und das sich die
hübsmidknecht unwillens annemen, tet in nit not und wer'
in leid. in geschech ouch ungütlich in dem, daz sy der geselschaft gelt insonders zu irem nutz oder zerung bruchten, und
hoffen by irem brief der brüderschaft und gesellschaft wie
von alter harkomen ist zů bliben. durch unser rechtlich erkennen und die beidteil ire anligen gnügsamlicher, nit not
alle zů schriben, fürtragen und entscheid zu uns gelassen,
haben wir nach allem irem fürwenden erteilt und erkennt:
vorab dwil beider handwerkknecht in einer brüderschaft und
geselschaft von altar har gewesen sind, wenn sy dann hinfür
ein gebott hand, söllen sy der smid zunftmeister pitten; der
sol in allweg zwen meister zůordnen, solichen iren gebotten
und fürnemen by ze sin helfen handlen und räten erber zim-

14*

lichen sachen. und söll der zeichen halb bliben, wie vormalen
danen entscheiden ist nach lut des verlesen briefs; und die
zeichen an den fleschen, ob die nit noch altem harkomen gemacht weren, sollen och nach sag desselben briefs geändert
gesetzt, und was von gelt beider handwerk gevelt, sol in gemenen brüderschaft und geselschaft nutz angeleit und bewendt
werden, damit aller unwill und span zwüschen in abgestelt
sin an geverd. des begerten die kupfersmid ein brief; ward
in erkennt zů geben under unser stet secret uf frytag vor
sant Jörgen des heiligen ritters und maetrers tag anno 1475.

71.

Die Bruderschaft der Gerberknechte in Strassburg. 1477.
(Pergamenturkunde mit 4 Siegeln.   Strassburger Stadtarchiv.)

In dem namen der heiligen undeilbaren driifaltikeit amen.
dis ist die ordenunge der brüderschaft, die wir gerwerknecht [1])
zů Strassburg zů lob und zů eren der allerhochgelobeten und
wirdigesten jungfrouwen Marian der mütter unsers behalters
angefangen [2]) und ufgesetzet und geordent in dise wise: zům
ersten so wellent wir unser gemein begrebde und ein kerze
haben zů den Augustinern under den wagenere zů Strossburg,
und harumb sint wir übereinkumen einheiklichen zům
ersten, das alle die nů zů zitten in der brüderschaft sint oder
kumen werden, die süllent gehorsam sin zů jeder fronfasten
vier strossburger pfenige zů geben in unser lieben frouwen
büsse.

Item sie süllent ouch by der messe sin, ee der her das
evangelio gesinget, und do sol ouch ein jeglicher einen strossburger pfenig opferen; und wellicher nit gehorsam ist dem do
gebotten würde, er sie ein meister oder süst mitbrüder [3]), und
sin fier pfenige nit engybt in unser lieben frouwen büsse, der
selbe sol bessern ein fierling wachs an unser lieben lieben
frouwen kerzen, unde den sol man niemans faren lossen.

Item [4]) wer' es aber, das do ein meister oder ein mitbrüder

(Wichtigste Abweichungen eines spätern Entwurfs.)

[1]) gerwerknecht zů Strassburg: die wir gerwerknecht wissgerwer und
rotgerber zů lobe etc.
[2]) angefangen: angesehen.
[3]) sust mitbrüder: er sy ein meister oder kneht ein mitbrüder.
[4]) Item wer' es aber, daz ein meister oder sust ein mitbruder nit
komen möcht zu der messe wie im gebotten wer' sine geschefte halp,
wann der vier pfenig schicket in unser lieben frouwen büss und ouch vor
allen dinge den opferpfenig zů der messen zů yeder fronvasten und uf
aller sellentag; wer' es aber sach, das do einer nit keme dem do gebotten

dem do etwas anligen were das er nit kumen möchte, der
sol erloubunge heischen an dem bůssenmeister; und důt er
das nit, so sol er die bůsse verfallen sin.

Item sü sullen ouch alle fronfasten sitzen ordenlichen, wie
sie die bussenmeister bescheident, jeglicher by einen fierling
wachs, und ouch doby zů swige und nit uf zů ston on erloubung.

Item wer' es sach, alle die do in der brůderschaft sint,
ob einer mit dem ander zürnte und im den den [1]) ritten oder
das fallend übel flücht oder einen frefelichen hiess liegen
oder einen hiess einen lecker ein hürensůn ein schalk oder
ein bösewicht in zorns wisse in ierer ůrten oder in irer stuben in huse und in hoffe do su dann ir geselschaft innen
hant, derselbe sol besser von jeden flůch oder scheltwort
4 dn. on genode.

Item ouch wellicher den andern slecht oder über in ein
messer zückt oder aber im nochwurft, derselbe bessert von
jedem stück 6 dn. on genode, und sol man die besserung niemant faren lossen [2]).

Item es süllent ouch jegeliche bussenmeister, die zů derselben zit bůssenmeister sint, semelich verbrochen gelt ernstlichen heischen und ingewinnen; und welicher nit gehorsam
sin wolte solliche besserung zů geben in übermůt die er also
in vorgeschriebener massen verbrochen het, dem selben sol
der bůssenmeister das sin verbieten hinder dem meister dem
er dienet; er mag in ouch wol in den stock legen und im
mit recht nochgon, unz im der folle geschieht; und was
besserung also gefallent von sollichem frefel, dovon sol man
das halbe in unser lieben frouwen bůsse dün, und das ander
halb sol man brüchen in der gemeinen gesellen nutz.

Item ouch alle die, die sich wider unser brůderschaft

wer' wie obstat, den sollen die bůssenmeister zů rede stellen vor den brůdern uf sin billich verantwurten umb sin ungehorsamekeit. item es soll
ouch ein yglicher brůder, wann man ein lipfel hat, gehorsam sin by der
obgenanten penen. und sollen die meister nit witer verbunden sin wie dann
ob stat zů keim gebott das die knecht antrifft, sy wollen es dann gern thůn,
wer' es aber sach, das es ein gemein brůderschaft antreff, so sollen sy
gehorsam sin yglicher zům sim besten vermögen. sy sollen ouch alle fron-
vast sitzen ordenlich, wie sy die bůssenmeister bescheidn yglichen by
eim vierling wachs, und ouch doby zu swigen und nit uf zů ston un er-
louboung.

[1]) den den: in der urten.

[2]) Nach „faren lossen" folgender Zusatz: item es sollen ouch unser
hern meister und rat und ein und zwenzig undabbruchlich sin an ire
herlichkeit.

stellen¹) oder setzen und nit mit uns dienen wolten, mit dennen sol man keine gesellschaft haben. man sol innen ouch weder berotten noch beholfen sin in keiner hande weg, wann sie zü schaffen haben. ʹ

Item ouch wellicher begert in unser brüderschaft und sich losset inschryben, der sol geben 4 dn. angenss ²) unser lieben frouwen und 4 dn. inzüschriben, und sol man im disen brief vorlesen, und den sol er geloben by siner truwen an eins eidstat zu halten, umb das unser lieben frouwen ir liecht und brüderschaft in eren gehalten werde fürbas ³) als dann unzhar geschehen ist. und wellicher von sinen meister kumpt und keinen dienst me hie hat, der sol nit me verbunden sin die fier pfenige zü geben in unser lieben frouwen busse, er welle es dann gerne dün.

Item sü sint ouch einheliklichen übereinkumen, das man alle die begon sol die do von dode abgont, sü haben wiber oder sint lidig, so sol man im sin lipfiel mit einer singenden selmesse haben, als obe er hie gestorben were.

Item wer' es sach, das do ein brüder von dode abginge hie in der stat, begert es dann der selbe, so sol man in legen in user begrebnisse, so wir dann haben zü den Augustinern. do sol man einen jaglichen sin lipfiel mit einer singenden sel-

---

¹) stellen oder setzen und nit mit uns dienen wolten: setzen, die in der bruderschaft sint oder darin komen möchten wie vorstat.

²) angenss: angendes.

³) fürbas — dün: furbas. item welcher knecht uf unserm hantwerk hie erbeit, er sy fromde oder hemischer, sy rotgerber oder wissgerber, uber acht-tag, der soll alle woch geben einen heller in unser lieben frouwen büsse, so verr im nit gelegen ist in der brüderschaft zü sin. item wer' es sach, das gott uber den gebüt, der solche heller gebe, so soll man in in unser be-grebniss lege also einen andern mitbrüdern und in holen mit den crütz und stillmess tün, so verr er solchs begeret. wer' es ouch sach, das ein solcher hinwek kem, der ein heller hete geben zu der wochen, so soll man im darnoch nit witer sin verbunden zü thün. er soll ouch andre mitbrüder ungeirret lossen, wan sy ein urte haben das die gemein bruder-schaft antrifft, es were dann inen liep, und sollen ouch die büssenmeister die zü der zitt sint alle vierzehn dag umbgon mit einer büssen umb zü allen den, die solchen heller geben. und wer' es sach, das die gebüssen-meister solch gelt nit hieschen und ingewinnen, wie obstot und einer hin-weg zug oder lief und solch gelt unser lieben frouwen entrüg, so sollen die bussenmeister alles das ihynne daz ursossen, das der hynwek getrage hat, daz sy solten ingewinnen haben, daz unser frouwen zügebort hat. und welcher büssenmeister sich hiewider satt, den sol man zü rede stellen vor den brüdern und darumb ein stroff nemen noch billich erkentniss. item ouch welcher knecht von sinem meister kompt und kein dienst me hie hat, der soll nit me verbunden sin die 4 dn. zü geben in unser lieben frouwen busse, er wel es dann gern thün.

messen begon uf einen firdag, das do keiner enschuldigunge
haben mag, und do sol ouch ein jeglicher der lich nochgon
unz zu dem grabe; und [1]) wo einer wüste kalgie shü anhette
oder sust unflettige lohemde oder in schürzen oder barschenkeli
zü einen jegelichen opfer, der sol ein vierling wachs verfallen
sin an unser lieben frouwen kerzen, und den sol man nieman
faren lossen. man sol ouch einen jegelichen der in unser
bruderschaff ist zü derselben messe gebieten, und do sol ouch
ein jeglicher einen strossburger pfenig opferen. und wellicher
do ungehorsam ist, der sol bessern einen fierling wachs an
unser lieben frouwen kerzen, und den sol man nieman faren
lossen.

Item es süllent ouch jegeliche büssenmeister, wer die
sint oder gemacht werden, ir gebot zü den fier fronfasten
machen und haben, die sullent zü dem zunftmeister gon und
in bitten umb zwen meister zu dem gebott und der rechenunge
us zü warten, und do sol ein jegelicher sin fier pfenige geben
und was er besserunge verfallen ist. das süllent die büssenmeister ernstlichen heischen und ingewinen und darin niemand übersehen. und wo die büssenmeister solliches nit endetten, so sol ein jeder ein halpfunt wachs verfallen sin, das
sol man innen nit nit faren lassen.

Item sü sint ouch gemeinlichen übereinkumen, das man
nü hinfürter me alle fronfasten sol zwen nemen einen under
den meistern die do by uns in der brüderschaft sint und der
abgenden büssenmeister einen, das do dieselben zwen und
die zwen büssenmeister mit einander gon sillent zü des selben
bussenmeisters meister der dann die büsse haben sol das fier-
teil jores, das er darnoch niemans darüber lossen sol und
sie ouch niemans geben sol, sye sint dann alle vier by einander und der schryber der dan die zit ir schryber ist, umb
dan das sie fürbas nit usgeben sillent oder innemen sullen
on sinen wissen [2]), das sie darumb rechenungen dünt by einen
pfenig.

Item wer' es sach, das do ein wissgerwer oder ein rotgerwerknecht [3]) siech oder krang würde oder süst ein mitbrüder, begert es dann derselbe, so sol man im einen güldin

---

[1]) und wo einer — zü einen jegelichen opfer: und wo einer wer', der
do unsuberlich der lich nochging oder zům lipfel anders dan gebürlich
were, also in der gestalt das keiner soll in lohemden oder in schürzeu, daz
der brüderschaft unerlich were oder der geselschaft, zu eim yglichen opfern.

[2]) on sinen wissen: on der bruder wissen und willen.

[3]) rotgerwerknecht — würde: rotgerwer wer krank würde.

lihen uf ein gût pfant, und ist es sach, das er also arm ist, das er kein pfant hat, so sol man im 5 sh. dn. lihen[1]), und dovor sol er sin truwe und hantwerk versetzen, wann im got gehilfet das er arbeiten mag, das er dan dasselbe gelt wider geben welle uf dasselbe ziel als im dan geben wurt. und wellichem also geluhen wurt, und das gelt nit wider antwurt in unser lieben frouwen büsse, mit dem sol kein geselle noch niemans essen oder drinken, er habe dann solliches gelt wider geben oder geschickt.

Item ouch alle die, die unser lieben frouwen ir gelt enweg dragen oder getragen haben, die sol man us dem bûch schriben und nit mit innen zû schicken oder zû schaffen haben; wer' es aber sach, das do etlicher harwider keme, so sol man in stroffen umb ein halpfunt wachs an unser lieben frouwen kerzen.

· Item es süllent die byssenmeister fürbasme kein gelt oder gold us unser lieben frouwen büsse dûn, man welle es dann anlegen in der bruderschaft noch nutz und mit der gemeinen brûder wisse und willen, und wa sy darüber gelt oder gold us unser lieben frouwen bysse lihen und das nit hielten, so sol man sie viernemen vor den gemeinen gesellen, und do sol ein jegelicher by siner truwen innen ein besserunge erkennen.

Item es süllent die bûssenmeister und der schriber by irer truwen zuwen ander bûssenmeister dargeben und sillent do umbfrogen, ob sû innen gefallen die sie darzü aller nützlichest und redelicheste bedunkent zû sien. und were ein rotgerwer oder ein wissgerwerknecht, der do etwas verwûrket het, das er undouwelich wer', so balde man es innen wurt von ime, so süllent die drige einen ander kiesen.

Item es süllent ouch kein bussenmeister kein gelt me us der gesellen bûsse lihen on siner gesellen wissen oder willen, und welcher den slüssel hat zû unser lieben frouwen büsse, so sol der ander den slüssel haben zû der gesellen büsse[2]), das do keiner usgelihen mag oder sol on sins gesellen wissen

---

[1]) im 5 sh. dn. lihen — geschûckt: im lihen ein halben guldin, dofür soll er sin truwe an eins rechten eidstat geben, also balde also er zû krefte kompt, das er sin hantierung oder hantwurt driben mag. so soll er by der gegebenen glubde solches obgenante gelt geben uf ein ziel also im dann sin mitbrudern geben sint; und welchem also geluhen würde, und das gelt nit wider antwurt in unser lieben frouwen büsse, mit dem soll kein bruder kein gemeinschaft oder gesellschaft haben und nit von im halten, er habe dann solich gelt wider geben oder geschickt in unser lieben frouwen büsse hie in unser brûderschaft.

[2]) büsse: büsse oder lade.

oder willen. und wellicher dowider dût der sol unser lieben frouwen ein pfunt wachs verfallen sin on genode.

Item wellicher zů bůssenmeister gemacht wurt und sich des widert, der sol unser lieben frouwen ein pfunt wachs verfallen sin und den gesellen 6 mossen wins des besten uf den dist[1]), und sol man die besserunge niemans faren losen.

Item es sullent ouch alle die do in unser brůderschaft sint[2]), die süllent gehorsam und verbunden sin uf unsers heren fronlichenamsdag mit dem heilige wirdigen sacrament umb zů gon und im noch zů folgen und ouch das selbe gelichen uf sant Lucas dag des heiligen evangelisten und also dicke mant mit der prozession umbgat, jegelicher by einen fierling wachs.

Item es süllent die bussenmeister uf aller lyeben heiligen dagen zü der vesper uf jedas grap zwö kerzen stellen und anzünden und uf aller lieben selen dag, so sol man einen jegelichen zů derselben messe gebieten by einen vierling wachs.

Item es sullent ouch die zwen bůssenmeister zů den vier hochgezitten und an allen unser lieben frouwen dage die man firet so süllent sy die liechter uf dem stock anzünden und die vier stangkerzen got dem almeichtig zů lob und zů eren siner wirdygen můtter Marien, und wann sie das nit endetten, so bessert jiegelicher einen fierling wachs on genod.

Item es sol ouch ein jeglicher mit im gon, wem er gebůttet by einen fierling wachs.

Item es sillent ouch die bussenmeister alle sundag den stock anzůnden, und wellent sie das nit gern důn, so můgen sie mit dem kuster überkumen das es geschicht.

Item es sol ouch ein jegelicher, den man küset zů einen bischof als dann unser alt gewonheit ist, und welt es der selbe nit důn, so sol er einen sh. dn. geben den gesellen uf den disch, und sie süllen su dan einen ander kiesen.

Item es sullent ouch jegelicher bůssenmeister pfant geben vier die schuld die sie usgeborget habent on pfant; wann wo zwen bissenmeister gelten enweg lichen über das, das sie kein pfant nement, so sillent sie wissen sien, würde das gelt verloren ob einer hienwek lief als dann vor geschehen ist, so sillent sie dann das selbe gelt selber geben on genod.

Item es sillent die bissenmeister kein rechenung geben,

____

[1]) dist: tisch.
[2]) sint: sint oder komen von knechten unsers hantwerks.

es sigent dann zwen doby, die man innen zügypt, und sůst
vier, die sie darzu allernützlichest bedünkent zů sien[1]).

Also sint dise stück und artikel gefolget worden mit der gemein gesellen wissen und willen. und dise beslůsse zů haltend
on allen indrag so haben wir dise vier meister gebetten, das sie
ir eigen anhangende sigel wellent henken zů ende diser geschrift, das do innen unschedelichen syen sol und allen noch-
kumen; das wir uns des bekennen meister Lorenz Sendenhym,
meister Hans Myssbach, meister Hans Sytter, meister Kůnrat
Lössent, das wir umb bette willen der gemeinen brůderschaff
und beslůsse hälben haben geton, das dem weder zůgeben
werde noch abegenommen in keiner hande weg. geschriben
und geben uf sante Marie Magdalenen dag in dem jor als man
zalt von gottes geburt 1477 jor.

72.

Corroboratio der Leinenweberknecht-Artikel. 1479.
(Pergamenturkunde mit einem Wachssiegel. Strassburger Stadtarchiv.
G. U. P. L. 10.)

Wir Hanns Gerbott, der meister, und die funfmann weber-
hantwerks zů Strasburg tun kunt allen den, die disen brief
ansehent oder horent lesen, das fur uns komen sint die erberen
Hans Blesing und Martin Schůster von Wisshorn, zů zyten
bussenmeister der lyninweberkneht zů Strasburg, ein for-

---

[1]) „allernützlichest bedünkent zů sien" bis Schluss: allernutzlichest dozů
bedunken zů sin. item es sollen ouch alle die bussenmeister sint oder bussenmeister werden die vier pfenig die do hinder inen verfallen die fronfast
also sy angon flisslich und ernstlich ingewinnen. das ist ob einer die
4 dn. nit gebe oder nit do wer' uf den morgen, so sollen die selben zwen
bissenmeister, die do angon uf die selb fronfast den brůdern, die do uf
den morgen nit zu den Augustinern by dem gebott sint gewesen oder
vier dn. nit geben haben, die selben 4 dn. von yedem bruder und
swester sollen dise zwen bissenmeister in dem fiertel jors diewil sy
büssenmeister sint heischen und ingewinnen; denn wo sy das nit deten,
so sollen sy semlich usston gelt, so hinder innen ferfallen ist, mit irem
barem gelt ursossen; es wer' dann sach, das einer hinwek zůge on diser
bussenmeister wissen und willen, so durfen sy solch gelt nit ursossen
oder für einen bezalen, der den also hinwek zůge. item dogegen soll
ein yeder bussenmeister das vierteil jors diewil er ist bussenmeister kein
fronfastengelt geben, er wolt es dan gern tůn. also sint dise stück und
artikel gefolget mit der gemeinen gesellen wissen und willen und disen
besluss zu halten on allen intrag.
Gnedigen strengen vesten fursichtigen wisen lieben herren. also ist
unser demütige bit und beger an uch dise copie zu bestetigen got zů lobe
und der wurdigen mütter Maria zu eren.

derung an uns gethon und begert, wir in die gunnen und bestetigen wellent dise hienoch geschribenen puncten stuck und
artikel. sollichs habent wir brocht fur unser herren meister
und rat und ein und zwenzig die dan der lyninweberknecht
begerunge und ouch dise nochgeschriben puncten und artikel
verhort und inen die selben puncten und artikel mit ir urteil
zûgelassen habent, doch inen darinne ir statt fryheit, eberkeit
und harkomen vorbehalten; und sint dis die selben puncten
und artikel:

Zum ersten gott dem almechtigen zû lob, siner wurdigen
mûter Marien zû eren, unsern armen selen zû trost, das unser
lieben frouwen buchsse im grossen spital hinfurme deste bas
und volkomlicher gehalten werde, dan bishar geschu ist, und
sint dis die puncten und artikel.

Item sy sullent haben ir brûderschaft zû ewigen zyten
im grossen spital zû Strassburg und niergent anderswo, sunder
ouch alda nû und in kunftigen zyten beliben.

Item sy sullent alle halbe jor zwen bussenmeister machen,
das ist zû der winachtfronfasten zwen nuwe und zû der
pfingstfronfast zwen ander nuwe; und so die selben bussenmeister ye zû zyten gesetzt werdent, thun sweren, unser lieben
frouwen buchsen nutz zû schaffen, iren schaden zû wenden,
so ferre sy kundent oder mogent on alle geverde.

Item wellicher zû einem bussenmeister gekosen wurt und
sich dawider setzt, der sol ein halb pfunt wachs bessern und
sol nit geandert werden, ob ers libes halb gethûn mag, doch
noch erkentniss der meisterschaft.

Item als die bussenmeister ye zu fierzehen tagen umbgent den wochenpfenig samelen, sullent sy hinfurme umb
solche umbgeng nit verzeren us der büchsen.

Item wellicher gesell der brûderschaft 2 d schuldig blibet,
und wen dan die buchssenmeister darnoch umbgent und die
2 d fordernt, wellicher dann solliche 2 d nit gebe, der
bessert 2 d.

Item man sol ouch hinfurme kein gelt us der brûderschaft busse lihen, es were dann sach das einer siech were,
doch nit on der meister erloubung; doch sullent sy besser
pfande haben, don das gelt sy, so sy hinweg lihent.

Item ein jegelicher gesell sol alle fronfast 1 d in der
brûderschaft buss geben und ouch einen gûten strasburger
pfenig opferen; wer' es aber, das ein gesel uf die zyt nit in
der stat wer', so sol er doch sinen pfenig geben, so balde er
in die statt kompt; 'ouch sol kein gesel von der mess gonde,

ee sy uskumpt, on erloubung der bussenmeister, wer das brech, der bessert 2 d.

Item sy sullent ouch sunderlingen kein gebot geben und bywesen by iren eyden on der meister wissen.

Item die bussenmeister sullent alle jor fier kerzen am karfreitag für das heilig grab setzen und 6 d us der büchsen dovor geben zů hůten.

Item an unsers heren fronlichnamstag sullent die bussenmeister den gesellen gebieten erberlich und zuchemlich mit dem heiligen wurdiegen sacrement umb zů gond; wellicher das breche, der bessert 2 d; und sol man eym jeden kerzendreger an unsers heren fronlichnamstag geben 4 d und wan ir 12 oder me sint, so sol man in ein sh. d uf den disch geben; sint ir ober myner, so sol man in nit geben.

Item wellicher gesell fromde harkumpt und vormols nit me hie gearbeitt het, der mag wol acht tag oder 14 ungevarlich arbeiten; belibet er aber me hie, so sol er geben 2 d stůlvest und darnoch mit der brůderschaft wie recht ist dienen.

Item woltent ouch die gesellen zů gericht oder zu pfalzen gond wider die meister, das sollent sy us iren seckeln thůn und nit us der brůderschaft bůchs. es sullent ouch die buchsenmeister uf alle gebannen fritag die kerzen enzünden; wellicher das breche, der bessert 2 d.

Item uf aller heiligen tag sol man die kerzen enzunden zu der vigilien und uf unser grap zwo kerzen setzen.

Item wellicher gesell dem andern in sin urteil treit, der bessert 2 d.

Item wer' es, das die gesellen uneins wurdent, es wer' in worten oder in gebotten und einer den andern slaht und in in zornes wise hies lugen, der bessert 6 d und sol in der bussenmeister gebieten by eim schilling d; und zůckt einer daruber ein messer oder desglichen, so sollent die bussenmeister sollichen unbescheidenen gesellen der meisterschaft fürbringen und in darůmb zů rede setzen und in bessern noch irem erkennen, doch vorbehalten der statt fryheit.

Item wellicher gesell also untůr were und uf des henkers schibe spilt im burkbann, der bessert 5 sh d. item wellicher gesell also unture were, der sin truw oder ere hie oder anderswo nit gehalten sol han, und das nit verantwurt het oder yeman ůtt entragen het, der sol nit hie arbeiten und kein gut gesell mit im essen oder drinken und ouch nit by im arbeiten, so sere sollich geschicht uf in brocht wurde; wellicher daruber frevelichen mit im esse oder drinke und by im arbeit und das wust, der bessert der brůderschaft 1 lb. wachs.

Item wellicher gesell den buchsenmeistern die stůlvest oder den bussenmeistern den wochenpfennig entruge, der sol nit me hie arbeiten, er habe es denn bezalt, oder es gebe dan ein gut gesell fur in; wan es aber nit gesche, so sol man in inschriben und all fronfast in gemeinen gesellen verkunden.

Item die bůssenmeister sullent ir rechnung fur den gemeinen gesellen thun, ouch nit me dan 1 sh d us der buchsen nemen by iren eyden.

Item die bussenmeister sullent ouch by iren eyden den wochenpfennig oder fronfastengelt von eim brudèr nemen als vom andern.

Item man sol ouch all fronfastmess allen brůdern und swestern verkunden und fur sy bitten, sy sygent tod oder lebendig; wer' es sach, das ein brůder siech wurde, das got lang wend, und in den spital kem, dem sol man alle tag ein d geben us der brůderschaft bůchse.

Item wer' es sach, das ein gesell von dodes wegen abging, das got lang wende, in eins meisters huss oder andern enden wo das were in der statt und usserhalb des spitels, so sullent die bussenmeister allen gesellen gebieten in zů grabe bestatten by 2 d.

Item die leydigen lyninweberknecht sullent hinfurme alle in die brůderschaft dienen.

Item wan man newe bussenmeister gesetzt het, so sol man in disen brief vorlesen und sy thun sweren alle vorgeschriben puncten und artikel zů hanthaben und zů haben by iren eyden.

Des zu urkunde so hant wir Hans Gerbot der meister und funfmann unsers hantwerks eigen ingesigel gehenkt an disen brief des jores do man zalt der geburt Cristi tusent vierhundert subenzig und im nunden jare.

73.

Inhaltsangabe über die erneuerte Brüderschaft der Huf- und Kupferschmiedgesellen zu Freiburg. 1481.
(Mone, Ztschrft. f. Gesch. des Oberrh. XVII. p. 24.)

73a.

Notizen über die Brüderschaft der Schuhknechte zu Hagenau. 1479.
(Mone a. a. O. XVIII. p. 24.)

74.

Brüderschaft der Schlosser- und Sporerknechte in Strassburg.
1484. Streit wegen derselben.

(„Der Stadt Strassburg allerhand Gebott und Ordenungen sine Datis"
Tom. 13 f. 187. Strassburger Stadtarchiv).

Welher in der brůderschaft ist oder sein wil er sy meister
oder knecht, der sol büntlich sin alle obgeschriben stůck und
punct zu halten ouch sin wochengelt zu geben, in mossen vor-
geordent ist by den penen doby geschriben. und welher harin
ungehorsam were oder sin wochengelt mit sampt den verbrochen penen nit engebe von einer fronvasten zu der andern,
den selben mogent die gesellen us der brůderschaft erkennen
und darin abethun und fürter nůtzit me mit ime zu schaffen
haben in deheinen weg.

Welher ouch also us der brůderschaft keme von eigenem
willen oder von den gesellen in vorgerürter wise daruf erkant und obgetan wurde, begerte derselbe uber kurz oder
lange wider darin zu komen, so sol er vor und ee alle sin
versessen wochengelt, so lang er us der brůderschaft gewesen
ist, darzů alle verbrochen penen und gebott, obe er deren
deheins verbrochen het, in barem gelt usrichten und bezalen
und donoch mit der gesellen willen wider enpfangen werden
und sust nit.

Welher knecht ouch kompt in die stadt. Strasburg und
arbeiten wil, den sollen die bühssenmeister fregen, obe er
ouch in der bruderschaft dienen und sich zinsbar machen will,
und südre er das züstet, so sollent ime die bühssenmeister
umb einen meister helfen; sust sollen sie des unverbüntlich
sin; und welhe buhssenmeister die dan zu ziten sint sollichs
nit hielten, die bessern 1 lb. wahss in die bruderschaft.

Wellichem kneht ouch von den bühssenmeistern oder
kerzenmeistern gebotten wurt es sy von messen oder anderer
sachen wegen die bruderschaft` oder die gesellen antreffen,
welicher do sollichem gebott ungehorsam were, der selbe oder
die selbigen sol yeder in sunderheit bessern 2 dn. in der bruderschaft bühsse, so dick das geschiht.

Es sol ouch ein jeglicher gesell sinen pfennig alle vier-
zehentage antworten uf den lichhof zu sant Martin by ihrem
grabe; die dann die buhssenmeister und kerzenmeister so ye
zů ziten sint, der gesellen warten sollent ein stunde von eylfen
biz das die glock 12 sleht; und wo ein buchsenmeister die
stunde nit do were one redelich ursach, der sol der bruderschaft in die buhsse bessern 4 dn. one gnade; und wo ein
geselle sumig were und sinen pfennig in der stunden nit breht

one redelich ursach, der sol bessern 2 dn. one gnade. actum [supra] Bartholomei anno 1484.

Ouch so sol den slosser- und sporerknehten die selbe brüderschaft widerumb lidig in ire hant werden und sollen die meister sie unbekümbert lossen in iren buhssenmeistern und kerzenmeistern und an dem, das sie in die brüderschaft koufen oder zü tün haben. doch wann sie uf yeden sontag nach yeder fronfasten gebott habent von iren kerzen wegen, so sollen sie das ire antwerksmeister verkunden, der sol inen zwen des antwerks züordenen doby zü sin, wie das von alter harkomen ist.

Als etwas spene gewesen sint zwüschent der meisterschaft smydeantwerks uf ein und den slosserknehten und sporerknehten irer brüderschaft halb zü sant Martin andersit, die dann gelanget an unser herren meister und rät, die habent ire erbaren räthsfründe nemlich Sifriet Bietenheim und Hans Vendenheim geordent sie zü verhören und zü understen gütlich zü vereynen. daruf so habent sie mit bederteil wyssen und willen betedinget dise nochgeschriben artikel ouch zü halten mit sampt den artikeln der alten ordenunge und sollent daruf mit einander geriht und gesliht sin, doch unser herren meister und rät ire oberkeit vorbehalten, semlichs mögen meren oder mynren oder ganz abzütün, wie sie das ye noch iren stat und der sach gelegenheit bedunket güt sin.

Zum ersten so sol den slosser .... (Fortsetzung fehlt.)

75.

Gesellschaftsordnung der Schuhmacherknechte zu Freiburg. 1484.
(Pergamenturkunde ohne Siegel. Freiburger Stadtarchiv.)

Wir die schüstergesellen gemeinlich ze Friburg ime Bryßgöwe tün kunt menklichem und bekennent unß offenlich mit disem briefe, als die ersamen zünftmeister echtwer und gemein zünft schümachershantwerk zü Friburg betrachtet und fürgenomen haben, daz alle ding geregieret und in ordenung durch nutz und fridens willen gehalten werden söllent und daz ünser geselschaft, deren wir zü uns ze Friburg under einander befangen und bizher gebrucht haben, inne ordenung und regierung nicht loblich und bestentlich ist, und uf daz uns mit unserm wissen und güten willen dem almëchtigen got und der kuniklichen siner müter der reinen junkfröwen Marien unser lieben fröwen zü lobe und zü ere und uns und unser nachkomenden schüstergesellen geselschaft ze Fribürg

zů merer früntschaft fridsamkeit und bestant ein ordenung
geben und in die wise wie hernach volget, die wir und unser
nachkomen schůstergesellen ze Fribůrg hinafür halten söllent
und aber selbs hierinne vorbehalten haben, daz sy und alle
ir nachkomen zůnftmeister und gemeinzůnft oder der zůnftmeister und sin echtewer dise unser ordenung verendern
meren und mindren mögen, so dick und vil sy daz nutz und
gůt bedunket one alle geverde, und ist dis die ordenung.
Item des ersten welher by uns vorgemelten schůster gesellen
zů Friburg geselle werden will, dem es zer wochen gültet ein
schilling pfennig und daruber, der ist ein knecht; der git
sechs pfennig umb die geselschaft und der geselschaft huß-
rěcht. item welchem es gültet zer wochen under eime schilling, der ist ein knabe, der git drů pfennig umb die geselschaft. item aber welchem es zer wochen ein schilling gültet
und darüber, der git zwen pfennig dinggelt, der ist ein
knecht item welchem es under eime schilling gültet, der ist
ein knabe, git ein pfennig dinggelt. item aber ein knecht,
dem es zer wochen ein schilling gültet und darüber, git zů
der fronfaste zwen pfennig, und dem es under eime schilling
gültet, der ist ein knab, git ein pfenning. item aber git der
knecht, dem es gültet zer wochen ein schilling, alle acht tag
ein helbeling in die büchssen, und der knab, dem es gültet
zer wochen under eime schilling, der git ze vierzehen tagen
ein helbling in die büchssen und soll daruf by siner trüwen
an eides statt geloben und versprechen, er sige knecht oder
knabe, disen brief mit allen puncten artikel und alles des,
so die gemenen gesellen fürer von den vorgenanten zůnft-
meistern gemeiner zunft oder durch den zunftmeister oder
sin echtwer schůmacherhantwerk so ye zů ziten were hienach
underricht und inen gesetzt würde, getrüwlich ze haltende und
ze volfůrende. item die selben gesěllen mögent und sollent
öch hinanthin alle halbe jare vier under inen nemen und erkiesen und denen gewalt geben, die geselschaft erberlich ze
meistern und uszeríchten und öch alle vier so genomen werden solichs ze tůn und sich des on widerrede underzihen, und
söllent domit by iren gůten trüwen an eides statt geloben
und versprechen, den gesellen allen und der geselschaft gemeinlich daz erberest best und wěgst noch ir besten verstent-
niße ze tůnde, denen öch dagegen ein yeder geselle, so bald
sy gesetzt erwělt werden und gelobt haben, globen und versprechen soll inen der gemelter geselschaft rěchter gebot und
erberer ding gehorsame und gewertig ze sind als daz harkomen ist. item von des zinß wegen, so die selbe geselschaft

von ir geselschaft hußzinß geben, da soll der hußwürt oder
zinßher des selben hußes gewalt haben vier usser den gesellen
ze erwelen, die ime umb den selben zinß globen daz selbe jare
und versprechen sollent usrichtung ze tünde. wie aber der
vierer erwelten einer oder mer hinweg kemen oder abgiengen,
wie oder in welchen weg sich daz fügte, so mag er an der
selben statt, so also enweg komen oder abgangen weren, under
den gesellen ander nemen welcher er wille; und welhe er
also zů yeder zit nimpt, söllent im von den gemeinen gesellen
wegen under einander versprechen, umb solich zinß dem huß-
herr gnůg ze tünde, dagegen die andern alle by gůter truwen
an eides statt in globen und versprechen, sy solich zinßes
halb vor allem verlust und schaden zů verhüten. item wer'
öch daz ein rät ze Fribůrg solich geseschaft inne künftigen
zyten yener abteten, daz sol den hußwirt an verfallenen
nachergangenen zinsen gegen den viere, so ime gelopt und
versprochen hetten für den zinß, öch den vieren gegen der
gemein geselschaft und ir yedem besunder dhein schaden
bringen. item die gesellen söllent dhein gebot haben on urlob
der schůmacher zunftmeister, der inen zů yedem gebot zem
minsten zwen irer zunft erber meister an ir gebot zůgeben
sol, vor denen und mit irem rät sy ir sachen und allein nüt
ustragen söllent. item welher zů dem bot verkündt würt,
kompt er nit zů derselben zit als im geboten ist, so besser
er 6 d., er ist dann in sins meisters dienst gesin und daz
kontlich, so bessert er nůt. item ein yeglicher, der do wirt
ist, der sol wirt sin von eine suntag unz an den andern
und der gesellen warten von den, so es zů mittemtag 12
slecht unz zů den nünen in der nacht daz man die mart-
glogke verlütet, oder aber ein ander an sin statt geben, der
in verwëse; so dick einer daz überfert, der bessert 6 d.
item dhein wirt sol on ein stubenmeister dhein ürtin machen.
item es sol öch niemes dhein scholder nemen, es sy denn im
von allen vieren stubenmeistern enpfolhen. item welher under
den gesellen oder knaben uf der stuben mit den andern spilt,
da sol der, so verspilt hat, nit us dem huß komen, er hab
denn dem, so ime abgewünnen, het mit pfand oder mit barem
gelt gnůg getan oder sich des sust mit ime uberkumen; were
daz überfert, der bessert 6 d und ist darzů trüwloß. item
welher uf der stuben ein ungewünlichen swur důt oder einen
heißt liegen, der bessert 6 d. item welcher den andern in
zorns wiße daz vallend übel flüchet oder gegen dem andern
freventlich in zorns wiß ufwůst, der bessert ein sh. d. item
welher den andern mit der fust in zorns wise oder mit der

hant in sin antlit oder an den kopf slecht oder über den
andre frevenlich ein messer zückt, der bessert fünf sh. d.
item würft einer gegen den, andern in zorns wiße, er vele
oder treffe, der bessert zwen sh. d.; er mocht öch also treffen,
daz der schad also groß were, er bessert fürer nach erkantnüsse der gesellen. item welher den andern frevenlichen
wundt, doch also daz es die glocken nit berürt, daz soll an
der gesellen ston und nach geschicht der sach gestrofft und
gebüßt werden, daz dhein usserthalb der geselschaft clagen
soll in achtagen den nésten; und welher daz uberfert, der
besser fünf sh. d. item were sach, daz ein gast mit einem
gesellen kriegete und sin mütwill tribe, so mögent die stubenmeister mit der gesellen rät dem gast die stuben verbieten
und iren gesellen beholfen sin; desglich sol öch dhein geselle
mit einem gast öch dhein mütwill triben. item were öch
sach, daz ein geselle ein gast oder ein geselle dem andern
flüchte, so gepürt den stubenmeistern die sach zü erkünnen,
und ob daz füge hette, gütlich underste ze richten, und wie
daz nit füge haben wolte, fürer mit der gesellen rät die sach
zem nésten und glimpflichesten zü handlen. item es ensoll
dhein geselle dhein gast die stuben verbieten on der stubenmeister wissen und willen; welher daz überfert, bessert ein sh. d.
item so dick eim ein stubenmeister gebütet ze swigen und er
daz überfert, so dick bessert er 6 d. item welher wirt uf
den tag als er wirt ist spilt, es sig ime brett karten oder
sust, der bessert 6 d. item dhein gesell soll uf des henkers
platz spilen; weher daz uberfert, bessert nach der gesellen
erkantnüsse. item karten oder brettstein, welher die zerbricht,
si sigent bezalt oder nit, bessert 6 d. item welhem gebotten
wirt zûm bott oder zûm opfer zer messen oder ein toden hilft
zü grab tragen, kumpt er on hosen und wammesch, der bessert
6 d. item welher geselle an der geselschaft ützit zerbricht
geschir, es syge gleser oder köpf oder desglichen, der sol es
bezalen in acht tagen den nesten darnach kunftig und ein
gast ze stund; welher daz überfert, bessert darnach als lang
zü der bezalung 6 d., biz die zalung föllig geschicht. item
wenn die stubenmeister daz gelt oder geschirs so zerbrochen
wére bezalung haben wellen, daz einer so solich gethan hette
verkünden und des ein benempte zit setzen, so soll ein yeder
uf daz selbe zil, so im von den stubenmeistern benempt ist,
on verzihen in solich bezalung mit barem gelt oder mit gütem
pfand die dafür gewiße und güt siget, welher daz überfert,
bessert darnach allen tag 6 d, und söllent und mögent in
die stubenmeistern darumb an langem bekümbren ye so lange,

unz daz sy des gebrochnen dinges mit vallenem besserung bezalt werden. item welher sin schilt an der gesellen brett durch sin eigen gewalt abe dût zerkretzt oder zerbricht, der bessert fünf sh d. item die stubenmeister söllent öch usser der buchssen niemans dhein gelt lihen nûmant, er gebe denn gûte pfand, so mögent sis tûn ob sû wöllen. item wenn ein priester sine erste meß singet und die stubenmeister den gesellen umbsagen und·gebieten uf ein zit ir opfer ze bringen, welher der zit so ime gebotten ist nit kumpt, bessert 6 d, es sie denn kuntlich, daz er der zit in sins meisters dienst gewesen ist und er einem andern gesellen sin opfer an siner statt ze richten geben und enpfolhen habe. item die stubenmeister sollent sin rûgen über alle swür unzucht und alle andre ding, so under den gesellen beschehen, und den gesellen sagen, nach diser ordenung nit fûklich sint. item es soll dhein stubenmeister hinweg wandlen, er habe dann vor und ee den andren sinen mitgesellen stubenmeistern von der gesellschaff wegen rechnung geben; und ob er des selben halben ytzit schuldig wer' bliben, sol er usrichtung dûn. item ein knecht, dem es gültet ein sh d wochenlon und darüber, git ganzen zinß; ein knabe, dem es gültet under eine sh. d. zer wochen, git halben zinß. das wir die schûstergesellen vorgemelt zû Friburg als solich vorgeschriben ordenung und satzung von unser gemeinen geselschaft zû gûten dank von inen ufgenomen und an uns enpfangen und haben die selben ordenung und satzung alle und unser yeder besunder für uns und allen unser nachkomen schûstergesellen zû Friburg by unsern gûten trûwen an eits statt mit allen puncten und artikelen sonder und sampt gelopt und versprochen ze haltende mit der geding und underscheit, wēre sach, daz uns oder unser nachkomen schûstergesellen zû Friburg dhein artikel an disem brief verschriben abzetûnde ze mindren oder meren oder ander mer nüw artikel darzû undarin gesetzen nutz und gût bedûchte, daz wir denn daz an den zûnftmeister, so ye schûmacherzûnft der zit zûnftmeister wer', bringen möge, und daz denn derselbe zûnftmeister daz fûren an sin echtwer und ob es nit notdurftig bedûchte an die gemein zûnft bringen solle, und wes wir denn von denen fûrer in unser angebrochen sachen entcheiden werden, daz wir es also halten mögen und sollent, doch in allen disen dingen unser gnedigen herschaft von Österrich öch der gemein statt Fribûrg und der gemein schûmacherzunft an allen iren herlichkeiten rechten und herkumen onschedelich und alle argerliste und geverde domit in disen dingen genzlich und gar usgeschlossen und hindan gestelt. dise ding sint beschehen und volendet, uf sambstag nach der einlifduset megde tag inne dem jare als man zalt von Cristus gepurt duset vierhundert und in dem vier und achtzigisten jare.

1503 wurde diese Urkunde neu redigirt, wieder auf Pergament geschrieben und mit dem Siegel der Zunft versehen. Letzteres ist abgerissen. Folgende Stellen sind aus dieser Redaction von 1503 als bedeutendere Abweichungen zu vermerken:

Item die selben gesellen sollend ouch hinfür alle fronvasten zween under inen nemen und erkiesen, denen gewalt geben, die geselschaft erberlich ze meistern und uszerichten, dieselben zwen, so also erkosen werden, sollichs tůn etc.

Item die gesellen sollen ganz kein gebott haben weder fronvastengebott ünser fröwen noch gesellengebott on urloub der schuhmacher zunftmeyster, der inen ouch zu yedem gebott zům mindsten zwen irer zunft erber meyster zu ir gebott zugeben soll, vor denen und zwölf gesellen unser geselschaft, so die gemeinen gesellen alle halben jar under inen erwelen und kiesen söllen, und mit irem rät sy aller ir geselschaft geschäft und sachen und nit selb allein ustragen sollen.

Und wann einem umb sollich spilgelt, des nit mer sin soll dann ein schilling pfening und darůnder, also bezaltüng dür die buchssenmeyster stubenmeister oder kerzenmeystern ze tůn gebotten wirt, und er das übersicht, der bessert als dick ein schilling pfenig.

Item welher uf der stůben das vallend übel oder desglichen ein merern andern unzimlichen schwůr tůt, sol der täter nach der gesellen und der zweyer zůgabnen meyster erkantniß nach unfůg und schwäre des schwůrs darumb gestrafft werden.

Item welher gesell ouch nu hinfür dem andern zůtrinkt das bringt oder in grießt, es sig mit win oder andern dingen, in welher gestalt das beschicht, der bessert allweg ein schilling pfening; und mag das so gevorlich beschähen, die zwen meister mit sampt den zwölf gesellen mögen das nach gelägenheit der sach straffen.

Item die buchssenmeister sollen uß unser fröwen büchs nieman kein gelt lyhen one gunst wissen und willen der zunftmeister und ächtwer der meisterzunft, über die büchssen ouch nit gan one gunst und willen der zweyer zůgebenen meister, und sollen darzů alle fronvasten unser fröwen büchs die klein in die gross büchs lären, die hinder dem zunftmeyster stät.

Item die stubenmeister und zwen buchssenmeister sollen rüger sin über alle schwür unzücht und alle andern angezeugten ding, so under den gesellen beschähen, und den gesellen sagen, sollichs nach diser ordnung nit füglich sin.

Item welhem es zur wochen ein schilling pfennig lons und darüber gültet, der git ganzen zinß und in der bruderschaft büchssen ye zu acht tagen ein helbling; und welhem es zur wochen under einem schilling pfennig lons gültet, der git nur halben zinß und in der brüderschaft büchssen ye zu vierzehen tagen ein helbling.

Nach dem Schlusse sind von späterer Hand folgende drei Bestimmungen zugeschrieben, die aus dem Jahre 1544 stammen.

Item es ist abgret und beschlossen, das nun hinfüro einer yeder schühknecht, der zu einem meister dingt, solle zwen pfennig in unser lieben fröwen buchsen geben und darnach all wochen ein helbling und ein knab halber sovil und darnach all fronvasten zwen pfennig in unser lieben frowen büchsen; und welcher zwen pfennig schuldig und darüber ansticht, der bessert alle tag sechs pfennig so lang, bis ers bezalt.

Item welcher knab oder knecht einen andern meister zu werken zuseit, ee er einen meister usgedient in der wochen oder im zil, oder zweyen meistern uf einmal zu werken zuseit, der bessert allweg fünf schilling pfennig.

Item welher knecht und knab sich ungebewrlich mit essen und trinken hielt, also es uber sein natur nit by im blib, sondern von im offenlich brech, der bessert funf schilling pfennig.

76.

Brüderschaft der Bäckerknechte zu Schlettstadt. 1489. Abschrift der Urkunde durch den Rath von Schlettstadt nach Freiburg mitgetheilt. 1499.
(Freiburger Stadtarchiv. Baeckerzunft 45, Nr. 1¹/₂.)

Wir der meister und der rat zu Sletzstat thünt kunt allermenklich, das vor uns herschinen ist Peter von Costentz der brotbeckknecht jetzunt zu Friburg im Brissgow wonende und herzalte vor uns, also wer er von gemeynen gesellen und knechten brotbeckerhantwerks jetzunt zu Friburg wonende ußgefertiget mit bevell der brotbeckerknecht in unser statt ordenung und brüderschaft, so wir inen vor jaren zu halten vergönt und versigelt ufgerichtet gegeben haben, glöublich abschrift an inen zu herwerben und mitzübringen. demnoch dwil zimlich anmütung nyeman zu versagen, so habent wir

dem gerürten Peter von Costentz sollicher ordenung und
brüderschaft glöublich abgeschrift und vidung uß der gesellen
rechtem versigelten original werden lassen von wort zů wort
also lutende: wir der meister und der rat zů Sletzstat thůnt
kunt meniklichem mit disem briefe, das vor uns gestanden
ist der ersame Ulrich Starke altstatmeister und diser zit
pfleger unsers armenspitals und mit im Thenge Obreht schaffner
desselben spitals herzalende. als in vergangnen jaren die
erbern gemeynen gesellen brotbeckerhantwerks in betrachtung, nyeman nützt vorzůgestonde dan die gůtten werk der
mensch hie in zit fürsendet, eyn lobliche brüderschaft gott
dem almechtigen der hymelkünigin Marien und allem hime-
lischen höre zů eren in dem benanten unserm armen spital
lut versigelter verschribung gestiftet verordnet und ufgericht,
daruf denselben spital und kilchen bißhar mit mancherley
früntlicher und milter hantreichung in gezierden zu sollicher
brüderschaft dienende und andern, damit des spitals und deren
so darin wonende nutz und fromen fürgewandt, in dise hienoch geschriben wise begabet; ouch gůtwillig und eygens
fryen willens für sich und alle ire nochkomen brüder egemelter
brüderschaft die selben stücke und ob sů utzit witter durch
den allmechtigen zů machen vermant würdent in eren zů
halten herbotten, nemlich und zum ersten: die tafel uf dem
altar im chor und zwen engel vor dem altar und das groß
venster by dem selben altar; item zwo vergůltte lange kerzen,
so man uf hochzitlichen festen in userm münster umbtregt,
und vier messin liechtstöcke; item eyn messbůch und zwen
kelch und zwey messgewant, deren eyns Grün Fidyn machen
lossen; deßglichen zwen sark zů iren begrebnissen gekouft;
ouch den gerner in irem costen molen lossen; ouch sechzig
gulden an die nuwe tafel zů stüre geben; darzů verordnet
vier pfunt gelts eynem priester jors zů geben, der aller wuchen
aller brüder und schwestern und deren, so in egemelten spital
wonen und hanterichung thůnt, und allon glöubigen selen zů
trost zwo messen in egemeltten spital lesen soll; darzů alle
fronfasten eynem jeden armen menschen so im spital sint und
das almůsen entpfohen fur eynen pfennig brot und eyn halbe
moß wyns geben; uund zwo bedtstatt mit aller zůgehörde, ob
eyncher ir brüder krank würde, das der daruf ligen solt;
deßglichen eyn matt gekouft, in dem Eigen in unsere ban gelegen neben des ersamen Claus Wegmans seiligen erben und
stoßt andersit uf die Ißel, so ietzunt Buwmans Heinrich der
schiffman zů synen handen und dem spital jors siben schilling
gelts dovon zů zinßen verbunden, darumb ouch der spital

die egemeltten zwen engel mit getregt kerzen belûchten sollt.
demselben noch angesehen, das dheyn gûthâte sol unbelonet
bliben, besonder ouch undankberkeit für die größte untugent
geschatzt und geachtet wurdt, so hatten sû inen dogegen und .
herwiderumb für sollich herzoigte gûtthâte und fruntliche
hantreichung, so bißhar beschehen, ouch furter von inen und
allen iren nachkomen brudern der bestimpten brûderschaft in
namen des spitals warten weren, für sich alle ire nochkomen
pfleger und schaffner egemelttes spitals ietzt aber wie dann
in vergangner zit und anfank der brûderschaft vormols zûgelassen geordnet und in dise nochgeschriben wise schaffen
getruwelich und ungeverlich zû beschehen zûgeseit. baten
uns daruf mit ernst, diewil die gedechtniß der menschen hyn-
schlichend und irrung durch abgang und vergessenheit möcht
uferston und irem zûsagen hernoch in künftigem nit statt
gethon und volzogen werden zû vermyden, das wir inen sollichs
günen und zûlassen ouch durch geschrift und unser statt an-
hangend insigel bestetigen wolten, also lutende. wer' es sache,
das uber kurz oder lang eyncher knecht oder knabe in der
bestimpten brûderschaft mit krankheit verhaftet und siech
wûrde und eynem pfleger oder schaffner, so dann je zû zitten
syn, verkündt und zû wissen gethon, das alsdann der selb
siech uf pfant in egemeltten spital angenomen und an der
bestimpten ir bedte eyns geleit werden solt, darzû mit essen
drinken und anderer frûntlicher handelung, als dann eynem
siechen menschen noch syner notdurft und gestalt der krankheit zû thûnde gebürt, und so lang er in krankheit lit, es sig
by tag oder by nacht, in des spitals costen und mit synem
gesinde getruwlich versehen, syn warten und hantreichung
thûn und deßhalben in allen dingen dheinen mangel lossen;
und sobald er vom bedt komen und syn krankheit mit hilf
des allmechtigen gemiltert, das er selbs essen drinken oder
gen möcht und doch zû arbeiten nit geschickt oder vermögen-
lich, syn narung zu gewynen, das er dann mit dem schaffner
ob synem tisch als ander pfrundner essen und drinken, und
alle diewil er nit arbeiten möcht, derselben cost, als der schaffner ob synem tisch isset oder zû jeder zit haben mag, getruwlich mitgetheilt und on widersprechen eyns jeder pfleger
oder schaffner gehandreicht und geben werden aller ding ungeverlich. darzû als sû zû der ernen noch altem harkomen
ire gesellschaft by eynander haltent, eynen wagen oder zwen
ungeverlich zû hergetzlichkeit der selben irer gesellschaft uf
eynen nemlichen tag lihen und ufrusten und in dheynen wegk
versagen, alle geverde harin gentlich hyndan gesatzt. also

nochdem wir sollicher brûderschaft und gemeyner brûder
gûntlichen willen, so sû bißhar egemeltten spital und den ihenen
die darin wonende bewisen, worlich berichtet und die ding
zimlich syn vermerkt, so habent wir in namen egemelttes
spitals gûtlich verwilliget uud zûgelossen, das sollichs von
inen und allen iren nochkomen pflegern und schaffnern, so
lang die brûderschaft werende und in egemelten spital von
uns unsern nachkomen meister und räten oder inen nit wider-
rûfft oder abgethon wûrdt, getruwlich vollzogen und stet gehalten und dawider nit gesatzt oder utzit geredt, sonder dem
allem, wie vorstot und mit ußgetruckten worten harin be-
stimpt, nochkomen werden solt, alles ungeverlich. und des
zû worer urkunde so habent wir unser statt groß insigel uf
beder parthen ernstlich bitt offenlich gethon henken an disen
briefe, der geben ist uf sampstag der heiligen apostel sant
Peter und Pauli obent des jors man zalt noch Cristi geburt
tusent vierhundert achtzig und nûn jore. und des zû worer
gezugkniß so habent wir unser statt secret insigel offenlich
haran lossen trucken, und geschach uf zinstag nechst noch
allerheiligentag des jors als man zalt noch der geburt Cristi
unsers liben herren tusent vierhundert nûnzig und nûn jore.

76a.

Vereinbarung der Kleinböttcher der fünf Seestädte Hamburg,
    Lübeck, Wismar, Rostock und Stralsund gegen die Ge-
    sellen. 1494.
    (Rüdiger, Gesellendocumente p. 6—8.)

77.

Die Strassburger Bäckergesollen geben denen von Schlettstadt
    Verhaltungsmassregeln. 1495.
    (Nach einer vom Notar Volmar eigenhändig geschriebenen und von
    ihm beglaubigten Abschrift auf Pergament im Colmarer Stadtarchiv
    Lad. 25, Nr. 10.)

Die brûderschaft und gesellen der brotbeckerknecht und
andern so zû inen dienen zû Straßburg der erbern brûderschaft und geselschaft der brotbeckerknecht zû Sletzstat
unsern gûten gesellen und gönner unsern grûß zûvor. lieben
gesellen. als Andres von Bischwiler by uch zû Sletzstat gewesen und haben im bevolhen zû erfaren an unser geselschaft
und brûderschaft der brotbeckerknecht und ander so zû uns
dienen, wie ir die gesellen halten sullent so uf dißen tag zû
Colmar dienen, ouch die ihennen die vor in dem handel begriffen sint ouch do dienen, wie man die selben halten sollent:

so ist unser meynung und will, das ir dem schriben sollent,
der vor im handel begriffen ist, das man den selbigen in kein
brüderschaft oder büssengelt von ime nemen sol, aber den
andern gesellen die zů Colmar dienen, die nit ime handel
begriffen synt, den früntlichen schriben und früntlichen bitten,
das sie uß der stat ziehen und nit me do arbeiten, biz zů
ußtrag der sachen; so ferr das geschee, wer' uns vast lieb, so
ferr das selbig nit geschec und zů Colmar bliben, so sol man
die selbigen fürter in dhein brüderschaft nemmen oder bus-
sengelt von inen entpfohen. datum uf Symonie und Jude
anno 1495.

77a.

**Schreiben des Stadtraths zu Freiburg i. B. an jenen zu Strass-
burg über eine Vereinigung der Bäckerknechte von acht
Städten. 11. Juli 1496.**
(Mone, Ztschrft. für Gesch. des Oberrh. XVII. p. 48.)

77b.

**Zeugniss über das Verhalten des Michael von Worms ausge-
stellt von den Brotbäckerknechten zu Strassburg. 1504.**
(Urkunde auf Papier mit darauf gedrucktem Siegel. Colmarer Stadtarchiv Lad. 25, Nr. 10.)

Wir dissi nachbenanten Hans von Nötlingen knechtsknecht, Hans Hirntz von Dûsembach, Melchior Sorge von
Stockach, Contz von Rabemberg, Veltin von Udenheim, Heinrich Metzer von Bischhoffshein, Henrich Seltzer von Dieppurg,
Matthis Cûn von Underrode, Bernhart Pfelstecker von Wintz-
heim, disser zitt die buchsenknecht und achtknecht der
bruderschaft der brotbeckenknecht zů Stroßburgk bekennen
harin offenlich, das hut dat. vor uns deßhalb by ein versamelt
erschienen sint Michel von Wombs und Melchior Friburger
die brotbecken von Colmar und rûget der gemelt Michel: wie
er vergangnen tagen sinem sone Micheln die brotbeckenzûnft
zu Colmar understanden zů erkoufen und zů eynem brott-
beckenmeister daselbs uf zů nemen und zů empfaen an die
zůnft begeret hett, wer' ime daselbs allerhande worten be-
gegenet, dadurch der selb sin sone noch zůr zit zů der zonft
nit zůgelassen, ime daby sofiel zun verstan gebben, syns wesens
von uns urkonde und schyn fürzubringen nott sin, uns gar
ernstlich bittend und anrůffende ime darin nach unserm
wissen geburlich zůgnisse mitzuteilen. also sagent domit ob-
bemelten gemeinlich und sonderlich, so.... wir ein warheit sagen
sollen oder mogen, das wir von dem bestimbten Michel von

Wormbs brotbeckenknecht des obbenanten meister Michels
sone keyne unerberkeit oder arges wissen sonder all liebs
und gûts, und so die irrunge der brotbeckenknecht zu Colmar
geendet were, liessen wire inen by und under uns arbeyten
und hielten mit ime bruderschaft und geselschaft als mit
eynem andern frommen gûten gesellen one all geverde. und
disser unser sage zu warer urkund haben wir mit flisse gebetten den furnemen Paulus Leopart der archidiaconat geistlichen gericht der hohenstift Straßburgk geschworenen no-
tarien, sin insigel fur uns gemeinlich mangel halb eygener insigele zu trucken in dissen brief, das ich Pauls itzgenant er-
kenn von byt wegen getan hab, doch mir und mynen erben
ganze unschädlich. geben und gescheen uf zinßtag nach Viti
und Modesti anno domini millesimo quingentesimo quarto.

78.

**Bitte der Bäckerknechte zu Strassburg um einen Bauplatz zu
einer Kapelle. 15. Jahrh.**
(Strassburger Stadtarchiv Lad. 11, Nr. 16a.)

Fursichtigen wisen gnedigen lieben herren. also ist der
brotbeckerknecht an uwer ersamen wisheit demütig und flissig
bitt und begere umb platz zû einer capellen zû buwen uf den
gerner oder doby in oder usserthalb der spittalgrûben und
betten, darzû wellent ordenen die sach an zû slagen und zû
besehen, sitdenmol uwer ersame wissheit sollichs vormals
ouch uns zûgelossen hat. ouch sol uwers wissheit wissen, das
uns den brotbeckknechten von einer parson zûgesagt ist
eigentlich ein ewige mess zû machen und das versorgen nach
aller notturft in sollicher capellen, ist es sach, das dy capelle
in jores frist gemacht und gebuwen werde.

79.

**Verordnung über das Verhalten der Bäckerknechte zu Strass-
burg im Spital. 15. Jahrh.**
(Strassburger Stadtarchiv Lad. 11, Nr. 16a.)

Von den brotbecker knechten.

Item der schaffener oder meisterin im spittal sollent ein
yeder brotbeckenknecht in der brûderschaft, der von irem
knechtzknecht oder buchsenknecht siech in den spittal brocht
wurt, enpfohen und ufnemen, ist er sin notturftig, er sige ge-
schediget worden als gestochen geslagen oder hette slûre oder
andere gebresten oder siechtagen, die im von got oder sunst
von ungevelle zûston möchten, wie sich daz begebe.

Item so bald ouch einer also sech in den spittal enpfangen wurt, so sol er von stund an bichten, sich lossen mit den heiligen sacramenten bewaren und sich halten noch rat und underwisung sins bichtvaters wie ein ander siech noch harkumen der gewonheit des spitals.

Item man sol yeden rein und suwer legen sin bett bereyten zů gewonlichen rechten ziten wisse bylachen geben, noch dan es die noturft heischet und des spitals gewonheit.

Item man sol ouch yedem brotbeckerknecht, der in der brüderschaft ist und also sich im spital lit, allen ymbs geben, ein kennelin als sie bizher gehebt hant vol wins, brots genug, ein gůt schyssel mit suppen oder gemůss und zwůr als vil fleisches eiger fisch kese oder was man zům gemůse git, als man einen andern sichen git; und ob einer des zů siner notturft nit alles bedurfte und bruchen möchte, so sol er das nit witter geben noch verkoufen, sunder dem spital bliben lossen by einer pen. stot zů mynen herren.

Item man sol inen vor anderen siechen zům ersten anriechten mit keiner geverde, das ander sechen ouch gliche geschehe; und ob einer krankheit halber fleisch fisch oder anders nit möcht, das sol er dem spital lossen wie oben stot, und sol man im eiger oder sunst etwas geburlichs bereten und geben one widerrede noch gelegenheit siner krankheit.

Item von den gestiften ymbsen, die man den siechen vorsgit, sol man inen mit andern sechen glich teil geben, als bizher gewonheit gewesen ist.

Item es sol ouch keiner der brotbeckerknecht einicherley zůganges in spittal nit haben von uppiger geselleschaft oder tyernen by einer stroffe, stot zů minen herren.

Item es sol ouch keiner brotbeckerknecht us dem spital wyter gon noch spazieren wan allein für das thore und uf die spittalgrůbe by einer pen, stet zů minen herren.

Item es sol ouch keiner der brotbeckenknecht die siechen und gesinde im spital weder mit worten noch mit werken übergeben noch handelen by einer pen, stet zu minen herren. Ob aber iren eyn von yemans im spital etwas widerdruss widerfüre, wie daz were, das sol er eim schaffner oder der meisterin sagen, die sollen im davor sin.

Item der brotbeckerknechtbruderschaft knechtzknecht ist und sol fürter verbunden sin by einer pen, zur wochen trimol in den spital zu gon, so gesellen von der brüderschaft darinne sech ligent, und sol warnemen, ob ir etlich unbescheiden weren oder sich ungebürlich hielten, das erste dan darumbe stroffe und sie dar abewise; und welicher im des ungehorsam

sin wolte, den sol er hinder sich bringen den buchsenknechten,
die sollent fürderlich dozů tůn, daz sollich unfůge gestroffet
und vermiten werde.

Item der knechtzknecht sol ouch ein furderlich ufsehen
haben, welcher brotbeckerknecht des spitals nit me notturftig
were, das er im dan urlop gebe und heiss inen fürter lůgen;
und wan sollichs nit geschehe, so mag ein schaffner oder
meisterin des spitals ein solichen urlop geben, und sollent die
knecht der brůderschaft des nit zürnen.

80.

**Artikel aus der Ordnung der Hasenpfuhler in Speier wegen
Versorgung der Knechte im Winter. 15. Jahrh.**
(Rau, Regimentsverfassung der freien Reichsstadt Speier II. p. 9.)

81.

Artikel wegen der Kürschnerknechte in Strassburg. 15. Jahrh.
(Mone. Ztschrft. für Gesch. des Oberrh. XVII. p. 32.)

82.

**Bestimmungen über die Gesellen der Kürschner zu Strassburg.
15. Jahrh.**
(Mone, Ztschrft. für Gesch. des Oberrh. XVII. p. 53.)

83.

**Bestimmung über die Wollschlägerknechte zu Strassburg. 15.
Jahrh.**
(Mone, Ztschrft. für Gesch. des Oberrh. XVII. p. 52.)

83a.

**Vereinigung der Wollweber zu Prizwalk über den Knappen-
lohn. 15. Jahrh.**
(Riedel, Codex diplomaticus Brandenburgensis I. 2 p. 35.)

84.

**Ordnung, welche die Schneidermeister zu Strassburg beim
Rath eingereicht haben. 15. Jahrh.**
(Strassburger Stadtarchiv Lad. 12, Nr. 19.)

Dis ist ordenung von den knehten snyderhantwerks.

Also bizhar ein gewonheit gewesen ist, das wir alle halp
jor unser kneht dingen, nemlichen zů winachten uf sant Steffan
dag und zů sant Johans dag zů singyten, das sol fürbas doby blyben und sin. ouch wellicher kneht oder knabe zů der

selbig zweygen zyl eim meister züseyt zü dienen oder jeman
düt züsagen von sinen wegen, und wan im dan der meister
büt gewonlichen und mügelichen lon das dan genügsam ist,
do sol im der kneht sin zil üsdienen oder sol in kein meister
hie halten das selbige zil, es werde dan for dem antwerg us-
getragen; und wer' es ouch sache, das ein kneht im zil zü
eim keme, der sol dem selbeigen meister sin zil fol usdienen
in forgemeltiger mossen als obe stot.

Es sol ouch ein jeclicher kneht oder knabe sinem meister
dem er dient geloben, getrüwen dienst zü dün und sinen schaden zü warnen und sinen frumen zü fürderen.

Ouch wellicher kneht im zil on redelich ürsach von sinem
meister gyng, der sol bessern unserm antwerk 5 sh. d. in
unser antwerk gemein büss, und die sol man im nyt faren lon
by dem eyde, und sol im ouch kein ander meister hie zü
arbeiten geben das selbeig zil; und wellicher meister eyn
solichen kneht satz, der bessert unserm antwerk 5 sh. dn. in
unsere antwerks gemein büs, und sol man im die nyt faren
lon by dem eyde.

Ouch wellicher kneht ein dag müssig got wider sines meister willen, der bessert sinem meyster dem er dient 1 dag
10 dn, also dick er das bricht.

Ouch welicher meister uf das selbeig zyl, als er dan myt
sime kneht reht, das müssiggon nyt abeschlug, so sol sin der
selbig kneht darnoch lydig und entladen sin.

Ouch wellicher kneht jeman etwas maht, es wer' sines
meister kunden oder andern, on sines meister wissen oder
willen, der bessert 5 sh. dn. in unser antwerk gemein büss,
und den lon, dem er gedient hat, dem meister, des der künde
dan gewesen ist.

Es sol ouch kein kneht oder knabe deheim meister sinen
kneht oder knabe abe bytten im zyl, nemlichen nyt e biz noch
dem im bis uf sant Steffan dag die selben glichen ouch uf
sant Johans dag zü syngytten; und wer das breche und
sich das kuntlichen fände, der bessert 5 sh. dn. in unsers antwerks gemein büss, und sol in darnoch kein meister halten,
er habe dan die 5 sh. dn. geben.

Es sol ouch niman under uns deheim kneht by dem stuckwerk zü machen geben; und wer das bricht, der bessert 5 sh.
dn. in unsers antwerks gemein buss.

Ouch welicher kneht sinem meister sinen lon angewint
for dem antwert, den sol er im geben an dem ersten dag do-

noch on alle geferde. · und důt er das nyt, was sin den der
kneht kosten oder schaden hat, den soll im der meister uf-
rihten und bezalen.

85.

Kritik der Schneiderknechte über die vorstehende Ordnung.
(Strassburger Stadtarchiv Lad. 12, Nr. 19.)

Dis ist die antwirt der schniderkneht uf der meister
anbringen:

1. Zům ersten als die meister setzen, wie man die kneht
   zů winahten und zů sant Johans dingen sol. dis gehellent die kneht.

2. Item als dan die meister angebent, wan ein kneht oder
   knab eim meister loss zůsagen oder selb zůsag, so solle
   er im sin zil usdienen, oder kein meister solle in sunst
   halten.
   Do ist der kneht antwurt: es sig von alterhar gewonheit gewesen, wan ein kneht zů eim meister kam, so ver-
   sůchte der meister den kueht und der kneht den meister 14
   dag, und welher dem andern nit gefiel, der hette dan den
   wandel. und darinne wurde nieman herfert und ging dan mit
   frigem gůten willen zů, und möhte dan ein kneht nit ge-
   sprechen, er wer' herfert oder getrungen eim zů dienen wider
   sinen willen. hoffent hieby zů bliben und dovon nit getrungen zů werden, dan den selben knehten wurde sunst die statt
   verboten.

3. Item ob einer im zil zů eim meister keme, der solle im
   das selbe zil folle usdienen.
   Do ist der kneht antwurt wie vor, das sy meinen billich sig, das der meister und der kneht billich den wandel
   sollen haben 14 dag, als es von alter harkomen ist.

4. Das ein kneht sinem meister solle getruwen dienste geloben. do ist der kneht antwurt, das das billich sige,
   so verre und die meister kein geverde harinne sůchent,
   als man einsteils hie noch merken wirt.

5. Item als dan die meister woldent, welicher kneht im zil
   on redelich ursach von sinem meister ging, das der 5
   sh. dn. bessern solt, und soll in ouch darzů kein meister
   setzen ouch by funf schilling, die man ouch by dem eide
   niman faren lossen sol.
   Do ist der kneht antwurt, das daz geferlich sige und
   ouch nit beston möge; dan es sige bizhar gewonheit gewesen,

wan ein kneht von eim meister wolte, so dorfte er nit
von im kumen, er gebe im dan einen andern kneht an sin
statt, dodurch so würde der meister nit gehindert an siner
arbeit oder an sin kunden. das nemen sy, blibe billich doby.
ouch so verstent die knehte, das das der meister auflag
sige, darumb sy in den getrugen dienst zůmůten und nen
schaden zů warnen und zů wenden und nen nutz zů furdern.
item als inen 2 dn. zům tage abgebrochen sig, das sy das
do nit wider an den knehten welten inbringen; wanne ein kneht
ein dagen in eins kunden huss geton hette ünd nahts heim-
keme, so müsste er dem meister noch dan ein stund oder
zwo sitzen und helfen desglich am morgen vertage, ouch also
domite so möht keiner keim kunde kein gůten tagen me getůn
und sesse und fliess im tag, domit herspart ein meister ein
kneht, domit kemen die 2 dn. harwider in. dis wer' wider
die gemeine statt ritter kneht hern geischlich weltlich arm
und rich; und welcher kneht dan sollichs nit thůn wolte, so
wolten die meister sprechen, er het wider sin gelübde geton
und' wolt im nit getrüwen dienst důn sin nůtz furderen und
schaden wenden, und domit möhten die kneht nit by den
meistern bliben, und brehte unfrieden. ouch mochte man ein
meister oder me finden, wan ein kneht eim meister me dan
das halb zil abgedient hette, er neme die obgemelt ursach
für sich mit ufsatz deshalb, das er im kein lon gebe. darzů
so sigen manige meister, dem gůtt dienen sigen, der die ding
gar ungern tete und sin kneht fruntlich halte; aber es sigen
etlich, die ir knehte mit essen und trinken so unfruntlich halten,
das kein kneht selten by in bliben mag ein zil us; solte dan
das sin, so ein kneht nit bliben welte und im doch einen andern an sin statt gebe, ob er sin eht noturftig wer', so muste
im doch der kneht vergebens gedient haben. darzů so mohte
man manchen meister finden, er dete semlichs mit geferden,
das er eins knehts lidig würde und das er im nit lonen bedörfte, und sůchte die ursach, er hete im gelobt sin nutz zů
furdern und schaden zu wenden; domit wurde niemer fride
zwischen meister und knehten. ouch so sigen die knehte
einer us Oberlant der ander us Underlant von Swoben von
Pegern, sturbe do eim vater oder můter, deshalben er heim
můste, das wer' soliht dem meister nit eben, domit gebe er
im aber kein lon.

Darumb der gemelten ursach halb und ouch andrer me,
die ir mit hern mit uwer wisheit bas merken, den dise un-
rihtung wistet, so hoffen die kneht, man losse sy bliben by
irem alten harkomen, angesehen das die meister, die nů meister

sint, es je und je also gehalten haben und es ouch also funden hant.

6. Darzů gent die meister fur in ir geschrift noch dem
ersten punct, wan man eim knehte oder einem knaben
gewonlichen lon gebe und möglichen lon, das dan genůg-
sam sig, so sol er im verbunden sin zů dienen; dette er
das nit, so solle in kein meister halten.

Do ist der kneht antwurt das sige wider alle billicheit,
wan man gebe doch keim knechte zů dem halben jor me dan
ein pfunt pfenninge, dogegen eim 12 sh. dn. und dozwischen,
darnach er dan arbeiten kan. sollte man dan einem, der wol
erbeiten kunde, den mindern lon wellen geben, und wolte ein
meister sprechen es dahte in gnůg sin, wolte dan der kneht
den lon nit nemen, so wer' im die statt verbotten; dan in
solte kein meister halten. darzů so würdent den knehten,
die wol arbeiten kundent, die stat verboten, dan sy blibent
nit hie und můsten iter hůmpeler hie sin; und wurdent die
selben ouch meiser hie, das wer' wider alle hern ritter kneht
burger, denen das ir verderpt und nit noch noturft gemaht
würde. ob das mit der stat oder wider die stat wer', en-
pfelhen wir uwer wisheit zu betrahten.

7. Ouch setzent die meister in ir geschrift: wan ein kneht
einen dag müssig get, so solle im der meister für ein
ieglichen dag 10 dn. abschlahen.

Do ist der kneht antwurt, das das nit billich wer', angesehen das dem allerbesten kneht zům tag nit drig helbling
zů gebůre des lones den im sin meister gebe, etlichem kum
dry ortel; solten sy dan 10 d. abslahen, so můsten sy aber
vergebens dienen. ouch so sig es deshalb unbillich; dan es
sige je und je gehalten von ganze wochen sigen, das sy ein
dag müssig gangen sigent in das bat oder sunst; und wan sy
ouch also müssig gangen, so essent sy geweulich uf ir stuben.
dogegen sigen die knehte inen deste gewilliger gesin, wan
ein meister mit notarbeit bestekt, was also gegen den winahten gegen den pfingsten oder sunst im jor, das sy inen
etwan firtag und werktag ganz neht über und über geholfen
haben. des sy ouch nit verbunden weren zů thůn, do sige eins
gegen dem andern gesin und das haben sy gern geton, dogegen haben in die meister ouch nütz drin getragen. darzů
se reden sy mit drin, ob einer eim joch abslůge noch martzal,
als er dan verdienete; dan solte man in zům dag 10 dn. abslahen, wan dan einer zů 14 dagen einmal in das bat ging,
das dete zům halben jor 10 sh. dn., so muste maucher vergebens dienen oder villiht gelt noch geben.

8. Die meister setzent ouch, ob ein kneht yeman ûtz maht on sins meisters wissen und willen, der bessert 5 sh. dn. do gehellent die kneht in; dan es ist je und je gewesen.

9. Ouch setzent die meister, daz keiner keim meister sin kneht abbitten oder bestellen soll. das gehellen die kneht; dan es ist ouch alwegen gewesen.

10. Ouch setzent sy, das kein kneht kein stuckwerk sol arbeiten. des gehellent die kneht ouch, und nimpt die knehte frömde, das sy dise drig puncten die nechsten dar setzen; dan sy haben sich derselben doch nie gewidert zû halten, sunder alwegen unverbrochlichen by den selben penen gehalten.

11. Ouch als die meister setzen zû allerlest, welcher kneht sim meister sin lon vor dem hantwerk angewinnet. das kûnnent die kneht nit wol versten anders, dan das die meister vor inen haben mit den knehten irrung für zû nemen mit geferden, deshalb sy mit ineu rehtigen mûsten. so moht ein kneht liht etwas zû geriht gelt oder fürsprechen geben müssen, im würde nit umb sin lon.

Darumb, gnedigen lieben heren, wir bitten und begeren, uns lossen zû bliben by unserm alten harkomen, das doch lenger gewert hat, dan jemans fürdenken mag, ouch die meister es in ir jugent also gehalten haben, ouch es also funden haben, angesehen das unser ein grosse zal zû allen ziten ist, und das wir zu allen ziten mit gûtem willen unser lib und leben wo es not were als die gersamen zû der stat Strosburg setzen wolten, ouch in kunftiger zit andern gesellen die dan etwas künnen liebe alhar zû ziehen und hie zû wonen, angesehen das Strosburg uf dem ganzen Rinstrom den hösten priss treit, ouch ein keiserliche frige statt ist.

Wir bitten dise ding witer zû betrahten, dan wir es angeben können.

86.

Rathsverordnung wegen der Schneider- und Schuhknechte zu Strassburg. 15. Jahrh.
(Statutenbuch des Strassburger Stadtarchivs mit dem Titel: Alte geschriebene Ordenungen und Decrete von vorigen saeculis 1300, 1400, 1500, 1600 et sine datis. p. 132.)

Unsere herren meister und rat und die 21 habent erkant, das die verordenten herren sollent alle snyderkneht und schûmacherkneht beschicken und sie zu got und den heiligen

tun sweren, ufrechten und styffen friden mit worten und werken gegen einander zu halten in der statt Strassburg und
irer oberkeit und nützit anders gegen einander dan mit recht
furzunemen.

Und welcher aber solichen gebottenen und geswornen
friden etwas usserthalb rechtend mit dem andern in disser
statt oberkeit furneme oder zu tun understünde, den wellen
unsere herren an sinem libe und leben heftiglich straffen.

Es sollent ouch die verordenten herren mit beider hantwerk vierern und buhssenmeistern ernstlich reden und by
iren eiden bevelhen, was von nuwen knehten harkomment, verkunden und by iren eiden gebieten sollent solichen friden als
obstat zu halten, uf das sich menglich darnach wisse zu
riechten, dan man solichs ungestraft niemans faren lossen will.

86a.

**Rolle der Maler- und Glasergesellen in Hamburg. Vor 1500
abgefasst; später (1585—1601) copirt.**
(Zeitschrift des Vereins für Hamb. Geschichte 5, p. 323—326.)

87.

**Verbot der Gesellenzusammenkünfte in Wirthshäusern in Frei-
burg i. B. 1500.**
(M o n e, Ztschrft. für Gesch. des Oberrh. XV. p. 48.)

88.

**Bestimmungen über die Gesellen der Kürschner zu Strassburg
1509.**
(M o n e a. a. O. XVII. p. 54.)

89.

**Bestimmungen über die Gesellen der Kürschner zu Freiburg i. B.
11. Sept. 1510.**
(M o n e a. a. O. XVII. p. 55.)

89a.

**Die Böttcher-Meister und Gesellen in der Neustadt Brandenburg
stiften eine geistliche Brüderschaft. 15!1.**
(R i e d e l, Cod. diplom. Brandenb. I. 24 p. 478 und 479.)

90.

**Bestimmungen über das Dingen von Kürschnergesellen in
Strassburg 1513.**
(Strassburger Stadtarchiv Lad. 11, Nr. 22.)

Wer' es sach. das ein gesell, er sig jung oder alt, zū eim
mayster gesetzt wurde und 14 tag oder 3 wuchen ungeverlich

by im ist, so sol in der mayster fregen ob er lust hab wyter
zü arweiten; und wan dem gesellen arweit by dem mayster
gefalt, und sy des lons eins sint, es sig mit lydern negen stuckwerk oder wuchenlon, so sol im der gesel on redlich ursach
nit ufstan und eim anderen mayster nidersitzen werken. es
sol auch kein mayster kein solchen gesellen, der eim andern
von der arweit als obstot ufgestanden wer', nidersetzen noch
arweit geben, er hab dan zu sim vordrigen mayster geschickt
in gefrogt oder erkunden lossen, ob es im lieb sig; befint er
dan ein guten willen by im, so mag er im wol arweit geben,
sunst sol er im wider sin wyllen by einer pen und namlich
10 sh. dn, halp unsern gnedigen heren mayster und rath und
das ander halp eim ersamen hantwurt gefallend, nit zü werken oder arweiten geben, und sol ein solcher gesell er sig
jung oder alt als obstot sim vordrigen mayster wider arweiten,
oder aber im kein mayster by oberurten pen in monatsfrist
zü arweiten geben noch sunst in dyser stat zu arweiten gestatten. ob aber ein gesell mit eim mayster entsties und
vermeint genugsam ursach zu haben, dadurch er im us dem
dienst gang, wů dan der mayster siner angezeigten ursachen
nit beniegig, sollen sie baidersits fur ein ersam geriht kumen
und ir anligen entdecken. was dan die erbern des gerichts
unsers hantwurts fir rechtlich oder gietlich entscheiden, doby sol es stet sin und bliben. aber so ein gesell er sig jung
oder alt us der stat ziehen oder wandeln wolt, sol in ein ieder
mayster on intrack und unverhindert ziehen lossen, es wer'
dan das einer eim mayster schuldig wer', der sol zuvor und
ee mit im uberkumen.

Erkant durch rät und 21 secunda feria post Philippi
et Jacobi anno 15 hundert 13 und ist den kursnern in
irs hantwerksbůch geschrieben.

91.

Privilegium der Bäckerknechte in Frankfurt a. O. 1515.
   (Zimmermann, historische Entwicklung der märkischen Städtever-
      fassungen II. p. 126.)

92.

Privilegium der Schuhknechte in Frankfurt a. O. circa 1516.
   (Zimmermann, a. a. O. II. p. 122.)

93.

Verbindung der Schneiderzünfte von Worms, Speier, Frankfurt, Mainz, Heidelberg, Oppenheim, Aschaffenburg, Landau, Bingen, Alzey, Creuznach, Coblenz, Boppard, Laudenburg in Betreff der Knechte auf 15 Jahre. 1520.
(Mone, Anzeiger für Kunde der teutschen Vorzeit VIII. p. 285—290.)

94.

Vertrag der Schmiedeknechte und Genossen zu Schaffhausen mit dem Seelhaus und Uebergabe des Hauptguts der Brüderschaft an dieses Spital. 1524.
(Pergamenturkunde mit drei Siegeln im Besitze der Schmiedezunft in Schaffhausen.)

Wir nachbenempten Jörg Dorn des ratz und Hanns Ziegler am Mülithor bürger zü Schaffhusen in namen und als verordnet pfleger der ellenden herberg bekennen offenlich und thünd kund menklichen mit disem brief, das gemain knecht namlich hufschmid, hubenschmid, clingen und messerschmid, kupferschmid, sporer, schlosser, nagler, harnascher, glogkengiesser, haffengiesser, kantengiesser, schwertfeger, schliffer, gurtler, spengler, zimer, wagner, hafner und ziegler hantwerks hie zü Schaffhusen, die dann bishar ain sonder brüderschaft mit enandern gehept, uns zü genanter ellenden herberg sichern handen frywilliklich übergeben zügeaignet und überantwurt haben irer gemainen brüderschaft zinsbriefe, wie hernach volgt: item ain brief wisst zwainzig rinischer guldin houptgutz und davon ain guldin zins uf Hansen Schuchmacher dem müller sins anfangs und ends also lutend: ich Hanns Urban Juntaler Richter etc. der geben ist am dritten tag des brachmonats nach Cristi gepurt fünfzechen hundert und im zechenden jare. aber ain brief wisst zwainzig pfund haller houptgutz und davon ain pfund haller zins uf Jorgen Schamler dem kessler und siner ewirtin, langt har von Hannsen Schamler sins anfangs und ends also lutend: wir der burgermaister und rat zü Schaffhusen etc. der geben ist an montag vor sant Johanns tag Baptiste nach Crists gepurt vierzechen hundert achzig und fünf jar mit sampt ainem ubergebsbriefe. aber ain brief wisst fünfzechen pfund houptgutz und fünfzechen schilling zins uf Jörgen Velthin dem wagner und Regula siner ewirtin am anfang und end also lutend: ich Jörg Velthin der wagner etc. der geben ist uf denstag vor sant Frenentag nach Christi gepurt fünfzechen hundert und im zwainzigesten jar. umb und fur söllich angezaigt zinsbriefe haben wir mit gunst wüssen und willen unserer herren bur-

germaister und räthe hie zu Schaffhusen für uns und all unser
ewig nachkomen der gerürten ellenden herberg pfleger mit
den gemelten gemainen knechten, so wie obstatt den hamer
bruchen, und sy mit uns abgeredt und beschlossen nachfolgend
also: wenn hinfür ewenklich under den gemainen knechten,
so namlich hie zů Schaffhusen dienen, ainer oder mer an iren
diensten krank werden, die söllen in die ellend herberg genomen mit kamer stuben essen trinken kalt warm under
über und in ander weg mit flissiger ordenlicher und lustiger
pfleg, wie dann des kranken notdurft erfordert und sich gepürt, getruwlich versehen werden, solang bis dieselben kranken gsund werden oder sterben; und mögen die obestimpten
gemain knecht etlich us inen verordnen die kranken zů besichtigen, und wo sy finden das inen nit getruwe pfleg wie
obstatt mitgetailt würde, mögen sy ainem burgermaister söllichs anzaigen; der wirt ongezwifelt den mangel und unflys
abstellen; und der so wider ufkompt, sol gemelter herberg
nuntz ze thund schuldig sin, er thůege dann das gern; welcher
aber stirpt, was dann derselb mit im in die herberg gebracht
hat, das sol der herberg bliben mit dem anhang, ob des abgestorbnen fründ kämen und in erben welten, wenn sy denn
der herberg ainen zimlichen abtrag thund, mögen sy mit dem
erbe hinfaren alles getrüwlich und ungefarlich. wir obgenanten burgermaister und rat hie zů Schaffhusen bekennen,
das die gemelten unser ellenden herberg pfleger dis verschribung mit unserm gunst wüssen und guten willen gethon. daruf wir zů warem urkünd unser statt secret insigel für uns
und unser nackomen offenlich an disen brief henken lassen.
so haben wir die obgeschribnen Jörg Dorn und Hanns Ziegler
unsere aigne sigel für uns und all unser nachkomen der ellenden herberg pfleger doch uns und unsern erben usserhalb
der pfleg on schaden ouch hierzů gehenkt. der geben ist uf
letare mitfasten von Crists gepurt gezellt fünfzechen hundert
und im vier und zwainzigsten jar.

95.

Inhaltsangabe der Statuten der Schneidergesellen zu Freiburg
    i. B. 1525. 1557.
(Mone, Ztschrft. f. Gesch. d. Oberrh. XVII. p. 65.)

95a.

Kurfürst Friedrich bestätigt die von der Brüderschaft der Schnei-
    dergesellen in Berlin und Cöln im Prediгerkloster zu Cöln
    gestiftete Frühmesse. 1518.
(Fidicin, Historisch-diplomatische Beiträge zur Geschichte der Stadt
    Berlin IV. p. 229.)

95b.

Vereinigungsbrief der Schmiede der sechs Wendischen Städte wider die Gesellen. 1527.
(Rüdiger, Gesellendocumente p. 55—58.)

96.

Eingabe der Strassburger Kürschnergesellen wegen der Aenderung der alten Artikel durch die Meister. 1529.
(Strassburger Stadtarchiv Lad. 11. Nr. 25.)

Gestrengen, ernsesten, hogelerten, ersamen und wysen genedigen lieben herren. nachdem das heylig evangelion jetzt uns alhir zů Strassburg, das dann hievor lang zeit beschehen, gebredigt wurde, dardurch wir zů brüderlicher liebe und eynigkeyt uf das ernstlichest gewisen werden, welchs aber zů besorgen bey etlichen mer zu eynem deckmantel oder eygennutse zů fürderen dan gegen meniklich aus der liebe zů handlen angenomen werde, hatte sich kürzlich begeben, das die ersamen meyster unsers des kirschnerhantwerks bey einander versamlet und sich von wegen irer armen eehalten und diener beratschlagt auch neuwe artikel verfasset in meynung, die vor euren genaden fürtragen und besteten lassen. diewey aber die ledigen gesellen gleich sowol als die insitzenden burger under euren genaden eyden schuts und schirm seyen und, wo von noten, unser leyb gleych sowol als die meyster gemeinem nutz und die stat in irer cristlichen ordenung zu beschützen und hanthaben darstrecken müssen, das ouch willig und bereyt sind: verhoffen wir uns auch von euren genaden zu vergonstigen, unsere bylliche einreden und beschwerden wider unsere meyster zů verhoren.

Erstlichen seyend euer genaden zů wissen, das vor jaren von den meystern unsers hantwerks ouch ordenung und artikel verfasset und euer genaden heftig darin bemuet zu besteten, als nemlich das furanhin einen yeden ledigen gesellen, so hie arbeit begert, durch die buchsenmeyster umb arbeit besehen werden soll, jetzt aber durch sy selbs widerum abgestelt; nůt das wir hierin beschwerdt, dann uns gleich gilt, wer uns umb arbeit besicht, allein ir wankelmůtigkeit anzuzeygen.

Zu dem andern ist ein artikel und lobliche ordenung under den meystern vor jaren ufgericht worden, das ein meyster moge fier stiel und einen lyderer zůmal und nit darüber halten, damit ein yeder zů gesynde komen mochte und sonach irer ordnung ein yeder mit gemelter anzal versehen wer', und sich zutrüge, das frembde gesellen herkemen und arbeyt begerten, alsdan ein yeder meyster die zů setzen und halten

macht habe, welche gůte und lobliche ordenung jetzt auch
von inen gebrochen und abgethan werden will. ,

Item sie haben sich auch ferrer berodtschlagt und furgenomen vor euren genaden zu besteten, das furanhin ein yeder
meyster nit mer dann dry stůl mit dem liderer besetzen solle,
welchs nit allein etlichen meystern, sondern auch uns ledigen
gesellen ein merklich beschwerde und gemeinem nutz diser
stat zuwider ist. dann sich jetzt mer dan in vorvergangen
jaren zůtregt, das mancher auslendischer meyster auch ledige
gesellen von wegen der erkanten warheit und heyligen gottes-
wort aus selbs geneigtem gemüte oder betrangung der aus-
lendischen oberkeyten auch etwan von wegen des hohen lobs
und romes, so allenthalben diser stat Strassburg vor all anderen
steten teutscher nation von wegen ires cristlichen regiments
und hanthabung der gerechtigkeit zůgeben und verriehen
wurde, sich alhie her begyben zů besichtigen und in meinung
hie ein zeitlang zu enthalten, bis gott im gelegene orter seines
niderlassens oder narung hie oder anderswo zu versehen gebe;
welches auch von euren genaden niemantz abgestrickt, sonder
meniklich vergonstigt wurde. welche obgemelte ordenung nit
allein wider brůderliche liebe, sonder wider gottes gsatz strebet;
dann wir menschen von got zů der arbeit wie der vogel zů
dem fliegen erschaffen auch von gott gebot in dem schweis
unsers angesicht unser brot essen, uns aber durch gemelte
ordenung alhie in einer loblichen freystat gebrochen wurde;
dann sie hiedurch den armen wandernden gesellen sein hantwerk und hendbrot zů veringen erlegt und zůvor dieweyl etliche meyster iren wol bedorften auch umb cristlicher liebe
willen gerne furderen und zu ufenthalt auch weyteren zer-
pfennig verhelfen wolten, aus welchem zu besorgen, manchs
bidermanns kind in den kriege zu ziehen oder andern leicht-
vertigen sachen genetigt werde, welchs mit underhalt seines
hantwerks furkomen wurde. hierum diser obgemelter artikel
und ordenung mer aus neyde dann cristlichem gemut zu besorgen furgenomen werde, solchen auch euern genaden zu bedenken geben und die meyster zů dem hie vorgemelten besteten
artikel weysen dabey zu beleyben.

Das aber dise neuwe ordenung wider gemeinen nutz seye,
ist leichtlich abzunemen. dan manchem bidermann auch den
kunden in ire heyser und uber ire arbeit junge unwissende
gesind auch die lerknaben gesetzet wurden, darmit weder
frembde noch inheymisch versehen wurde.

Es ist auch, dieweyl die feyertag noch in gebrauch gewesen, von den meystern ein ordenung gemacht, das die ge-

sellen in einer ganzen wochen einen halben tag feyren mogen;
wo aber einer ein stund oder zwû daruber gefeyret, hatte er
die ganzen wochen feyren und müssig gen müssen, auch oft
darzû urlaub geben und obwol der meister sein notig be-
derfte und der gesell auch gern gewerket hette, auch nut etlichen uber solcher ordenung gehalten den andern nachgelassen
worden; und das grossest das, so einem urlaub geben worden,
hatte er zu keinem anderen umb arbeit besehen dorfen, sonder aus der stat ziehen mussen, welchs uns ganz beschwerlich
ist; zuvor dieweyl die feyertag jetzt all abgethon und unser
wuchenlon umb keinen heller gebessert wurde, were es auch
billich, das die meister in solchen und anderen ein cristlichs
einsehens hetten.   euer genad auch hierin wir bitten, die
meister dar zu halten, das sy on geverde zeit oder stunden nit
achten oder uns solche versaumete zeit an dem lidlon ab-
rechnen wollen, auch nit hierum der stat verweisen, sonder
bey andern meystern alhie umb arbeit beschen lossen.

Auch ist uns gesellen, uber das die feyertag abgethan und
unser lidlon nit gebessert worden, sonder auch die belonung
vom stuckwerk zwischen weyhenacht und sant Jacobstags von
den meystern geringert worden, und jedoch wir den meystern
die belze in alle weg grosser machen, dan man nach ordenung
vor etlichen jaren gemacht hatte, dardurch wir ledigen gesellen
getrenget werden und mit unserer sauren arbeit kaum die
kost und narung, geschweigen ein kleydlin zu machen oder
besseren bekomen mogen. dieweyl nun den meystern an den
feyertagen ein merkliches zûget, verhoffen auch aus billicheit
wir unser lidlon an dem stuckwerk keinswegs geringer werden,
sonder das ganz jar in gleycher belonung gehalten werde.
eure gnad auch hierin freintlich diemietig bittend den meystern nit gestatten, uns arme eehalten in altewegs zu beschweren
und vervortheylen, dann wir ine keins unbillichen gegen inen
begert auch noch nit begeren, dan was wir alhie aus getrengter
not thûn müssen.

Item wir sind auch merklich beschwert in disem artikel,
so ein gesell zu einem meyster gesetzet wurde, so bedarf
keiner, es begeb sich zwischen inen was do well, von dem
meyster urlaub nemen, er welle dann lideren oder us der stat
ziehen, und haben jedoch die meyster macht uns alle stund
zu schupfen, welches ganz unbillich ist, das einem die stat
zuvor ein holobliche freystat verboten werden solle. dann
wir hiedurch bey etlichen meystern uf das schnodest mit
worten auch mit essen und trinken gehalten und gedrenget
werden, das ein turk under cristen billich vertragen sein solte,

auch zu erzelen underlassen. hierum wir an euer genad auch
begeren, so sich ein geselle bei einem meyster nit betragen
mochte, uns auch zu vergonstigen ein freintlich gûtig urlaub
zu nemen und einem andern alhie arbeiten lossen, wie allenthalben in gebrauch ist.

Auch haben die meyster uns ledige gesellen bey einem
jar lang getriben, das wir under einander ein ordenung der
kranken gesellen halber, so hieher komen oder under uns
werden, begreifen, darin sy uns zum theyl bewilligt beholfen
sein zu besteten. welchs wir gethon und einmutig beschlossen
haben alle monat zusamen komen und jeder ein pfening legen,
auch ein frembder, der erstmals herkompt, in anfang zwen
pfenning geben solle, auch beret under uns ledigen gesellen
der kirschner die gotteslesterung fyllerey und offentliche hu-
rerey umb ein zimlichs an jedem, nachdem er ermanet worden, zû strafen und das selbig gelt armen kranken under uns
und andern durftigen zu reichen und mitteylen, damit nit ein
jeder gleich in das spital oder platterhauss gefuret wurde.
welchs wir auch unsern meystern angezeigt, aber uns abgeschlagen worden.

Hierin an eure genaden unsere arm underthenig bitt, uns
arme gesellen und eehalten, auch wir obgemelt, zû bedenken
und vor unbillicher beschwerde und uncristlichen ufsatze cristlicher billikeit zimlicher belonung und freyheyten den meystern allhie zu arbeiten hanthaben; dann wir nit allein unsert-
halben, sonder auch aus brůderlicher liebe anderen so hernach
komen handlen, das wollen wir alle sambtlich und sonderlich
ûmb euer genaden mit gehorsamer underthenigkeit alle zeit
willig sein zu verdienen.

Euer genaden

underthänige
kürschnergesellen zu Strassburg.

97.

Ordnung der Schlosser- und Sporergesellen zu Strassburg. 1536.
(Abschrift im Freyburger Stadtarchiv Nr. 41. Schlosser Nr. 3.)

Wir Hans Bock ritter der meister und der rath zu Straßburgk thûn kund, das heut dato vor uns und unsern freunden
den ein und zwenzigen seind erschinen der fürnem herr Claus
Kniebs unser alter ammeister, Bastian Jung der alt kantengiesser unser rathsgesell, Bastian Würtemberger und Hans
Breuscher der schlosser von wegen gemainer zunft der schmid
bey uns und haben uns lassen fürtragen. es hetten gmeinen

gsellen und jungen schlosser- und sparerhantwerk lange zeit
ein brüderschaft in weiland der pfarrkirchen sanct Martin bey
uns gehapt, dieselben mit meßlesen, leibfellen und andern
ceremonien wie der zeit die beredung gwesen ghalten; und
aber itzo dieselbig pfarrkirch nit mehr in wesen, auch durch
die schickung gottes durch desselben heilwertigs wort nun-
mehr die erkantnüs erwachssen, das dieselben ceremonien
wider rechten christlichen verstand gericht gwesen, das die
nit mehr zu halten weren, us demselben nithalten zwischen
den ermelten gsellen und jüngern schlossern- und sparcrnhant-
werks allerley irthumb und zweitracht entstanden, das sich
etliche gegen den urtengsellen und büchsenmeistern den woch-
pfenning zu geben und anders zu thun gewiddert und zu einer
miss- oder ganzen unordnung gedienen oder geraten möcht;
derwegen sie die meisterschaft sollichen widerwillen der gsellen
abzustellen vier us ihnen geordnet, us der alten ordnung der
gedachten brüderschatt ein neuwe, wie es zu guttem und nutz
den gsellen und jüngern auch gmeinem hantwerk, zu begreifen,
die dan nach irem besten verstand nachvolgende articul berathschlagt und begriffen, damit alhie in disser statt wie in
andern hantwerksgwonheit ghalten wurde; baten daruf under-
theniglich dieselbigen zu ersehen und, wo die uns als sie
hofften gleich ihnen gfellig, ihnen die zü fürdernüs gmeines
fridens zu bestetigen. und ist der bedachten articül volgender
inhalt.

Zům ersten als uns jerlich von einem ersamen gericht
gmeiner zunft vier meister gmacht werden und denselben gselln
zugeben werden, das wir under solchen vier meistern einen
obermeister haben sollen, was sich in unsern gscheften, es sey
von meistern gesellen oder jungern begegnet, das man sollichs
dem obermeister anzeigen soll; der soll dann nach gelegenheit
der sachen die acht man oder die gemein meisterschaft zusamen rueffen und auch die gsellen; das sollen im auch die
meister und gsellen ghorsam sein, bey eim schilling pfenning,
den man one gnad einem jeden, er sey meister oder gsell,
der nit ghorsam wer', one ein redlich verantwurten abnemen
soll, und niemants faren lassen; und der meister soll solichs,
so im anbracht würt, vor den acht mannen oder vor gmeinen
meistern und gsellen ansagen und darüber lassen erkennen,
nach gelegenheit der sachen und nach vermog der articül, so
in disem buch begriffen seind. es sollen auch die vier meister
so järlichen gemacht werden, sich halten in solcher gstalt,
nemlich das alle halb jar zwen neuwe meister gekosen werden
und zwen von den alten abgon, und die zwen eltern meister,

so noch plieben, soll der eltist das halb jar us ein obrister meister sein und die gros büchs hinder ime haben, desgleichen sein mitgsell das büch und die articül; und die zwen jungen und neuwen verordneten meister, so zům halben jar gemacht werden, desgleichen auch die gsellen jeder ein schlüssel habem; und soll sollichs nit mehr umbgon, sonder die so zu dem tauglichsten darzu seind, von den meistern gmacht werden. es soll auch hinfürter nieman den achtman den meistern und gsellen samenthaft oder zům schenken verkinden lassen anders dann uf ein sontag nach der mittagpredig, uf das ein jeglicher dieselbig predig auch gehören und sich nit mit dem gebot verantwürten mög. und wer das verbrech, der soll bessern drey schilling pfenning; ob auch uber sollichs ein ge- bott under der predig geschicht, soll man nit schuldig sein zu erscheinen.

Item ob ein brief oder gschrift keme, unser hantwerk oder hantwerksgewonheit betreffend oder wie das wer', oder ein gsell oder jünger desgleichen ein meister auch ein gebott begert gegen einem andern, das fürbas nit me die gmeinen gsellen und junger sollen zusamen berufft werden, uf sollichs ist berathschlagt worden, das man all viertheil jar zwen alt vernünftig und gschickt gsellen zu den zweien ürtengsellen soll machen und die selben vier gsellen sampt den vier zu- gegebnen meistern die spenn und irrungen, so sich zwischen meistern und gsellen oder jüngern zutragen, verhören und vertragen, so verr in möglich ist. so aber die, so spenn mit einander haben es sey meister gsell oder junger einer oder mehr, nit ein vernuegen wolten haben an den acht mannen, so mag derselbig uf seinen kosten ein gemein von meistern und gsellen schlosserhantwerks durch den obern meister lassen besenden und von solcher versamlung geben ein halben guldin vor und ehe dem obern meistern; und was dan alda von meistern und gsellen erkant wurt, das soll erstattet wer- den. es soll sich auch weder meister gsell oder junger wider- setzen noch sperren der erkantnus und straffen, so im durch meister und gsellen gschicht, bey der pen eines halben gul- dins one gnad; und was für besserungen da erkant werden, soll das halb den meistern zufallen und das ander halb theil den gsellen in ir büchsen; ob aber einer under disen ge- scheften vermeint beschwert zu sein, der soll macht haben sich für die oberkeit als meister und rath oder wahin sie das weisen zu berüffen, wie er das vermög der statt freiheiten und dem rechten nach zu thun füg und macht hat und der statt gebrauch und herkomen ist.

Item es sollen auch hinfürbas die gsellen ein buch haben, in sollichs die gsellen und junger schlosserhantwerks alle so herkommen inschreiben mit irem namen und von wannen sie seind, und solcher gsell oder junger so allher gen Strassburg kompt und nit in solchem buch ingschribben ist, der soll vier pfenning geben inzuschreiben und soll durch· den urtengsellen befragt werden, von wannen er herziehe, das soll im der frembd sagen; und ob er sich dessen widdert und dem ürtengesellen nit sagen wolt, soll er im nit verbunden sein umb arbeit zu warten, angesehen so einer etwas an andern orten misshandel hett, das man gegen im hantwerksgewonheit hielte.

Item so auch ein gsell oder junger schlosser hantwerks kümbt in disse statt Strassburg und us der herberg gieng, die meister heuser und werkstett zu besichtigen, damit er wüsste zu eim zu schicken, und ein anderer meister dardurch ghindert möcht werden, so soll ine der ürtengsell nit umb arbeit warten, und soll derselb gsell oder junger in der gsellen straff sten namlich umb drithalben schilling pfenning. dagegen soll auch ein jeder urtengsell ein jeden frembden, so herkompt und umbschicken will, das täfelin vorlesen, daran die meister gschribben stond, bey der pen drithalben schilling pfenning.

Item so einem gsellen oder junger zů einem meister umb arbeit gewart wurt vierzehen tag, so soll er dem meister die vierzehen tag us werken und ine auch ein meister behalten; und so die vierzehen tag erschinnen und sie nit bey einander pleiben wöllen, so mag man dem gsellen oder junger zu einem andern meister umb arbeit sehen, wo er dan hin begert. so aber sie mit einander weinkauf machen, so soll der gsell oder junger in eim vierteil jar keinem andern meister werken in disser statt, und soll ine auch kein anderer meister halten on redliche ursach bey fünf schilling pfenning one gnad. so aber der meister im urlaub in solcher zeit gebe, so mag er on inred einem andern arbeiten, und soll man ine umb arbeit warten nach hantwerksgwonheit.

Item welcher den andern mit frevelem mut einen schelmen schült oder sonst einen an seinen eren verleumbt, und der verletzt zeigt es den urtengsellen an, so sollens die urtengsellen den andern acht mannen anzeigen, so in zweien zůgeben seind, und die sachen fürderlich für die hand nemmen. und welcher uf den negsten sontag nit erscheint und unghorsam würt, soll man dem selben nit hantwerksgwonheit beweisen, er vertrag sich dan mit dem, den er also verletzt hat, und

neme sein straff darüber. ob aber einer uber solchs hinweg
zuge, soll im nachgschribben und ufgetribben werden, wie
hantwerksgewonheit usweisst; und wo einer bey einem solchen arbeit und sollichs von im waist und in nit uftreibt,
der soll in aller mas ghalten werden wie der, den er solt uf-
tribben haben; und solche sollen gestrafft werden nach erkantnüs der achtmann, und sie mögen die straff setzen bis uf ein
güldin nach gelegenheit der sach, und soll der das gebot last
machen für die acht man dem obermeister vor und ehe geben
drithalben schilling pfenning.

Item alle jünger, die uber sechs creutzer lons haben, sollen
dem einem urtengsellen zugeben werden, damit das urten-
ampt in den meistershewsern umbgang und nit einer zwen
oder drey die bürd allein tragen; und sollen dieselben zwen
yrtengsellen einander beholfen sein, eim jeden gsellen und
jüngern schlosserhantwerks umb arbeit zu warten nach laut
disser ordnung; und sollen die, so uber sechs creutzer lons
haben, den gsellen heben und legen mit gleicher gsellschaft und drinkgelt; und wo ein meister oder der junger den
lon verhelen wolt und es den meistern oder gsellen fürkeme,
so sollen sie es gegen einander ruegen, und soll der meister
von den gemeinen meistern gstrafft werden und der junger
von den gsellen nach irer erkantnus.

Item so man ein gebott hat, so sollen die alten gsellen
gebieten zů schweigen bey vier pfenning; uf das soll keiner
weiter mit dem andren schwetzen oder reden sünder zuhören,
was da ghandelt wurt, und wan man ine fragt antwurt geben;
und welcher das bricht, dem soll man von stund an die vier
pfenning abnemmen, so oft das beschicht, und niemants faren
lassen.

Item so sich zwen oder mehr miteinander versprochen
hetten nit one einander zu werken, denen soll man nit umb
arbeit warten, sie erlassen es dann vor einander; und des
sollen alwegen die, so miteinander umbschicken, von den yrtengsellen gfragt werden wie obstadt; und wo einer darüber
umbschicket und arbeit fünd und nit werken wolte, sünder
mit den andern hinweg züg, soll in das verwirkbuechlein
gschribben werden, so lang bis er sich vertregt und sein straff
darüber empfangen hat.

Item es sollen auch die gsellen ein tafel oder register
haben und in sollichs die schenkbaren gsellen inschreiben, damit, so man ain schenk will haben, soll man die tafel lesen,
und soll ein jeder, so man ine liset, antwurt geben; und welcher nit da wer', dem sol man ein zeichen machen und im
halb yrten abnemmen und das nieman faren lassen.

Item wer der wer', der einen frevel begangen hett hie
in der statt Strassburgk oder anderswo, das er sein er oder
trew hett geben gegen oberkeiten oder seinem meister oder
tuchleuten oder andern mit eim zu überkommen oder einem
etwas entragen hett, und küntlich würde, das er nit mit ihenem
zuvor uberkomen were, den soll man halten für trewlos und
meineidig, und soll kein gsell oder junger schlosserhantwerks
bey im arbeiten, es sey wo es wöll, bis er sich an den orten
ledig macht und dessen ein glaubhaftigen schein bringt, und
darnach erst in der meister und gsellen straff ston, deshalben
kein gsell us disser statt Strassburgk hinweg ziehen one wissen
der ürtengsellen, damit das einer gmeinen gsellschaft kein
nachtheil würt, auch die straffen und besserungen bezalt werden; wo aber einer uber sollichs hinweg zug, dem soll von
stund an nachgschribben werden nach hantwerksgewonheit
und ine ein jeglicher macht haben uf zu treiben. dagegen
soln die yrtengsellen bey jeder schenk solche gsellen ansagen,
so von ihnen urlaub gnommen haben, bey der pen drithalben
schilling pfenning.

Item so sich ein gsell oder junger ubermas mit essen
oder trinken das er es wider gebe, es wer' bey den gsellen
ins meistershaus oder uf der gassen, der bessert zwen schilling, doch unserer herren straff vorbehalten. und so ein gsell
oder junger sich mit worten oder faulem dienst gegen einem
meister erzeigt, und ein meister vermeint damit zu verursachen
im urlaub zu geben, und sich das kuntlich find, so soll er
bessern nach erkantnus der acht man, das seind vier von den
meistern und vier von den gsellen, one alle geverd, und das
nieman faren lassen.

Item es soll auch kein gsell oder junger schlosserhantwerks kein hufschmid oder andern hantwerksmeistern werken,
es were dann sach, das er kein arbeit bey den schlossern
fünd, so mag er selber lügen wo er arbeit findt, vierzehen
tag lang und nit lenger; und welcher das brech, bessert drithalben schilling.

Item so ein gsell oder junger einen gutten mentag haben
will, der soll uber acht creutzer lon haben und nit minder;
der mag zu einer uhren us der werkstat gon und nit ehe in
das wurtshaus oder ires vattershaus, auch nit in andere mei-
stershewser oder werkstetten, andere gsellen oder junger auch
uf zu bewegen, noch niemant zu keinem schicken, in keinen
weg, bey der pen eins halben guldins; und sollen auch solche
gsellen oder junger, die zu einer ur us der werkstat gond,
dem maister zu abend wider zu haus kommen, damit sie am

andern morgen zu rechter zeit ufstanden und fürbas werken
die wochen; so aber ein gsell oder junger lenger us wer' und
weiter zeit us wer' und versaumpt und in der wochen auch
etliche tag oder stunden muessig wolt gon wie das wer', so
soll ime der meister solche versaumpte zeit an seim wochenlon abbrechen; und welcher meister sollichs nit thut und sich
kuntlich find, der soll fürderlich von den meistern umb drithalben schilling pfenning gestrafft werden, und das niemant
nachglassen werden.

Item alles das gelt, so gfellt es sey von straffen oder
besserungen oder wie das ist, soll man von item zu item an-
schreiben und sollich gelt in ein büchssen thun und zu einer
fronfasten verrechnet werden, dann so soll sollich gfallen gelt
us der kleinen büchsen in die gros büchsen gthan werden
bis uf ein halben guldin ungeverlich; und die yrtengsellen
sollen klein büchs an jede schenk tragen, solliche straf und
besserungen darein empfahen, so zu der zeit gfallen von denen
so strafbar seind, bey zwen schilling pfenningen one gnad.

Item so fürter ein gsell oder jünger von tod abgieng, so
sollen die zwen urtengsellen darzu die zwen negsten gsellen
oder jüngern in oder bey des abgstorbnen meisters haws denselben todten verbunden sein zu grab zu tragen oder zu der
erden gstatten, und soll von des abgestorbnen gelt oder gelts-
wert, so er hinder im verlies, der graberlon gnommen werden; was weiter da ist, soll ein jar lang behalten werden, und
seinen erben kund gthan werden der abgang des gsellen oder
jungen; und so es verkündt würt den erben und sie in jars-
frist das erb nit fordern, so sollen die acht man, so zur zeit
seind, eim gschwornen keufler sollichs geben zu verkaufen
und das erlösst gelt in der gsellen büchsen stossen, und da
erhalten werden nach laut unserer herren ordnung, und die
armen, so den graber lon nit haben, damit auch zu der erden
gestatten. sollen auch alle die gelesen werden, so im ver-
würkbuechlein gschriben stond, damit das ein yeder, der
das hört, dieselben wiss zu halten.

Item es sollen auch die gsellen keinen zwingen noch
dringen seinen nammen zu verdrinken auch keinen gselln
zu machen, es sey dann sach, das sein meister dabey er ist
darin verhäle nach laut des bundsbriefs, so in des meisters-
buch begriffen ist; und soll auch sollichs nit gescheen, es sey
dann in einer schenk wie der brauch ist bey der pen eins
halben guldins one gnad.

Item wann auch einer siech würde und gelts bedörfte,
so soll man im leihen drey schilling pfenning us der büchsen

uf sein getreuwe hand also, das er das gelt wider gebe und bezale, so bald er es verdienen mag; will er aber us der statt wandern, so soll er das gelt vorhin hie gut und sicher machen in der gsellen büchsen mit pfanden oder bürgen, und soll man im die pfand in fünf wochen nit verkaufen. es sollen auch die yrtengsellen kinem nit leihen us der büchsen, sie fragen dann die gmeinen jünger und gsellen und was ein mers würt, das soll man thun bey drithalben schilling pfennigen one geverd.

Item welchem gebotten wurt von den yrtengsellen bey vier pfenningen zum gebott oder ander sachen halben, und er nit erscheint, dem soll man die vier pfenning abnemmen, begert er aber gnad, so gibt er zwen pfenning.

Item so ein gsell das yrtenambt oder altgsellenambt hat und hinweg wolt ziehen, der soll es einem andren in der werkstatt oder sonst, der dann darzu gschickt ist, beveln an sein statt bey eim schilling pfenning.

Item es soll auch kein gsell oder junger nichts abthun oder zeichnen in dissem buch durch sich oder jemants anders boy eim halben guldin, so oft es beschicht.

Item es soll auch ein jeglicher gsell oder jünger alle vierzehen tag seinen wochenpfenning bringen in des vattershaus, im sommer wann die glock zwelf und im winter so die eins schlecht; und soll auch ein jeder yrtengsell dasselbig empfahen und da warten, im sommer von zwelfen an bis es eins und im winter bis es zwey schlecht. und welcher seinen pfening nit brechte hie zwischen, der bessert zwen pfenning; und so die yrtengsellen nit da weren, und der gsellen einer also wartet, bessert jeder drei pfenning, so oft das beschicht.

Item es sollen auch die vier meister, so von dem erbarn ·hantwerk zu der brüderschaft verordnet seind, zu allen zeiten, wenn man das straffbuechlein oder verwirkbuechlein nachkommen oder erkennen will, bey den gmeinen jüngern und gsellen sin und ihnen daründer helfen und rathen zum allerbesten; wer' aber sach, das ir einer oder mehr zu zeiten nit anheimsch weren, so sollen die verordneten meister andere an ir statt erbetten, damit die zal erfüllt werd; were auch das derselbigen vier meister einer von todt abgieng oder sonst untauglich were, so sollen die gmeinen gsellen dis hantwerks meister bitten und das gericht ihnen andere an der abgaugnen statt zuzugeben, die ihnen zum besten und wegsten helfen raten und handlen und von wegen der gsellschaft wie von alter her versiglen mögen.

Item so es sich zutrucg, das die gmeinen jüngern und

gsellen einen wolten straffen umb etwas seiner missthat, so soll im keiner nit sagen, welcher mit im oder wider ine gewesen sein; und welcher, den man strafft, mitgsellen hat in seiner werkstatt bey seinem meister, die sollen mit im abdretten, so man umbfragen will; und welcher das nit thet, bessert zwen schilling pfennig.

Item es sollen auch die gsellen einen under ihnen kiesen oder verordnen, der ihnen die tafel bey den schenken lisst und die gsellen, so zu zeiten komenen, inschreibt; und solcher schreiber soll irtenfrey sein und sonst kein belonung haben; und soll man ein schenk halten zu allen vier wochen und ein umbfrag thůn und den gmeinen gsellen und jůngern dis ordnung vorlesen, damit sich ein jeder wis zu halten.

Item so man ein schenk hat, soll ein jeder yrtingsell, so zů zeiten ist, ee er die schenk anseit, ihnen fürhalten und verbieten, zuzůtrinken gotslestern und spielen nach laut meiner herren ordnung, es sey mit winken deuten oder einichen bescheid, nichts usgnommen; damit man sollichs möcht merken, das einer dem andern anzeigung thet, soll ein jeder gsell oder jůnger daruf acht haben und besonder die yrtingsellen und sollichs anzeigen; und den soll man straffen umb ein schilling pfenning one gverd, doch unser herren einer statt Strassburgk oberkeit und straf vorbehalten; und wo sollichs erfaren würt, die einer sehe oder hörte und es von dem andern nit sagen wolte, der soll die ebegnant straff geben gleicher weis wie der, der sollichs gethan hat.

Item es sollen die yrtengsellen die schenk an- und ufsagen von wegen der gmeinen gsellen, angesehen das mancher vorhin und eher voll würdt, ee man die schenk anfahet.

Item es soll auch keiner mit einer kannen klepfen oder schreien weder umb brot noch umb wein, dieweil die schenk weret, und sollen auch die yrtengsellen nach irem vermůgen gleich ufstehen; welcher das verbricht, bessert vier pfenning.

Item so einer unfůget mit dem andren an der schenky, es sey mit worten oder werken, dem sollen die alten gsellen fridden bieten; und welcher das nit hielte, der bessert ein schilling, so oft das gschicht, doch unser gnedigen herren der oberkeit straff vorbehalten.

Item so man schenk halt, soll man nit mer dann wein käs und brat haben und zu jeder zeit sein gewonlich obs oder rättich, nit das einer ein imbis draus machen wolt; auch sollen die yrtengsellen selbs antragen und irtenfrey sein; und soll auch keiner kein andere yrten anfahen, dan sein eigen gelt zu verzeren; und so ein gsell oder junger, so schenkbar

seind, nit zu der schenky erscheinend, die sollen halbe schenk
geben, ee ine die ander schenk begrifft; und wo es einer nit
thet, der bessert als oft vier pfenning one gnad nach hantwerksgwonheit.

Item darzu soll kein gsell oder jünger ufston an der
schenk one erlaubung der gsellen, darzu keiner einer gmeinen
metzen zu drinken bieten oder geben, es sey in der stuben
oder im haus, auch keiner heissen selbs ufheben, es sey dann
die yrten der schenk ufghaben, bey eim schilling pfenning
one gnad.

Item so ein gsell oder junger bei einer schenk unfuget
mit worten oder frevenlichen thaten in zorns weis oder welcher
gstalt das were, dem soll von den yrtengsellen gebotten
werden friden zu haben bey zwen schilling pfenning; und
welchers nit thet und den yrtengsellen wider bocht, soll man
im die straff one gnad abnemmen und unserer gnedigen herren
straff vorbehalten.

Item alle vorgnante puncten und articul sollen zu jeder
fronvasten den gmeinen meistern und gsellen und jüngern
schlosserhantwerks vorgelesen werden, uf das sich ein jeder
deren wisse zu halten.

Nachdem nun wir maister und rath obgmelt auch unsere
freund die ein und zwenzig disse articül gehört und von den
obgnanten der zunftgeordneten vernommen, dieselben mit vleis
und, wie die den gsellen und jüngern beider schlosser und
sparer darzu dem gmeinen hantwerk aller erlichsten und nütz-
lichsten sein mögen, bedacht und geordnet sein, so haben wir
ihnen die zuglassen und dieselben alle und jeden insonderheit
zu halten bestetigt, doch uns und unser statt obrigkeit gerechtigkeiten und freyheiten in all weg unabbrüchig und unverletzlich,
und das wir uns auch vorbehalten, wenn und zu jederzeit wir
wöllen, dieselben nach notturft oder anderer unserer gelegenheit zu endern zu mindern meren zum theil oder ganz wider
abzuthûn und zu vernichten. beschehen und erkent mitwochs
den acht und zwenzigsten tag des monats junij von der geburt Cristi unsers lieben herren gezalt fünfzehen hundert dreissig
und sechs jar.

98.

Ordnung der Schreinergesellen in Freiburg. 1539.
(Pergamenturkunde mit Siegel. Freiburger Stadtarch. Nr. 51. Schreiner Nr. 1.)

Wyr die gemeinen meister schrynerhandwerks nachbemelt zû Fryburg im Prysgauw thûn kunt allermenigeklich,

das uf heut dato dis briefs, als wyr unser stuben zu dem Monen versamlet gewesen, für uns fürkumen und eschynen seind die erbarn und bescheidenen gesellen des schrynerhandwerks nachbemelt und uns zu erkennen geben, wie sy in andern stetten genwinklich, wo jeder hinkume, ordnung und statutten haben, wie sich ein meister und hinwiderumb ein gesell, dwyls ein geschenkt handwerk ist, mit einandern halten sollen und nachvolgends, wie sich die gesellen insunders gegen einander der gebur nach zu halten haben, welches doch by menschen gedechnis und lenger hie in diser loblichen stat Fryburg auch gewesen und aber also durch der gesellen selbs und anderer hinlesigkeit under inen abgon lassen also, das die gesellen ein zeit lang und uf disen tag vor dato diser ordnung und artikel dhein ordnung noch satzung gehept, welches doch nit allein den gesellen sunder zů zeiten glicher gestalt den meistern schedlich ist. solichs also zu furkumen, domit sy wyder in ein ordnung noch iers handwerks bruch bracht werden, haben sy uns meister vlissiklich gepetten und angesucht, das wyr inen widerumb die alt ordnung, wie die vor zeiten gewesen, widerumb helfen erneuweren und wo von noten zu emendieren und besseren, domit so ein gesel frembd herkeme und der so vorhin hie were wissent, wes sich jeder beflissen und halten solt. also haben demnach wyr meister inen etlich artikel und sy uns hinwyderumb geschriftlichen furgehalten und uns mit einander verglicht in moß form und gestalt, wie nachvolgt, doch einem ersamen rat der stat Fryburg obgemelt an iren rechten und gerechtigkeiten auch ordnung und satzungen, wie die genempt megen werden, in allweg on schaden und onnochtheylig.

Erstlichen so haben wyr meyster und gesellen ein laden lon machen, dorin sol man die gemelt ordnung legen und das gelt, so sy eroberen, dorin thůn; und dieselb laden sollen sy hinder den vatter, do sy ier herberg haben, gehalten thun, und sol dan zumol ein meister den schlissel zu der laden und gelt haben, oder aber, so die laden underschlagen und ein sunder beschlossen gehalt in der laden were, so sol der urtingesel den schlissel zu der laden und ein meister den schlussel zum gelt haben; und soll die gemelt laden zu allen vier wochen, so sy zu samlen kumen, vor in uf den disch gestelt werden, oder aber so oft sy ein schenke haben, und ein jeder gesel wie nachvolgt sein pfenig dorin legen.

Zum anderen so sollen alle und jede gesellen des schrynerhandwerks, zů Fryburg werken oder werken wellen, und man schenkt zu allen vier wochen ein pfenig in die laden legen,

17*

und ein frembder, do man schenkt, der sol zům ingang zwen
pfenig und darnach zů allen vier wochen ein pfenig inlegen,
domit wo etwan eyner under innen krank wurde und dhein
hylf hette, das man ime uß der laden fursetzen möcht, und so
ime got widerumb ufhülfe, so sol er oder dieselben solichs,
so bald er mag und kan, getruwlich wider erlegen; dan welcher
der were, dem man also furgesetzt, und widerumb ufkeme und
solichs nit wider erlegte, den oder die selben megen sy uftryben, wo sys ankumen, und nit werken lon so lang und vyl,
bis sy sölich gelt wider erlegen; und welcher meister also ein
gesellen, der also schuldig ufenthielt und solichs wiste, der
sol in der meister straff ston.

Zum dritten so frembd gesellen herkumen, die hie werken
wolten, der oder dieselben sollen zu ersten nach ierm vatter,
des sy ir herberg haben, in frogen und sunst niert anderßwo
und volgends glich nach den urtingesellen schicken; und so
sy an die urtingesellen begeren, das sy inen hie umb arbeit
umbschauwen, so sollen die urtingesellen zuforderst fragen,
ob ieren eyner hie zu eim sundernmeister begert; sagt er
dan ja, er begere zu dem oder dem, so sollen die urtingesellen
gestraks hingon zů dem meister, do sy hinbegeren, und im umb
arbeit schauwen und dheynen hinderstellig machen, es were
dan sach, das der selb meister drey gesellen hette oder zwen
und ein lerjunge. es megen die urtingesellen witter uf des
frembden begeren, so er zu dhein in sunderheit begert, witter
umb arbeit umbschauwen und sy versorgen nach dem allerbesten, so sy megen.

Zum vierten so eyner oder mer hie arbeit funde, so sol
herweder er den urtingesellen ein moß win und ein pfenwert
brot kaufen und die mit einander drinken und darnoch den
gesellen dem meister furderlichen heimfürren und nit ander
zu inen uftryben oder ursach zu zechen geben; und so die
urtingesellen den frembden heimfürren, so sol in der meister
nach altem bruch zu drinken geben.

Zum fünften so ein meister eim gesellen vierzehen tag
arbeit zů geben zusagte, und der selb im die vierzen tag nit
ußwerkte, sunder on redlich ursach von im gieng, so sol im
der meister umb den lon zu geben nichts schuldig sein; und
herwiderumb ob sach were, das der meister dem gesellen in
den vierzehen tagen on ehaft redlich ursachen urlob geben,
so sol im der meister vollen lon geben; und sol also dhein
theyl den andern umb ein liederlich schlecht ding, als etwan
beschehen, ubergeben.

Zum sechsten ob sach were, das ein gesel dem meister

nach den vierzehen tagen, so sy ein kauf gemacht hetten, es
were doch kurz oder lang, und er nit mer by im sein wolt,
so sol der selb gesell am sundag nach den ymiss urlob nemen;
auch mag ein meister glicher gestalt die wal haben; so er
aber nit urlop nimpt und der meister auch schwyget, und also
der gesel darnach in der nachgenden wochen ein tag zwen
oder drey werket und darnach nit mer bliben wolt und also
on redlich ehaft ursachen hingåt, so sol im der meister umb
vergangnen lon nichts schuldig sein.

Zum sybenden ob ein gesel von seim meister keme und
begerte, das man ime umb arbeit umbschauwete, do sollen
die urtingesellen, es sy ob sy eim umbfragen, zu dem meister
gan und in fragen, ob er mit wyllen von ime gescheiden;
sagt dan der, er sey mit seim wyllen gescheiden, so megen
die urtingesellen im wol wyder umb arbeit hie umbschauwen;
wo aber der meister sagte, er were nit mit seim wyllin von
im abgescheiden, so sollen sy im nit witter umbschauwen in
den nesten vier wochen lang; und er oder derselben sich uf
ein monat verziehen und darnach wider kumen, so mag man
inen wol wider umb arbeit umbschauwen; und ob eyner von
seim meister keme, sagte er wolt wanderen und sich nit glich
in ander stet vorzüge, sunder hie wider umb lies schicken der
selb sol in der gesellen straff nach billicheit ston, domit vor-
theyl und argenlist vermitten blibe.

Zum achten wan ein ganze wochen ist, so sollen die gesellen den meistern nit ehe, so sy ein gutten mendag machen
wolten, uß der werkstat gon, dan zwischen eim und zweyen
ongeferlichen; wo es sich aber begebe, das sy in der wochen
witter feyrtagen machen wolten on ehaft ursachen, so sol in
der meister nit mer dan halben wochenlon zu geben schuldig
sein; und welcher meister solichs uberfert, der sol in der
meister straff ston, domit sich jeder wiss zu halten.

Zum neinten ist hierin beret, welcher gsell hie werken
wyl, der sol im sumer umb vier uren, so es echt tag ist, ufston und zu nacht umb sybene feyrabet haben; glicher gestalt
sol es im winter auch also gehalten werden, von sant Michelstag
an bis vaßnacht sollen sy by liecht werken; und in winterszeit sollen sy vor den sybenen zu nacht nit spazieren gon,
las etwan bisher beschen mocht sein.

Zum zehenden so die gesellen ein schenke oder sunst ein
pott wolten haben, soß die nothurft erfordert, und die urtingesellen eim oder mer uf die herberg uf ein genante stunt
potten wurde, und dieselben ongehorsamlichen usbliben, die
oder der selb sol zu straff geben sechs pfenig und sol das

halb in die laden gelegt werden, das ander megen sy ver-
zechen.

Zum eylften so sy wellen ein schenke oder pott haben,
so sollen sy allgemeinklich die wer und messer von in legen,
ob sy das pott anfahent und darnach die umbfrag haben und
halten, wie iers handwerksbruch inhelt; und welcher etwas
onredlichs, wie das namen mecht haben, uf den andern wiste
oder horte, das ein oder mer gesellen berurte, der selb sols
in der schenke oder pott anzeigen; dan wo ers nit thette und
uber nacht sunst herfur keme, das der oder die selben solichs
verschwigen hetten, so sol der oder die selben darnach fur die
rechten sucher gehalten und der gepur nach gestrafft werden,
und sol die halb straff in die laden und die ander halb inen
heim dienen.

Zum zwelften sol dheyner den ander urten zutrinken oder
sunst leichtlich ubergeben. item es sol auch keyner dhein
gemeine frauwen oder dyrnen, dorus unradt oder onfriden us
entston mecht, an den disch setzen. item es sol auch dheyner,
aldwyl die urtin oder schenke weret, kein spil thûn. item ob
sich eyner uberesse oder drünke, das ers mit zichten wider
gebe, so oft daz beschehe, so dick und vyl sol er oder die
selben zu straff geben ein halben wochenlon, was im ein wochen
gilt, und der hußmutter zwen pfenig fur den bessemen uß zu
keren. und so also die urtin oder schenke bald us ist, so
sollen die urtingesellen mit sampt sunst zweyen die urtin
uberschlagen und den vatter oder mutter dorumb erberlichen
zufryden stellen und darnach das ürtinampt ubergeben nach
irs handwerks gewonheit und so solichs alles, so mag darnach
jeder sein wer wyder nemen.

Zum dritzehenden so sollen die zwen neuwen urting-
gesellen, denen so geschenkt ist, heimfürren wie vorstat und
dhein geselschaft mit im nemen; und so sy dem meister den
gesellen bringen, sol er inen als obstot zu trinken geben.

Zum vierzehenden ob sach, wer' das eyner sein namen
verschenken wolt, der sol ein wochenlon, was im ein wochen
gilt, uflegen; und sol das geschehen, ob man die schenke anfahet, wie syß dan im bruch haben.

Zum fünfzehenden die schenke belangende ist bered,
domit das die schenke nach handwerks gewonheit desder
steyfer und erlicher gehalten werden, so haben meister und
gesellen gemeiniklich under inen erkent, wo sich uber nacht
begebe, das deurung, do got vor sey, infiel und die schenke
nit abgieng sunder nichts desder weniger gehalten werde und
eyner neben dem andern bliben mege, so sol der dem vorhin

geschenkt ist und er an deren schenk wyl, der oder die selben sollen jeder zwen batzen in die urtin inschiessen; das selb sol den frembden an ierer urtin zu steur kumen, und sol der so schenkt dhein genieß doran haben; und welchem gesellen man hie schenkt, der sol sechs pfenig fur die letzen uflegen.

Zum sechzehenden und letsten ist beredt, ob sich zutrieg, das den gesellen ein oder mer schenkemen und ine nochgeschryben wurde, das eyner strit hete oder uß den lerjaren geloffen oder eim etwas entragen het oder sunst onerlichs gehandelt, das sol alwegen, so man ein schenke oder pot hat, anbracht werden und noch gstalt der sachen gestrofft werden.

Dise ordnung und artikl seind durch uns meyster und gsellen uns und unsern nachkumen zů gůt ere und nutz, wie oben begriffen, ufgericht und erkant worden: und domit dise ordnung desder steyfer gehalten werde, so haben sich jeder meister und gsell so diser zeit zu Fryburg im Prysgöw waren, hie zu end ire namen und zůnamen lon schryben namlich: Hansen Burger den zunftmeister, Sebolt Balyssen, Michel Horn, Martin Herolt, Jeromens Vitt Hauwmesser, Friderich Kauffring, Phylip Fritag, Bartlin Kron, Sixt Gump, Martin Herolt, Claus Peter Hans Ballysen, Veltin Frytz; der gesellen namen: Peter Albrecht Heinrich Kam. von Köln, Hans Buchart von Lauffkyrch, Hans Linck von Nynberg, Bastion Ziegler von Ulm, Ingnatig Lazarus von Lauffen, Jacob Amper von Hochingen, Lorentz Lienhart von Bůcholaubbach, Niclaus Lutz von Schaffhusen. und zu noch merer bestitung diser ordnung so haben wyr meister und gesellen wie obstat mit vlis und ernst gepetten und herpetten den ersamen und weysen herrn Hans Burger unsern zunftmeyster auch burger und ratz in Freyburg, das er sein eigen insigel von unser aller wegen an disen brief doch ime seinen erben und nachkumen on schaden angehenkt hat, der geben ward uf sant Michel des heylgen erzengels tag als man von Cristi unsers lieben herren gepurt zellet tusent funf hundert dreissig nein jare.

98 a.

Vereinbarung der Buntmacher und Kürschner der sechs wendischen Städte. 1540.

Vollmacht des Raths von Hamburg für die Älterleute des Buntmacheramts zur Versammlung in Lübeck. 1577.

(Rüdiger, Gesellendocumente p. 16—21.

99.

Ordnung der schmidt- und aller anderer hantwerchsknechten und gsellen, so zu inen in ir gsellschaft und unser lieben frowen brüderschaft gehörent, volgt hernach. Schaffhausen 1554.
(Urkunde im Besitz der Schmiedezunft in Schaffhausen.)

Item zům ersten solt die gesellschaft winterszyt ain stůben und sůmerszyt ain garten daryn sy zesamen komen und getrüwe geselschaft by ainandern sůchen und haben sollen.

Zum anderen sollend sy anfenklich vier stůbenmaister und daruf die âmpter ains nach dem andern wöllen, und sollend die zwen, so inen von der schmidzunft zůverordnet sind, darby sitzen, und die frag haben, welcher under den ernempten zů dem ampt gůt und der brůder- und gesellschaft ere nůtz und fůg sige; und sollend die stůbenmaister den zwayen verordneten von der zunft allemal sagen und verkünden.

Zům dritten wann die empter also besetzt sind, so sollen dann die gemainen gsellen den vier stůbenmaistern geloben und versprechen, ieren der gsellen nůtz ze fürdern und sy vor schädlichen dingen zu warnen getrüwlich und ungevarlich; es söllen ouch die gsellen gmainlich ainhelliklich und sonderlich by ieren gůten trůwen ungefarlich den vier stubenmaistern in allen redlichen sachen gehorsam sin.

Zum vierten wann sich begibt, das zwen mit ainandern stössig werdend, alsdann soll ain jeder der vier stůbenmaistern, so die unainigkait merkt, denselbigen gepieten an sechs pfening ze schwygen; und wöllten sie darüber nit schwygen, dann soll er inen gepieten an zwen schilling und sy fürstellen darumb straffen bis an zechen schilling, ie nach gestalt ierer handlung; und welltend sy aber nit gehorsam syn, so sollend sy die vier stůbenmaister dem zůnftmaister und den sechsen angeben, dieselben söllen sy ouch nach gestalt ierer handlung bis in 10 schilling straffen; und sover es nachmals an inen nit wölt erschiessen, dann soll sy der zůnftmaister ainem burgermaister anzaigen. es mag ouch ain jeder so geschworen hat, er syge bürger oder bywoner, wann die notturft sollichs ervordert, friden gepieten.

Zům fünften welcher in ernsts wyse ainen haist liegen oder im flucht, der ist zů bůss vervallen ain schilling on gnad; welcher ouch schwert by dem lyden Cristi oder sinen glidern und ander ungewondlich schwůer brůchte, der ist ouch zů buss verfallen 1 sh. on gnad; und die schwůer möchtend so unzimlich sin, denn sollend all die, so empter habend, den tätter und sine schwůer ainem burgermaister anzaigen, oder wo das nit bescheche, würde man sy ouch darumb straffen.

Zum sechsten welcher ainen ernsts wyse mit der faust oder mit waffen wie die sind schlacht, der ist ze büss vervallen 10 sh., unserer herren straff onschädlich.

Zum sibenden welcher ainicherlay trinkgeschier in der stůben oder in dem garten zerbricht, wann das beschicht, der soll die von stund an wider bezallen; und thůt er das nit, so soll er den gsellen 1 sh. ze büss sampt dem beschechnen schaden abtragen.

Zum achten sollen die stůbenmaister by zyt zu der ürten sechen und all ürtinen von den gmainen gsellen ainen zů inen nemen, doch zů ainer jeden ürten ainen nüwen allweg, bis er umbkompt, ungevarlichen.

Zum nůnten welcher kegelt oder spillt, der soll in der ürten sin; und welcher in der ürten oder im mal ist, er sige haimbsch oder frömbd, der soll das bezalen mit gelt oder mit pfand; und von wem das nit beschicht, der soll den gsellen ze büss verfallen sin 1 sh. hl. und sollend die ürtenmaister desselbigen tags win und brot bezalen, oder unser herren würden sy darumb straffen.

Zum zechenden welcher anclagt württ von dem huswůrt oder husfrowen umb geschierzerbrechen oder ander ding, wie sollichs möchte genempt werden und das schädlich ist, alsdann soll der, der das zerbrochen hat, sollichs bezalen und das soll im an ainen schilling haller gebotten werden.

Zum ainliften welcher in die stůben oder in den garten brünzlet görpsset oder fürzet, derselbig verfallt ze büss 1 sh. hl.

Zum zwölften wann sy wellen ain spil dingen, so sollen sy berůofen die zwen verordneten von der zunft und was dann under inen das mer mit sampt gemainen gsellen würdet, daby soll es belyben, und welicher under 3 sh. lons hat, der soll nit schuldig sin der spillůten ainlaitung ze geben, aber halben stůben- und halben gartenzins soll derselbigen jeder sins thails ze richten schuldig sin.

Zum drytzehenden sollen sy all fronfasten stůben- und gartenzins anlegen, und namlich soll jeder alle fronfasten 3 pfening erlegen; und welcher vier wochen hie wonnet und ine die fronfasten ergryfft, der soll schuldig sin, sinen thail fronvasten anlegung ze geben; und welcher in dem ungehorsam erschynt, der verfallt zů buss 1 sh.; und wann die vier vernemen, das ainer, so der zunft oder brůderschaft schuldig ist, hinwegziehen wellte, so sellén sy ime das sin umb die usstelligen schuld verheften.

Züm vierzehenden, ob ainer ald mer würden ungehorsam sin und sich nit wöllten lassen straffen, die sollent die vier ainem zunftmaister und den sechsen angeben, die sollen alsdann die ungehorsamen nach gstalt der sachen ze straffen haben bis uf 10 sh. hl., allwegen unser herren straf onschädlich; und wellten sy umb die straff nüt geben, so soll der zunftmaister sy ainem burgermeister angeben.

Zum fünfzehenden welher ungehorsam erschint, so man in das pott büttet by der gsellen trüw, der soll ze büss geben 6 hl., er habe dann ain redlich ursach darfür; wellte er aber die bus nit geben, so soll er dem zunftmaister angeben werden.

Zum sechzechenden soll kainer zütrinken und kainer dem andern hierzuo kainerlay zaichen geben, noch sonst ainich unzucht begon; und wo aber ainer ald mer das thättind, so sollen die gsellen sy straffen bis uf 10 sh. hlr. unser herren straff onschädlich; wo aber die gsellen sollichs nit straffind, so würden ünser herren sy die urtenmaister und gsellen selbs darumb straffen.

Zum sibenzechenden so mögent die gsellen ainen jeden straffen, der by inen fräffelt bis uf 10 sh. hlr., doch allwegen unser herren straff onschädlich; und daz sy zu straffen haben, sollent sy straffen und nit underlassen; dann bescheche das nit, so würden unser herren sollichs straffen, und sollend die ürtenmeister stubenmaister stubenknecht und huswürt by ieren geschwornen aiden all fräffel, so begangen werdent, rügen und angeben.

Dis ordnung als obstadt haben der schmid zunftmaister und die sechs angesehen; doch mögen unser herren burgermaister und rath, so oft und dick sy gut bedunkt, die meren mindern old gar abthün, nach ierem gefallen.

Hernach volgent die hantwerch so in dis gsellschaft gehörent, namlichen hufschmid, hubenschmid, clingenschmid, messerschmid, kupferschmid, sporer, schlosser, nagler, harnascher, gloggengiesser, hafengiesser, kantengiesser, schwertfeger, schlysser, gürtler, spengler, zimmerknecht, wagner, hafner, zieglerknecht.

Anno dniom 1554.

99 a.

Vereinbarung der Riemer und Zaumschläger von Lübeck, Hamburg, Wismar, Stralsund, Greifswald, Lüneburg, Stade und Uelzen wider die Gesellen. 1555.

(Rüdiger, Gesellendocumente p. 51—55.)

99 b.

Vereinigung der Aelterleute des Schwertfegeramtes in den sechs Wendischen Städten. 1555.
(Rüdiger, Gesellendocumente p. 58—64.)

99 c.

Vereinbarung der Leineweber der Wendischen und anderer Städte. 1562.
(Rüdiger, Gesellendocumente p. 47—51.)

99 d.

Vereinbarung der Böttcher der Wendischen Städte gegen die Gesellen 1569.
(Rüdiger, Gesellendocumente p. 8—12)

100.

Gesellschaftsstatuten der Augsburger Kürschnerknechte. 1574.
(Strassburger Stadtarchiv.)

Volgit zur ordenliche verzeichnüs und abschrift aller artikel, so eur ersame brüfterschaft des leblichen hantwerks der kurschner alhier in diser hochleblichen reichstatt Augspurg inen haben, und lauten dieselbigen wie hernach volgt.

Anrüfen der erbern meyster und gesellen kurschnerhantwerks hat ein ersamer raht heit underzeichnetes dato inen nachvolgende artikül approbiert und in ir ordnung zu schreiben bevolchen, doch anterst nit, dan auf desselben als ortenliche obrikeit widerrüffen und verbössern.

1. Zum ersten mögen die erbern kurschnergesellen ein herberg nach irer gelegenheit bestellen, die selbige auch allwegen zu qutemperzeiten ein deil dem andern absagen, in wellicher alle kurschnergesellen und jünger, so hierein in dise stadt komen, einkören sollen und sich auf der herberg soll lassen umbschauen nach hantwerksgewohnheit und den würt vater und die wirtin mutter und derselben hausgesint brüder und schwestern heyssen sollen.

2. Zum andern mögen sy ein laden oder puchsen aufrichten und iber die selbig in einem bichlein ein ordentlich verzeichnus halten, in welche büchs ein yeder kürschnergesell oder junger so alhir arbeiten, alle 4 tag ein pfenning einzulegen schuldig sein soll.

3. Zum triten sollen alle kurschner gesellen und junger, so zum ersten mal alhie herkumen und zu arbeit steen, zum

geschenk in die laden zwen kreytzer, ein junger aber, der under dem halben gesellenlon hat, der sol nur ein kreitzer in die laden zů legen schuldig sein.

4. Zum vierten damit dise buchs oder laden desto ee zů aufnemen gebracht und den kranken gesellen sovil stattlicher mocht geholfen werden, soll jeder kurschner gesell und junger alle quartal zwen kreitzer und ein junger, der under dem halben gesellenlohn hat, ein kreitzer in die laden zů legen schuldig sein.

5. Zum funften sollen zwen meyster des hantwerks erwölt werden, weliche alle auflegtage bey der laden sitzen, damit es recht und ordenlich zuge; under wellichen alle qutemper der ein, so am lengsten darbey gewest, davon gelassen und ein anderer an sein statt genomen werden soll.

6. Zum sechsten sollen gleicher gestalt zu gedachter laden vier alte gesellen erwölt werden, und alle quartal die zwen, so am lengsten darbey sein gewesen, darvon gelassen, und sollen zwen andere an ir statt erwelet werden.

7. Zur sibenden soll auch solliche laden von treien underschiden schlossen gemacht werden und den zwen meystern, so jeder zeit darzů verordnet, der ein schlissel, aber die andern zwen schlissel den vier altknechten beyhendigt werden soll.

8. Zum achten wann dan ein kürschner gesell oder junger allhie krank wirde, soll im aus diser laden, wo er desen nottirftig wer', geholfen werden; doch das er zwen bürgen oder ein pfant, daran die gsellen vergnigt sein und er auch bey seinen eren und treyen anglob und zůgesagt werde, da im gott widerum auf und zů seiner gesuntheit helfen wurdte, das er alles dann solich virgestreckt gelt zu zümlichen frůsten erlegen und die laden zufriden stelle; welicher aber dariber hinwek zůg, dem sol ernstlich nachgeschriben werden.

9. Zum neynten begeb es sich dann, das einer todtes verfällt, soll all sein lossenschaft mit vorwissen eines bürgermeisters so im ampt hinderlegt und des abgestorbnen freynten den fall seines todes zů wissen don. da sy dann zu zimlichen zeiten nicht erscheinen und sy aus der laden ires virgestreckten geltes widerumb ergetzt wurden, migen sy alles dann mit wissen und bewilligung gedachten heren burgermeisters solliche verlassenschaft zu gelt machen und sich davon bezalen und mit dem ybrigen nach bevelch des heren bürgermeisters handlen.

10. Zum zechenden sollen die zwen zů der laden erwölte mey- ster und die vier altknecht schuldig sein, den vorgehern berurtes handwerks alle quartal vor der wal von solichem iren empfangen oder ausgab rechnung zů dun.

11. Zum eilften sollen auch alle kürschnergesellen und jünger alle quartal schuldig sein zechen kreitzer zimmerzechen, damit der vater willig ist, und wir auch in die leng ein herberg haben migen; ein junger aber, der um das halb gesellenlohn hat, der soll nur fünf kreitzer geben. welicher gesell oder junger nicht zechen will, der soll halbe zech zu erlegen schuldig sein.

12. Zum zwelften sollen auch alle vierzechen tag bey dem auflegen zwen gesellen oder junger zum umbschauen erwölt werden nach laut der meyster register, das einer allweg acht tag umb den andern umbschauen soll. die selben sollen fleisig sein den armen als dem reichen und dem reichen als dem armen. sy sollen sich auch unpar- teiisch halten, weder mitgschenk noch mitgaben nemen bey der straf 4 kr.

13. Zum dreizechenden welliche kürschner gesellen oder junger sich gegen den vater oder muter oder irem hausgesint ungepůrlich mit worten oder werken halten würdte und derentwegen bey offner laden verklagt würde und desen genugsame ursach erscheinen würdte, so soll der selbig umb 4 kr. in die laden gestraffet werden.

14. Zum vierzechenden soll auch ein yeder gesell oder junger sein geschenk selber auflegen, auch den auflegpfenning, es sey denn, das er in eins meysters geschaft ist oder schunst in ander weg ein grüntlich hinderliche ursach virgefallen wer', das er dasselbig selber nicht don künte, so soll in allweg er bey den altknechten anzeigen und im darbey sein geschenk oder auflagpfenning überant- wurten, und der altknecht das selbig geschenk oder auflegpfenning, so er von dem gesellen oder junger em- pfangen hat, bey der laden auflegen und daneben den gesellen oder junger entschuldigen. wellicher gesell oder junger sollichs ibertrit, der soll umb 3 kr. in die laden gestraft werden.

15. Zum funfzechenden sollen auch alle gesellen und junger umb zwelf uhr auf der herberg sein und all auflagen umb 11 uhr am quartal; welicher gesell oder junger ausbleibt, bis das der zedl verlesen wird, soll umb 2 kr. in die laden gestraft werden.

16. Zum sechzechenden wellicher bey offener laden gotlesterlich schwören würdte, der soll um 4 kr. in die laden gestraft werden.

17. Zum sibenzechenden wellicher gesell · oder junger mit eim andern bei offner laden streiten und durch unsinigkeit auf den disch schlagen wurd, der soll um 2 kr. in die laden gestraft werden.

18. Zum achtzechenden wellicher gesell oder junger sich mit unzichtigen worten hören liess vor der laden und nit vergunst von altknechten und iren beysitzern nemen würde oder sich auf einen disch setzte, der soll umb 2 kr. in die laden gestraft werden. es soll auch kein gesell oder junger bey offner laden aus der stuben gen bey obgemelter straf, er nem den verlaub von den altknechten und iren beysitzern.

19. Zum neunzechenden wellicher bey offner laden einige lange oder kurze wehr bey sich haben würde, der soll umb 2 kr. gestrafft werden.

20. Zum zweynzigisten wann die laden offen sted, und wellicher gesell oder junger uber disch mit dem andern würde schwatzen oder sunst narrey treiben, die selben soll der altknecht macht haben still zu schweigen heisen. welicher gesell sich des wütern wurde und dariber den altknecht unnütze wort wolt anhenken oder geben, der sol umb 3 kr. in die laden gestraft werden.

21. Zum ein und zweynzigisten welicher altknecht von der laden aufstünde und kein andern an sein stadt hies sitzen, der sol umb 2 kr. in die laden gestraft werden.

22. Zum zwey und zweynzigisten sollen auch alle kurschnergesellen nit hocher als umb ein pfenning spilen; welicher höcher dan umb ein pfenning spilt, der soll umb 3 kr. in die laden gestraft werden.

23. Zum drey und zweinzigisten soll auch kein kürschnergesell in schussgraben oder sunst vorm thor auf den spilpletzen spilen oder iber siben werfen by obgemelter straf 3 kr.

24. Zum vier und zweinzigisten sollen auch alle junger so alhir arbeiten umb kein gelt oder gar nit spilen weder im schützgraben noch andern spilblötzen, auch sollen sy nicht in der Rosenau umbgehen und darinen ir wochenlohn verspilen bey der junger straff.

25. Zum funf und zweinzigesten welicher kurschner gesell oder junger ohn mantel parschenklich iber die gassen got, der

soll in die lad zur straf verfallen sein 3 kr., ein junger aber in der junger straf.

26. Zum sechs und zweinzigisten begebe es sich voran an den sonntögen und andern feirtägen, das sich die gesellen oder junger vor oder under der predigt auf der herberg versamleten zu spilen oder sunst leichtfertigkeit zu treiben, so soll der vater macht haben, solchs ernstlich abzuschaffen; wo aber ein gesell oder junger sich dasselbig zů wideren und dem vater einreden und nit volgen würdt, sunder hieriber böse wort anhenken würdt, so soll der vater macht haben, den oder dieselben widerspennigen und ungehorsamen vor' der laden zu verklagen, und soll allesdann der selbig umb 4 kr. in die laden gestraft werden.

27. Zum siben und zweinzigisten soll auch der vater, dabey die kurschnergesellen ir herberg haben, keim ibêr trey batzen borgen; und was er also begeret, das soll im allwegen von eim auflegen zum anderen von den gesellen und jungen bey offner laden bezalt werden; wo aber einer oder mehr hieryber wekziechen würden und den vater nicht zufriden stellte oder zalen würde, dem oder den selben soll auch ernstlich nachgeschriben werden; derowegen wiss sich ein jeder vor schaden zu verhüten.

28. Zum acht und zweinzigisten soll auch ein jeder gesell oder junger der hie in 14 tagen mit arbeit umbfangen ist und dises auflegen begreift, er aber dariber hinwek zůg, das er sein geschenk oder auflegpfenning nit auflegen würde oder da lies, dem oder den selben soll auch ernstlich nachgeschriben werden; derowegen wiss sich ein jeder gesell oder junger vor schaden zu verhüten.

29. Zum nein und zweinzigisten wan die laden offen stedt und ein gesell oder junger ob dem andern klagen würde und in einer umfrag einer straflich durch die gesellen erkannt würde, soll er sich darein ergeben; doch sollen die gesellen nicht macht haben, einen höcher dan umb 4 kr. zu strafen den selben in die laden zu legen. begert dann ein gesell, der in die gemelt straf erkant würte, vir des handwerks verornte vorgeher und meyster, das soll im gutwillig zugelassen werden; hirwiderumb auch da die gesellen einhellig brachten, kindten, das einer umb seiner ubertretung ein höcher straf dan 4 kr. verschuldet hat, soll er vir eines erbern rahts verornte straff herlen, one das hantwerks straf gewisen und gefodert werden und daselbst irer erkentnus nach auf fürbringen der sach gestraft werden.

30. Zum dreissigisten welicher gesell oder junger sich sogar unbillicher weis vor der laden hielt, soll ein ernstliche straf gegen im virgenomen werden alles gegen einen junger, wie auch auf allen brüderschaften gebreichig ist.

31. Zum ein und treissigisten welicher gesell oder junger under ein jar hinwek zůg und vor verscheinung des jares wider hiehar kumen würde, der soll um das halb geschenk aufzůlegen schuldig sein; wen er aber iber ein jar aus ist, so soll er das ganz geschenk auflegen. ein junger, der under dem halben gesellenlohn hat, soll nur das halb geschenk auflegen.

32. Zum zwey und treissigisten so der altknecht einer dise articul einen oder mer übertreten würde, so soll er gegen andern topelt gestraft werden.

33. Zum drèy und treissigisten sollen auch alle und jeder hierigen meysters söne und junger diser ordnung nit weniger als die frembten underworfen sein.

34. Zum vier und treissigsten soll auch kein geferliche versamlung geschechen under den gesellen oder junger ohn vorwissen und vergunst der obrikeit bey ernstlicher straf die im ein l. rat vürbehalten hat.

35. Znm funf und treissigisten und letzten welicher kurschner gsell oder jung wider dise wolbetuchte ordnung reden würde und also hindurch nicht allein die selbig sunder auch die obrigkeit verachten würde, der soll ein l. raht angezeigt werden und nach gelegenheit seines verbrechens gestraft werden, wie auch ein l. raht dise artikel zu ändern oder gar ab zů thon vorbehalten haben will.

Im 1574. jar
den 27. marz.

100 a.

Bestimmungen der Städte Lübeck, Hamburg, Lüneburg, Wismar, Rostock, Möllen über die Hutmachergesellen. 1574. (Rüdiger, Gesellendocumente p. 26—32.)

100 b.

Beschlüsse der Kannegiesser der Städte Lübeck, Hamburg, Rostock, Lüneburg gegen die Gesellen. 1526.
Rolle der Kannegiessergesellen in Hamburg. 1534.
Rolle der Apen- und Grapengiessergesellen. 1541.
Beschlüsse der Rothgiesser von Lübeck, Braunschweig, Hamburg, Rostock, Stralsund, Wismar, Lüneburg, Magdeburg,

Bremen, Greifswald, Hildesheim, Stade, Hannover, Göttingen und Flensburg wider die Gesellen. 1573.
Sühne zwischen den Apengiessern von Hamburg und Lübeck. Aus der Zeit von 1535—1575.
(Rüdiger, Gesellendocumente p. 32—47.)

101.

Urtheil über die Austragung der Streitigkeiten unter Mitgliedern des Wagnerhandwerks im Oberelsass. 1578.
(Urkunde mit Sigel. Colmarer Stadtarchiv S. E. L. 28, W. N. 1.)

Ich Michael Stes burger zue Ensißheim alter schultheiss des wagnerhantwerks zwischen Stroßburg und Basel auch zweien bürgen bekenn, das uf heut dato vor mir erscheinen seind die ersamen Christa Fürst und Lorentz Stütter Meier burgere zu Colmar und wagner, batten und begerten von mir glaubwürdigen schein und urkünd des gemeinen unsern befreyten wagnerhantwerks habenden wol beseßenen brieflichen und üblichen gerechtsamen der straff und buessen halben, namlich wan die meister oder gesellen under unß oder anderen in spenn oder ehrverletzliche handlung in was gestalt es sein mag kumen und erwachsen, wo dieselben außtragen und gestrafft werden sollen. wan nun ich ir bit zur nachrichtung zimlich gehalten und dasselbig nit abschlagen kunden, auch hierauf mich neben andern und inen in unsern wolhergeprachten brieflichen gerechtigkeiten privilegien ersehen und altem herkommen, wie es in solchen felen vermog auch unsern straff- und frevelbüchern gehalten werden soll, genugsam erinderet und zu gedechtnüs gefürt: so verurkünde ich in crafts dis hiemit, das wan sich obgehörter massen wider das mehrberürt hantwerk spen und irrung zutrogen, das dieselben vor dem meister und gesellen unsers hantwerks fürgenomen ußtragen und gestrafft werden, wie dan solches vor hundert und mehr jaren on meniklichs eintrag stuebiklich beschehen, und also deßen nochmaln gutt fug und macht haben, mit dem anhang, wo sich einer under dem hantwerk darwider setzte, das ime die meister und gesellen nach altem brauch verbotten, und also in disen und andern loblichen gerechtigkeiten von den oberkeiten wir geschützt und beschirmbt sein und werden sollen. das begerenden theil mitgetheilt, und zu urkünt mit des gemainen hantwerks secret bewart worden und geben zu Ensißhaim den 25. Novembris anno 1578.

102.

Rathsverordnung wegen des Beitrags, den die Schmiedknechte und Genossen in Schaffhausen an das Seelhaus zu bezahlen haben. 1587. Ausdehnung derselben auf die neu hinzugekommenen Schreiner. 1647.
(Pergamenturkunde mit Siegel im Eigenthum der Schmiedezunft in Schaffhausen.)

Rath gehalten montags den 30. tag Octobris anno 1587 praesente herren bürgermeister Hans Conrad Meyern.

Mein gnedig herren burgermeister und rath sind gloubhaft bericht und verstendigt worden, welcher massen merklichen unerschwingenlichen umbkosten bis hiehär den frömbden handwerksgesellen, so die bruoderschaft daselbsten haben, jährlichen aufgange. damit aber das seelhaussampt dester besser mit underhaltung gesagter bruoderschaft fürsehen werden möchten, so habend genante mein gnedig herren erkent, das fürohin jeder knecht so der bruoderschaft underworfen und darinnen genent sind zuo einem meister dinget, derselbig so er dinget dem meister zwen schilling zuo geben schuldig sein soll; die soll der meister von ihme also baar inziehen oder aber der meister von seinetwegen erlegen und alsdann dem knecht an dem wuchenlohn widerumb inbehalten und bezallen lassen; sölches gelt also dann der meister, einem oberen zunftmeister, alda derselbig meister zünftig, allwegen überantworten und zuestellen solle; die werdens darnach das empfangen gelt zů handen und zuo besserer underhaltung der bruoderschaft anzuolegen zuo verwenden und darüber ordnung zuo stellen woll wüssen. söllichs wöllen gesagte mein gnedig herren zuo ihren geliebten burgern und meistern, auch gegen allen denen, so der bruoderschaft genoss sind, on alles beschwärens verwideren sperren und wehren, gehorsamlich zuo beschehen versehen.

Volgend die hantwerk, so die bruoderschaft im seelhauss habend.

hufschmid	messerschmidt	schlosser	harnoschter
hubenschmid	kupferschmid	büchsenschmidt	gloggengiesser
clingenschmid	sporer	nagler	kantengiesser
schwartfeger	gurtler	haffner	hammerschmid
schlysser	zimmerleüt	ziegler	tischmacher
spengler	wagner	haffengiesser	

21. Julii 1647 decretum von rath:

Mitwoch den 21st. Julij anno 1647 ist dise bekantnus vor mein gnedig herren, burgermeister und rath uf undertheniges anhalten eines l. schreinerhantwerks ausschusses abgelesen. seinem inhalt nach bestetiget und ein l. schreinerhantwerk des seelhauses brüderschaft wie andere hierinnen begriffen hantwerk einverleibt worden.

Canzley.

102 a.

Ordnung und Artikel der Färbergesellen-Brüderschaft in Hamburg. 1589.
(Rüdiger, Gesellendocumente p. 21—25.)

103.

Brüder- und Gesellschaftsordnung der Wollen-, Leinweber- und Hosenstrickergesellen zu Freiburg. 1591.
(Pergamenturkunde. Siegel abgerissen. Freiburger Stadtarchiv.)

Wir bürgermeister und rath der statt Freiburg im Breißgaw bekennen und thün künt meniglichem mit disem brief, das den zwölften decembris verschinens tausent fünfhundert und neünzigsten jars vor uns in unserem rath erschinen ist der ersam unser bürger mit rathsfreünd und zunftmeister der tüecherzunft zum Roßbaum Ulrich Küeffer für sich und in namen gemeiner meister knappen gesellen und jungen deß wullen- und leynen- auch hosenstrickerhantwerks alhie und unß müntlich auch durch ein supplication fürtragen lassen: nach dem die zahl der wullen- und leynenweberknappen auch hosenstricker lediger gesellen und jungen ires hantwerks nit wenig zugenommen und under denselbigen von tag zu tag, dieweil sie bißanhero kein sondere ordnung gehabt, allerley unleidenliche mißbräuch gottslesterungen fluechen schelten schmähen ungebeürliche irrige und unfridsame sachen in worten werken handel und wandel gott und der oberkeit zuwider ohne scheüchen und straffen entstanden geüebt und fürgangen; und disem allem vorzuesein, auch alle löbliche christenliche guete mannzucht frid einigkeit und gehorsame zue pflanzen, sich neben ime zunftmeistern obgemelte wullen- und leynenweber auch hosenstrickerhantwerks gemeine meister (doch in all weg uf unser ratification und guetheissen) in gehaltenem pott dem zwen und zwenzigsten junij gemelts neünzigsten jars mit und in beywesen aller gemelter dreyer hantwerker lediger knappen gesellen und jungen sovil solcher der zeit alhie gewesen mit zeitigem rath gueter vorbetrachtung und nach irem besten verstand auch irem allen und sonderlichen gemeinen dreyen hantierungen zü nutz und wolfart einer bestendigen ordnung und bruderschaft, so mit allem

18*

fleiß und ernst ohne alles verwidrigen steif und vest gehalten denen nachgesetzt und gelebt werden solte, verglichen in schrift verfaßt hiemit ubergaben und von uns als der oberkeit inen die zu confirmieren und zu bestetigen ernstlich suppliciert und gebetten; solche wir empfangen verlesen und nach unserer emendation und verbesserung in volgenden articuln begriffen gesetzt, als:

Erstlichen sollen und wöllen die knappen des wullenleynen- und hosenstrickerhantwerks zue einer ordenlichen bestendigen gesellschaft büchsen aufrichten, damit sie auch ein brüderschaft und deren notwendigkeiten wie hernach volget, sonderlichen die ehr gotts in unser lieben frawen münster alhie mehren befürdern abwarten und wie andere handwerksgesellen ire brüderschaften verrichten gleichmessig anstellen, auch wol und loblichen erhalten könden und mögen.

Zum andren wann ein gesell oder knapp in diser brüderschaft einverleibt einen unhandel (in was weg solches beschehen möchte) anfieng, der solle solchen unhandel vor den jederzeit verordneten pott- und büchsenmeistern auch vier gesellen sampt den ächtemern uszutragen schuldig sein; im fahl solcher gesell vermeint, inne were darinnen nit genug zu kurz oder ungüetlich beschehen, so solle die sach für ein ersame zunft und die ächtemer nach gelegenheit der handlung ufzehaben und zu vertragen, da er aber uf der zunft die rachtung auch nit annemmen wurde, alsdann für ein ersamen wolweisen rath gewisen werden.

Zum dritten wann ein wüllen- leynenknapp auch hosenstricker alher keme, der vormals nicht alhie bey der bruderschaft gewerkt hette, der solle zum einstand geben und erlegen sechs pfenning, und so lang er alhie pleibt alle wuchen einen pfenning geben; so oft er aber hinweg und widerumben anhero kommet in willen zu arbeiten, so ist er desselben gefreyt, allein das er darnach auch alle wuchen einen pfenning in die büchsen erlegen solle.

Zum vierten damit also die gesell- und bruderschaft desto fleissiger ufgebracht und erhalten wurde, solle auch ein jeder junger lediger knapp gesell oder hosenstricker, der umb lohn werkt, alle acht tag einen pfenning in die büchsen geben und erlegen und solches durch die verordneten büchsenmeister von den jederzeit alhie frömbden und heimischen knappen und hosenstrickergesellen ordenlich und getrewlich einziehen und hierüber ein fleissigs ufsehen haben.

Sodann zum fünften so man um angeregter ordnung einem knappen oder hosenstrickergesellen zu der verordneten büchsen gebeüt und derselbig ohne sondere bewegende ursachen außbleiben würde, der solle zur besserung sechs pfenning zu straff geben.

Zum sechsten wann einer in und bey diser newen ufgerichten brueder- und gesellschaft den andern verwunte, der solle zur straff geben fünf schilling. so einer aber den andern rupfte, drey schilling. heisst einer den andern frevenlich liegen, wie dann leider solche ungepeürende und ohne alles abscheüchen ungeschickte wort vil und oftermalen geschehen, der soll besseren ein schilling. so einer den andern würft, er treffe oder fähle, der soll zue straff geben fünf schilling oder, nachdem der wurf gerathet, von der bruederschaft hocher gestrafft werden. doch bey disen frevelkeiten allen solle der oberkeit ir straff in all weg vorbehalten und umbenommen sein.

Zum sibenten zu abstellung des unchristenlichen grausamen schweren fluechen und gottslestern, so leider bey jungen und alten gemein, soll ein jeder, der also gott lestert freuenlich schwert und fluecht, von den beywesenden verwarnet und umb ein schilling gestrafft, da er aber nit nachlassen und es zu grob machen, der oberkeit nach gepeur zu straffen angezeigt werden.

Zum achten dieweil auch zugleich leider bey allen zechen und yrten ein unordenlicher mißbrauch entstanden, das oft einer den andern zum drinken nöthigen und zwingen will, darauß nun leider viel mahlen unruew und unfrid ervolgt, ist solch zu fürkomen hierin gesetzt, das so oft einer den andern furterhin mit zutrinken zwingen und nötigen würde, das der deßhalber einen schilling zue straff geben solle.

Zum neünten wann sich einer mit yberdrinken beweinen oder zutrinken also ubersehen, das er in solchem ein unzucht (welches doch nit sein soll, und ein grosses laster) begehn wurde, der solle so oft es fürterhin von einem erfahren zur straff erlegen einen schilling unnachläßlich.

Zum zechenden weil sich vormals in abentyrten under etlichen gesellen wullen- und leynenknappen auch hosenstrickerhantwerks mit dem weinverschütten kein abscheüchen gewesen und aber die gaben gottes billich in besser ehren zu halten, so ist hierinnen verordnet, wan einer fürohin ein glaß mit wein verschitten wurde, derselbig zur straff sechs pfenning zu geben schuldig sein solle.

Zum eylften wann einer gestrafft wurde, in waß weg solches beschehe, der solle den jederzeit verordneten rechenmeister angeloben und die straff, so er für straffwürdig erkant und verfallen, in einem monat zu erlegen schuldig sein oder umb solcher straff einen bürgen geben, daran die gesell- und bruoderschaft habig sein kan.

Zum zwölften dieweil bißhero under den knappen deß wüllen- und leynenweber- auch hosenstrickerhantwerks dise grosse unordnung gewesen, daß etliche lange zeit fürsetzlich und mutwilliger weiß in diser loblichen statt umbgezogen lieber um gottes willen zu heüschen dann zu werken begert, und dises einer ersamen zunft oftermalen zu verweisen kommen: ist solches abzueschaffen dahin geschlossen, das wan künftig einer weiter also mutwilliger weiß in der statt herumb ziechen heüschen und nit zue werken begehren, daß derselbig obgenant, er aber darvon nit abstehe sonder weiters ergriffen wurde, gestraks durch den bettelvogt zue der statt hinauß gefüert werden solle.

Zum dreyzehenden so ist aüch bißhero under etlichen knappen und hosenstricker, ein grosser ubelstand gewesen, daß sie uf den fühmarkt under dem volk und in der statt hin und wider ops und anders auf der offenlichen gassen ohne alles abscheüchen gessen, ist solchem zu fürkommen auch geordnet, daß die knappen und gesellen, was sie ops und anders kaufen oder bey inen haben, soches hinfüro in seines meisters hauß oder für das thor tragen und essen sollen, wa nit, umb sechs pfenning gestrafft werden.

Zum vierzehenden wann ein gesell mit der gesellschaft will zehren, der solle gelt oder burgen haben, damit daß der würth oder vatter der bezahlung halben kein clag bekome.

Zum fünfzehenden damit auch die knappen und hosenstricker in irer stuben durch uberflüssige und hohe spil mit würfeln und karten, wie bißhero vil mal beschehen, einander nit umbs gelt und zu armut bringen, ist gesagt, das fürohin keiner weiter höcher noch theürer mit karten würfel oder sonsten kurzweilen und spilen solle, dann umb ein pfenning; welcher solches überfüere und hoher spiln wurde als umb einen pfenning, derselbig der gesellschaft ein schilling pfenning straffen verfallen sein solle.

Zum sechszehenden weil bißhero durch etlich der knappen und hosenstrikergesellen in der statt uf dem reyterplatz gespielt und solches aber hiemit genzlich abgeschafft werden, welcher derhalben daselbig widerumb ubergehn und fürterhin ergriffen wurde, der solle ein schilling pfenning zue straff geben.

Zum sibenzehenden, dieweil nun bey den jungen wullen- und leynenknappen auch hosenstrickerhantwerks - gesellen bißhero auch diser unordenlich mißbrauch gewesen, daß sie

sich in irem wandel den ehren und wolstand gemeß nit verhalten, sonder etliche unverschampt uf der gassen vor ehrn
erbarn leüten ohne mantel, auch etwa gar borfueß ohne
schüch iren wandel gehabt, daß welcher dise unzucht und
unerbarkeit weiter begat und also gesehen, der solle fürterhin
umb ein schilling gestrafft werden.

Zum achtzehenden welcher lehrjung bey einem lehrmeister,
es seye gleich leynen- oder wullenknappen auch hosenstricker,
seinem geding und der meister wolhergebrachten brauch noch
nit ußgelert oder die lehrjahr nit völlig erstattet hette und
von dem lehrmeister ohne sondere ursachen hinweglaufen und
ufstohn würde, der solle deßhalben von keinem meister oder
der bruderschaft alhie mehr gefürdert werden.

Zum neünzehenden so einer von dem andern etwaß un-
gepeürlichs ersehen oder hörte sagen, welches wider hantwerks-
gebrauch were, und solches verschwigen wurde, der solle umb
solches, auch nach dem die sach ist, in einem fahl gestrafft
werden.

Zum zwenzigisten wann ein frömbder gesell under den
knappen und hosenstrickers hantwerks alhie gearbeitet hinweg
zuge und derselbig der gesellschaft oder gemeinen gesellen
schuldig were, der solle deßhalben in ein besonder buch eingeschriben und im jar alle fronnfasten zuc spott verlesen
werden, biß er bezalt.

Zum ein und zwenzigsten wann ein gesell oder jung hin-
wegziechen wurde, der soll zuvor bey den verordneten büchsenmeister abgnaden, bey sechs pfenning straff.

Zum zwen und zwenzigsten soll man bey diser ufgerichten
newen ordnung jederzeit zwen verordnete buchsenmeister
haben, doch alle fronfasten ein newen büchsenmeister an des
eltesten statt erwöllen, welche in all weg getrewlich und steif
ob diser ordnung zuc halten, wie auch die jederzeit verordnete
pott- und rechenmeister, so alle jahr uf sant Severustag gesetzt
und ein newen pott- und rechenmeister an des alten statt
erwölt werden, uf die ordnung dene zunftmeister angeloben
sollen.

Zum drey und zwenzigsten begebe sich das under den
zweyen buchsenmeistern einer hinwegziehen würde, solle zuvorderst derselbig schuldig sein, mit einem gesellen im beysein der verordneten rechenmeistern ordenliche rechnung und
lüfferung zu thun.

Zum vier und zwenzigsten so man einen büchssenmeister
erwölt und er sich desselben widren würde, der soll der

bruderschaft fünf plapert bessern und dennocht des büchsen-
meistersampts nit erlediget sein.

Zum fünf und zwenzigsten ist sonderlich hierinnen abgeredt, wann under ermelten wullen- und leynenknappen,
auch hosenstrickerhantwerks gesellen einer in seinem weren-
dem dienst krank und solcher in spittal oder andere der statt
Freyburg verordnete heüsser komen wurde, demselben solle
man uß der brueder- und gesellschaft büchsen, so lang er
krank ligt, alle wuchen syben pfenning zu geben schuldig sein;
und im fahl einer in seiner hochbeschwerlichen krankheit
etwas mehr bedürftig, soll man ime auß der büchsen zu seiner
hochen notturft darleihen. wann ime gott der allmechtig
widerumb zu seiner gesuntheit hilft, soll er als ein redlicher
gesell alles, so ime also auß der büchsen fürgestrekt werden,
widerumb zu erlegen schuldig sein; sturbe aber solcher gesell
und nichtz verließe, soll es auch todt und ab sein, es seye dan
das er von seinen eltern etwas vermöchte, solle dasselbig
alles von solichen billig bezalt werden.

Zum sechs und zwenzigsten ist zu erhaltung guecter be-
stendiger christenlicher bruederlicher liebe und andacht geordnet, wan got der almechtig alhie einen knappen wullen-
und leinenweber oder hosenstrickergesellen hantwerks, er seye
gleich alhie eines meisters sohn dochter kind oder frombder,
durch den zeitlichen tod berüeffen würde, daß die brüderschaft
sampt den frombden und alhieigen meisterssöhnen den ver-
storbnen leichnam mit der brüderschaft vier kerzen und der
procession, bey welcher zuvorderst die verordneten zwen
büchsenmeister und alle jenigen, so in diser bruederschaft
einverleibt seind, mitzegöhn, zum grab zu tragen und in den
christenlichen gottsacker zu beleiten schuldig sein sollen, es
wer' dan sach, das jemand auß ehehafter ursachen daran ver-
hindert; sonsten welche zu solchem notwendigen gottseeligem
dienst nit erscheinen wurden, der jeder solle ermelten bruederschaft in die büchsen sechs pfenning verbessern.

Zum siben und zwenzigsten und letsten damit dises alles
ins werk gerichtet hinfüro von allen in massen ingangen zugesagt und versprochen auch darab vest und stet gehalten
und darnach gelebt werden, so hat als zum anfang ein ersame
zunft mit und erben irem ietz wesenden zunftmeister Ulrich
Küeffern diser zeit des raths auch meister wullenweberhand-
werks die gemeine meister wullen- und leynenweber auch
hosenstricker ganzes hantwerks sampt und sonders, auch alle
deren knappen gesellen und jungen alhie zue Freyburg, ober
dise gesell- und brüderschaft zue bott- und rechenmeistern

erwölt verordnet und gesetzt die erbare Martin Hauser wullen-
und Andres Erlewein leynenweberhantwerks und zue büchsenmeistern Claus Rässlin von Ulm wullinknapp und Hanß
Müller von Walthershoffen hosenstricker, auch denselben und
allen iren nachkommen als gesell- und bruederschaftmeistern
hiemit volkommen macht und gewalt geben, ob diser ordnung
und das deren gelebt und nachkomen ernstlich zu halten, die
zu handhaben, die ubertretter zu straffen, die straffen einzuziehen und alles zu verrichten, so in all weg zu gottes und
diser bruderschaft ehr nutz und wolfart reichen kan und mag
getrewlich und ohne alle gefahr.

Daß also wir hieruf dise ordnung und articul uf gemelts
zunftmeisters gemeiner meister wüllen- und leynenweber auch
hosenstricker und ire knappen gesellen und jungen gelieben
und bitten, dieweil wir anderst nit vermerkt, dann das dise
angestelte ordnung zuvorderst gott zu ehren auch unser gnedigsten herschaft von Österreich der statt und genanten gemeinen hantwerken der wullen-leinenweber und hosenstrickern
auch der knappen gesellen und jungen gesell- und bruederschaft wolfart nutz und guetem dienen mag, in allen oberzel-
ten articuln mit unser rechtlichen erkantnus zuegelassen
bewilliget und bestetiget, zulassen bewilligen und bestetigen
inen also die hiemit wissentlich und in craft dises brief,
wöllen meinen und bevellen derhalben, das alle obgemelte
hantwerksmeister knappen gesellen und jungen und alle ire
nachkommen nun hinfüro diser brueder- und gesellschaft ordnung gemeinlich und sonderlich ohne alle ußzüg und widerred
nach irem inhalt und wie sie von wort zue wort geschriben
stet ohnnachläßlich getrewlich und erberlich halten deren
nachkommen und darwider nit handlen noh thun bey poenen
und straffen, darinnen vergriffen oder weiters nach unserer
erkantnus aufzulegen. doch uns und unsern nachkommen
hierin laut vorbehalten, diß alles zu endern zu minderen und
zu mehren gar oder zum theil abzuthun, wie das uns zu jederzeit unser gnedigsten herrschaft gemeiner statt gemeind und
zunft auch ermelter hantwerks knappen gesellen und jungen
gesellschaft nutz und notdurft erfordern uns und unsere nachkommen guet sein bedunken würdet ungefahrlich. und des
zue wahrem urkund und gedächtnus haben wir inen disen
brief auf ir ernstlich bit und begehren mit unserm statt an-
hangendem insigill offen besiglet. geben den achtzehenden
tag monats januarij nach Christi unsers lieben herrn und
seligmachers gepurt gezalt tausent fünf hundert neünzig und
ein jahr.

104.

Gebahren der Bäckerbuben in Basel. 16. Jahrh.
(**Buxtorf-Falkeisen**, Baslerische Stadt- und Landgeschichten aus
dem XVI. Jahrh. III p. 1.)

105.

Neuer Brüderschaftsbrief der Müllerknechte zu Freiburg. 1606.
(Pergamenturkunde mit zwei Siegeln. Freiburger Stadtarchiv.)

Allen und jeden, die disen brief lesent oder hörent lesen,
seye kunt und zue wissen, daß, als man zahlt ein tausent
vierhundert zwänzig und fünf jar, n. n. gemeine müllerknecht
alhie zue Freyburg im Preißgaw godt dem almechtigen der
würdigen jungfrawen Mariae und allen lieben·heiligen zue lob
und ehr den armen seelen aber zue trost und hülf auch inen
und iren nachkommen zu verzeihung irer sünden ein gemainer bruoderschaft bey den würdigen und geistlichen rädten
zů den Oberrüetheren sanct Wilhelmordens alhie in irem
godtshauß aufgericht, welche aber uß ursachen, die zeithero
der müllerknecht wenig gewesen, in solchen abgang kommen
und geraten, daß zue besorgen, die leüchtlichen, da nit anderst
darzuo gethon, gar abgehe und darin vergessen werden möchte;
dernhalben wir die ietiger zeit alhie wohnende gemeine müllerknecht mit beystant der meister müllerhantwerks selbsten allen
hernach zue end benant sampt und sonders für guodt angesehen darumben ein gemein gebodt gehalten dunket uns
auch besser gethan dann vermidten bliben, godt zuevordersist
und dann unserer patronin der würdigen jungfrawen Mariae
zue lob und ehren ermelte bruoderschaft widerumben zue
renoviren, haben also und zuevorderist auch billichen die gedachte vädter mit ernst und vleiss angeruoffen und gebedten
dieselbigo unser ernewerte anietzo wider fürgenomne und ins
werk gezogne bruoderschaft in einigkeit begöhn zue helfen
auch ires theils in die einzuowilligen und nit weniger zue confirmieren, welches alles sie uns in irem godtshauß auch also
und uf unser pidt aufzuerichten und hinfüro in ewigkeit gleich
ire vorvahren zuo halten und zue begön (doch alles auf eines
ersamen rates alhieiger stadt Freyburg unserer gnedigen herrn
fernere ratification und guedtheissen) verwilliget auch zue-
gesagt haben. demnach geloben und versprechen wir meister
und knecht müllerhantwerks alhie all gemeinlich für uns und
unsere nachkommen in craft diß briefs bey guetten trewen
an ayds stadt dise bruoderschaft in volgenden und hernach
vermelten puncten und articüln hinfüro bey inen in irem

godtshauß mit brüdern und schwesteren stet und in ewigkeit zue haltente in der weiß, alß hernach geschriben steht ohn geverde.

Erstlich sollen wir under den müllerknechten alle halb jar über solche unser bruoderschaft einen büchßenknecht verordnen; welcher dann darzue erwöhlt würdt und doch solliches ohn bewegende ursach nit thuen wolte, der bessert in unser frawen büchßen fünf schilling pfenning, und soll doch der selbig nicht destoweniger schuldig sein daß büchsenamt zue tragen oder under uns nit gelidten werden.

Zuom anderen soll auch ein jecklicher müllerknecht, er seye meisterssohn oder nit, alle wochen in unser frawen büchßen zue gebon schuldig sein einen guoten haller, welchen der büchsenknecht alle vier wochen ein zue ziehen haben solle; dann da in unser frawen büchßen einer zwen pfenning und also viermahl aufslecht, so es an ine gevordert würdet, der bessert in unser frawen büchßen ein schilling pfenning; hette aber der knecht einem daß gelt nit gefordert, der bey der statt were, so soll er die besserung für ine geben und guedt machen.

Drittens soll auch ein jedwederer büchßenknecht alle sonn- und feürtage zue den Oberrietheren unsere kerzen anzinden; im fahl er aber nit weil hedte, mag er ein bestellen; beschehe aber daß nit, so bessert er ein halb pfunt wachß, einen vierling in unser frawen büchßen, den anderen aber dem obgemelten godtshauß ohn alle gnad.

Begebe sich zuem vierten, daß ein meister müllerhantwerks alhie der bruoderschaft nit fürstendig oder dardurch einen knecht ein halstarigkeit gebe, demselben meister soll kein knecht arbeiten; hingegen wann ein knecht nit darinen dienen wolte, soll auch kein meister denselbigen knecht behalten noch dem zue werken geben so lang und vyl, biß er in unser frawen büchßen bessert zwey pfunt wachs; tete aber ein meister darüber, so solle er die besserung für den knecht erlegen und guot machen.

Also auch und zuom fünften, welcher müller in einem closter oder andere knechte die in unserer bruoderschaft, die sollent nit weniger schuldig sein, alle fronfasten die wochenhäller zu erlegen; welcher dann daß nit thuon wolte, so es vom büchßenknecht an ine gefordert würdet, der solle auß der bruoderschaft geschriben und deme abgesagt werden.

Welche auch zuom sechsten in unser bruoderschaft begehrn zue kommen die nit unsers hantwerks sint, es seyen gleich mann oder weibspersonen, kaufts ein person allein, so soll dieselbig in unser frawen büchßen ein halb pfunt wachs, so es aber ein par ehevolk were, ein pfunt wachß zu geben schuldig sein, und doch auch darfür kein gelt genommen werden.

Es sollen und wöllen zuom sibenden auch wir die müllerknecht jerlichen an den vier hohen festagen alß ostern pfüngsten allerheiligen und weynachten zue den Oberriethern ieder mit einem pfenning zue opfer gebn die stangen heben und kerzen anzinden, wie von altem hero breüchig gewesen.

Desgleichen und zuom achten sollen und wöllen wir die meister und knecht müllerhantwerks mann- und weibspersonen niemants ußgenomen zue allen vier quatemberzeiten, darzue auch wann ein bruoder oder schwester auß diser bruoderschaft abstirbt, zue den messen, so die vädter zue den Oberrüethern uf unser frawen altar unß halten werden, jede person mit einem pfenning zue opfer gehn; begebe sich aber, daß ein mann oder weibsperson müllerhantwerks zue dem opfer nit erschine oder aber den opferpfenning nit schicken thete, so soll dieselbig person, so oft es beschicht und verabsaumbt, für ieden opferpfenning ein schilling geltes, pleibt aber ein müllerknecht auß, für ieden ein pfunt wachs zuer straff in unser frawen büchßen verfallen sein; doch solle der büchßenknecht am abent zuevor solliches jedem zue hauß anzeigen, damit sich niemants zue beclagen; waß dann durchauß nit allein von diser sonder auch zuo anderen gehaltenen messen daß opfergelt belangt, soll allezeit den vädteren zuo den Oberrüetheren zuofallen und verpleiben.

Wir die müllerknecht sollen zum neunten ouch, da ein bruoder oder schwester auß diser bruoderschaft mit todt abgeht, und umb ein opfer und kerzen zue tragen gepedten werden, schuldig sein dieselb person zue der erden bestädtigen helfen, deßgleichen die vädter zue den Oberrüetheren allezeit auch zwen ordensherrn mitschicken; im fahl aber ein bruoder oder schwester müllerhantwerks abstürbe, den oder die wir müllerknecht zue tragen schuldig weren, soll man uns knechten iedesmahl wie von altem hero gewesen auch einen halben gulden gelts unwäigerlichen geben und guedt machen.

Nit weniger auch zuom zehenden sollen und wöllen wir müllerknecht auch jerlichen zuo den Oberrüethern an sant corporis Christi, wie auch an deß gottshauß kürchweyung und, wann ein ordensherr daselbsten sein erste meß haltet, unsere stangen tragen und kerzen anzünden; doch so sollen und wellen auch die vädter zue den Oberrüetheren jerlichen uf corporis Christi wie von altem hero uns morgends suppen und fleisch sampt vier maß wein, an einer kirchweyung allein vier maß wein, bey einer ersten meß aber zwo maß wein reichen und geben mit dem vorbehalt, daß hern prior hierinnen (im fahl der wein zue zeiten nit geriete und teire wurde, wie etwan geschehen, davor godt lang sein welle) nit verbunden sein solle, sollichen bedingten wein zuo lifferen, biß in daß ander oder dridt jar; waß aber einen priester außerthalb des ordens belangt, der sein erste meß in berürtem godtshauß zue halten begert, und wir kerzen und stangen zue tragen verbunden sein werden, soll sollicher herr sich mit uns billichen vergleichen und umb dises ein ergetzlicheit thuen.

Sodann und zuom eülften wellen wir meister und knecht mann- und weibspersonen auch jerlichen und in ewigkeit begohn ein besonderen festag unserer patronin der würdigen jungfrawen Mariae zue lob und ehren uns und unsern nachkommen zue hülf trost und verzeyung unserer sünden, namlichen und jerlichen uf Mariae himmelfat; alßdann sollen die vädter zue den Oberrüethern uns auf unser frawen altar ein gesungen ampt der meß halten, darzu brüoder und schwestern, so sich in dise bruoderschaft einschreiben haben lassen, erscheinen dem ampt außwarten und opferen sollen, alß wir thuen, daß opfergelt aber wie zuegleich andere opfergefall godtshauß gehörig sein solle.

Es sollen und wellen zuom zwölften auch wir die gemeine müllerknecht unser frawen altar zue den Oberrüethern mit aller gezierden kelch meßgewanten und waß darzuo gehörig und nodtwendig in unsern costen erhalten und so etwaß manglete darthuon, doch daß wir über sollichte gezierden und stück ein specificiert register zuo machen bey unsern handen oder gewalt in einem trog verwahrt haben mögen; im fahl man sollichte auch zue zeiten von nöten, solle iederweilen der büchßenknecht, der zue zeiten sein würdt, schuldig sein, sollichte herauß zue geben und dar zuo leihen.

Fürs dreyzehende welcher müllerknecht auch ein kerzen verletzte oder daran waß zerbreche, der bessert in unser frawen büchßen einen schilling pfenning.

Also auch zuom vierzehenden hedte ein meister einen knecht, der zue wanderen begert, were dann derselbig knecht der bruoderschaft schuldig, so soll ein meister schuldig sein, sollliches am lidlohn in zue behalten; beschehe aber daß nit, so gibt der meister die besserung für den knecht.

Welcher zuom fünfzehenden under den müllerknechten zue einem viertknecht erwölt würdt und sollliches nit thuon wolte, der bessert in unser frawen büchßen ein halb pfunt

wachß und solle nicht destoweniger daß ampt tragen ohn-
weigerlichen.

Zuom sechzehenden wann uns gemeine müllerknecht ein
bodt zue halten von nöten sein bedunkt, sollen die meister uns
allzeit zwen geschworne bodtmeister zuegeben vleißig achtung
zuo haben, damit alle puncten und articul hierinnen einverleibt gehalten; auch solle man alle jar ein newen bodtmeister
ordnen und der alt abgesetzt werden, damit jeklicher zwey
ganze jar sein ampt versehe; und da ein vierwochenbodt
gehalten würdt, solle man den zwen zuegebnen bodtmeistern
auß der knecht büchßen jederzeit ein maß wein bezahlen.

Betreffende zuom sibenzehenden die knecht so ankommen,
dieselbige sollen bey einem meister nicht lenger dan vierzehen
tag werken, noch genz den lohn machen; wa daß nit beschicht,
soll der meister sowohl alß der knecht in der straff sein und
iedertheil in der knecht büchßen verbessern fünf schilling
pfenning; begebe sich aber, daß ein knecht lohn gemacht hat,
der zuvor memahls alhie gewerket, der soll wie andere in
unser frawen büchßen den halbin wochenlohn geben, sodan in
fahnen sechß rappen pfennig und solle dann hernacher in
ein buoch eingeschriben werden, damit es über nacht nit mehr
an ine gefordert würdet.

Gleicherweiß und zuom achzehenden begeb sich auch, daß
ein müllerknecht einem meister zwischen dem zeil ohne alle
ursach außstünde, so soll kein meister alhie zue Freyburg
denselben knecht vor einem halben jar dingen, noch dem
arbeit geben; welcher daß nit hielt und übersicht, der soll
der bruoderschaft verbessern vier pfunt wachs.

Hieruffen zuom neünzehenden sollen und wellen wir gemeine müllerknecht dem büchßen- und viertknechte gehorsam
sein rechter gebodt und erbarer ding; welcher darwider thuet,
der bessert in der knecht büchßen dridthalben schilling
pfenning.

Mehr und zuom zwänzigisten begebe sich auch, daß ein
müllerknecht vor den vierwochenbodten ein bodt von nöten,
so solle derselbig zuvor in der knecht büchßen erlegen fünf
schilling pfenninge, alßdann der büchßenknecht schuldig sein,
ein gemein gebodt zue halten und umb zue pieten.

Nit weniger und zum ein und zwänzigisten so solle auch
ein jeder buchßenknecht schuldig sein, alle vier wochen aufs
lengst ein bodt zue halten und er der büchßenknecht iedem bey
dridthalben schilling pfenning darzue pieten; ist dann es ein
fronfastenbodt bey der trew plibe einer darüber auß, der
bessert in der knecht büchßen fünf schilling pfenninge; hedte

aber der knecht einem, der zue der stadt were, nit gebodten, so solle er die besserung für ine erlegen und guet machen.

Es sollen auch zům zwey und zwänzigisten fürterhin die müllerknecht zwischen der predig und dem ampt der heiligen meß kein bodt mehr halten sonder sommerzeit umb eilf, winterszeit aber umb zwölf uhren, damit man dem godtsdienst und insonderheit der büchsenknecht seinem ampt zue den Oberrüethern außwarten kan.

Also und zuom drey und zwänzigisten sollen auch die knecht kein bodt mehr halten an einem werktag; oder were dann ein sondere nodturft, alßdan solle man zue einem zunftmeister, der zur selbigen zeit zum Monen im ampt ist, gehn, ine darumben bidten; ist es dann dem selben nit gelegen, so soll man erst daß bodt am nehsten für- oder sontag darnach halten und solang und biß dahin einstellen.

Item zuom vier und zwänzigisten soll auch kein knecht, all dieweyl er büchßenknecht ist, höher dann umb einen häller spylen; alß dick aber er daß bricht und übersicht, so oft verbessert er in unser der knecht gemeine büchßen fünf schilling rappen pfenning.

Zuom fünf und zwänzigisten, so sollen auch weder der buchßen- noch viertknecht nit mehr alß fünf schilling auß der buchsen leyen, es thate dann leibs noth, alßdann so mögent sie doch auch mit wissen und willen der knehte wohl ein mehrers auf guete underpfant leyen; welcher daß bricht, der verbessert den knechten fünf schilling pfenning; deme auch also auß der büchßen gelihen würdt, der soll keinerley spyl thuon, biß er dasselbig bezahlt hat; welcher daß versihet, der bessert den knechten ebener gestalt fünf schilling pfenning.

Begebe sich auch zuom sechs und zwänzigisten, daß ein müllerknecht auf einen andern etwaß wiste, so da straffbar were, und doch solliches, wann der büchsenknecht mit der büchßen drey mahl aufklopfet, im bodt nit anzeigt, daß hernacher dann von ine solt erfahren werden, noch dem es beschaffen, also sollen auch beyde theil in der kuechten straff sein.

Demnach zuom syben und zwänzigisten welcher knecht under uns sein trew umb gelt schult oder waß dergleichen sein mag bricht, sollichs auch uf ine gelegt würdt, der soll bessern ohn alle gnad den knechten fünf schilling pfenning.

Uber daß und zuom acht und zwänzigisten so oft wie die müllerknecht ein gemein bodt halten und einer in gesessenem bodt sein mantel mit vleiß oder auß faulkeit lasset über die achselen herab hangen, der soll bessern den knechten ein schilling pfenning zuer straff; item begeb es sich auch daß einer im bodt (mit ehren zu melden) sich unzüchtig ließe merken, der solle den knechten ein schilling pfenning erstadten; item wann auch einer im bodt redet, ob die frag an in gelangt, der bessert auch den knechten ein schilling pfenning.

Weiters zuom neun und zwänzigisten wann ein müllerhnecht zue spaht in daß bodt kompt, so schon die wochenkeller bezahlt seint, der bessert den knechten einen schilling pfenning.

Derjenig knecht und zuom dreysigisten, welcher die abgetredtenen im bodt heißet hineingohn, er aber zum ersten vorher göht, der soll den knechten ein schilling pfennig verbessern.

Ob auch zuom ein und dreysigisten ein knecht an dem andern im bodt oder usserthalb dem bodt auf der stuben ohn alle ursach frevelt, oder sonsten mit worten einen an seinen ehren antaschtet, der soll bessern den knechten fünf schilling pfenning; wann aber einer den andern (cum honore zue melden) ein huntsfluchß schelten thuet, der bessert den knechten dridthalben schilling pfenning.

Item zuom zwey und dreysigisten, welcher knecht auch auf der gassen ohn ein müllerfürtuoch geht, der soll bessern den knechten ein schilling pfenning.

Zuom drey und dreysigisten wann ein büchßenknecht sein halb jar außgedient hat, soll man ime auß unser frawen büchßen geben dridthalben schilling pfenning; davon aber ist er büchßenknecht schuldig, in unser frawen büchßen die wochenhellèr zu erlegen wie andere.

Mehr zum vier und dreysigisten so solle auch fürthin ein ieklicher knecht oder jung alle fronfasten zuo stubenzinß guet machen und erlegen sechß pfenning.

Eß sollen auch zuom fünf und dreysigisten die knecht wider die meister keinen newen aufsatz machen thuon noch vierschaffen gethan werden, hergegen die meister gegen den knechten und bey diser ordnung alles verbleiben lassen, es were dan von der oberkeit etwaß auß bewegenden ursachen geendert.

Letstlichen und zuom sechs und dreysigisten were auch sach, daß wir einen knecht under unserm hantwerk besseren oder verzehren ime arbeit dienst oder gesellschaft verbieten oder vertreiben woltent, bedauchte den selben knecht, daß ime unrecht beschehe oder des zigs unschuldig, so mag der selbe knecht der sachen halb für unsere meister müllerhantwerks alhie zue Freyburg kommen die darumb laßen erkennen. sprechen die meister nach unser und desselben knechts rede und widerrede, daß er bůoßwürdig seye, so soll unser recht zue im behalten sein; sprechen sie ine aber nit bůoßwürdig, so soll derselbe knecht der sachen halb von uns ledig sein.

Hie bey diser renovation waren die ehrwürdigen und geistlichen herrn auch ersamen ehrenhaften und beschäidenen Johann Ulrich Roth, prior des löblichen godtshauß zue den Oberrůetheren alhie zue Freyburg, frater Marcellus Hummel, frater Johannes Goldt, bede conventuales daselbsten; sodann Herr Georg Albrecht und Jacob Neidthart, beide zunftmeister zuom Monen alhie, Caspar Stumpff und Martin Stäcklin, beide der zeit bodtmeister der müllerknecht; Georg Schnidterer Hannß Klein, Michael Stumpff, Simon Glockhner und Jacob Mößlin, alle meister müllerhantwerks; müllerknecht Paulus Cratzer, der zeit büchßenknecht, Martin Herbst vom Heiligenberg am Bodensee, Caspar Michelbach von Odterschweir, Hannß Albert von Metberg und Martin Marschalckh von Marckhgoltzheim, alle vier viertknechte.

Demnach so haben wir die gemeine müllerknecht zuesampt unsern liebe meistere gedachter unserer hantierung mit vleiß und ernst gebedten und erpedten die ehrwürdigen andechtigen auch edlen vesten ernvesten hoch- und wolgelerten fürsichtigen ersamen und weysen herren priorn und convent gemeinlich des godtshauses Oberrůetern auch herrn burgermeister und rat der statt Freyburg unsere günstige liebe auch gnedigen herrn, daß sie vorgehende ordnung und unserer bruoderschaft articul von newen ratificieren guedtheissen confirmieren und bestetigen wellen, welches wir prior und convent auch burgermeister und rat hiemit bokennen gethan haben, confirmiern ratificiern und guotheissen dieselben auch in allen puncten, alß vorstet, und wellen, daß deme in al weg getrewlichen nachkommen und gelebt werde ohn alle geverde bey den daruf gesetzten straffen. zuo urkünt haben wir prior und convent des godtshauß Oberrůeth unsers priorats und gemein convents und burgermeister und rot unsers rats und stadt minder insigel hieran gehenkt, doch uns und unsern nachkommen in al weg ohne schaden, und uns burgermeister und rat vorbehalten, diese ordnung in ein oder andern puncten ferner zu erletttern ganz oder zuem theil ab zue thuon und zue widerrůeffen, wann uns daß noth bedunkt und gelegen sein würdt.

Beschehen und geben den sechß und zwänzigisten mo-

natstag aprilis alß man gezalt nach der gepürt Christi unsers
herrn und seligmachers ein tausent sechß hundert und
sechß jar.

105 a.

**Zusätze zur vorstehenden Brüderschaftsurkunde der Müller-
knechte in Freiburg. 1684.**
(Entwurf im Freiburger Stadtarchiv.)

Kurze·verzeichnus

derjenigen posten und puncten, so in der ehrsamen mül-
leren bruderschaft statuten dazumal, als nemlich 1682 ihr
gemelte bruderschaft von den wohlehrwürdigen und geistlichen herren P. P. Guilelmitis gemeinlich zuo den Oberriethern genant transferirt und in unser allhiesiges Augustiner
closter gestelt, theils verendert theils ernewert und theils
besser erklärt.

1. Zům ersten betreffent den sibenden punct so verbinden
   sich die müllerknecht järlichen an den vier hohen festägen
   als ostern, pfingsten, allerheyligen und weynachten zu den
   Augustinern ieder mit einem pfenning zu opfer zu gehen,
   die stangen tragen und kerzen anzünden.

2. Im achten aber neben dem, das die meister und knecht
   müllerhantwerks mann- und wibspersonen zu allen 4 quatemberzeiten, darzu auch, wan ein bruder oder schwester
   aus der bruderschaft abstirbt, zu den h. messen, so die
   vätter Augustiner auf unser lieben frawen altar allezeit
   umb 8 uhr lesen werden, mit einem pfenning sollen zů
   opfer gehen, auch für iede meß ihn den vättern Augustiner neben dem gefallenen opfer sechs batzen darreichen
   sollen; hergegen versprechen in, so oft ein person aus der
   brüderschaft stirbt, zwen religiosen oder geistlichen mit
   der leicht zu schicken.

3. Zum zehenden sollen und wollen wier müllerknecht auch
   jährlichen zu den Augustinern auf das fest s. s. corporis
   Christi in der selben octav, an des gotteshaus kirch-
   weyhung, s. Augustini und s. Barbara tag unser stangen
   tragen und kerzen anzünden, also und dergestalten, das
   sie die vätter Augustiner an selbigem tag (das ist unsers
   herren frohnlichnamstag) sollen schuldig sein frühe von
   dem umbgang uns zwo maas wein und ein laib brodt zu
   reichen und zu geben; in der octav aber stehet es zu
   belieben und wollgefallen des closters, was zu geben
   oder nit.

4. Sodan und zum eilften wollen wir meister und knecht, mann- und weibspersonen auch jährlichen und in ewigkeit begehen ein besonderen festag unserer patronin der heyligisten jungfrawen Mariae zu lob und ehren, uns und unsern nachkommen zu hilf trost und verzeyhung unser sünden, nemblich und jährlichen auf Mariae himmelfart. alsdan sollen die vätter zu den Augustinern uns auf unser lieben frawen altar ein gesungen ampt halten, darzue brüeder und schwester, so sich in dise bruderschaft haben einschreiben lassen, erscheinen dem ambt auswarten und darbey opfern sollen, das opfergelt aber wie zugleich anderen opfergefällen dem gotshaus gehörig sein. für gemeltes gesungenes ambt aber versprechen wier die meister, ihnen den vättern Augustinern jährlich ein gulden und neün batzen zu geben und zu bezahlen.

Andere posten puncten verbleiben bey dem alten, wie sie anno 1425 aufgesetz und ratificirt worden; wie dan beschehen zu Freyburg im Preysgaw den 15. aprilis anno 1684.

(Hiess vorher: „17. Novembris anno 1682"; obiges Datum ist darüber geschrieben.)

F. Columban Morandt Prior
F. Caspary Stenfedt supprior
F. Valerig Pierlauff
F. Philippy Mujer procurator.

(Der folgende Schlusspassus ist von anderer Hand geschrieben.)

Daß gesambte mühlerhantwerk meister und knecht bey dem ganzen gesesen gebot einhellig beschlossen haben und beygelegt, daß diße erneyerung der leblichen bruoderschaft solle vleisich gehalten werdten und keiner nit firabsaumen solle. hiemit underschrieben wier uns bottmeister Johannes Kern und Hanß Peter Allgeyer sambt buchsenknechten und vierknechten buchsenknecht Nicklauß Pfaff von Keißerschlautern, vierknecht Fridolin Kuster von Biengen, Balitzer Meslin von Freyburg, Heinrich Waltzenmühler von Freyburg, Johannes Vödter von Dannakirch im Breißgauw. daß bekennen wir, wie obstet. datum den 17. aprill anno 1684.

106.

Brüderschaft der Schuhknechte zu Arnstadt 1628.
(Berlepsch, Chronik der Gewerbe IV. 67 fg.)

107.

Articül wegen der schwarzferber hantwerksgesellen zu Strassburg. 1638.
(Strassburger Stadtarchiv.)

Demnach bey unseren gnedigen herren den fünfzehen die verordnete herren schöffen und gericht einer ehrsamen zunft der tucher alhie etliche articul, deren sie sich mit zuezihung einer löblichen meisterschaft und gesellen schwarzferberhantwerks, wie es nömblich bey besagter schwarzferbergesellen zusammenkunften und deroselben hantwerksgeschenken füro- hien zu halten, under einander selbsten verglichen gebührlich producieren und zugleich umb gef. confirmation und beste- tigung derselben bitten und begehren lassen: als haben wol- ermelte unsere gnedige herren die fünfzehen uf darüber gehobte deliberation solche hiemit corroborirt und bekreftiget in massen als volgt:

Erstlichen sollen die gesellen alle quartal oder fronfasten, in beysein zweyer oder ufs wenigst eines meisters schwarz- ferberhantwerks einen halben batzen ufzulegen, ohnen einigen meysters beysein aber nichts zu tractieren oder fürzunehmen schuldig und verbunden sein.

Zum andern sollen alle gesellen, so allhero uf das ge- schenk kommen, vier pfenning, seinen nahmen in der gesellen- buch einzuschreiben, auch der altgesell, so oft ein frembder gesell einkommet und ihme das geschenk gehalten wirdt, (damit under den meystern ein gleichheit observirt werde) den mey- stern ein solches zu notificiren und kuntbar zu machen, auch uf den sontag zu dem geschenk zu verkünden verpflichtet und verbunden sein.

Drittens welcher gesell den gesellenbecher uf dem ge- schänk uszutrinken annimbt, denselbigen aber hernacher nit ustrünken würde, soll in der gesellen straff sein umb ein wochenlohn, jedoch (wie es nach handwerksbrouch will genänt werde) uf gnad und ungnad. welcher gesell aber den gesellen- becher auszutrinken sich beschwerte und sechs pfenning oder einen groschen dafür zu geben erbietig macht, der soll des willkomms überhebt und erlassen sein.

Zum vierten welcher gesell gottesgaben missbrauchte und mit essen oder trinken mehr zu sich nehmen würde, als er bey sich behalten könte, der soll zur straof funf schilling pfenning erlegen.

Für das fünfte welcher vermessenlicher weiss bey gottes sacramenten wunden tauf marter und dergleichen schwören oder fluchen würde, der soll umb zehen schilling pfenning, wann ober der schwur geringer umb fünf schilling pfenning abermahl uf gnad und ungnod gestrafft werden.

Zum sechsten welcher gesell am tisch mehr wein verschütten oder usgiessen würde, als er mit seiner hant bedecken kann, soll ein schilling pfenning, were aber das verbrechen grösser, fünf schilling pfenning zur straff verfallen sein.

Welcher gesell zum sibenden zank hader oder andere unfuegen anstellet oder einen freventlich reverenter lügen strafft, der soll zween schilling pfenning erlegen; wann aber einer uf solche straf, nachdem er zuvor gewarnet, nichts geben wolte, der soll fünf schilling pfenning ohn einige gnad zu bessern schuldig sein.

Zum achten welcher gesell bey dem geschenk ohne begehrte gunst oder erloubtnus ufstehen oder nidersitzen würdt, soll bey der straff eines wochenlohns uf gnad und ungnad angesehen werden.

Solchem nach und zum neünten welcher uf das geschenk kurz oder lang gewöhr mit sich brechte, der soll das von sich zu geben schuldig sein, sollen aber ihme nach vollentem geschenk widerumb zugestelt werden.

Zum zehenden welcher gesell auch in der umbfrag seinen hut ufsetzen wirdt, der soll sechs pfenning oder einen groschen dafür abstatten.

Welcher geselle und zum eilften den mantel in der umbfrag uf ein oder die andere seiten oder achsel follen lasst, soll umb zween schilling pfenning gestrafft werden.

Zum zwölften welcher dem altgesellen in der umbfrag in die red föllet, soll umb ein wochenlohn belegt werden.

Ferner und zum dreyzehenden, welcher den andern an seinen ehren und guten namen antasten und, reverenter zu melden, für einen schelmen oder noch gröber zu schelten bosshafter weiss sich gelusten lassen würde, der solle zwar in der gesellen straff sein, aber in diesem puncten ohne beysein des ober- oder undermeysters oder aber derjenigen meyster gegenwart, welche ihnen von der meysterschaft zugeordnet werden möchten, nichts vorgenommen noch abgestrafft werden.

Zum vierzehenden wann es sich begeben und zutragen solte, das etwas wider ordnung und articul gehandelt und einer höhern und grössern ass hie vorgeschriebenen straffen würdig, das solle vor die verordnete hantwerksherrn und ganze meysterschaft gebracht und von denselbigen (keineswegs aber von den gesellen) geurtheilt und ihrem gutdunken nach gestrafft werden.

Zum fünfzehenden sollen die zween altgesellen das ufslag-
gelt und was sie von den frembden gesellen einzuschreiben
bekommen, beneben allen straffen, so sie erheben werden, in
ein verschlossene laden mit zweyen schlossen, darzu der ober-
meyster den einen und der altgesell den andern schlüssel
haben soll, legen, auch alle quartal darüber ordentliche rechnung zu thun schuldig sein; und von solchen gefallenen straffen
soll gemeiner statt der halbe theil gelüffert, der andere halbe
theil wider in zween gleiche theil abgetheilt, deren der eine
einer ersamen zunft zugestellt und gelüfert, der andere theil den
gesambten gesellen gelassen werden, solchen bey dem geschänk
haben zu verwenden.

Endlichen und zum sechzehenden was in dem ganzen
Römischen reich hien und wider uf den geschenken und guten
willen den schwarzferber artikul gemäss gegonnet, das soll
auch allhie zu Strassburg mit aller bescheydenheit gehalten
werden, jedoch vorbehältlich alles dessen, so bey dissen articuln zu verbessern, zu mindern, zu mehren, gar oder zum
theil abzuthun. decretum donnerstags den 18. januarii anno
1638.

Hanss Reinhardt Voltz
von Altenguw, funfzehenmeyster.

107a.

**Rolle der Fast- und Weissbäckergesellen in Hamburg. Aus
der Zeit von 1620—1650.**
(Rüdiger, Handwerksgesellendocumente p. 1—6.)

107b.

**Die Schneidergesellen kaufen zwei Plätze im Armen- Gast- und
Krankenhause zu Hamburg für 700 Reichsthaler. 1643.**
(Rüdiger, a. a. O. p. 64—66.)

108.

**Statut der Tuchknappen zu Iglau gegeben vom Rath 28. Juli
1669.**
(K. Werner, Urkundliche Geschichte der Iglauer Tuchmacherzunft
p. 86—89.)

109.

**Bruderschaftsordnung der Schmiede- und Schlossergesellen zu
Jena 1678.**
(Berlepsch, Chron. d. Gew. VII. 162 u. fg.)

110.

Das Högegesetz der Brauerknechte in Hamburg.
(Berlepsch a. a. O. IX. 83.)

111.

In Böhmert's Beiträgen zur Geschichte des Zunftwesens finden sich folgende interessante Documente aus dem 18. und 19. Jahrhundert:

Proclam v. 5. Juli 1728 gegen Gesellenunruhen und Handwerksmissbräuche in Bremen. (p. 129.)

Protokoll und Vernehmung einiger Bremer Schustergesellen wegen der ihnen zu Hamburg nicht abgeforderten Kundschaft und der daselbst erlittenen Bedrohungen. 1734. (p. 130.)

Schreiben der Hannöver'schen Regierung an den Bremer Rath wegen des Willkommentrinkens der Handwerker. 29. Okt. 1736. (p. 132.)

Drohbrief Bremischer Gesellen an die Gesellen in Hastedt. 1795. (p. 133.)

Drohbrief aus Hamburg an die Bremer Gesellen. 1796. (p. 134.)

Laufbrief Bremischer Gesellen an die Breslauer Gesellen. 1800. (p. 134.)

Obrigkeitliche Bekanntmachung und Verordnung gegen die Verbindungen der deutschen Handwerksgesellen. 1840. (p. 142.)